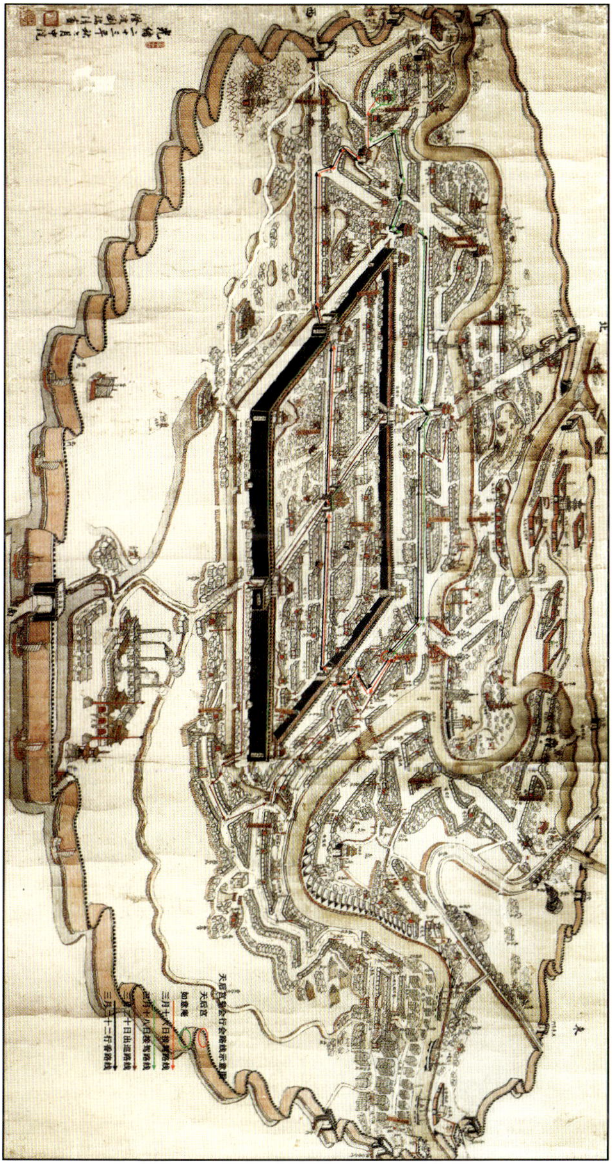

天津皇會行會路綫示意圖

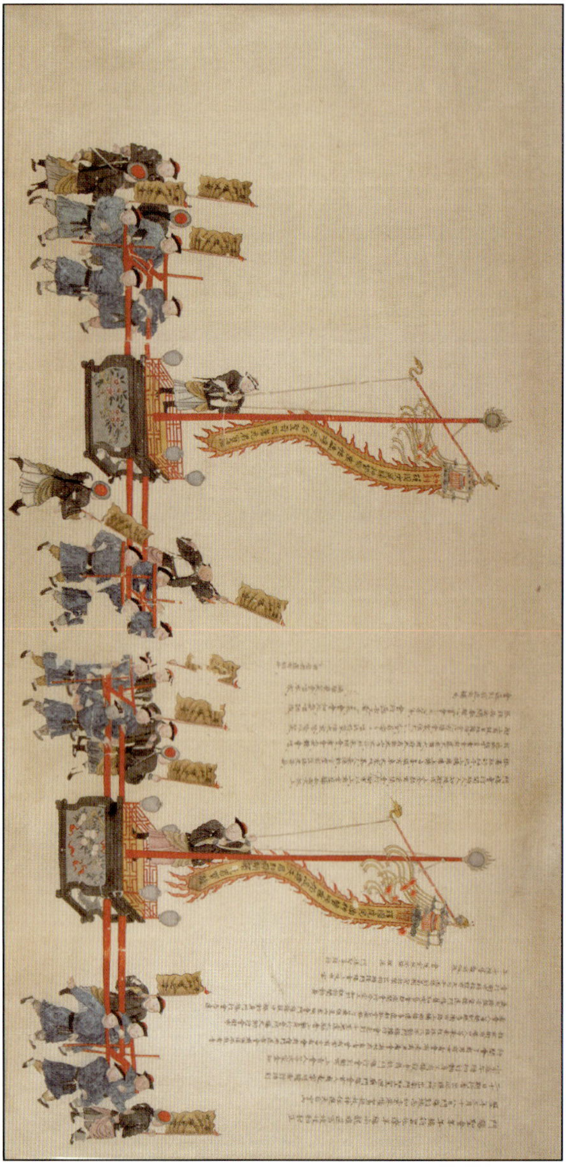

第一起（第一道）慶祝門旛老會

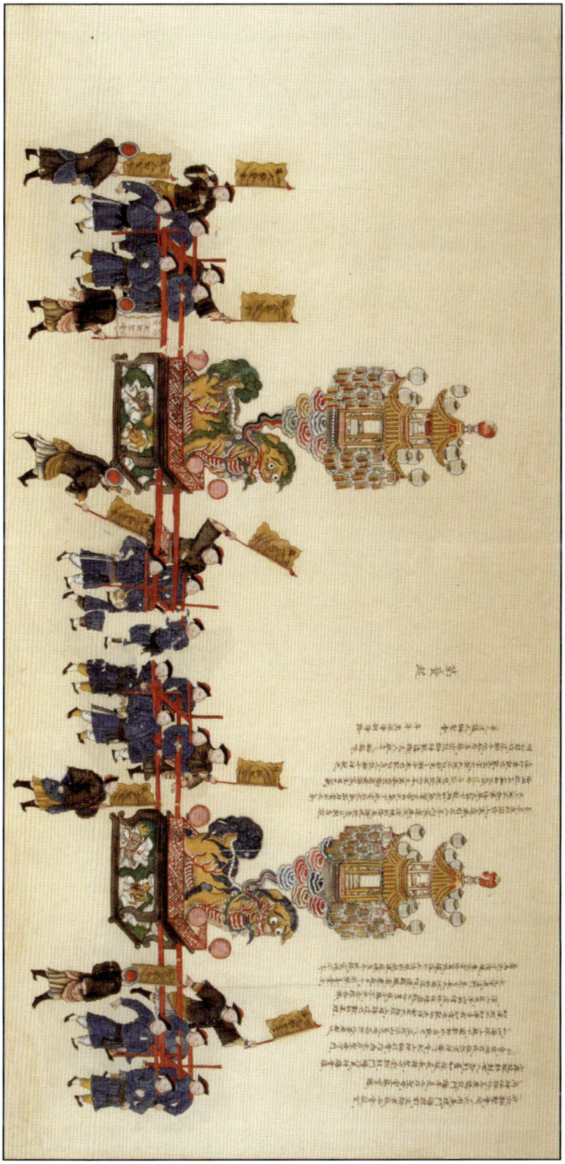

第二起（第二道）公議太獅聖會

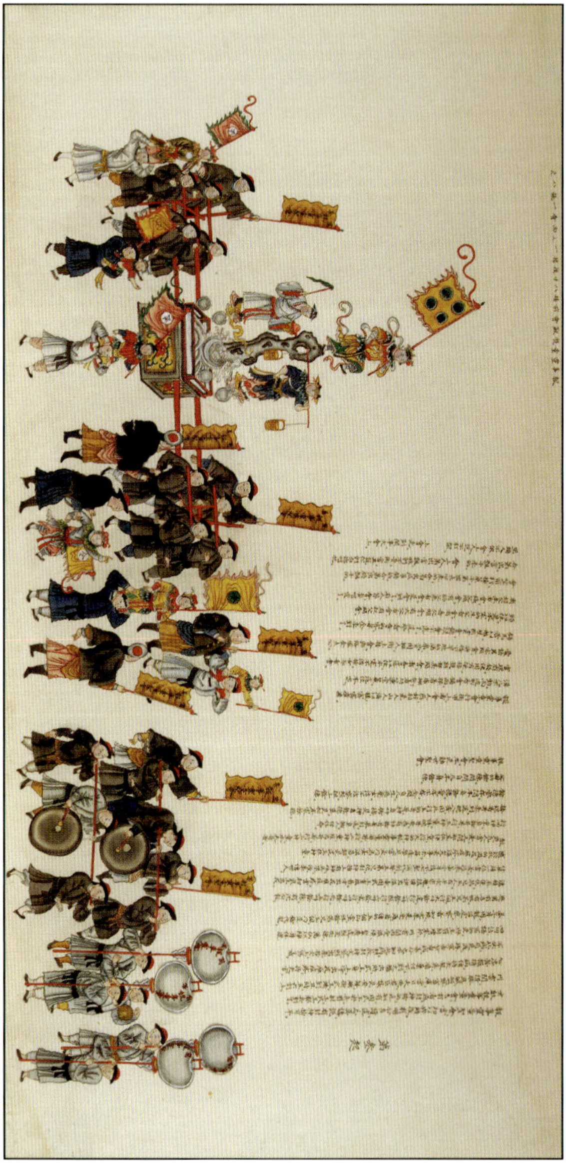

第三起（第三道） 萬善報事靈童聖會

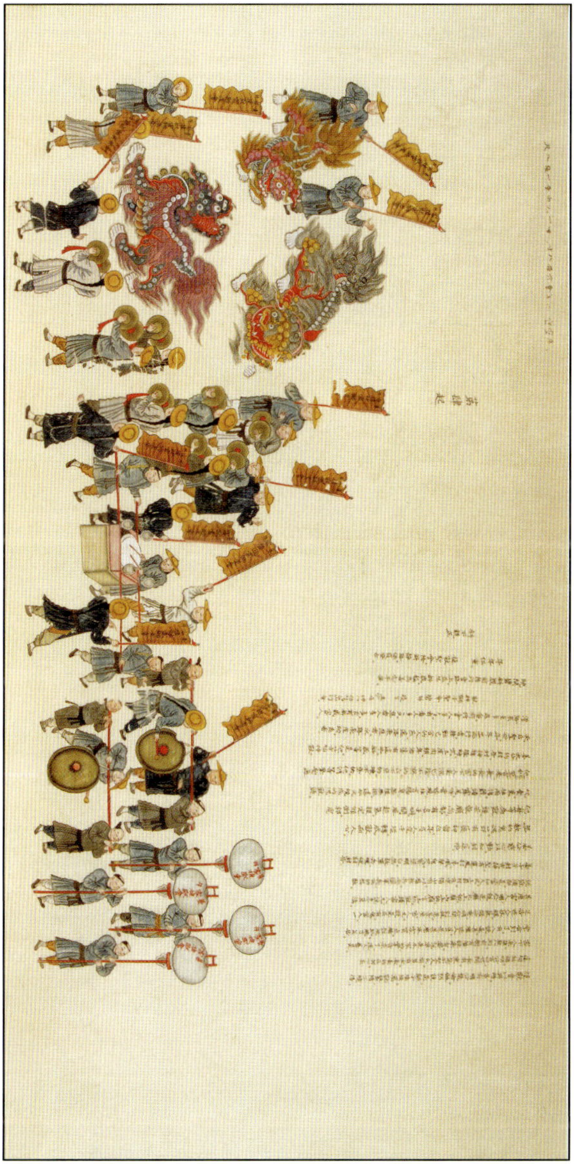

第四起（第四道） 姜家井捷獸雲獅老會

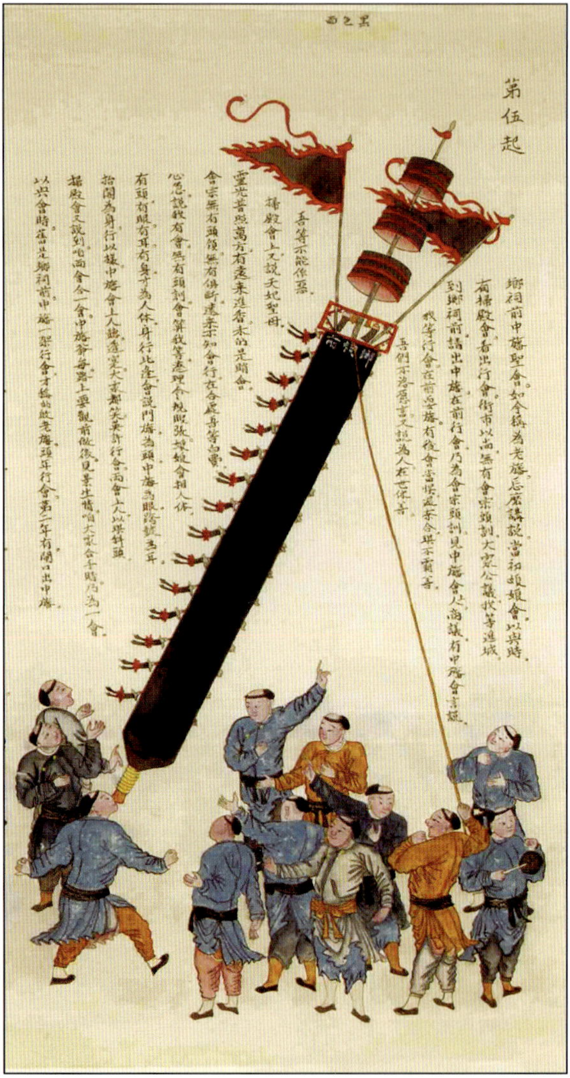

第五起（第五道） 鄉祠前中旛聖會

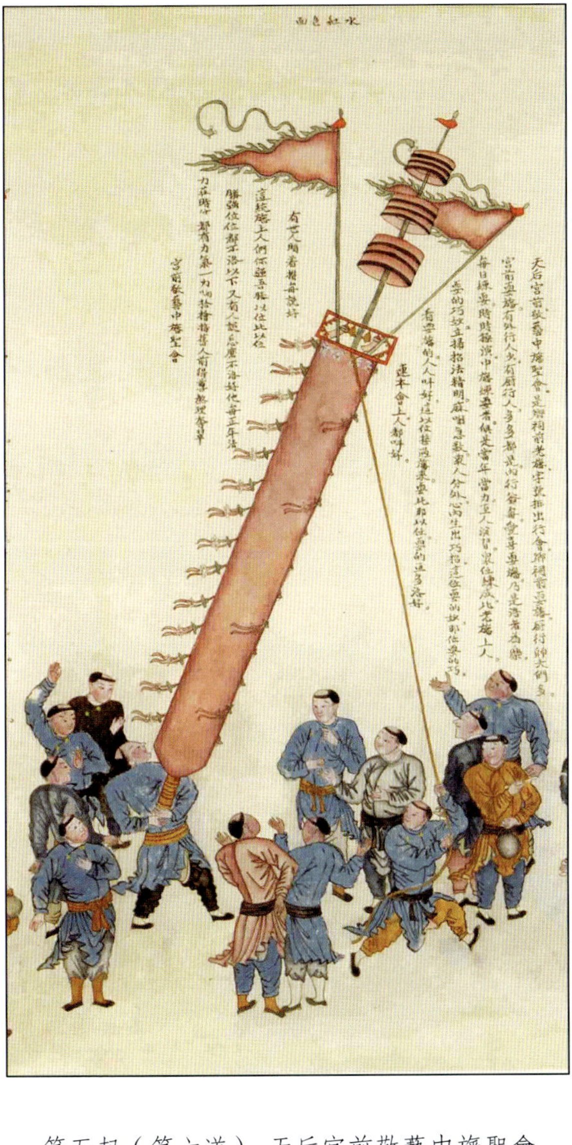

第五起（第六道） 天后宮前敬藝中旛聖會

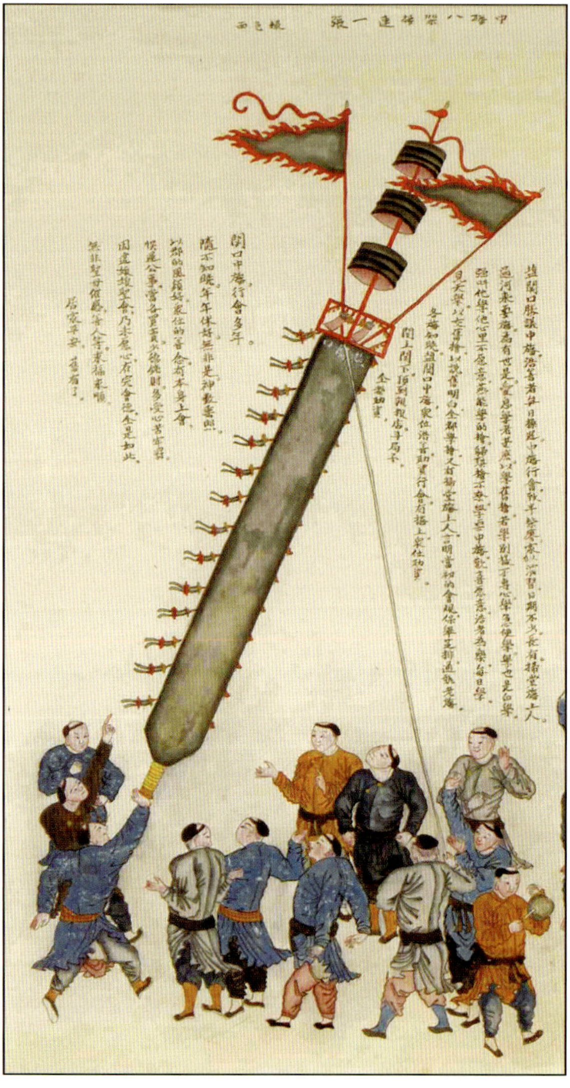

第五起（第七道） 鹽關口勝議中旛聖會

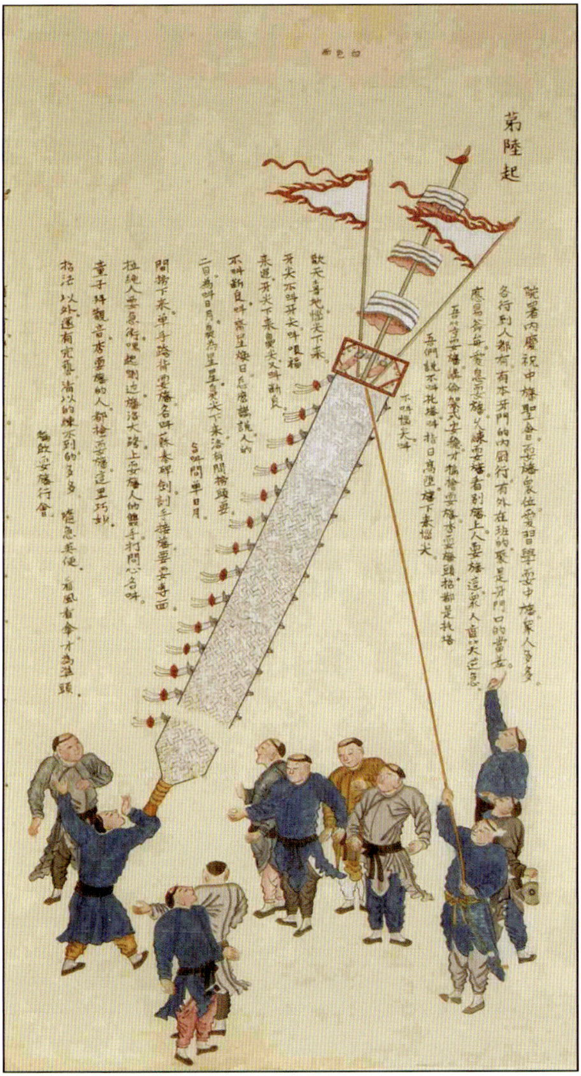

第六起（第八道） 院署内慶祝中旛聖會

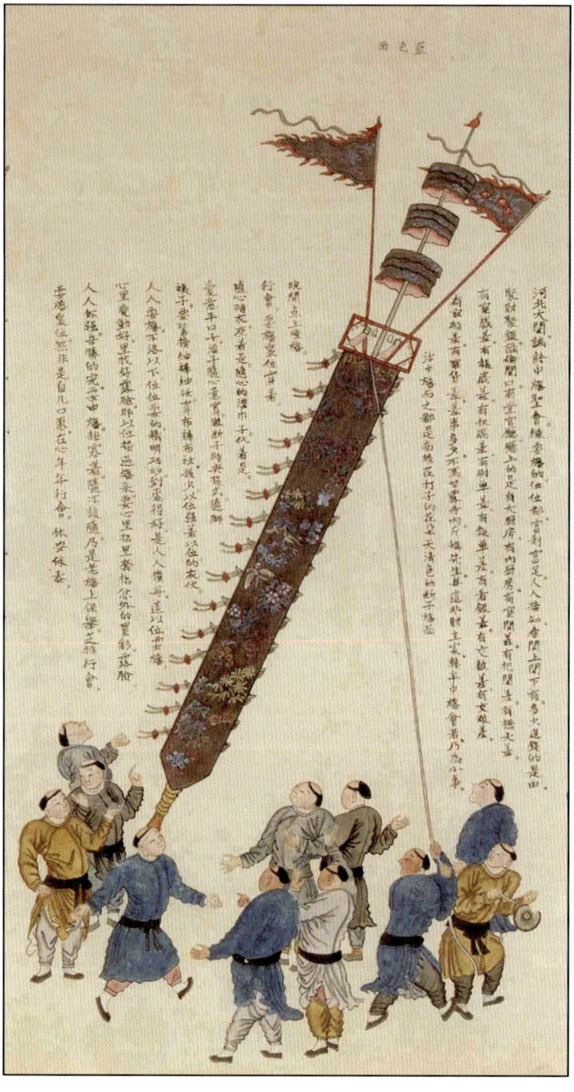

第六起（第九道） 河北大關誠齡中旛聖會

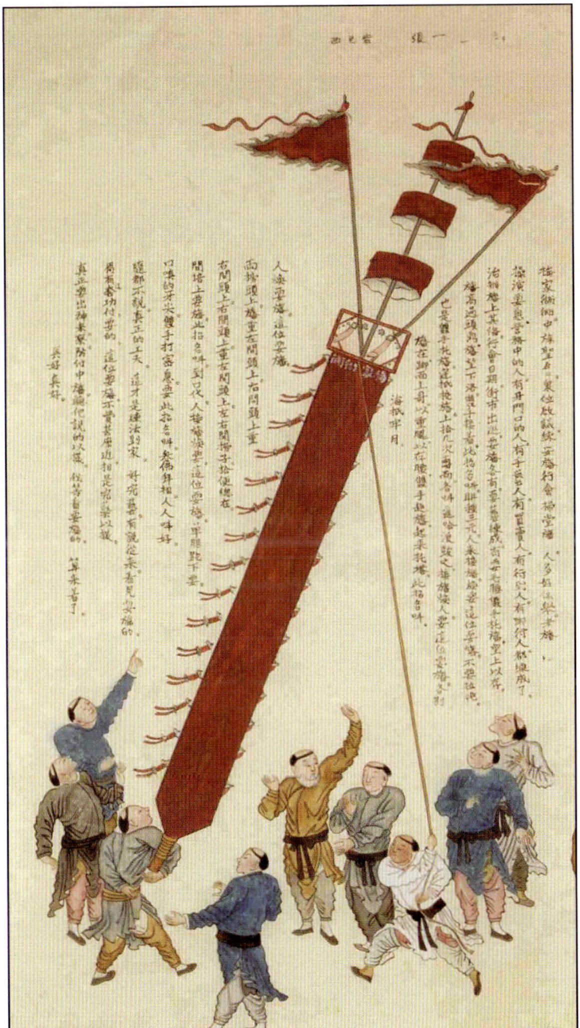

第六起（第十道） 梅家衚衕中旛聖會

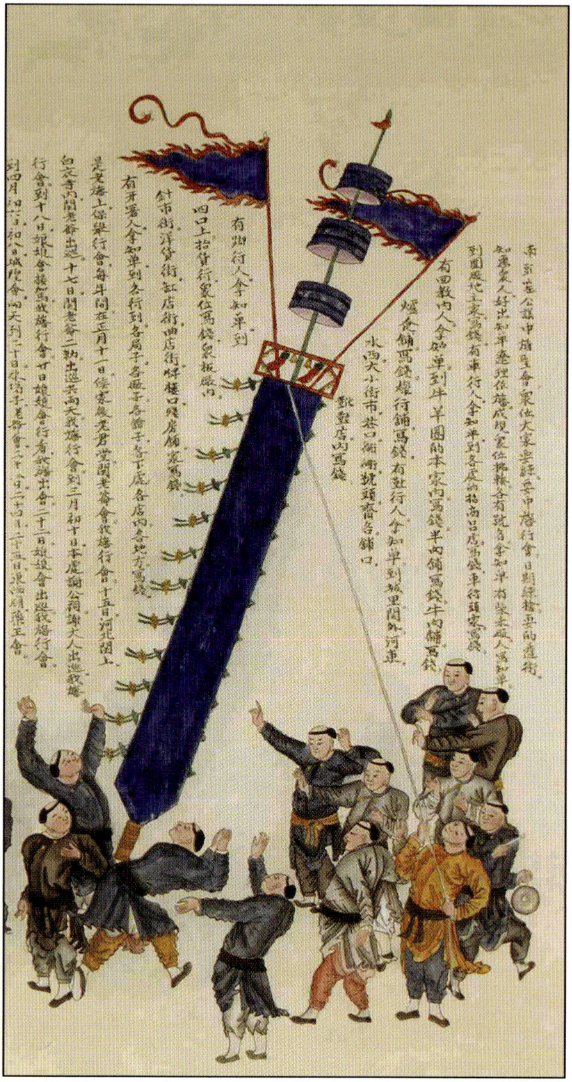

第七起（第十一道） 南頭窑公議中旛聖會

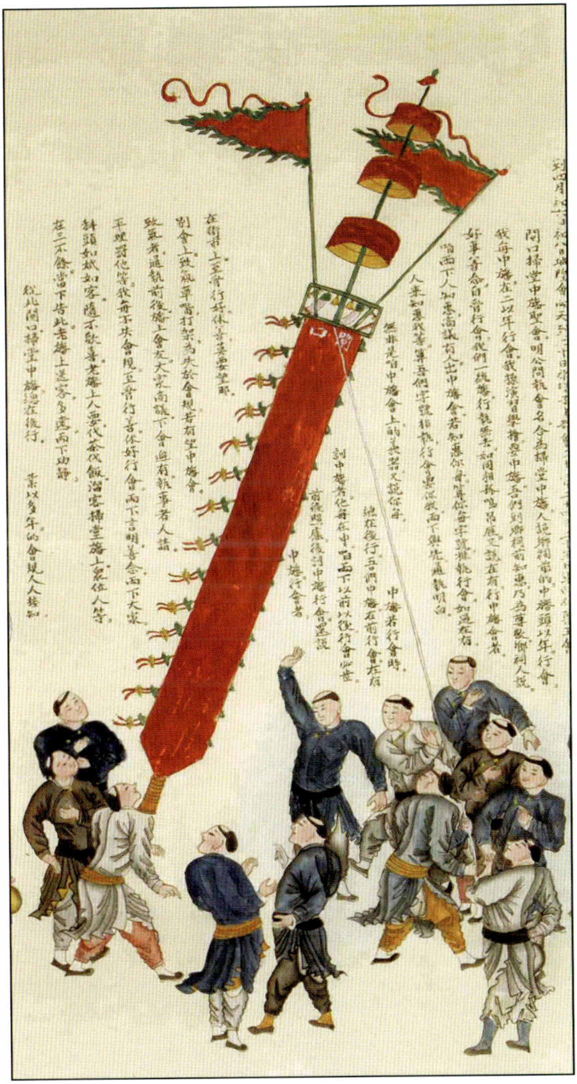

第七起（第十二道） 閘口掃堂中旛聖會

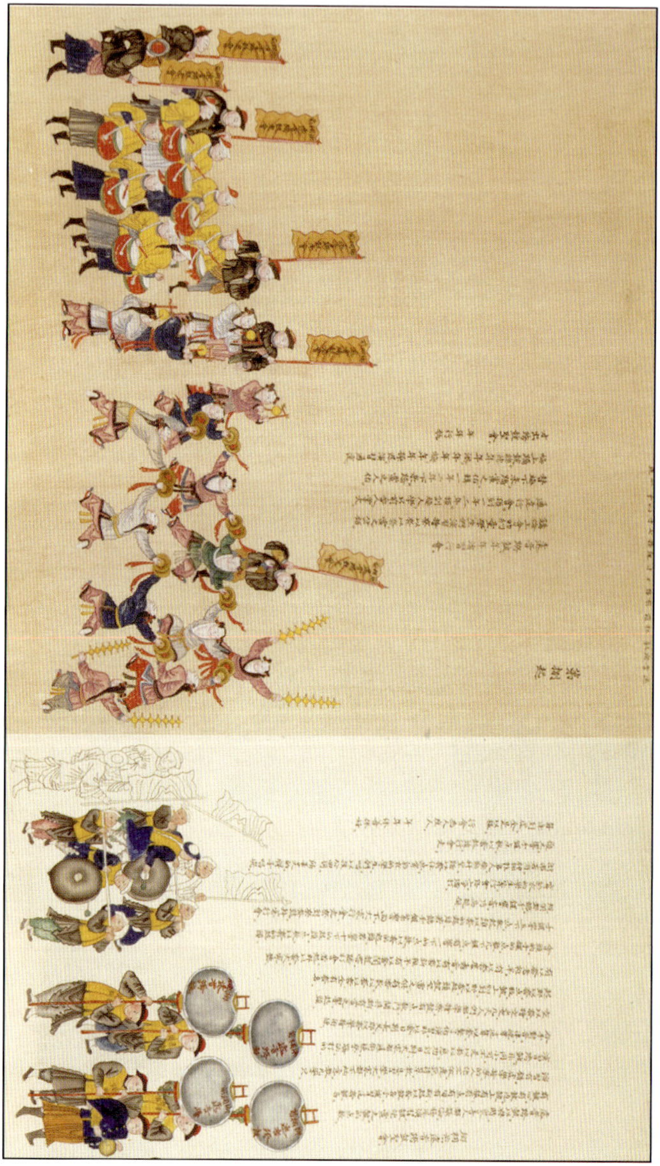

第八起（第十三道） 鄉祠前遠音跨鼓聖會

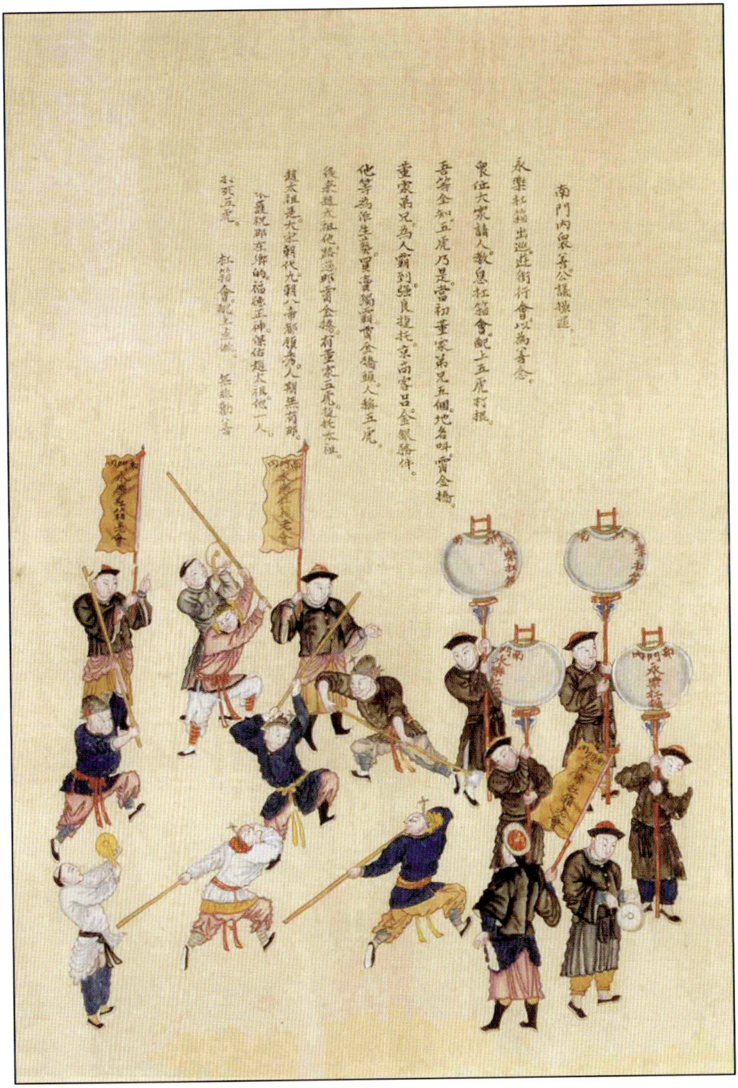

第九起（第十四道前部） 南門內永樂杠箱老會

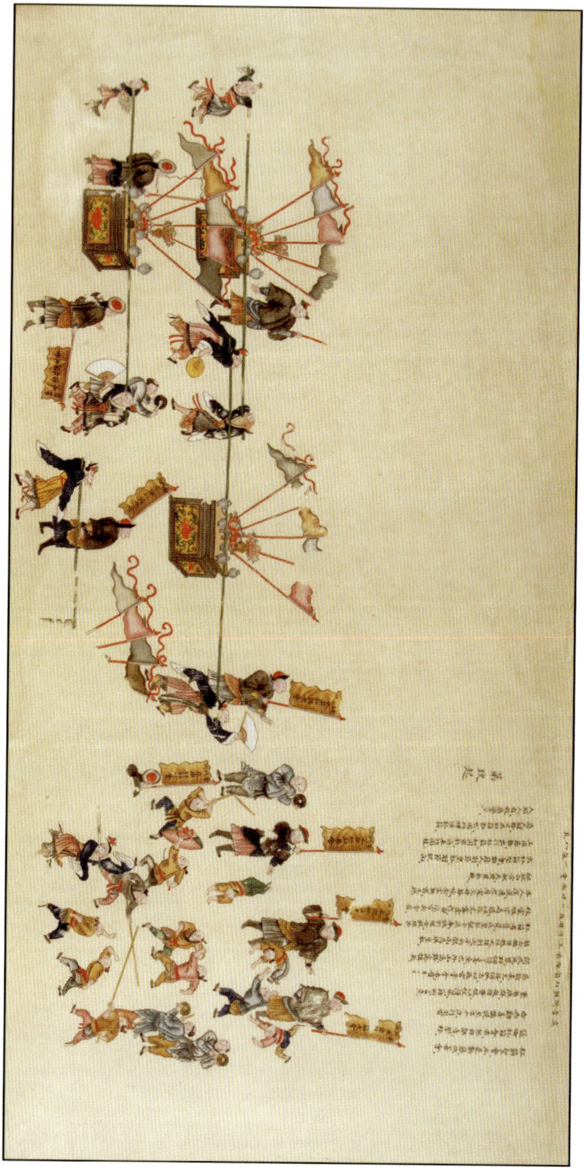

第九起（第十四道後部）南門內永樂杠箱老會

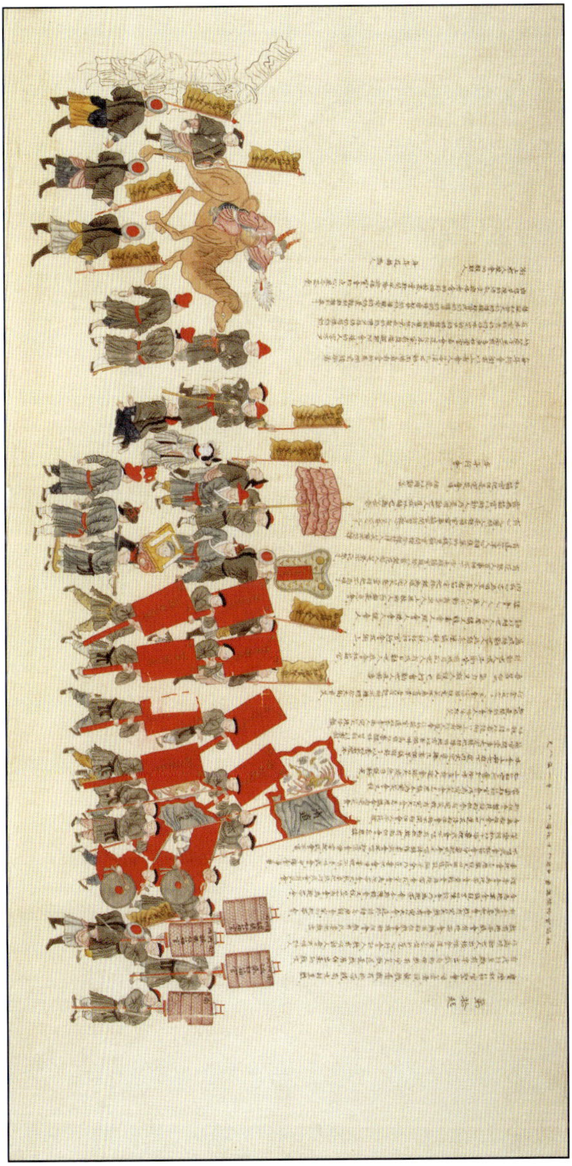

第十起（第十五道） 南門内誠謙杠箱官

第十一起（第十六道）勝議什錦雜耍老會（殘）

第十二起（第十七道） 閘口下溜米廠勝議重閣老會

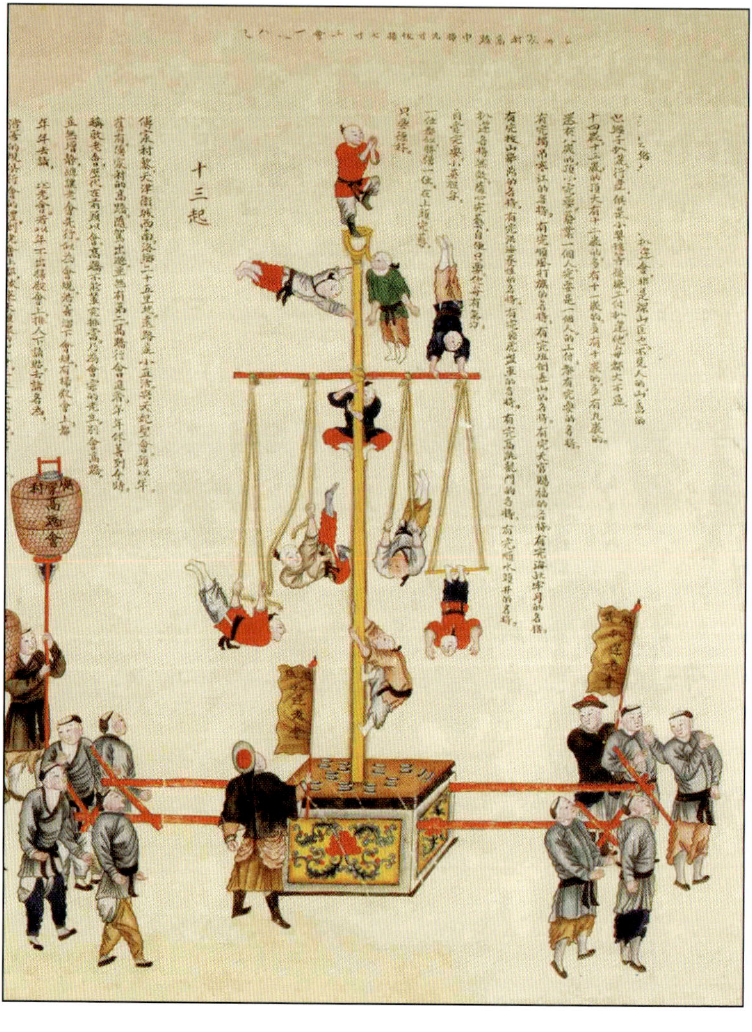

第十三起（第十八道） 勝議扒杆老會

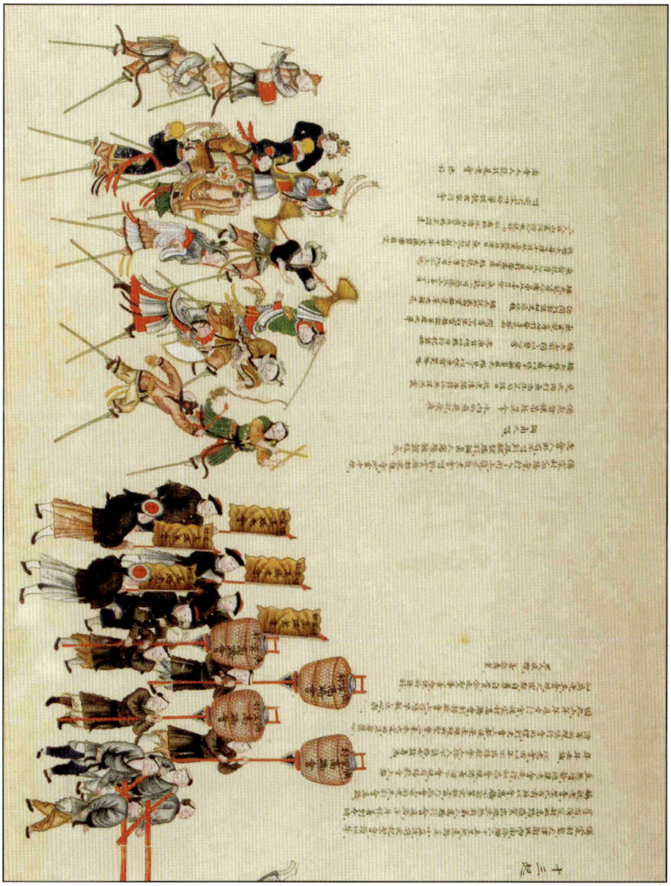

第十三起（第十九道）傅家村高蹺老會

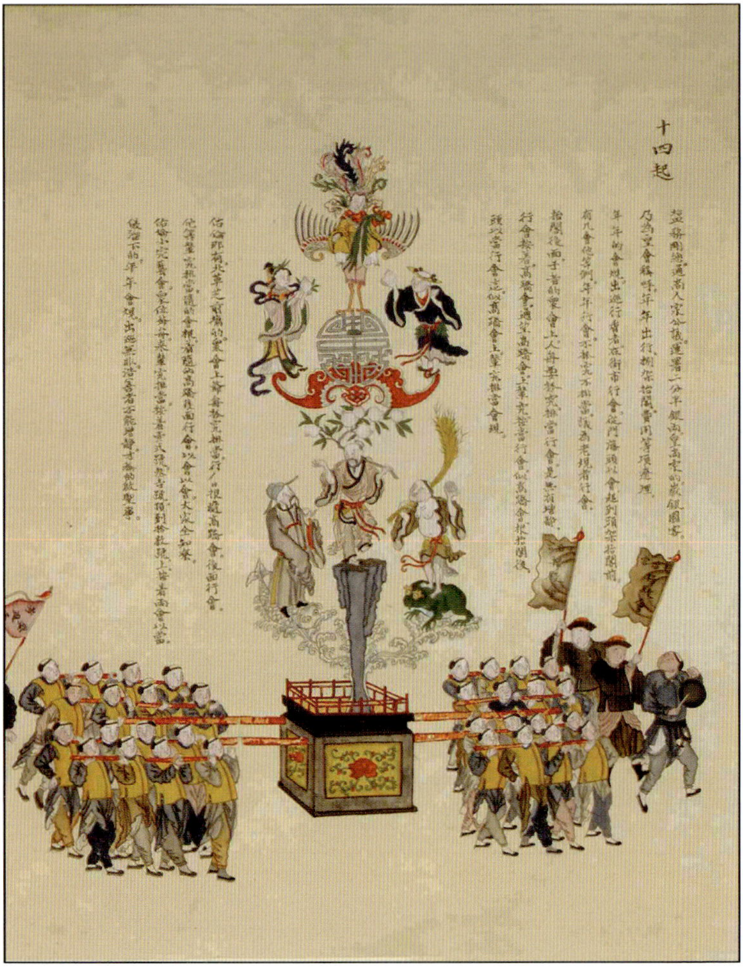

第十四起（第二十道） 鹽綱總署運署抬閣第一架八仙慶壽

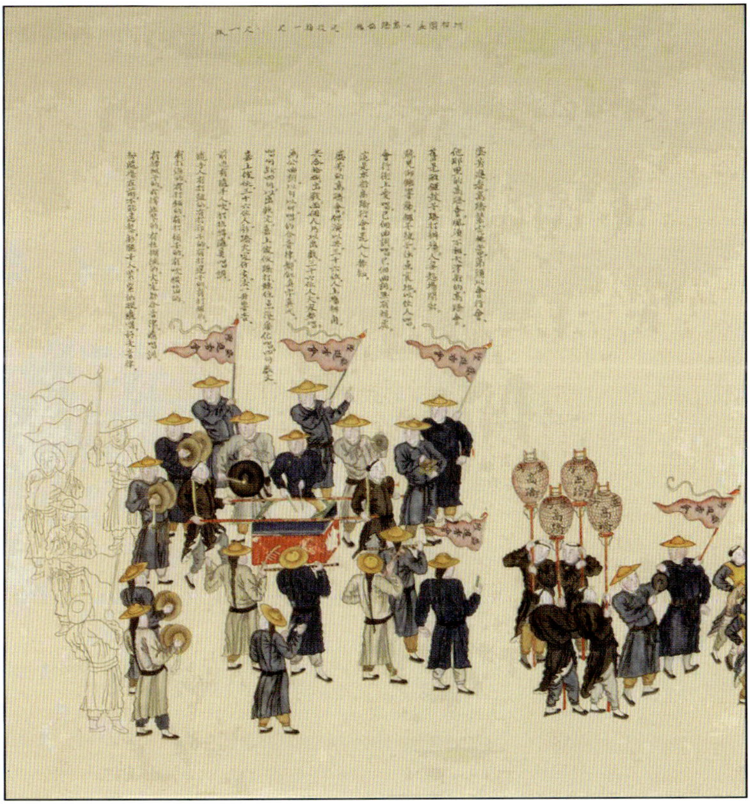

第十五起（第二十一道前部） 盛芳進香高蹺會

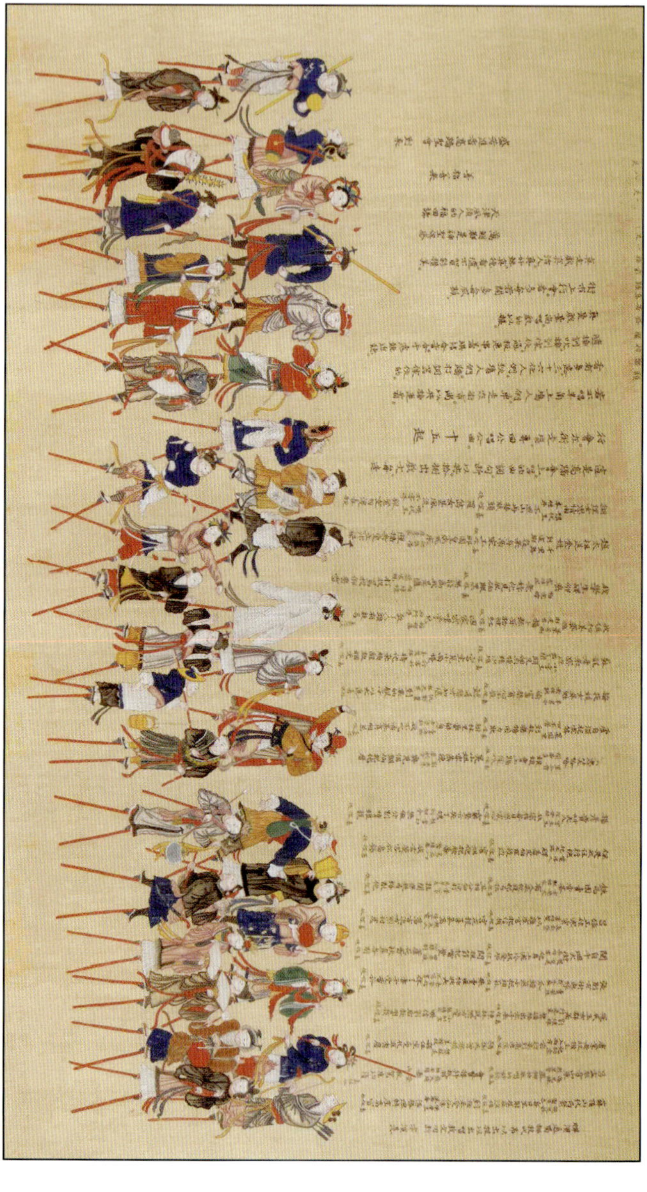

第十五起（第二十一道後部） 盛芳進香高蹺會

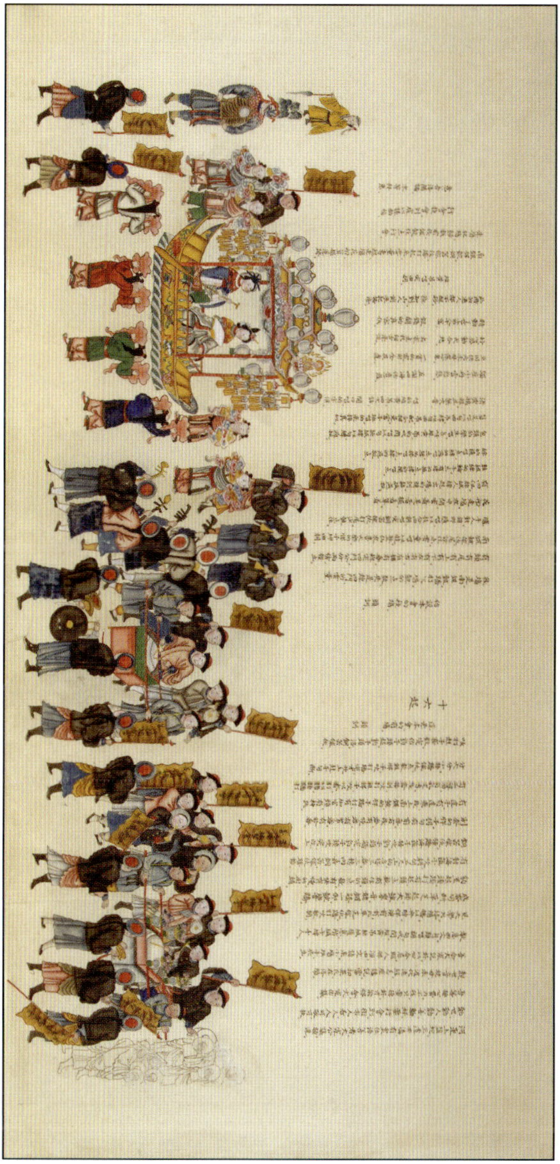

第十六起（第二十二道）河東上鹽坨三道井溝意善洛陽橋聖會

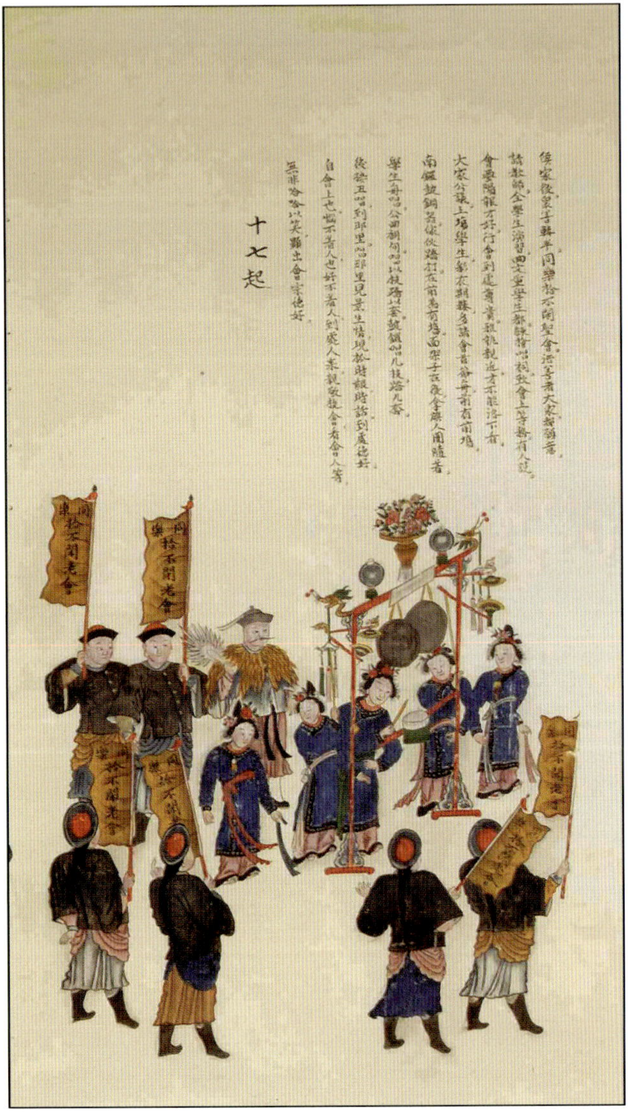

第十七起（第二十三道） 侯家後同樂拾不閑聖會

第十七起（第二十四道）　議善蓮花洛

第十八起（第二十五道） 鹽務綱總通商抬閣第二架鍾馗嫁妹

第十八起（第二十六道） 河東大寺于家廠勝意高蹺

第十九起（第二十七道） 窑窪秧歌聖會

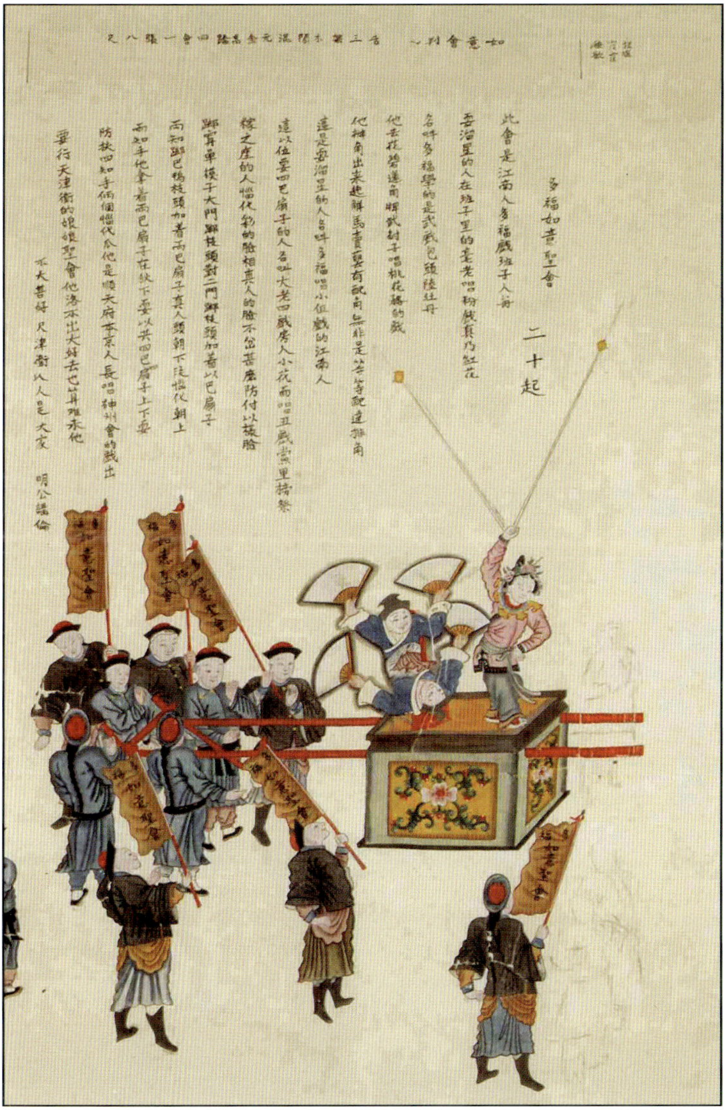

第二十起（第二十八道） 多福如意聖會

第二十起（第二十九道） 隨議判姑學舌聖會

第二十一起（第三十道） 鹽務綱總通商抬閣第三架龍鳳呈祥

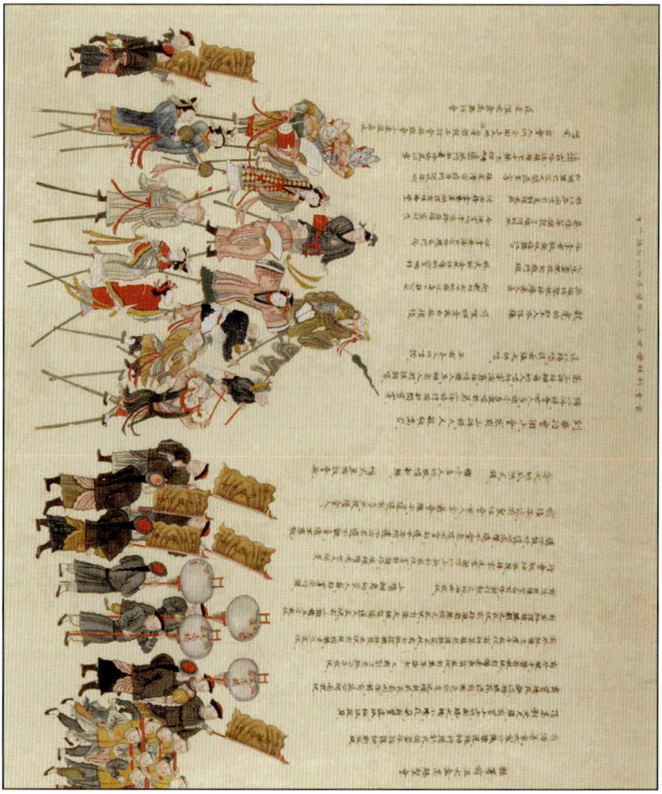

第二十一起（第三十一道）　縣署前混元盒高蹺聖會

第二十二起（第三十二道）西碼頭慶樂漁樵耕讀地秧歌

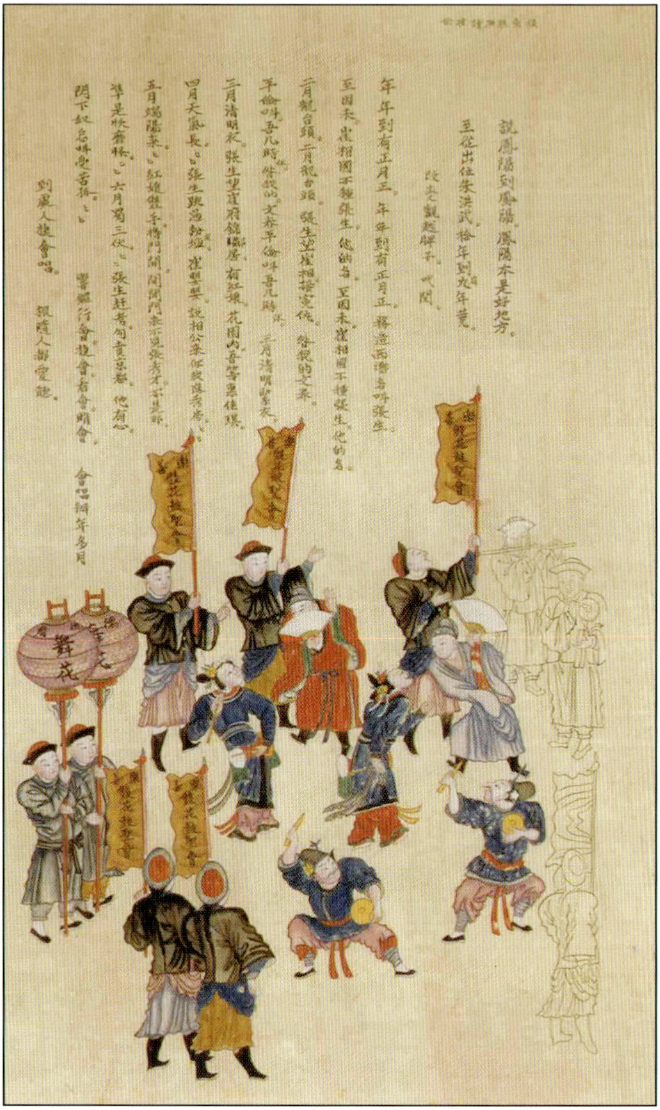

第二十三起（第三十三道） 樂善雙花鼓聖會

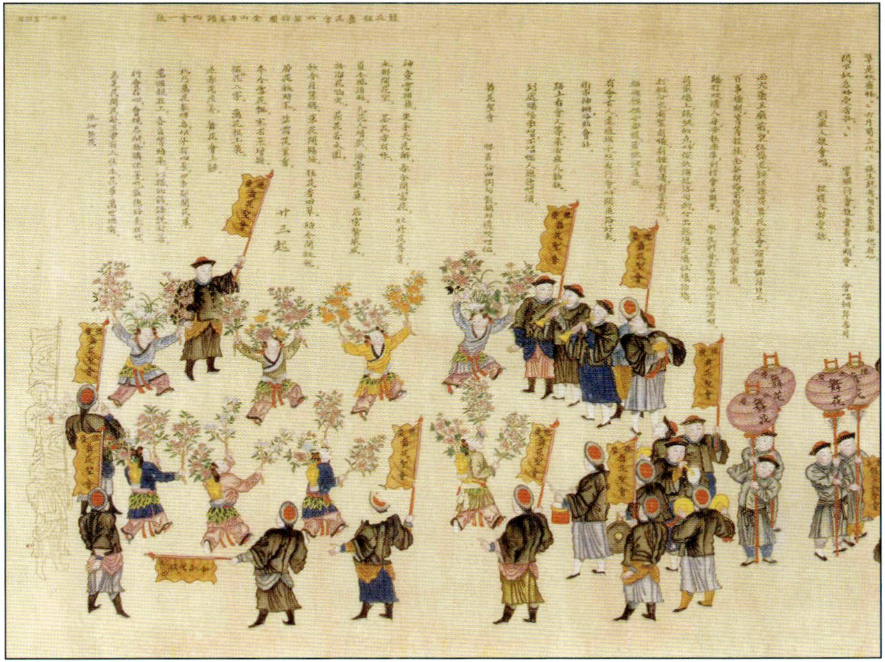

第二十三起（第三十四道） 西大藥王廟前德慶舞花聖會

第二十四起（第三十五道） 鹽務綱總通商抬閣第四架替天行道

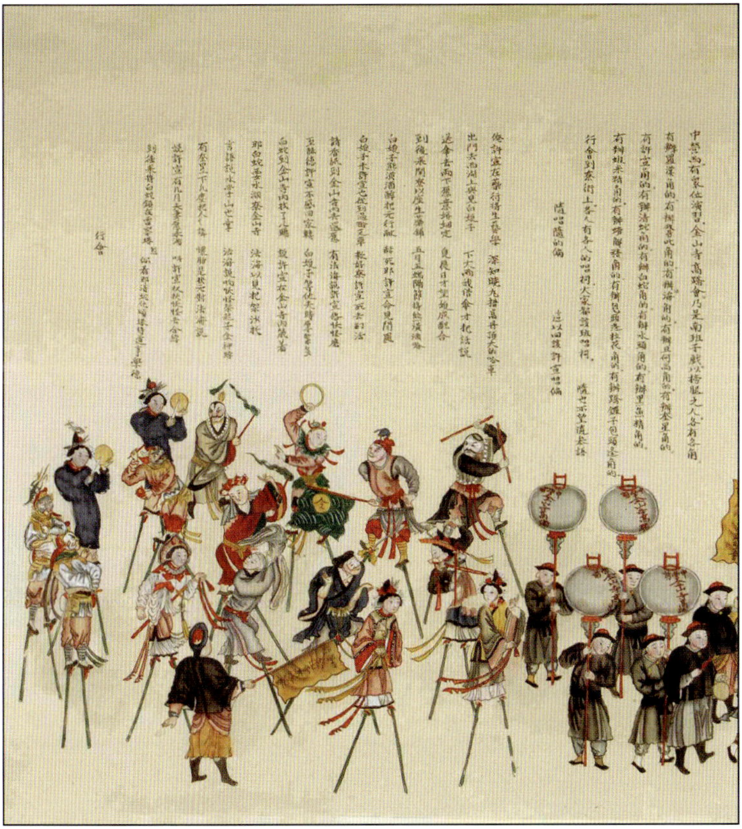

第二十四起（第三十六道） 中營前金山寺高蹺聖會

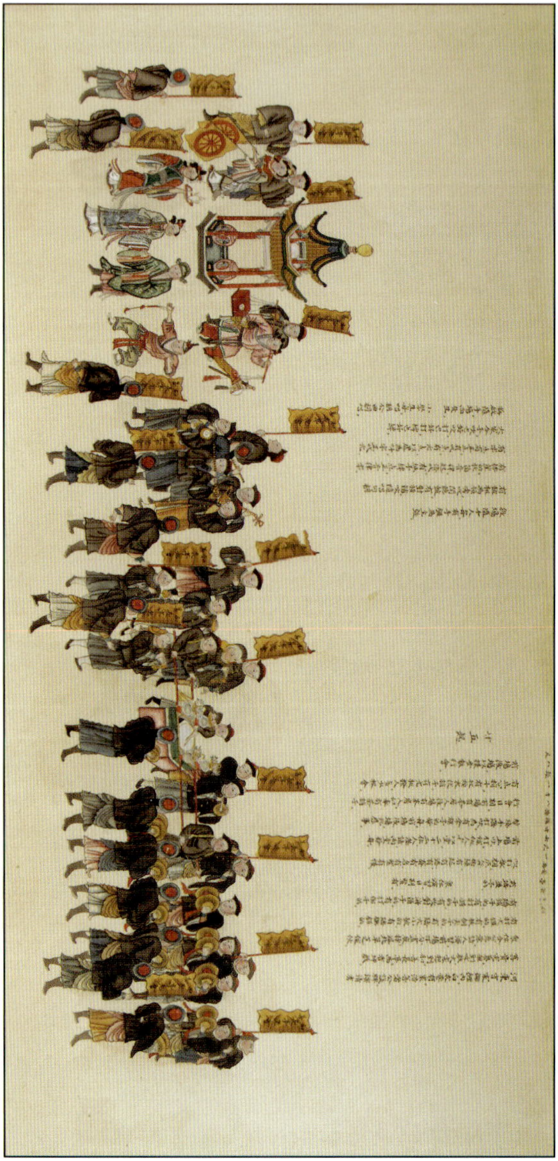

第二十五起（第三十七道） 吉家衚衕白衣巷和善長亭老會

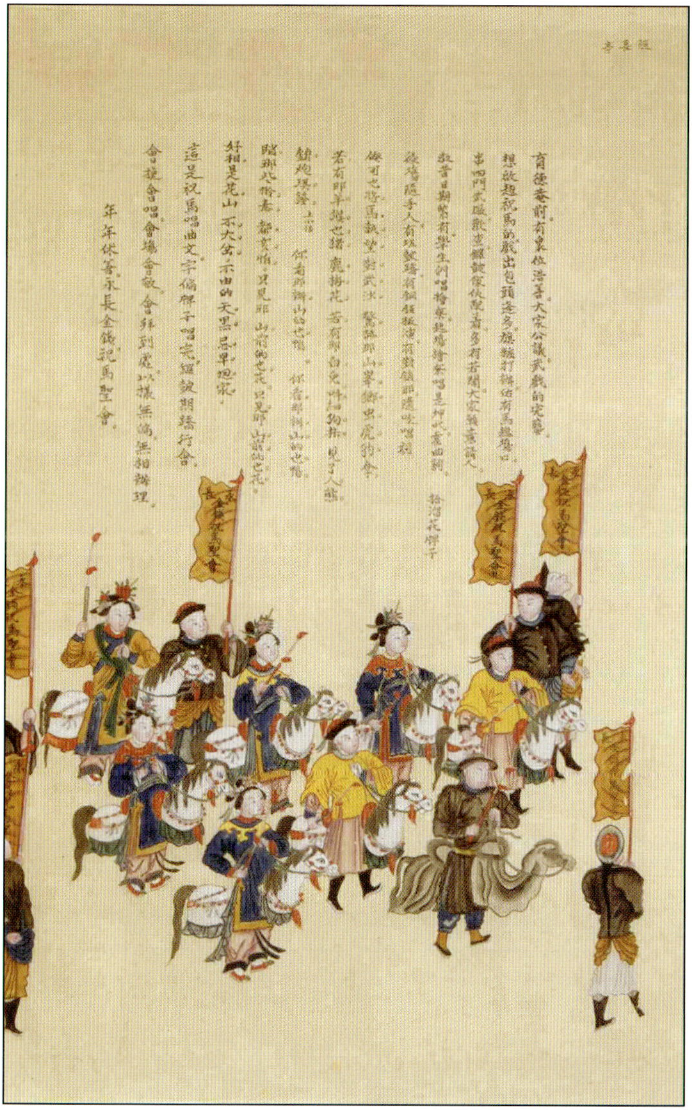

第二十六起（第三十八道） 育德庵前永長金錢竹馬聖會

第二十六起（第三十九道） 東南城角康家大院慶和哨親家聖會

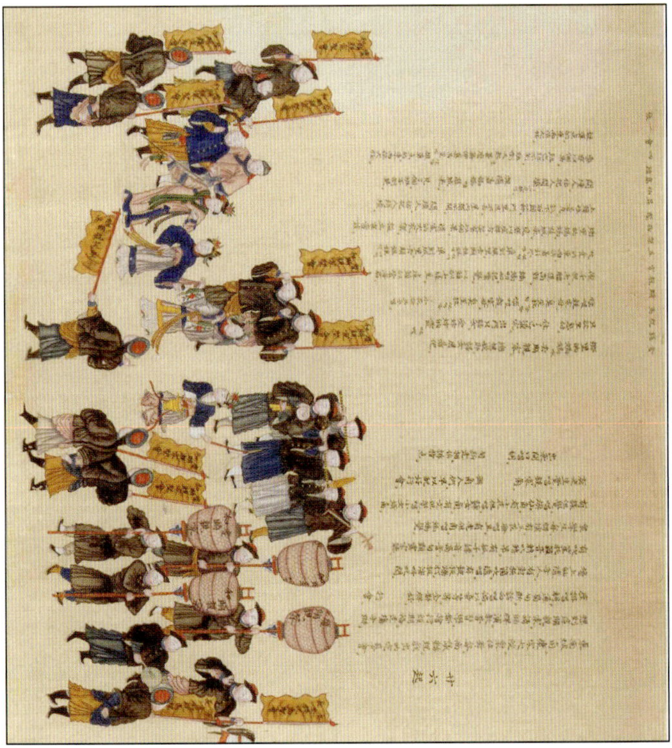

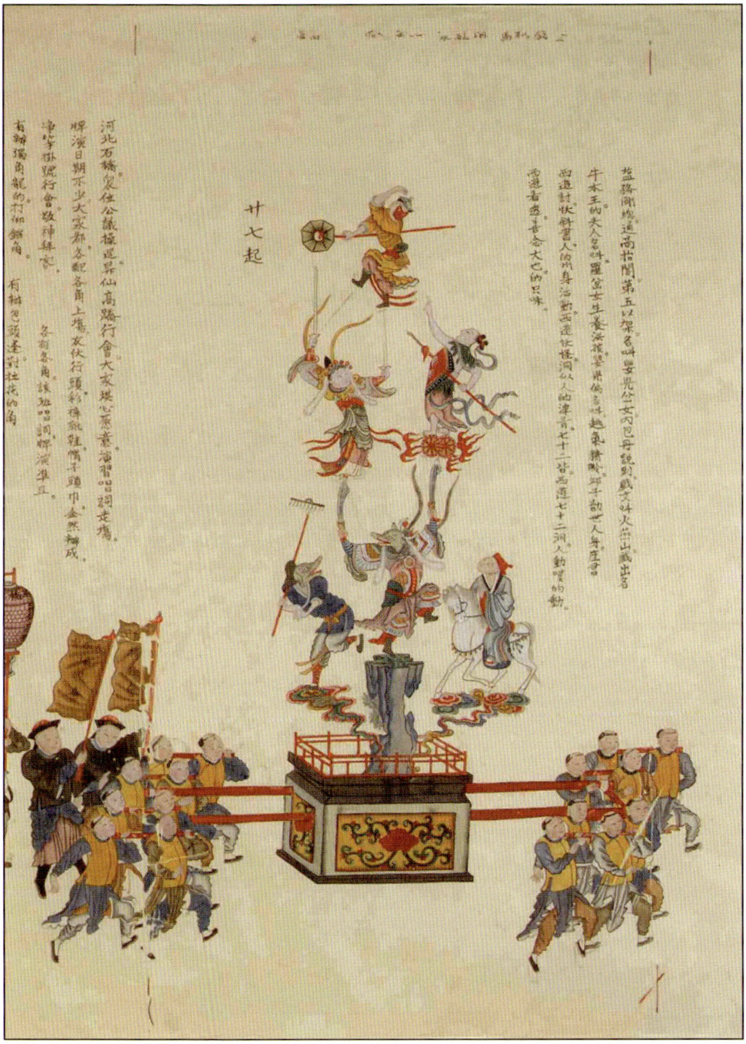

第二十七起（第四十道） 鹽務綱總通商抬閣第五架火焰山

第二十七起（第四十一道） 河北石橋昇仙高蹺聖會

第二十八起（第四十二道） 城北西沽永慶太平花鼓聖會

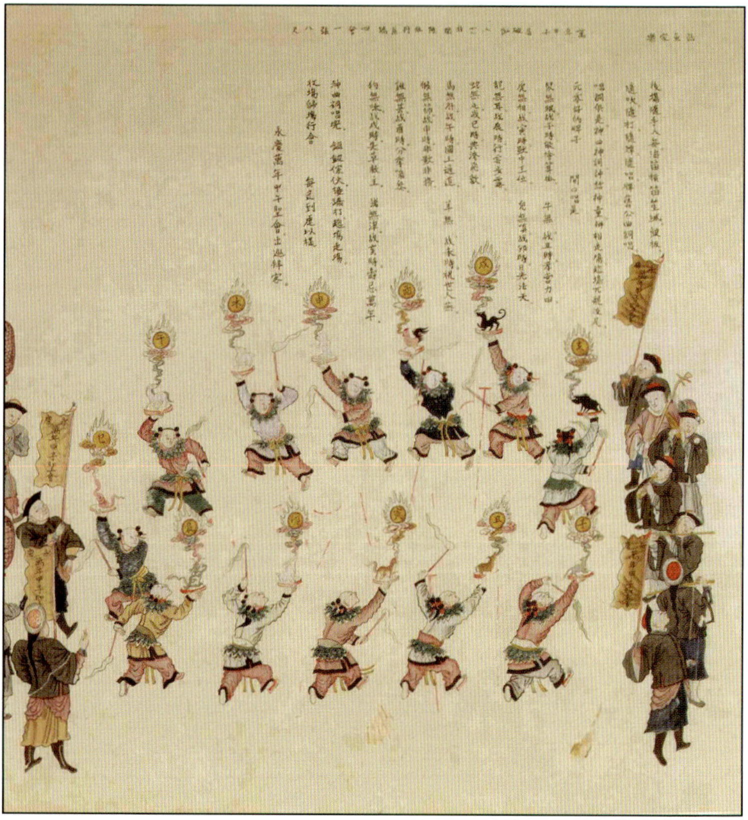

第二十九起（第四十三道） 永慶萬年甲子聖會

第二十九起（第四十四道） 同樂鍋缸聖會

第三十起（第四十五道） 鹽務綱總通商抬閣第六架雷師呈聖

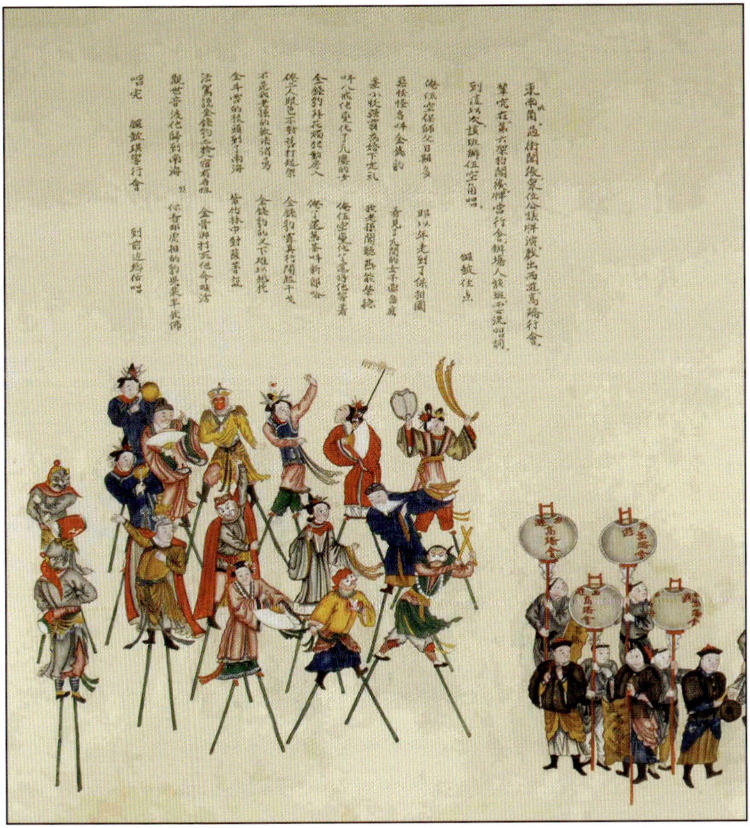

第三十起（第四十六道） 東南城角過街閣后西遊高蹺會

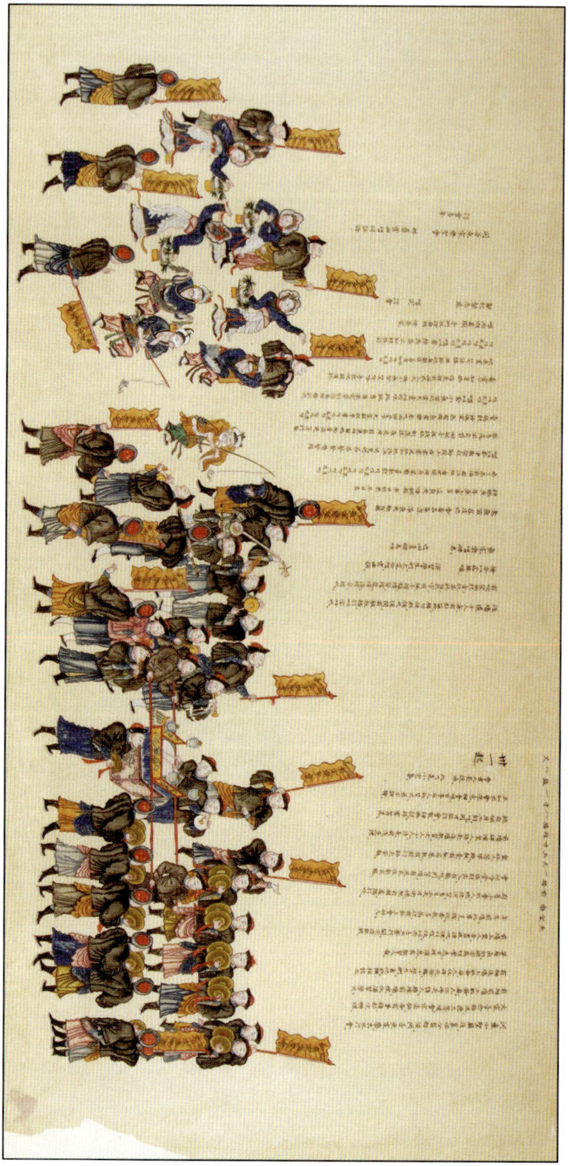

第三十一起（第四十七道） 河東小聖廟后同善漁家樂聖會

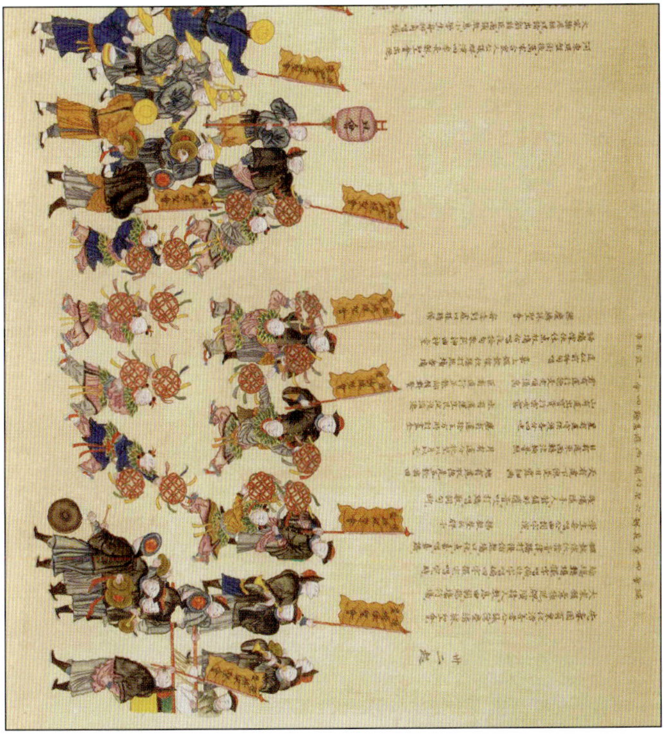

第三十二起（第四十八道）先春園德慶綉球會

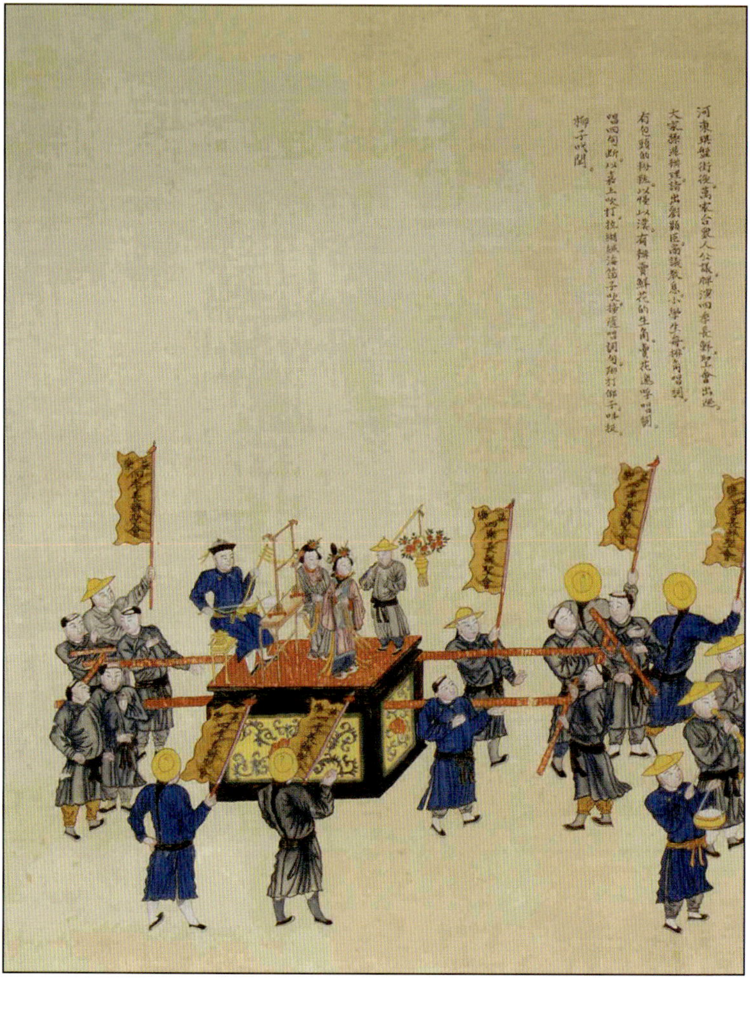
河東棋盤街後萬家台衆人公議辦演四季長鮮聖會出巡。

第三十二起（第四十九道） 河東棋盤街后萬家台英樂四季長鮮聖會

第三十三起（第五十道） 鹽務綱總通商抬閣第七架梁灝救洞賓

第三十三起（第五十一道） 緑牡丹高蹺聖會

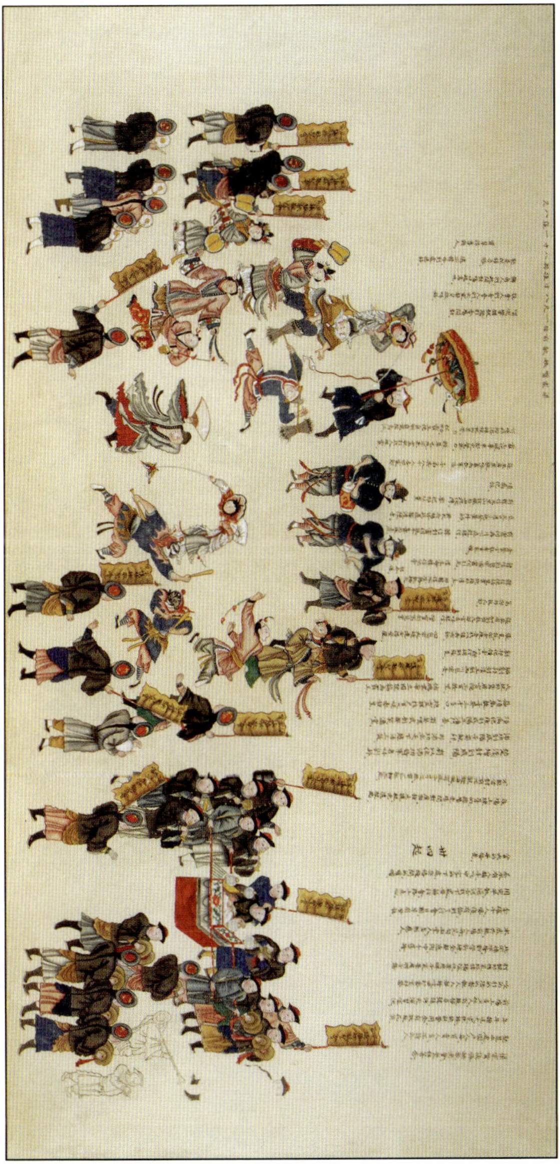

第三十四起（第五十二道）梁家嘴議勝秧歌老會

第三十五起（第五十三道） 鹽坨文殊庵前妙顯寸蹺蓮花洛聖會

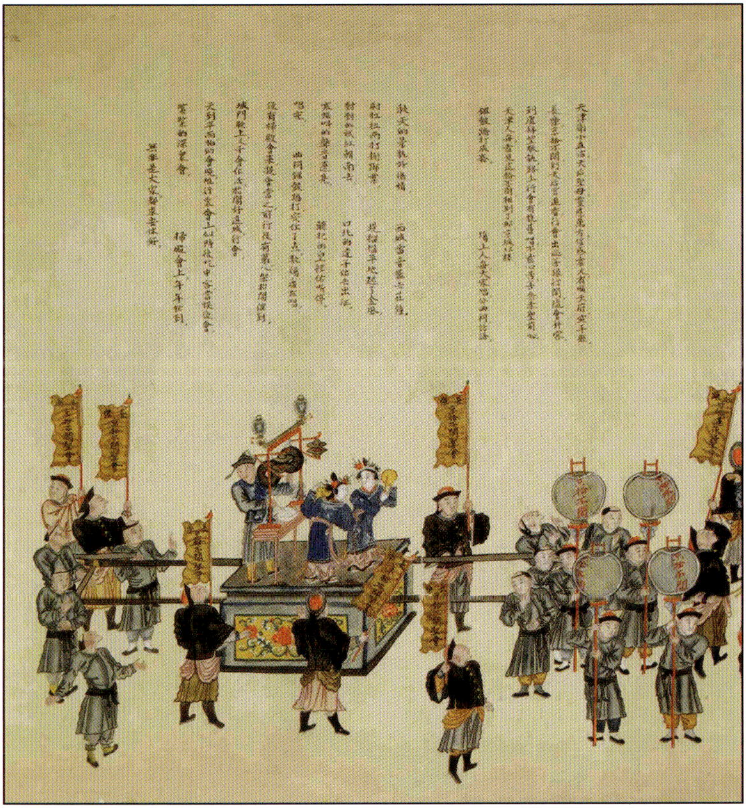

第三十五起（第五十四道） 順天府宛平縣長樂京十不閑天后宫
進香會

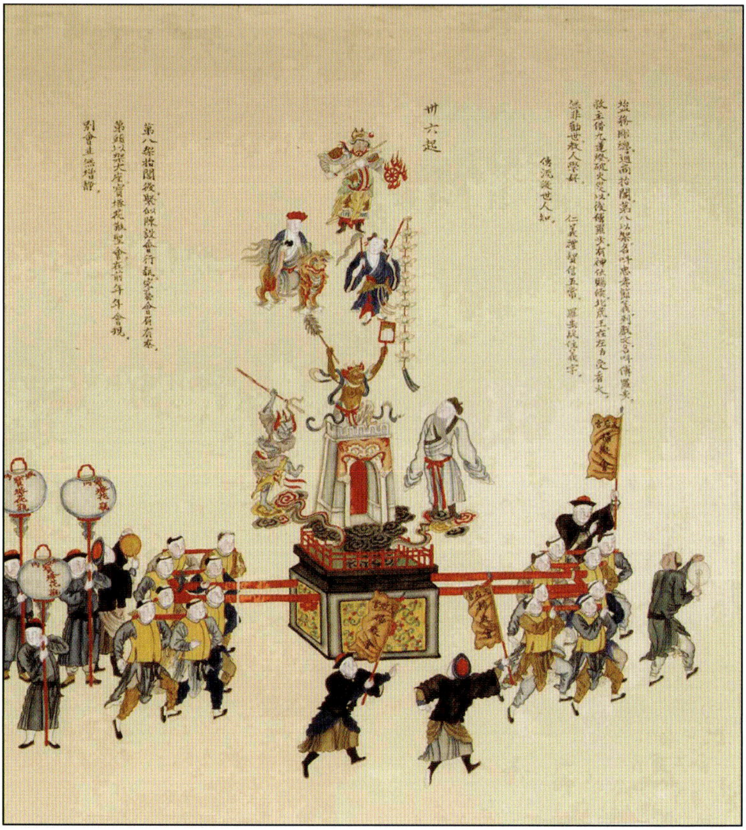

第三十六起（第五十五道） 鹽務綱總通商抬閣第八架傳羅蔔救母

第三十七起（第五十六道前部） 城内寶塔花瓶

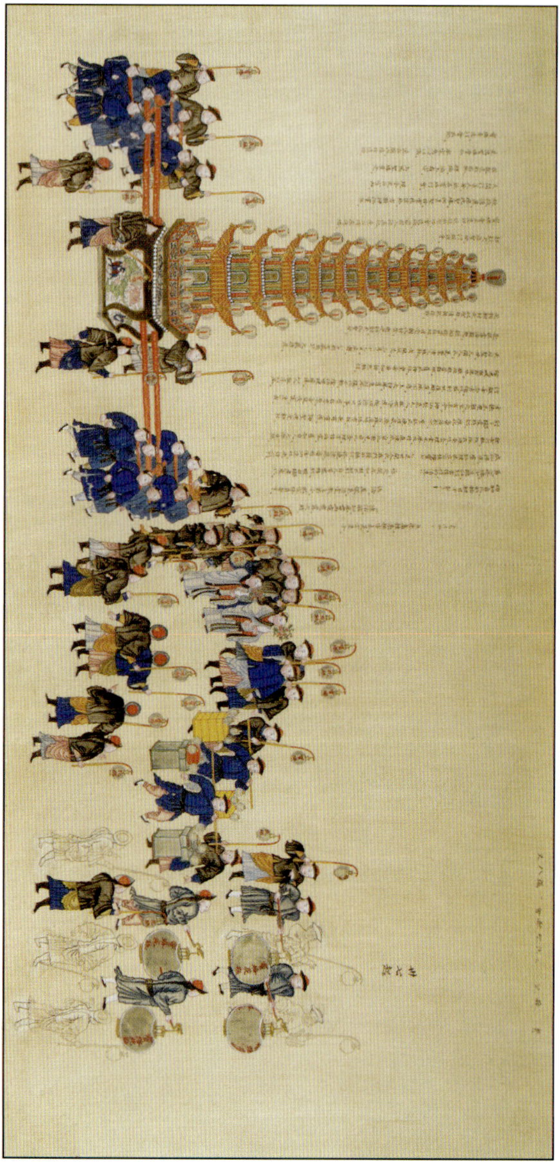

第三十七起（第五十六道後部） 城内寶塔花瓶

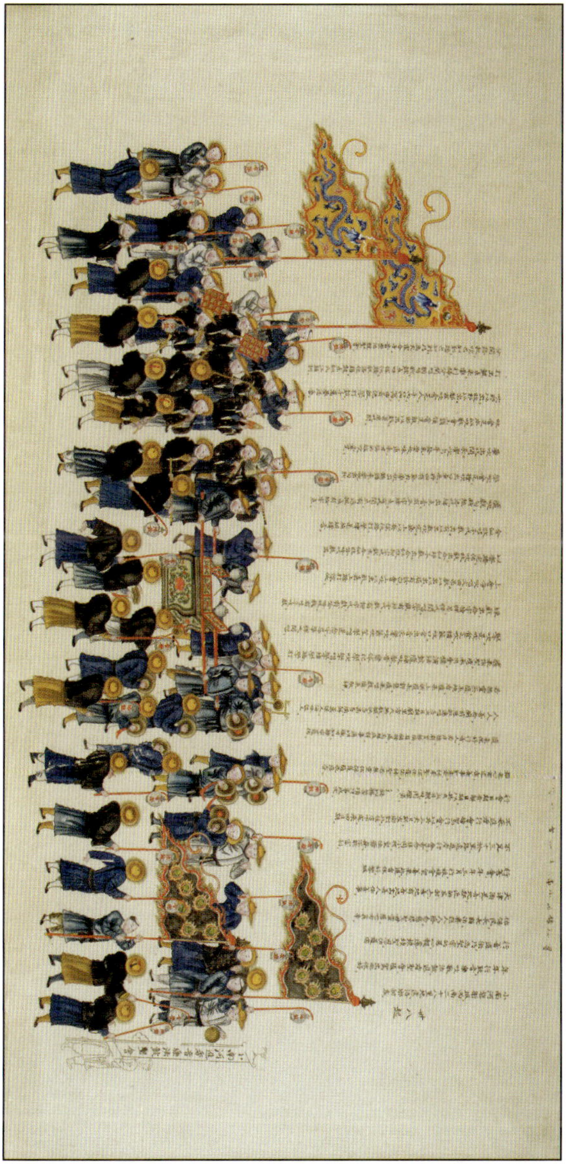

第三十八起（第五十七道） 小南河進香音樂法鼓聖會

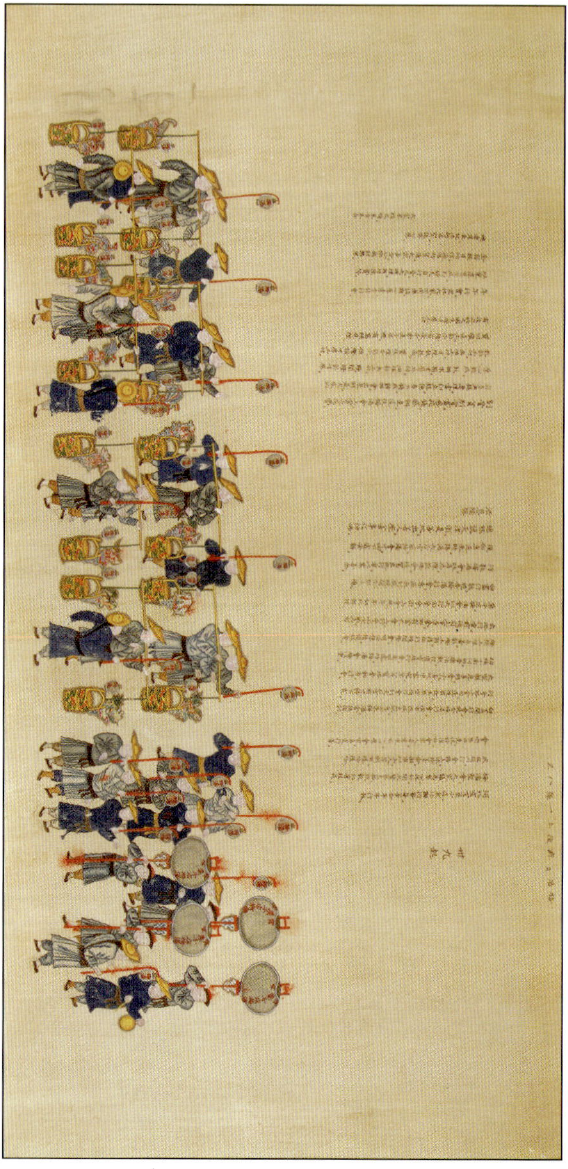

第三十九起（第五十八道前部） 河北窑洼菓子店梅湯聖會

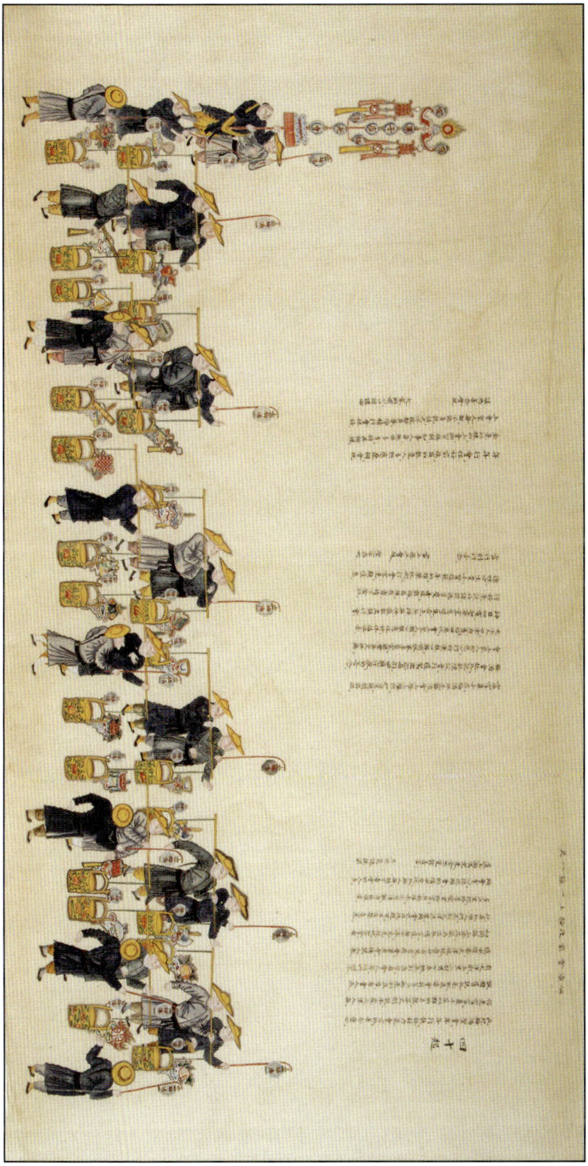

第三十九起（第五十八道後部）河北窑窪菓子店梅湯聖會

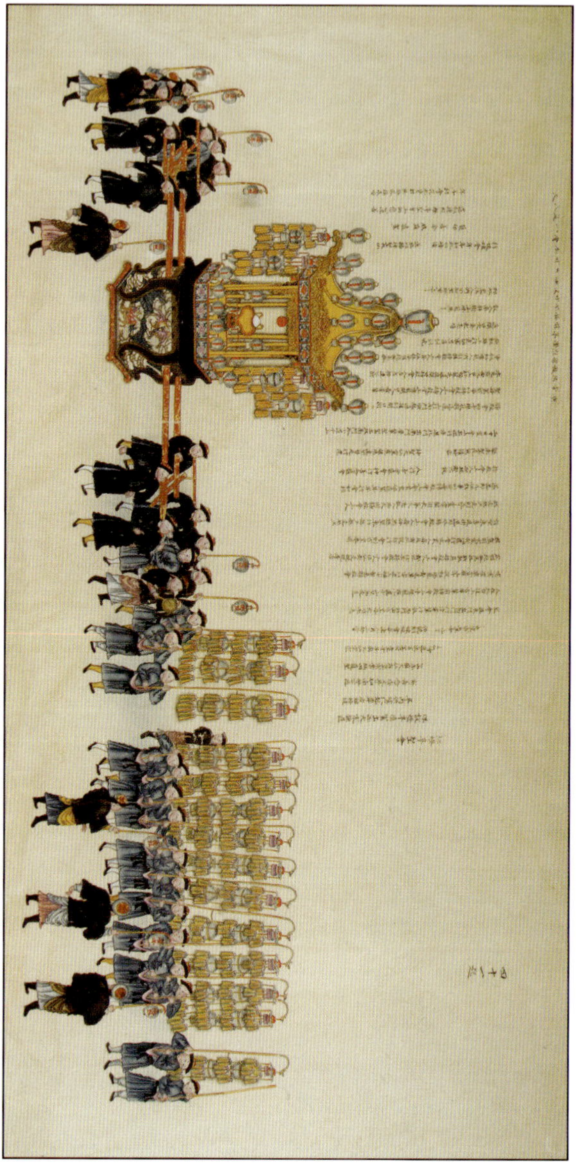

第四十一起（第五十九道）德照燈亭聖會

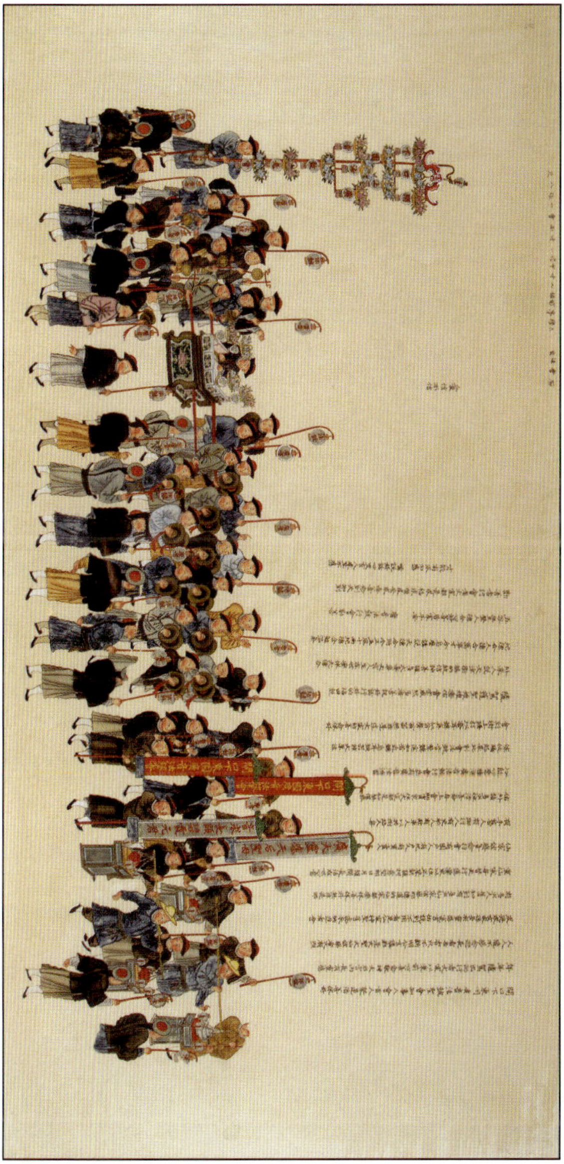

第四十二起（第六十道） 閘口下東園廣音法鼓老會

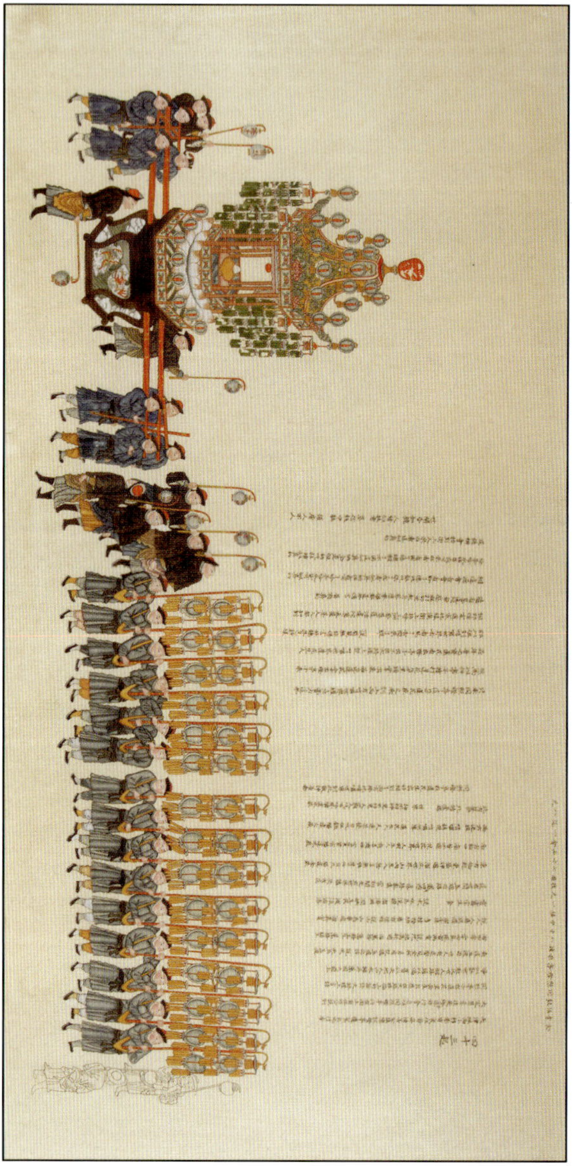

第四十三起（第六十一道） 城西小夥巷同照燈亭

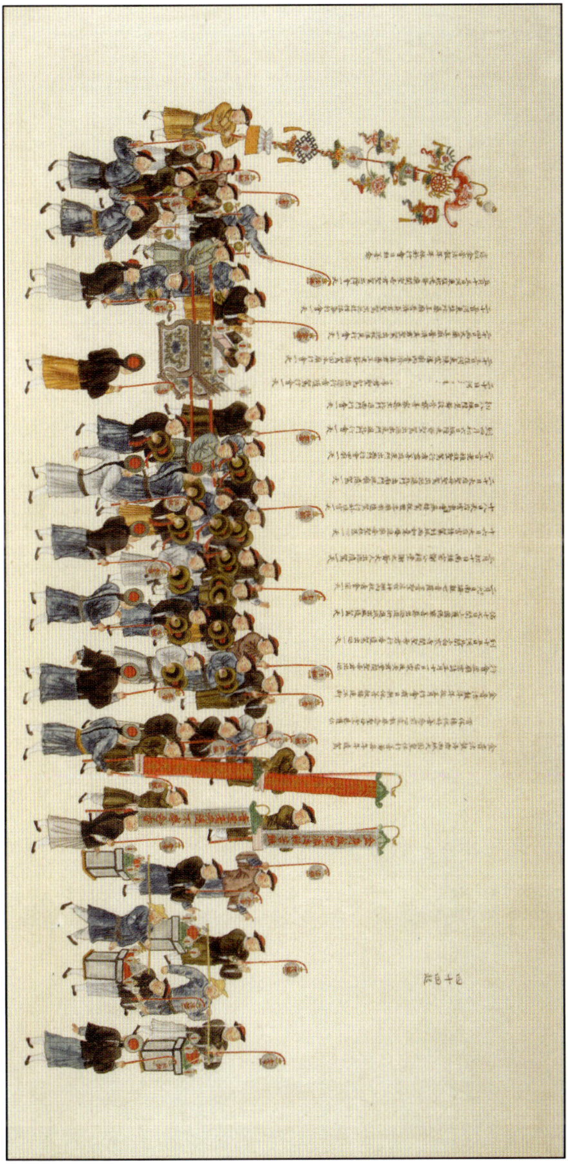

第四十四起（第六十二道）西城大園金音法鼓老會

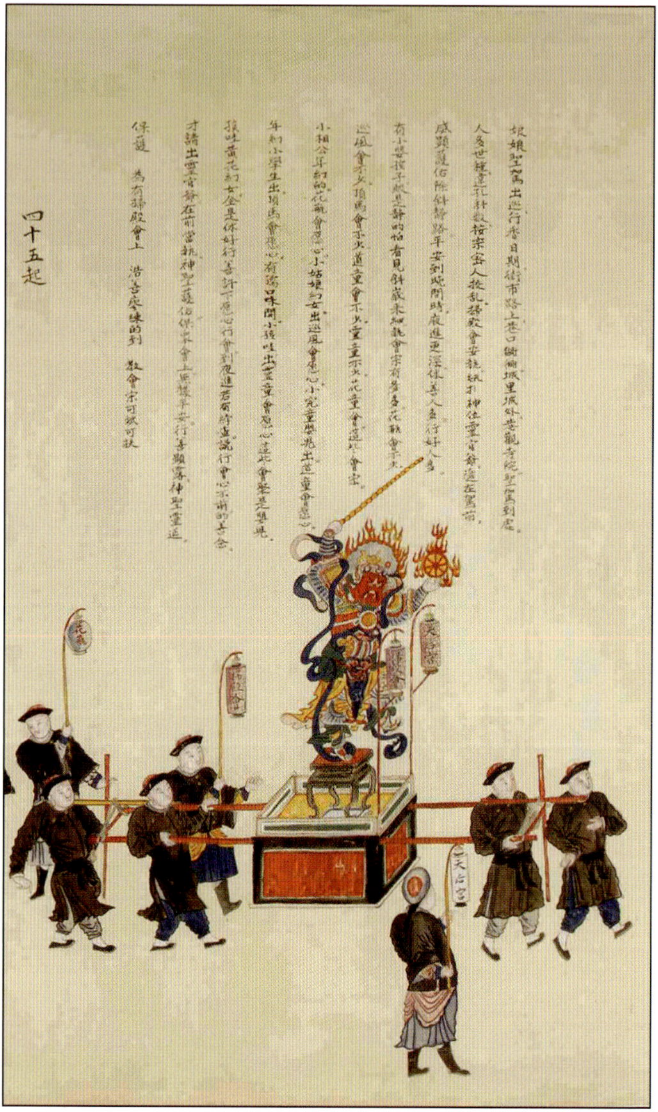

第四十五起（第六十三道） 掃殿會靈官護聖大座

第四十五起（第六十四道）花瓶聖會

第四十六起（第六十五道前部）　西頭雙忠廟後花神廟鮮花場鮮花聖會

第四十六起（第六十五道中部） 西頭雙忠廟後花神廟鮮花場鮮花聖會

第四十七起（第六十五道後部） 西頭雙忠廟後花神廟鮮花場鮮花聖會

第四十八起（第六十六道） 西頭雙忠廟後花神廟鮮花場鮮花燈亭聖會

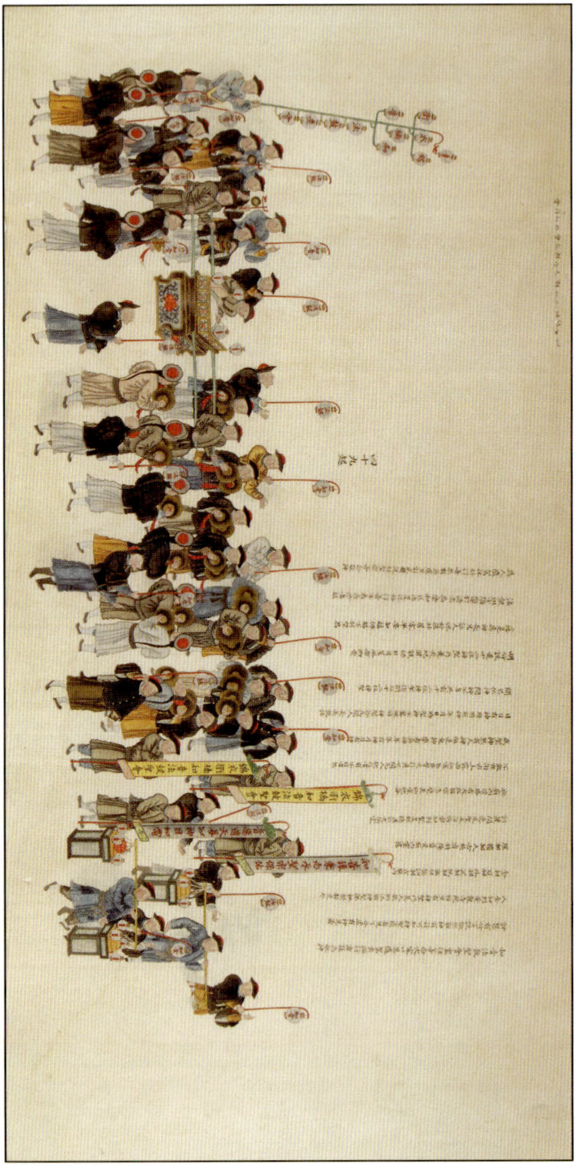

第四十九起（第六十七道） 錦衣衛橋和音法鼓老會

第五十起（第六十八道） 東門外南功店海屋添籌燈亭行啓陳設會

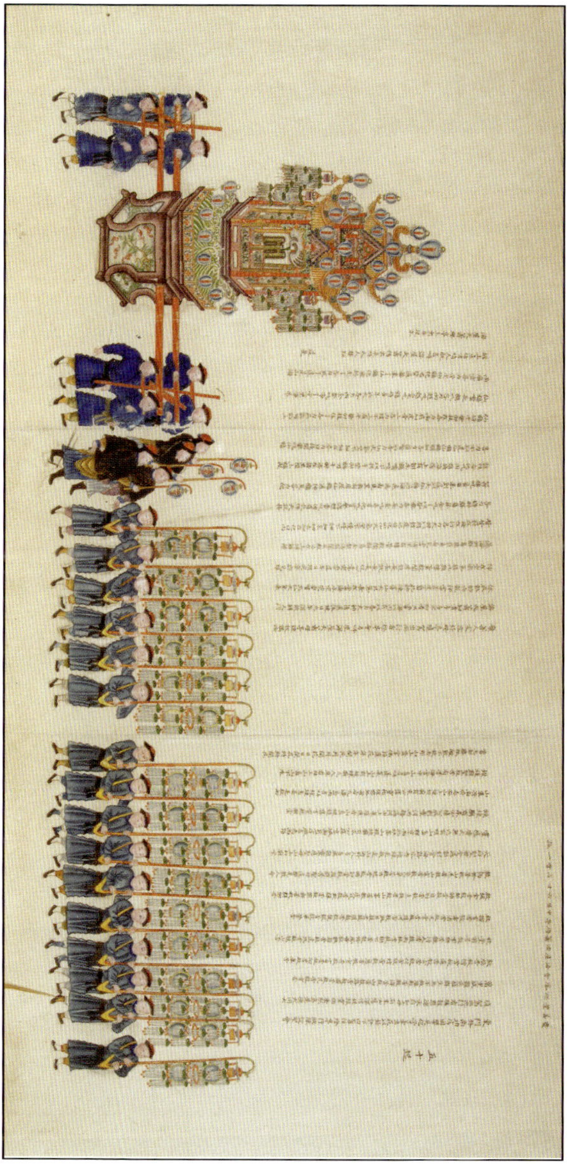

第五十一起（阙失）

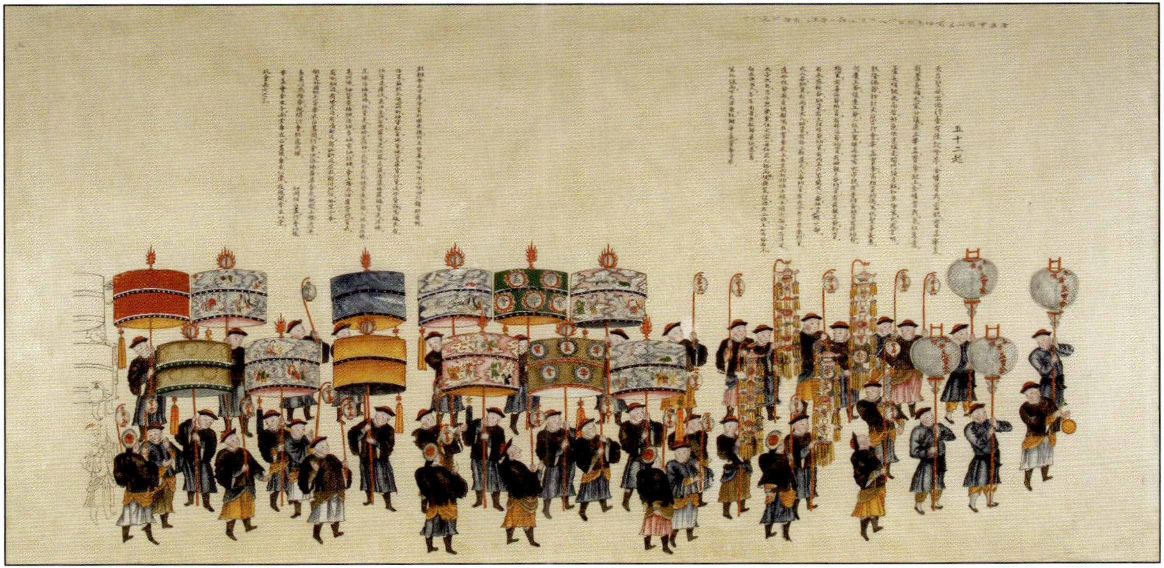

第五十二起（第六十九道前部） 長順華蓋寶傘

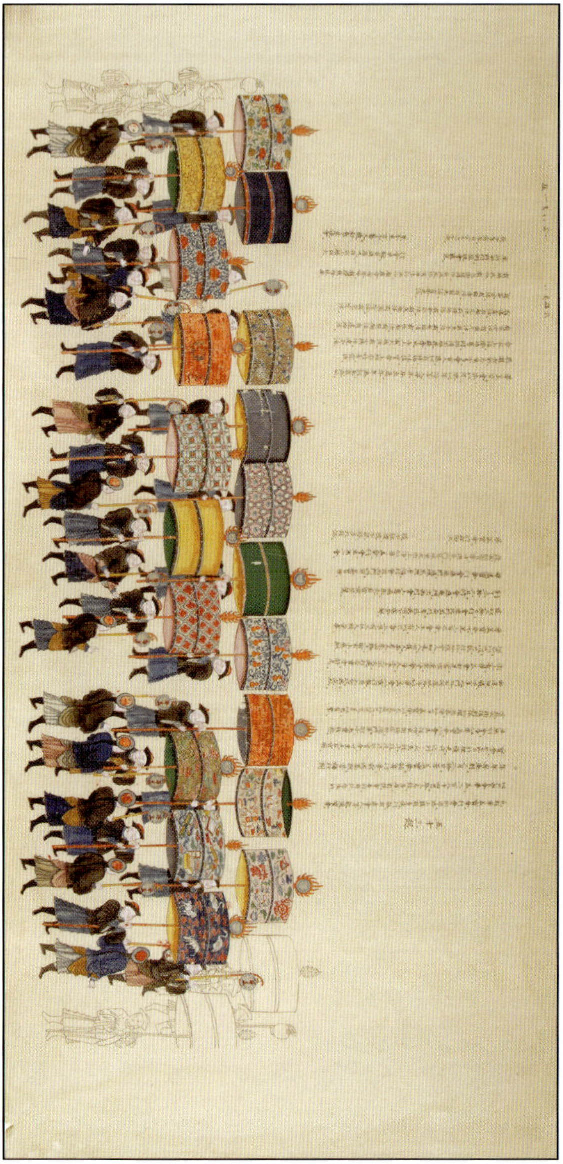

第五十二起（第六十九道中部） 長順華蓋寶傘

第五十二起（第六十九道後部） 長順華蓋寶傘

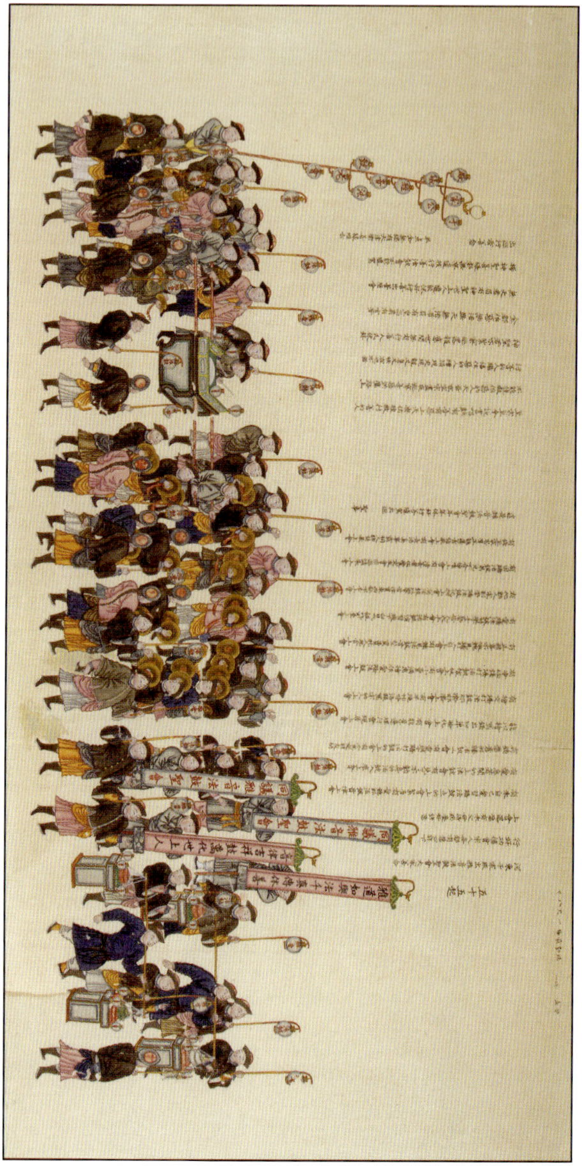

第五十五起（第七十道） 河東于家廠雅音法鼓老會

第五十六起（闕失）

第五十七起（第七十一道） 玉皇閣前津音法鼓聖會

第五十八起（第七十二道） 普善花童聖會

第五十九起（第七十三道）天后宫道炬行香會

第六十起（第七十四道）送生娘娘寶輦同議請駕聖會

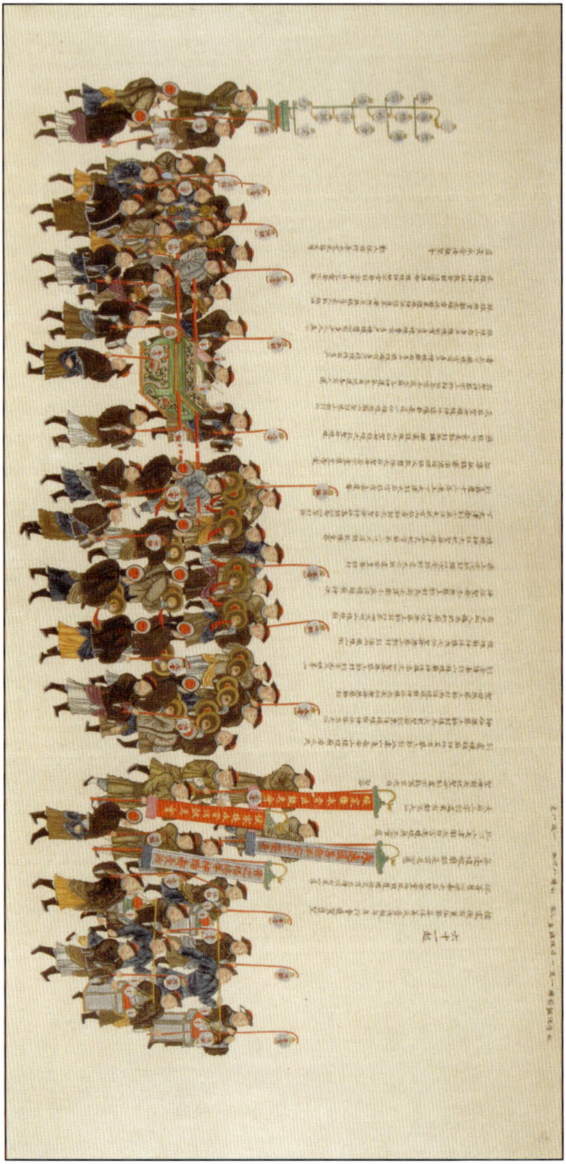

第六十一起（第七十五道）侯家後永音法鼓

第六十二起（第七十六道） 積善堂頂馬行香會

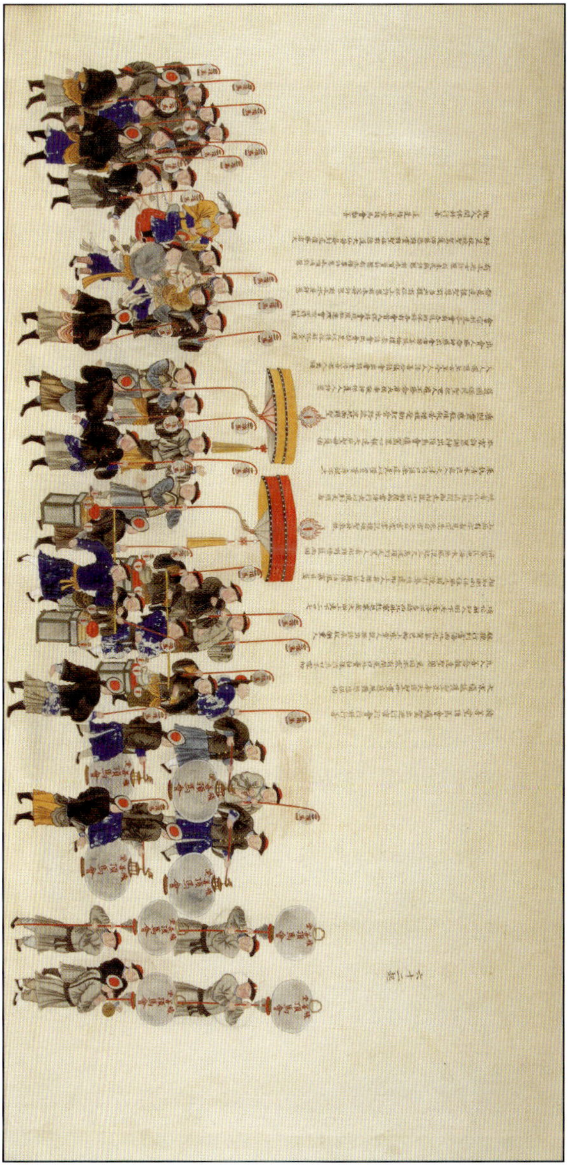

第六十三起（第七十七道） 于家廠公議鷙雲法鼓老會

第六十四起（第七十八道）積善堂道童行香聖會

第六十五起（第七十九道）城内草場庵清音法鼓聖會

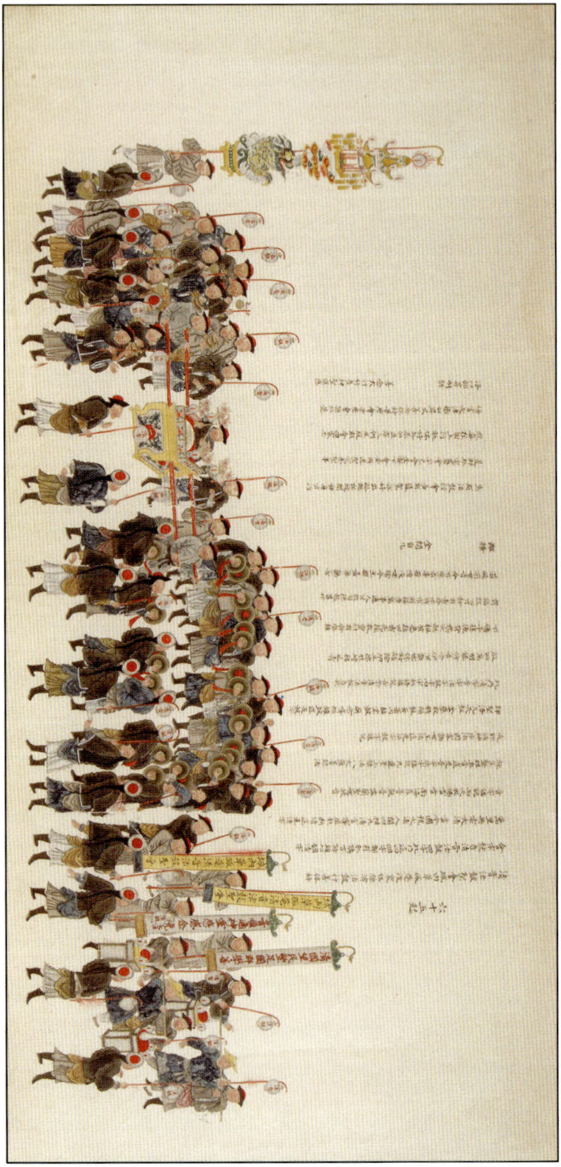

第六十六起（第八十道） 于慶堂巡風還願會

第六十七起（第八十一道）子孫娘娘寶輦敬議請駕聖會

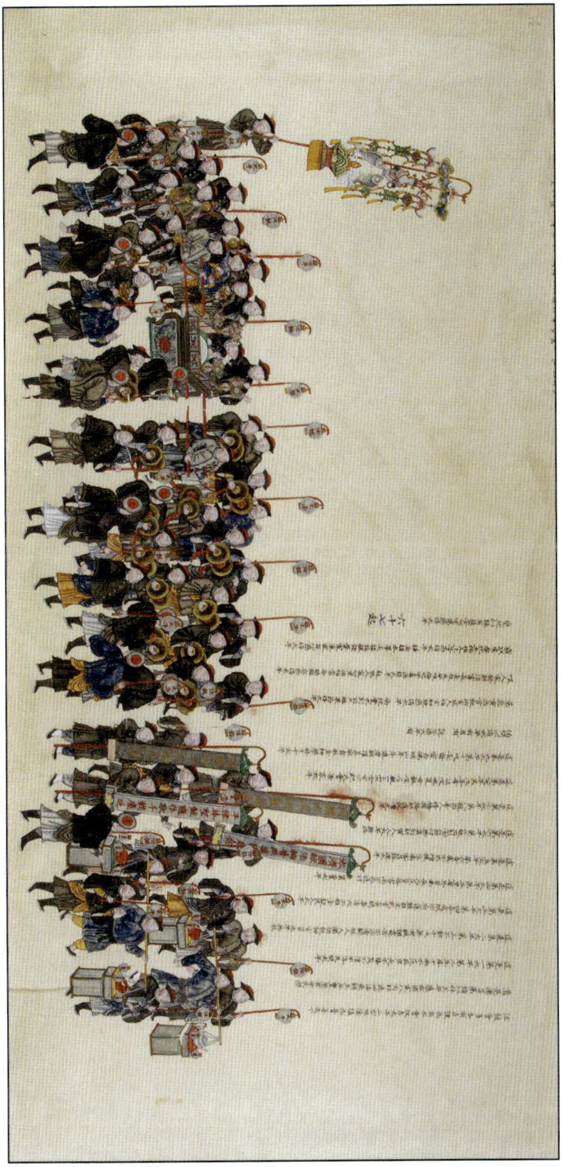

第六十七起（第八十二道）同願太平法鼓老會

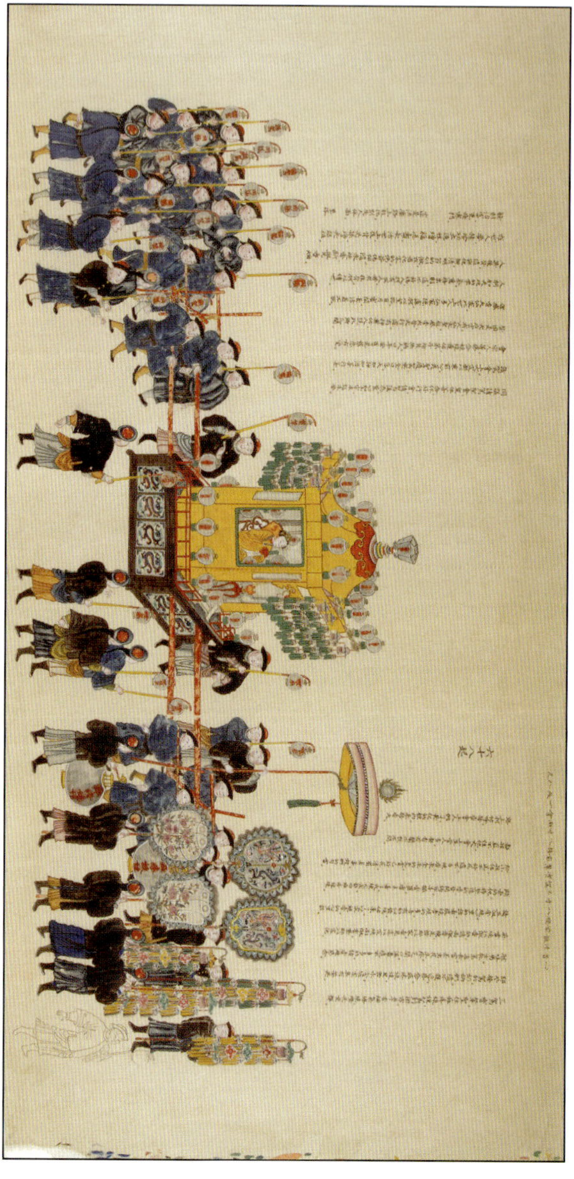

第六十八起（第八十三道）斑疹娘娘寶輦同議請駕聖會

第六十九起（第八十四道）城西北大夥巷内牌樓口立源振音法鼓聖會

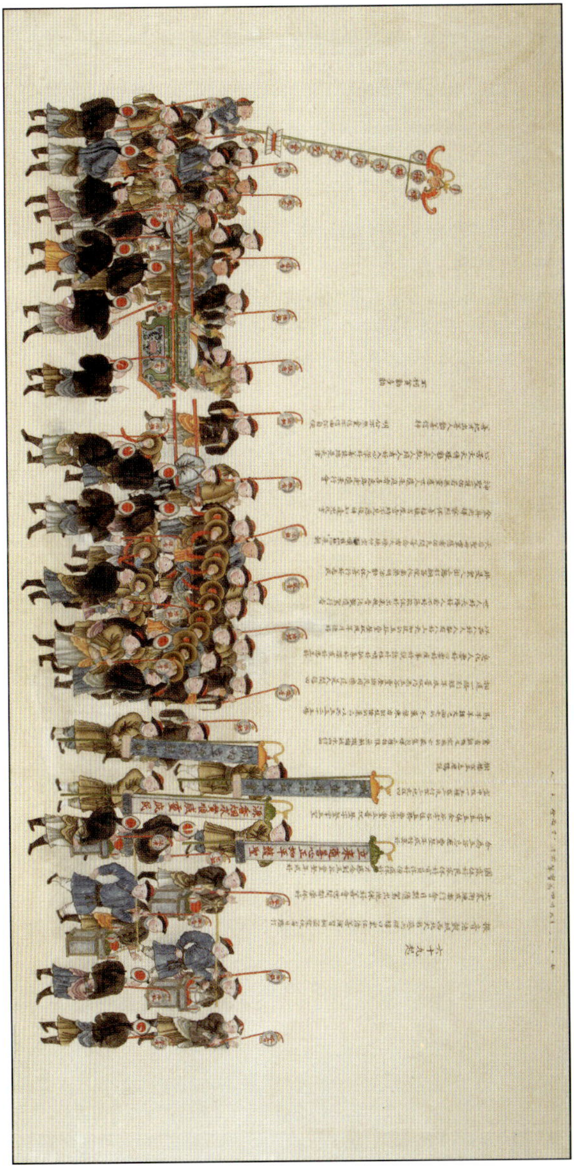

第七十起（闕失）

第七十一起（第八十五道）城内石橋後洪音法鼓老會

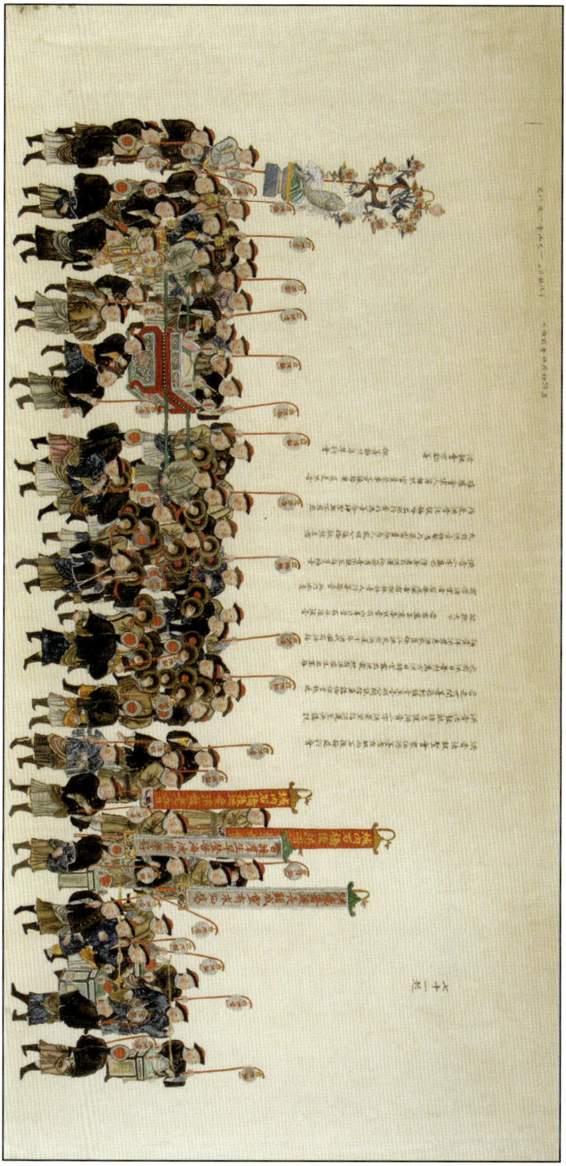

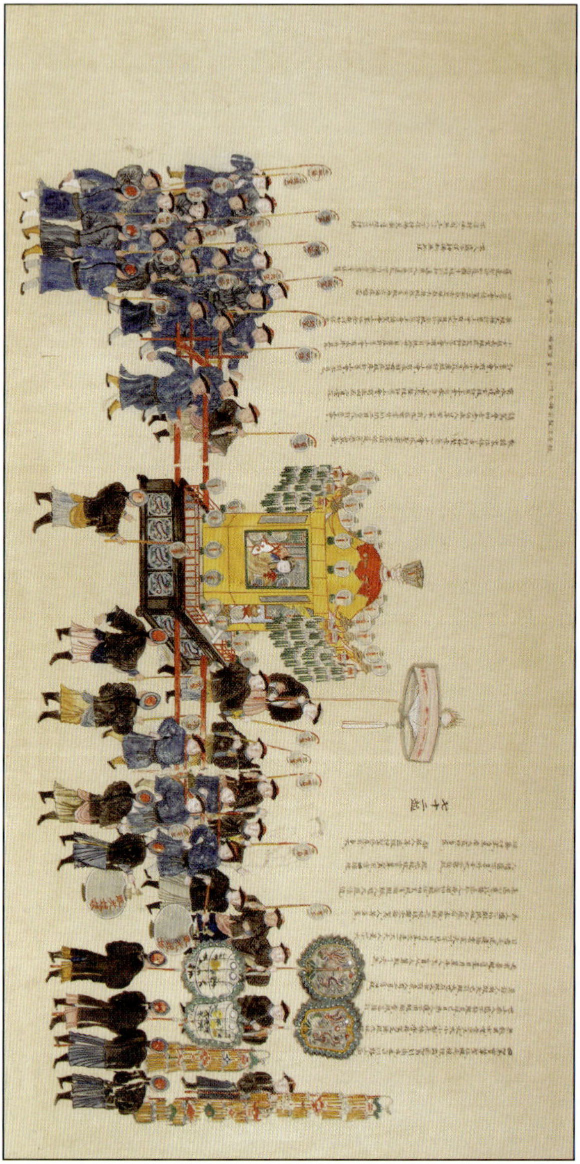

第七十二起（第八十六道） 眼光娘娘寶輦敬議請駕聖會

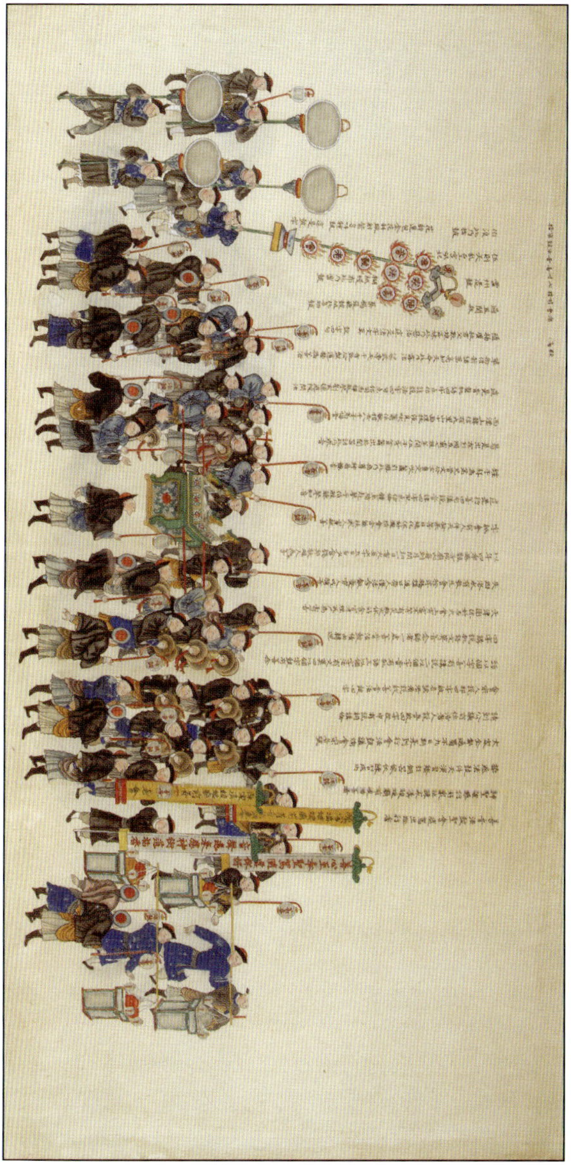

第七十二起（第八十七道）河東陳家溝娘娘廟前善音法鼓老會

第七十三起（第八十八道） 縣署前接香會

第七十四起（第八十九道）鹽坨壽恩堂慶音法鼓聖會

第七十五起（第九十道）天后宫寶鼎聖會

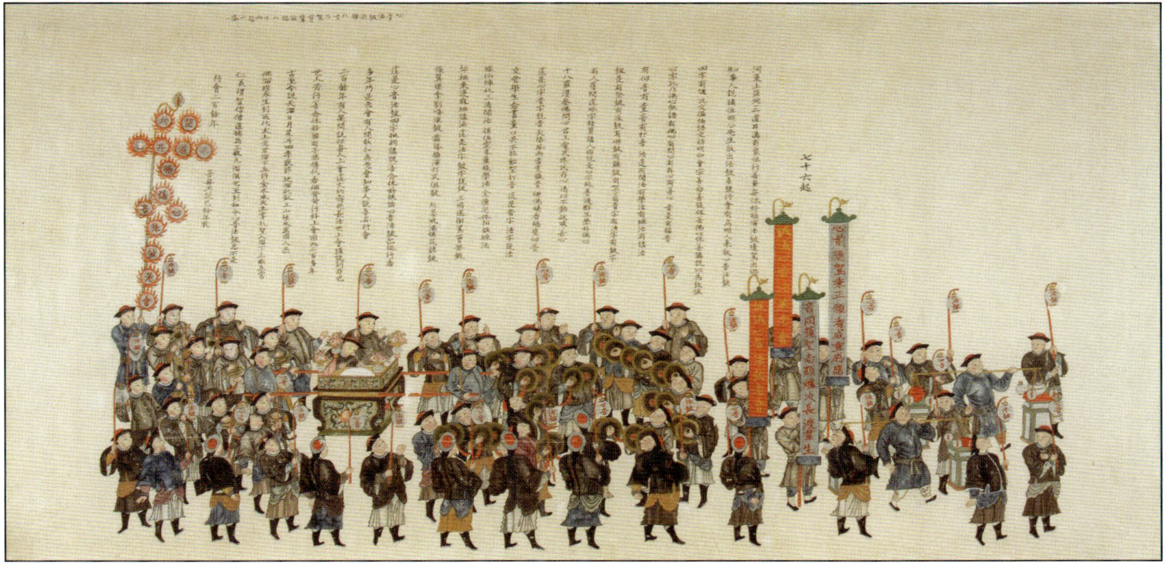

第七十六起（第九十一道） 河東上鹽坨三道井溝誠議心音法鼓老會

第七十七起（第九十二道） 懷德堂隨駕頂馬聖會

第七十八起（第九十三道）慶善堂巡風聖會

第七十九起（第九十四道） 永豐屯公議香斗法鼓老會

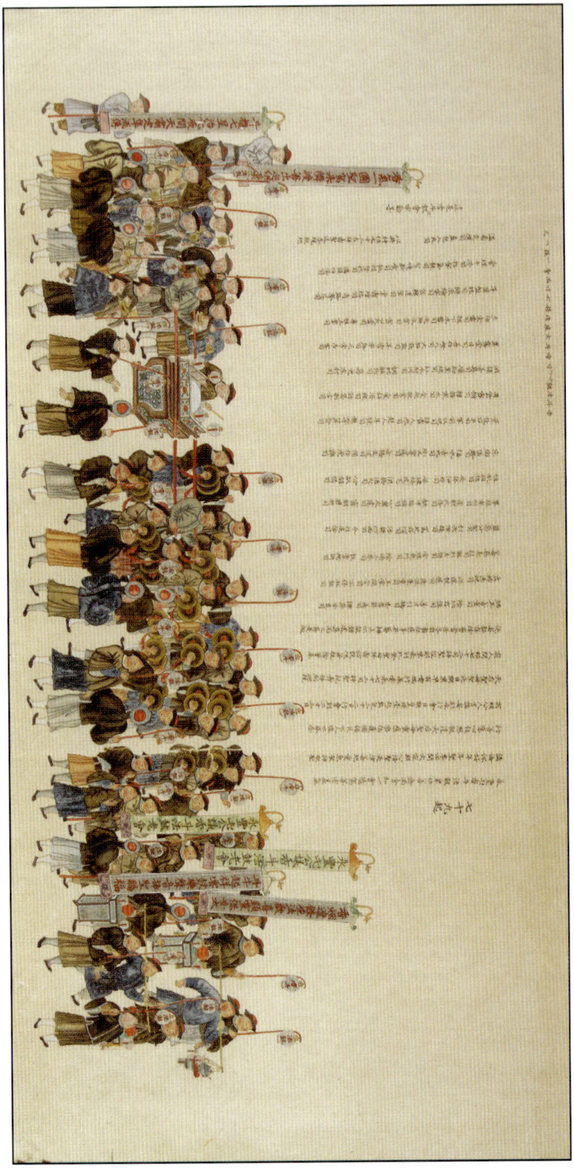

第八十起（第九十五道） 永豐屯香鋪香廠公議香斗聖會

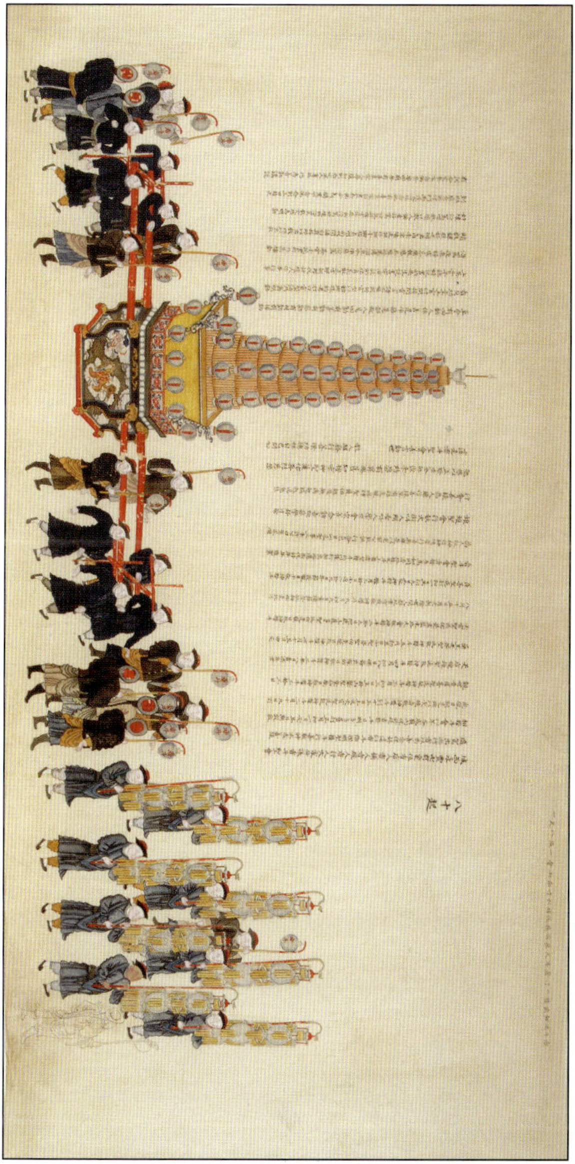

第八十一起（闕失）

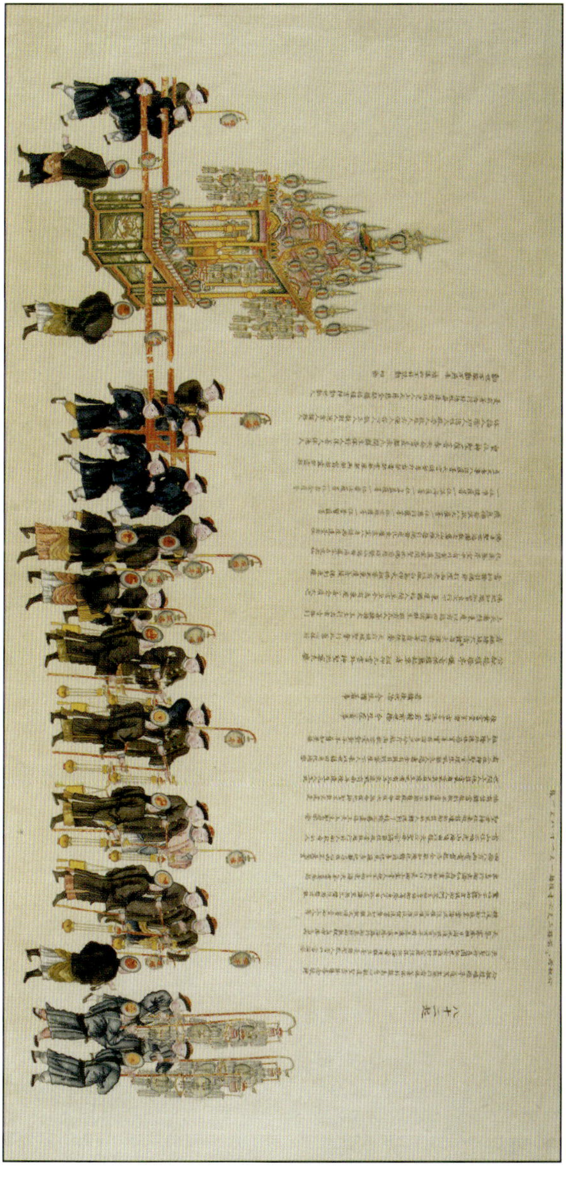

第八十二起（第九十六道） 公獻提爐燈亭

第八十三起（第九十七道）頂馬聖會

第八十四起（第九十八道） 天后宮掃殿會直符神大座

第八十四起（第九十九道） 隨駕道童花瓶聖會

第八十五起（第一〇〇道） 河東衆位雜糧店公議善念鑾駕

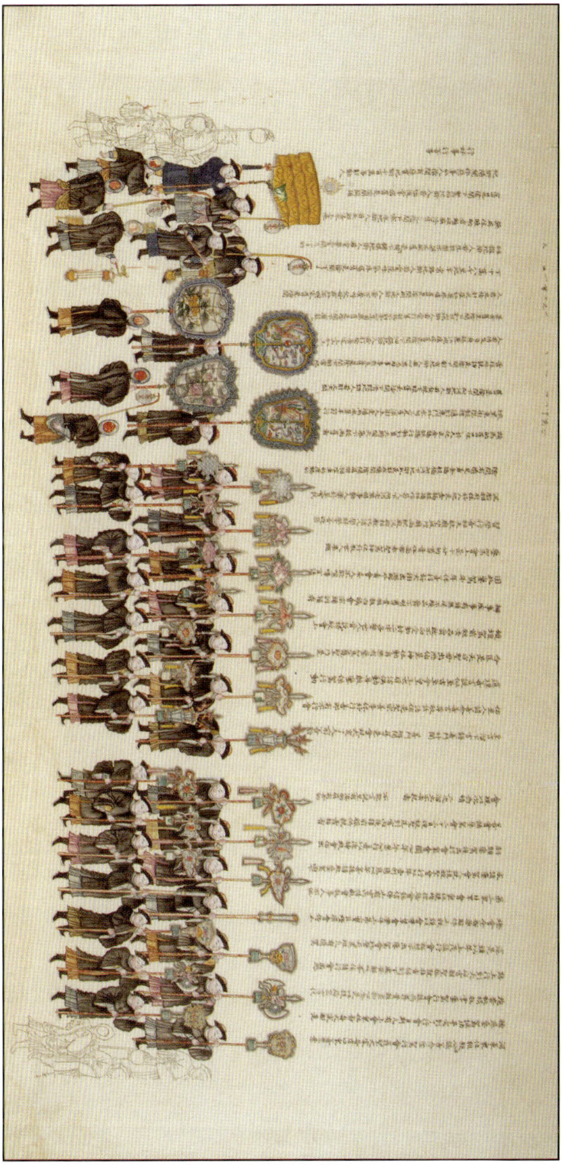

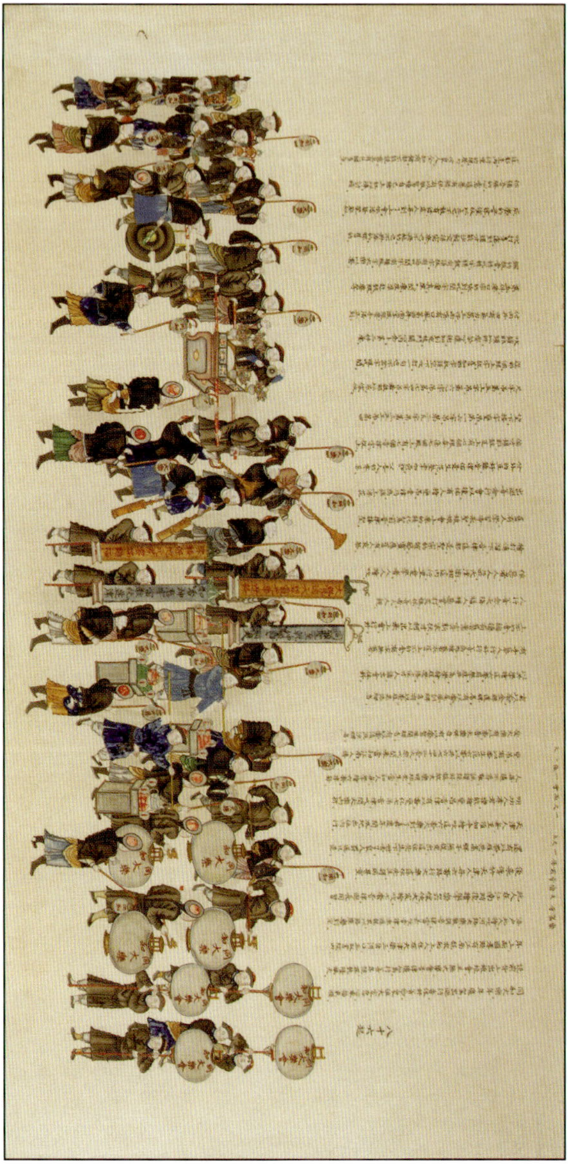

第八十六起（第一〇一道）同和大樂

第八十七起（闕失）

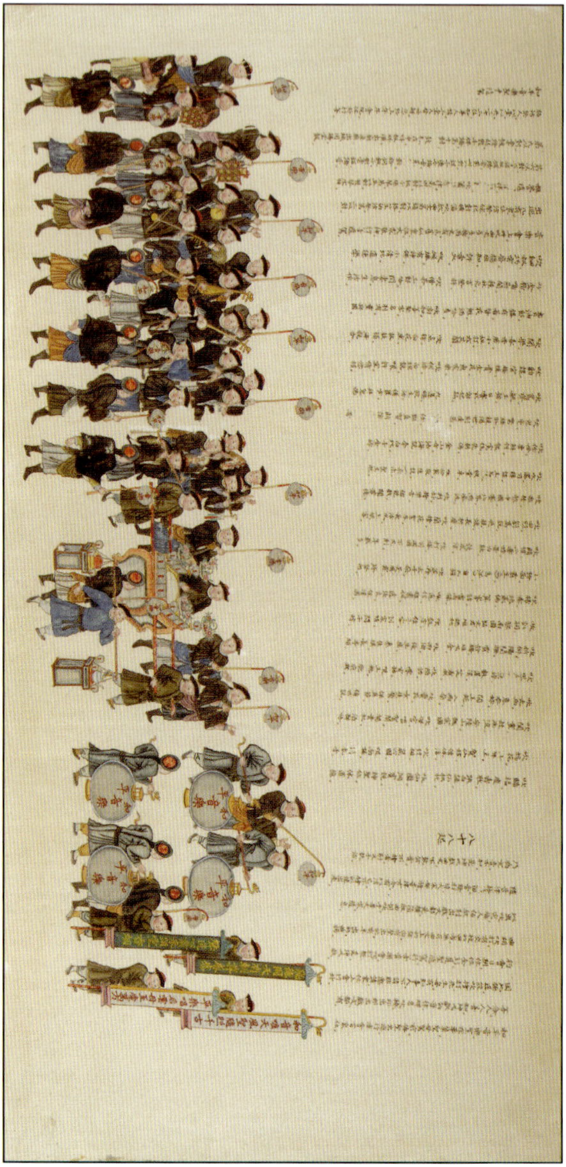

第八十八起（第一〇二道）和平音樂

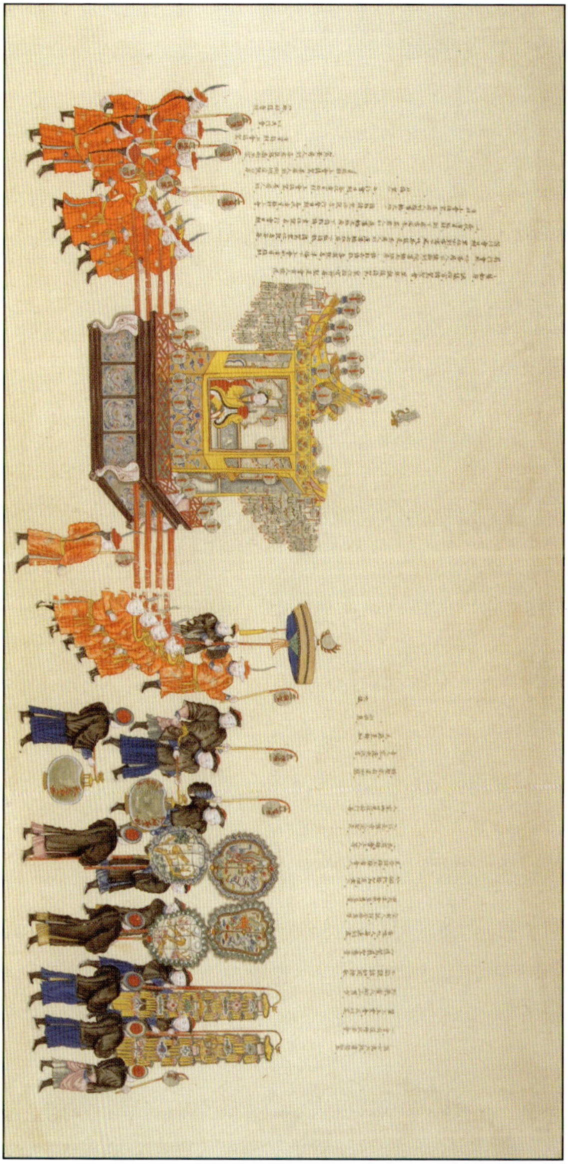

第八十八起（第一〇三道） 天后聖母寶輦誠議請駕聖會（殘）

第八十八起（第一〇四道）運署護聖老會（殘）

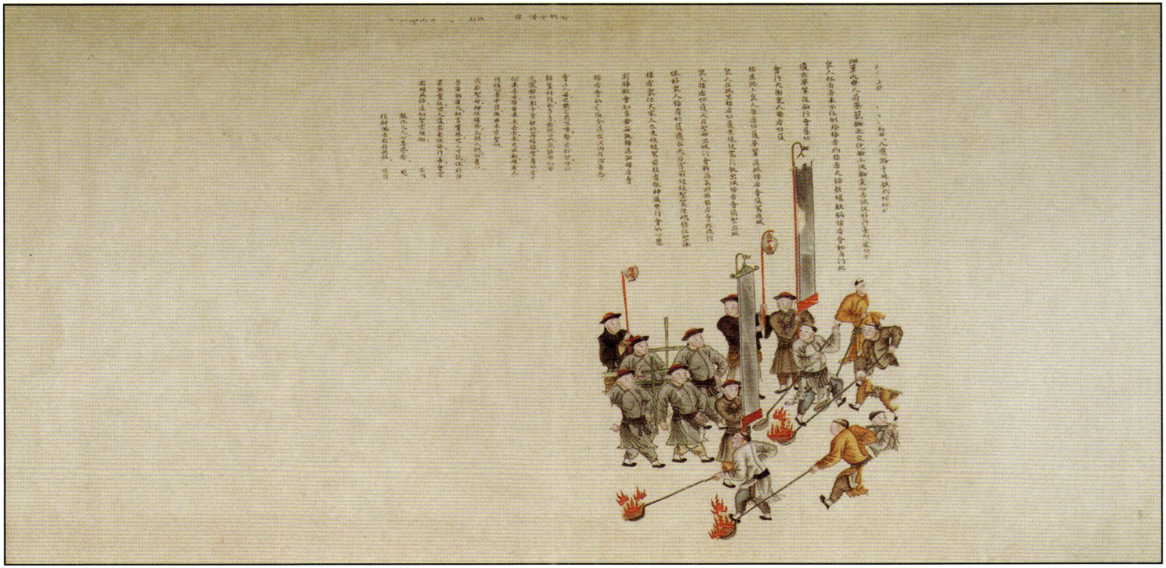

第八十八起（第一〇五道） 南門内接香會（殘）

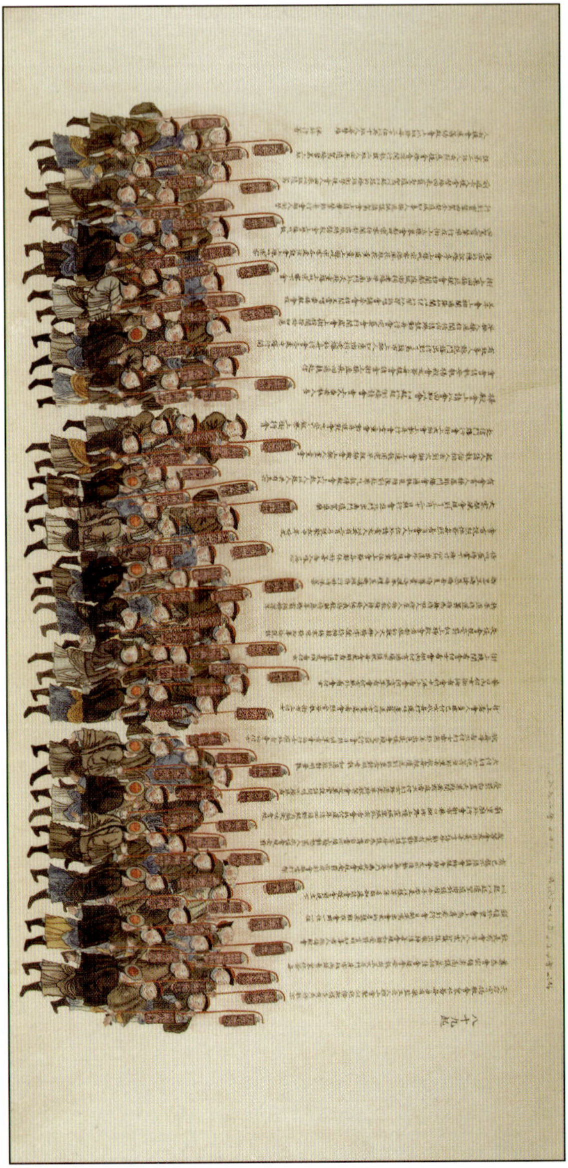

第八十九起（第一〇六道） 天后宫掃殿會護聖

問津文庫

「十三五」國家重點圖書出版規劃項目

津沽筆記史料叢刊第六種

主編　王振良

天后宮行會圖校注

（上）

高惠军
陈　克　整理

天津出版傳媒集團
天津古籍出版社

圖書在版編目(CIP)數據

天后宫行會圖校注 / 高惠軍, 陳克整理. -- 天津 : 天津古籍出版社, 2017.8

(津沽筆記史料叢刊 / 王振良主編)

ISBN 978-7-5528-0548-2

Ⅰ. ①天… Ⅱ. ①高… ②陳… Ⅲ. ①行會–研究–天津 Ⅳ. ①K892.27

中國版本圖書館 CIP 數據核字(2017)第 202281 號

天后宫行會圖校注(上下册)

高惠軍　陳克整理

出版人/ 張瑋

*

天津古籍出版社出版

(天津市西康路 35 號　郵政編碼:300051)

http://www.tjabc.net

今晚報社印刷廠印刷

全國新華書店發行

開本 880×1230 毫米　1/32　印張 25　字數 325 千字

2017 年 8 月第 1 版　2017 年 8 月第 1 次印刷

ISBN 978-7-5528-0548-2

定　價: 128.00 圓

目録

附録

津沽筆記史料叢刊總序

陶慕寧

三津之地，舊稱直沽。地當九河津要，路通七省舟車。其域在漢屬渤海、漁陽二郡，隋屬河間、渤海二郡，唐爲瀛、滄二州地，宋金爲清、滄二州地，元因之。明建文初，燕王朱棣啓「靖難之役」，經三汊河口襲取滄州。越三載登基，遂敕名其地爲天津，喻「天子津渡」之意也。永樂二年，置天津三衛，屬河間府。清初設關，置總兵鎮守。雍正三年，改天津衛爲州，至九年陞府，領州一縣六。咸豐十年，天津開埠，漸成列强争逐貿易之洋場，今則巋然爲中國之直轄市矣。然則自建衛以迄於今，都六百餘年，考之地理河渠，其所以爲重鎮者實有二端：一則處畿輔要衝，海疆門戶，此地不守，鼎湖危殆，故又稱之「津門」；二則處漕運樞紐，南接淮泗，北達通州，東吴之稻，長蘆之鹽，或經海路，或付漕舡，皆賴此地轉輸入京。元人王懋德《直沽詩》云「極目滄溟浸碧天，蓬萊樓閣遠相連。東吴轉海輸粳稻，一夕潮來集萬船」，即當日天津海漕之實録也。

金元以降，天津之隸屬、轄區雖屢更易，而魚鹽之利、商賈之繁、居人之雜、風俗之盛，固未嘗大變。明正統初，始建天津衛學，其後科舉漸興，膺進士之選者代不乏人。其早者，若汪來，嘉靖二十年進士，官至慶陽知府，撰有《北地紀》四卷；若張愚，嘉靖二十九年進士，仕至右副都御史；若劉燾，嘉靖三十八年進士，仕至兵部右侍郎、右都御史。又，隆慶五年一科會試，即有劉鈺、張佑、任天祚三人登第。是知其地不獨商貿繁衍，人文亦頗有可稱者。逮清季民國，政局傾頹，西潮澒洞，外人雲集。大賈居豪，舞長袖而吸金；失意政客，憑租界以窺勢。而承學之士、詞客報人，亦矍然蔚起，斥清廷之昏瞀，揭時政之危局。天津乃漸成消息之淵藪，政治之策源矣。

今之天津爲工業重鎮，襟帶華北，遠接大洋，經濟之繁榮，民生之富庶，殆亙古所未嘗有。而未來之前景，正未可限量。然一地一城之聲譽，非盡可以經濟之榮悴衡之，天津若欲立於中國城市之林，尚需發弘卓然獨特之文化。而欲發弘文化，則需爬梳董理相關之史料，若人文之聚散，古迹之存堙；若張氏遂閑堂，查氏水西莊；若梅樹君之梅花詩社，嚴範孫之城南詩社；若天妃宮之遞嬗，稽古寺之重修，大悲院之沿革，楊柳青之題詠；進而長蘆鹽場之種賣，銀魚鐵脚之烹炒；甚乃方言之特异，風俗之淳澆，皆有待詳爲稽考揭櫫於世者。而後激濁揚清，乃可發揚之，光大之。

王振良君，籍屬長白，早年肄業於南開大學，後就職今晚報社。其爲人謙退揖讓，有古君子風；爲學則鉤沉索隱，爬羅剔抉，有東原、實齋之致，兼高郵、嘉定之勤。十數年來，篤志於天津文獻之蒐集編訂，遍訪地方耆宿，覓求稀見古籍，焚膏繼晷，殫慮竭精，以羅致地方先賢著述、發煌沽上人文風俗爲使命。其所編訂之《問津》《天津記憶》，本已頗具規模。復又推出《問津文庫》，更自琳琅滿目。今文庫之《津沽筆記史料叢刊》又將付剞劂，屬余爲弁言。余何幸如之，草此數言爲振良君賀，亦爲天津歷史文化之彰宏賀。

甲午歲末於南開大學範孫樓

（陶慕寧，南開大學文學院教授，博士生導師）

天后宮行會圖校注序

羅澍偉

天津的媽祖祭典——「皇會」，是中國北方媽祖誕辰的特有祭祀形式，舊時民間多稱為「娘娘會」，文字則記載為「天后會」。大約到了清代道咸年間才叫「皇會」。傳說，這種祭祀形式源於元明時期，直到清代康熙四年（一六六五）才見諸文字記載，並流傳到今天。

在天津，一年一度的媽祖祭典——「皇會」氣勢宏大，包括送駕、接駕、出巡、行香、祝壽等多項成套的儀禮，接連數天，而且總是大張旗鼓，驚天動地，傾國傾城，萬人空巷，場面勁健有致，十分可觀，為其他港口城市的媽祖祭典所罕見，非常具有地方文化特色。再加上幾百年來的活態傳承，二〇〇八年，天津媽祖祭典——「皇會」入選為國家級非物質文化遺產名錄。

要瞭解和研究天津「皇會」，有兩件鮮活生動的歷史文獻不可不讀，一件是大家熟知的乾隆戊申（一七八八年）舉人楊一崑所寫的《皇會論》，另一件便是長時間寧靜地遺落於世外、二十世紀五十年代初由天津流出、現藏於國家博物館的大型彩色寫實畫冊《天后宮行會圖》。

據《天后宮行會圖》的校注者、長期從事民間音樂舞蹈和天津地方史研究工作的高惠軍和陳克先生介紹，該圖為冊頁式，共有畫面八十九幅，上繪行會圖八十七起，一百〇六道，另有兩道有目無圖，實際上應為一百〇八道。畫冊記錄的，應是清代嘉慶至咸豐中葉（一八五五年前後）天津「皇會」的出會情形。

出版《天后宮行會圖校注》的豐厚歷史價值和藝術價值在於，讓我們第一次有機會拂去歷史的塵埃，直觀地、完整地見識到了天津「皇會」最盛時期出會的真實情形、出會的起數（當年可能是不固定的）和道數（可能是當年的最高限額）、出會的行進路線，以及各道會的大致組成人員、道具、服飾、表演時的靜止瞬間等。從而為我們穿越時空，打撈起昨日風韻彌醇的太平景象，留住了一段有溫度的歷史，留住了許多已經闕失的記憶。

在一定意義上說，這部畫冊是一道以寫實風格完成的世間罕見的流動風景線，它讓我們直觀地觀測到了與當代文明相距近二百年一個動人心弦的世界，感觸和領受了一次宏偉、壯觀的民間藝術大展演的洗禮。

出版《天后宮行會圖校注》的意義，還在於彰顯了其中蘊含的巨大研究價值。

關於「皇會」，歷來缺乏具體和有價值的文字記載。《天后宮行會圖》之所以特別的珍貴，除了精准的圖像，還在於每道會上面那些一段段被高惠軍先生稱之為當年「田野考察」最真實記錄和天津人文歷史「百科全書」的「題注」。這些加起來有洋洋數萬言的「題注」，大致包括三個方面的內容——專講圖中行會次序的「眉注」，述說行會緣起、組織構成和行會實況的「講」，以及抒發作者人生觀、價值觀和社會觀的「論」。正是有了這些「題注」，才能夠使那些留痕漸消的有關「皇會」的記載，得以重見天日。

關於「題注」的重要價值，可以舉個例子，這就是為我們初步解決了一個長時間爭論不休、說法不一的「皇會」二字的來源問題。「行會圖」十四起——「鹽務剛（綱）總通商人家公議，運署二分半銀兩，皇上家的歲銀國客（課），乃為『皇會』稱呼」。所謂「運署二分半銀兩」，我的理解是，每年行會，長蘆鹽運使衙門要負擔全部費用的四分之一。由於這些款項出自「皇上家的歲銀國客（課）」，因此被稱為「皇會」。這幾個字不僅對「皇會」的來源說得非常清楚，而且是當時人記當時事，應該是可信的。

這些用彼時天津方言寫成的「題注」，雖然珍貴異常，但由於歷史的原因，不但錯別字連篇，更出現了文字的闕失——特別是隨著百餘年來語境的變化，要明白和理解個中的全部內涵，不是一件容易的事。這裏，應當特別感謝高惠軍先生，是他，在見到《天后宮行會圖》之後，以「十年磨一劍」的精神，投入巨大精力，對所有的圖像和「題注」做出了精湛的校注。

整理者之一的高惠軍先生長期從事民間音樂舞蹈研究，經過對《天后宮行會圖》的詳斟細酌，身有所感，心有所悟。首先，他依據「題注」，整理了「行會圖」的排列次序，把「起」和「道」配適起來，編排出了詳細的目錄，作為全書的綱領。然後從第一起第一道會開始，先錄下圖中的「題注」文字，再為該「題注」的內容加上「按語」和「注釋」，其中包括：對這些原始記錄的內容闡發、文字校訂、典制溯源、事物考證、詞語解釋等等，一改此前研究「皇會」時知識譜系不足的窘狀。

可以說，高惠軍和陳克先生力作《天后宮行會圖校注》的出版，為當前天津「皇會」文化研究提供了一部最佳的範本，歷久而彌新。這部圖文並茂的典籍，不但為天津的「皇會」文化研究打下了堅實的基礎，有助於這項研究繼續走向深入，也為今後這項研究的不斷拓寬和加速，逐漸恢復已經失傳的各種「皇會」表演藝術，提供了重要的學術平臺和歷史依據。民間藝術的流逝與永恆，在這裏得到了統一。

成功從來沒有現成的模式可以套用，何況高惠軍先生已年過六旬，又從未從事過校勘、考據等專業性極強的工作。但是，不論一個人多麼的無欲無求，對他所鍾情和熱愛的事業，都會有一種強烈的進取願望。對於高惠軍先生來說，成績不過是持續努力、砥礪奮進的代名詞。正是這種鏗鏘前行的足音，為他脈動出了無限的學術活力，使高惠軍先生具備了足夠的資質，他與陳克先生密切合作，為「皇會」這一天津民間文化藝術的瑰寶，穿越往日豐饒，留下時代記憶，做出了傑出貢獻。

今天，我們關注《天后宮行會圖校注》的出版，更在於這部書內在價值在當代的延伸。

天津「皇會」文化的生命力，不僅在於它的歷史魅力，還在於它生生不息的活力；若從當前改革開放的不斷深化的態勢來考察，天津的「皇會」文化，已開始成為中華文化與世界對話的特色介質。

今日的中國，已經站在了民族偉大復興的全新起點上，習近平總書記指出：「不忘歷史才能開闢未來，善於繼承才能善於創新。優秀傳統文化是一個國家、一個民族傳承和發展的根本，如果丟掉了，就割斷了精神命脈。」

換言之，中華民族的優秀傳統文化，對於國家富強、人民幸福、社會進步都有著重要的價值。要實現中華民族偉大復興的中國夢，首先需要中國的傳統文化煥發出新的生命力，需要我們的文藝工作者貢獻出文化藝術的獨特力量。如果站在這樣的高度上來考量，《天后宮行會圖校注》的出版，還為我們在珍惜歷史文脈、重視城市個性、弘揚中國風格、尋找文化創造力等諸多方面，增強了對民族文化的尊重和自信。

如何挽回歷史的記憶力，把遺產變成繼續前行的文化情懷？高惠軍和陳克先生用他們堅毅的學術拓荒精神，為我們做出了值得學習的好榜樣。

草成于丁酉處暑

整理凡例

一、《天后宮行會圖》是清佚名畫家所繪，現珍藏于北京中國歷史博物館。該圖紙本設色，為畫册形式，共計八十九幅，畫紙幅長一百一十三厘米，寬六十三厘米。

二、本次校注係根據原圖照片，對圖中題注進行抄録、整理、校勘而成。其中括弧内文字為對原文中錯字、別字的音、意勘誤；□符號為缺字、失辨字。

三、對原圖中文字的謄録、整理選擇了繁體字録入，以從字形上更加接近原文。

四、對文中的錯字、別字進行了完整保留，一來留待後人進一步勘誤、究辨，二來留其讀音，以保護原文特有的天津地方語言音韻。

五、對原文中出現的天津地方方言和術語，盡其所能地加以辨析，並在「注釋」中標明語義。

六、題注中絕大部分未標句讀。在校注過程中，根據我們對原文的理解，盡量以短句形式加以斷句句讀，以為今人閱讀方便。

七、《行會圖》原圖，標有序號，如「第××起」，該序號時居圖文側方，時居圖文中間，並無統一格式。八十九幅畫作中，無序號的圖畫共計十一幅，涉及十三道會。序號與圖畫均闕失的五起。為保證序號的完整性，在目録與文本中標注為「闕失」。

八、《行會圖》原圖編號中有「一起兩會」（如第三十起鹽綱通商抬閣、東南城角過街閣後西遊高蹺）或「一起三會」者（如第五起鄉祠前中旛老會、天后宮前敬藝中旛聖會、鹽關口勝議中旛聖會），又或有「三起為一會」者（如第五十二、五十三、五十四起，實為華蓋寶傘一道會）等現象。

九、本校注在保留原「第××起」編號的基礎上，又額外添加了「第××道」的編號，並且把相對應的圖畫和文字進行了同步化處理，即以「第××道」為標準單位，共得一百〇六道會名。便于在欣賞、閱讀過程中不再發生會與會之間的混淆。

十、為完整體現天津天后宮行會巡遊場景，特别是參加行會各會的具體位置，校注根據有關資料，對原圖中未編寫序號的會道，參照前後圖題注中的内容和原圖眉注提示，進行了編序排列，並穿插到整體隊伍中間。

十一、原圖中有未單獨標明會道名稱者，所采名稱均提取于題注，以及圖畫中高照、軟硬對兒、九圖燈上相關會道名稱。

天后宫行會圖綜論

中國國家博物館，珍藏著一件清代佚名畫家繪製的天津《天后宫行會圖》（以下簡稱《行會圖》）。該圖為畫册形式，紙本設色，共計八十九幅，畫紙幅長一百一十三厘米，寬六十三厘米。其中描繪津城各色民間花會會衆人物四千〇五十五餘衆，所涉各種鑼鼓、鐃鈸、笙管、笛簫、茶炊、挑燈、輦轎、大座、鮮花、瑞草、奇石、異獸、扎彩、燈彩……服裝服飾、道具器物不計其數。雖有人説其畫技一般，但其寫實的筆觸終究將天津皇會的蔚為大觀——繁盛天津的陽剛氣象，富足天津的實力招摇，歡樂天津的萬衆歡歌，盡數展現在我們面前，成為我們最直觀地瞭解清代天津之風尚，民間之藝術形象不可多得的最直接、最詳實的證物。

除此之外，更加重要的是，該圖尚有數萬言的「題注」按會「講論」。恰似一津門老者，操著濃重的口音，在那裏引經據典，細數家常，又不時流露些幽默、諧趣——實際上是清代天津民間花會、民間祭祀等社會活動，最為真實的「田野考察」

記録。文中所涉及的民間花會的歷史淵源、表演風格、藝術追求；所涉及的天津地理環境、人文風貌、民間信仰、社會風尚、民俗習慣；所涉及的天津人的脾氣秉性、性格個性、崇尚愛好等等諸多社會文化資訊。綜合考之，絶不失為一部天津人文歷史的「大百科全書」。

為完整地保存這一珍貴的史料，使更多的人瞭解和投入對天津歷史文化的認知，對天津皇會的研究，我們不揣淺陋地對該圖進行了分解整理——以其實際標注的行會起數為基礎排列順序，進行了重新梳理；以民間花會會道為單位，並將圖中文字進行了完整保留式的謄録與輯校，使之與原圖相配伍；在此基礎上又大膽地進行了一些詮釋性解讀和注釋、評論，以及對天津民間花會藝術的淵源、風格特色和當代傳承發展情况的簡單介紹，意在進一步强化史料的豐富性和完整性。現將在整理過程中發現的一些重要資訊及個人理解，做一提示性總結梳理，為後來的研究者做一些鋪路的工作。

一、關于該圖繪製的年代

第六十一起（第七十五道）「侯家後永音法鼓」題注講到：「唯有天津衛小直

沽娘娘廟神位趕上兩次敕封。頭一次受敕封是大元朝建安皇爺敕封娘娘神位。天妃聖母，修蓋天妃宮廟（注：應為元世祖至元年間敕封、建廟，地點為河東大直沽）。第二次大清朝乾隆皇爺下天津衛，到小直沽天妃宮内拈香敕封天后聖母神位，高掛一品一等封誥。到嘉慶十三年老主下天津，到天后宮拈香，嘉慶爺御筆欽賜，『垂佑瀛壖』牌匾大殿懸掛……」此段重點是「嘉慶十三年老主下天津」之句。

據《清仁宗實録》卷一百九十二記：「嘉慶十三年三月，戊午，上幸天津，詣海神廟、風神廟拈香。是日，駐蹕柳墅行宮（整理者注：《津門保甲圖説》有柳墅行宮方位圖，其文字説明「東界連大直沽」，「西界連唐家口」）。至癸亥皆如之。己未，上御黄幄，閱天津兵水操……」也就是説，這一年嘉慶的確來過天津，並「詣海神廟、風神廟拈香」。如今，嘉慶皇帝御賜「天津天后宮天上聖母之寶印」，仍保存在天后宮；欽賜「垂佑瀛壖」匾額仍懸于天后宮娘娘大殿正中。至于第一起（第一道）「慶祝門旛老會」的黄呢大幟，上書「敕封護國庇民顯神贊順垂佑瀛壖天后聖母明著元君寶旛」，説明此旛一定是為慶祝嘉慶御筆親賜「垂佑瀛壖」匾額而特别製作之物。所以「老主下天津」之説的時間屬實。

又，第七起（第十一道）「南頭窑公議中旛老會」題注云：「到三月初十日，本處謝公祠謝大人（整理者注：謝子澄，道光十二年舉人，咸豐元年署無極縣，二年補天津，三年與太平軍戰，守天津，戰歿）出巡，我膰行會。」第四十四起（第六十二道）「西城大園金音法鼓老會」題注云：「三月初十日，南頭窑謝公祠堂，謝大人出巡隨駕一天。」兩題注均涉及到一個地名，即謝公祠。《津門雜記》卷上和《津門紀略》同載：謝公祠在西門外永豐屯驢市口，咸豐三年（一八五三）與謝公同時赴難之蒙古都統佟公鑒並祀于祠，因此謝公祠又被稱為雙忠祠。這裏的「謝公祠」和「咸豐三年」又是一個較為確定的空間與時間概念，為確定《行會圖》的繪製年代提供了另一個明確的坐標點。

另外，有關第二十三起（第三十三道）「樂善雙花鼓聖會」和第二十八起（第四十二道）「城北西沽永慶太平花鼓聖會」的歷史沿革，也關聯著本圖的繪製年代。根據《天津皇會考記》《皇會》《中國民族民間舞蹈集成·天津卷》，有關「花鼓」藝術在津傳播的資料顯示：鳳陽花鼓在天津的傳播，唯有東于莊（原于王莊）的「同樂花鼓會」——成立于乾隆末年，由安徽逃荒藝人于氏兄弟所傳，和紅橋區西沽村的「太平花鼓會」——成立于咸豐年間，乃于家兄長受西沽邀請，在小藥王廟附近傳授。以此為據，天津的這兩道「花鼓會」同時出現在《行會圖》中（雖然會道名稱與今略有不同），同樣又涉及到「咸豐年間」這一時間概念。

據以上材料可以斷定，《行會圖》應當是完成在咸豐三年以後。

二、關于畫幅序列

《行會圖》共計八十九幅。其中嚴重破損四幅，分别為：第十六道勝議什錦雜耍老會、第一〇三道天后聖母寶輦誠議請駕聖會、第一〇四道運署護聖老會、第一〇五道南門内接香會。

原圖序號排列從第二起「公議太獅聖會」至第八十九起「天后宫掃殿會護聖掃殿會護聖」，其中序號闕失——即無圖無序號者五起，分别為：第五十一、五十六、七十、八十一、八十七起。有圖但未標明「起數」序號的十一起，（注：或因破損）涉及十三道會，分别為：河東陳家溝娘娘廟前善音法鼓老會、河東雜糧公議善念鑾駕、花神廟鮮花會、積善堂道童行香聖會、縣署前接香會、門旛聖會、南頭窑公議中旛聖會、鄉祠前遠音跨鼓聖會、永議寶輦請駕會、天后聖母寶輦誠議請駕聖會、運署護聖老會、南門内接香會、閘口下東園慶音法鼓老會。

另外，因原圖是按「畫幅」排序，所以序號排列較為混亂，其中有「一起一會」

「一起兩會」「一起三會」「兩起為一會」，甚至「三起為一會」的現象。

這種在今日看起來混亂的現象，在《行會圖》原作者的創作理念中大概並不存在，這就是在畫幅中起到「拼接順序備忘録」作用的「眉注」。在八十九幅畫作中共有眉注七十一條（其中破損的十四條，嚴重破損的七條）。眉注的主要作用有二：一是記録著各會道間的銜接順序；二是會與會之間前後拼接的尺寸。首先，依作者的本意《行會圖》是要以「畫册」的形式出現，畫册的尺寸為「八尺」（可見各主要會道眉注。按今尺度換算一尺約等于三十三厘米，八尺約合二百六十六厘米），如第三起眉注：「報事靈童、捷獸會，前接八寸後接一尺，兩會一張八尺」；第十八起眉注：「侯家後十不閑、蓮花落、二架抬閣、大寺高蹺，四會一張八尺」等等。也就是説作畫者在創作過程中已經兼顧到各道會在畫册之中所占不同的尺寸篇幅，因為我們看到其間有「四會一張八尺」，有「兩會一張八尺」，更有「一張八尺」者，如「窑窪秧歌」「漁樵耕讀」「漁家樂」「梁家嘴秧歌」，不知這是不是畫作者對天津秧歌藝術的偏愛所致。

但是眉注標注的會道順序同樣也給我們帶來了混亂，如第二十九起眉注：「接漁家樂、萬年甲子、鍋破缸、六架抬閣、緑牡丹高蹺四會一張八尺。」實際上「漁家樂」為第三十一起，前後順序有誤差。又，第三十起第六架抬閣後接畫的是「過街閣後西遊高蹺」而非第三十三起的「綠牡丹高蹺會」，具體的會道及名稱在此又出現了差錯等等。

據此，我們以原圖「起數」序號為主要依據，而以「眉注」為輔助參考點。在依據原圖序號的基礎上，對圖畫和圖中文字進行了拆分和合併，如將「第五起」拆分為（第五道）鄉祠前中旛聖會；（第六道）天后宮前敬藝中旛聖會；（第七道）鹽關口勝議中旛聖會；將第七起後半部分和第八起前半部合併為「第八起（第十三道）鄉祠前遠音跨鼓聖會」等等。與此同時，又對十三道未標起數的會道，根據前後圖中的文字內容、眉注或其它相關資料，進行了補排，增添了「道」的序號，插入行會序列。如根據第八十六起眉注「鑾駕會大樂會前接一尺後接一尺兩會一張八尺」的提示，將「河東雜糧公議善念鑾駕」補充標注為「第八十五起（第一〇〇道）」等等。經整理後，實際標出具有獨立意義（會道名稱）的天津民間花會組織共計一〇六道，意在真實、完整地反映出當年作者所繪天津皇會行會序列的原貌。

除此外，按眉注提示應當還有兩道會，這就是第五十八起和第七十一起眉注中涉及的「靈官花瓶會」和「直符神花瓶會」，如若再加上這樣兩道還願護法會，《行會圖》實際應當描繪一百〇八道會，恰合天罡地煞之數。

三、關于繪製内容

《行會圖》所繪花會種類統計如下：

一、玩藝會十九種，七十一道。門旛會一道，太獅會一道，報事靈童會一道，舞獅會一道，跨鼓會一道，杠箱會一道，杠箱官一道，重閣會一道，竹馬會一道，中旛會八道，高蹺會八道，抬閣八架，秧歌會七道，什錦雜耍三道，十不閑三道，蓮花落（又稱蓮花洛）二道，小戲四道，歌舞三道，法鼓會十六道。

二、請駕會（包括寶輦、華輦）五道。

三、隨聖、護聖會（包括掃殿會、護聖會、鑾駕儀仗會、華蓋寶傘會、靈官、直符神大座會、道炬行香會、大樂會、音樂會、鮮花會）十一道。

四、陳設會大座（包括寶塔、寶鼎、香門會、燈亭會）九道。

五、公益會（包括梅湯會、接香會）三道。

六、還願會（包括花瓶會、花童會、頂馬會、巡風會、道童會）十道。

其中第五十六道城内寶塔花瓶和六十五、六十六道花神廟鮮花聖會，以及松柏燈亭按藝術特色歸入「陳設會大座」類，按該會性質又分別歸入「護聖會」和「還願會」。故此，會道總數有三個虛數，在此提請注意。

另外，「法鼓會」在原圖文中被列入「陳設會」係列，即「第五十五道」圖中題注「第八架抬閣後俱是陳設會行執」。而法鼓的確是跟在寶塔、燈亭、寶輦等陳設會隊伍的後邊。然根據法鼓藝術自身藝術風格和表演特點，並依據當今民間花會藝術分類學方法，我們認為應當將其歸入「表演類」的玩藝會，而不應列入「展示類」的陳設會。

《行會圖》較為全面地記録了清代天津民間花會的基本樣式和形制（但絶不是全部）。其中有的流傳至今，有的則已經失傳。流傳至今的會衆組織，可以依圖取樣，進一步豐富自己的藝術形式；循文取義又可溯本求源，探得本會歷史脉絡。而對于那些已經失傳的藝術樣式，特别是充滿智慧與機巧、充滿藝術魅力、華麗而又氣勢恢宏的「鹽務綱總八架抬閣」，在留給我們無窮遺憾的同時，又留給我們了「依樣再塑」的機會。

另外經粗略統計，《行會圖》所繪津城民間花會中各色人物形象四〇五五人（含未著色人物六十七人，詳見附録一），簡單分類如下表：

總計	四〇五五
維持會	一五九七
馬（車）夫	八
轎夫	三二三
脚夫	一四五
還願人	四一
喊八尺	一
接香	九
茶炊子	四六
執事	六三五
演員	五四五
樂手	六七九
引鑼	二六

注：含未著色人物六十七人

僅此可見，行會隊伍中的「樂手」和「演員」雖然經常被認為是天后宮行會的「主體」，其實不過占行會總人數的四分之一（這裏還不包括大批未入圖畫的後備演员和服務人員）。外地人不遠千百里來看天津皇會，絶不是僅僅觀賞了各種民間藝術的表演，更多的是感受著那種由衆多的轎夫、脚夫、各種執事和前後張羅、照應的叉子會、維持會，以及數以萬計的還願進香者共同營造的「氛圍」。正是這種整體性的，濃厚而熱烈的「人氣兒」「喜氣兒」「財氣兒」「勢派」「氣派」，共同構成了天津皇會的特色和内涵，構成了天津文化的特色和天津人的精神内涵，也就是天津水旱碼頭的都市風格。

四、關于繪畫風格與技巧

《行會圖》采用天津楊柳青年畫風格技法，墨筆勾綫、彩繪填色，可參看第三十三道「樂善雙花鼓聖會」等未完成填色的綫描人物圖案；構圖特點是不設背景，只畫與行會有關的人物、器物。圖中人物有動有静，静者千人一面，服色統一，然各個腆胸迭肚，于静中見神動，表現趾高氣昂的陽剛之氣，可參看各圖中手持小會旗或小挑燈的維持會人物造型；動者各具風采，服色鮮亮，服飾考究，特别是舞蹈動作、姿態造型準確鮮明，衣袂飄蕩，表情生動，動感强烈，可參看第二十七、三十六、四十一、五十二道「秧歌、高蹺」等會；畫獸，神形兼備，色彩豔麗，凸顯畫工畫技高超，可參看第四道「姜家井捷獸雲獅老會」錦毛獅子畫像；畫器物，精描細繪，結構準確，可參見第六十一、六十八、九十六道燈亭；畫景致，凸顯吉祥富貴，色彩斑斕的年畫風格，可參見第二十道：「鹽綱總署運署抬閣第一架」《八仙慶壽》圖等。

最重要的一點是《行會圖》的「寫實風格」。如第八十五起（第一〇〇道）「河東衆位雜糧店公議善念鑾駕」。此套鑾駕共計十六對、十七種、三十三件，乃明末崇禎年間，后妃娘娘賜給河東大孫莊（今河西區掛甲寺街）的宫廷儀仗器物，原物至今保存在河西區「慶音法鼓鑾駕老會」手中。經法鼓會老者辨認、比對，以及美術工作者從繪畫角度論證，認為該圖無論在所繪器物的造型、色彩、規模，乃至隊形排列、儀仗擺放次序，均與今日之實際情况相同（只是今日缺少了一對盤龍棍）。另外，圖中題注描繪的史迹，與今日慶音法鼓鑾駕老會中流傳的故事，也極為吻合。

又比如題注中對第三十五起（第五十四道）「順天府宛平縣長樂京十不閑天后宫進香會」的描述：「唱完曲詞，鑼鼓敲打完，住了點數，返場再唱。後有掃殿會來提會檔子前行，後有第八架抬閣催到城門臉上，叉子會作活，抬閣好進城行會。天到平西，怕的會晚難行。衆會上是時候吃中客，耽誤後會，緊緊的催衆會」……講的正是皇會行會中，衆會盡興表演時，也還要尊聽掃殿會統一安排和調遣的現場場景。

由此可見，《行會圖》所取天津皇會一〇六道會的「瞬間定格」，絶非憑空杜撰，而是有根有據。圖中題注描述，也絶非道聽途説，而多是依各會陳述及現場實況而記。因此，《行會圖》具有極珍貴的史料價值、藝術價值和科學研究價值，是珍貴的歷史文獻。

五、關于「皇會」的稱呼

皇會的名稱起于何時，已經無法確切考訂，徐肇瓊的《天津皇會考》中説：「有謂因康熙卅年聖祖幸天津謁天妃宫時，民間作百戲以獻神，又借此娛聖祖，于是有了皇會之稱。」望雲居士的《天津皇會考記》中説：「當前清乾隆年間，乾隆皇帝下江南途經天津適逢會期，一時高興，要看看會，乾隆的船就泊在三叉河口地方，各會打從船前經過，竭力表演，各顯其能。當時乾隆皇帝對于大會頗加盛贊，更喜歡鄉祠『跨鼓』表演很是精彩，特御賞黄緞馬褂四件（其它资料均作八件），叫四名（其它资料均作八名）鼓手各穿一件。還有鶴齡會演唱得很好，四位鶴童每人賞給金項圈一個，其外龍旗兩面，大會因得寵賜，從此以後娘娘會就名為皇會了。」

乾隆確實多次到過天津（但並非下江南時路過，這是有證可查的），因此在天津看過民衆出花會也是可能的。説因為皇帝看過花會出會，就將娘娘會改叫皇會也有些道理，這是民間普遍流行的説法。在《行會圖》裏却增加了另一種説法。「盐綱總署運署抬閣第一架」第十四起（第二十道）題注説：「鹽務綱總通商人家公議，運署二分半銀兩皇上家的歲銀國課，乃為皇會稱呼。年年出行八架枱閣，費用等項料理，年年的會規。」也就是説，之所以叫皇會是因為花了皇上家的銀子。事實果真如此嗎？

蘆綱公所是長蘆鹽業界的行業協會，綱總是會長或負責人。鹽運署（長蘆都轉鹽運使司衙署）是清代官方鹽務監管機構。清末長蘆鹽運專商約一百五十家，要交課三十多種，這二分半課銀是按什麽標準計算的不清楚，總數是多少也不清楚。文中的意思是抬閣的費用按税銀比例即「二分半」出，且得到鹽運署批准和鹽務綱總的鹽商們同意，因此娘娘會才改名叫皇會。這裏有幾個問題值得注意：一是如果從鹽稅中出資，就無需鹽商們同意；二是官方收到手的稅錢不可能為皇會支出，那就只能是按鹽稅額附加的。這就印證了另外一個社會經濟學上的問題，即「鹽斤加價」。在清中期以後該現象是經常發生的，雍乾時期多以錢賤銀貴為由加稅；嘉慶以後多以河工、海防、鐵路修整建設等為由加稅，而徵稅的主要對象便是鹽商。雖然如此，「二分半的銀兩」，對天津鹽商來講不過是九牛一毛。再有，如果只出八架抬閣的錢，就不能把整個活動都叫皇會，因此鹽商們肯定還承擔著其它的組織費用。說到底皇會的活動經費還是要由天津鹽商們繳納或曰助資。

天津鹽商的財力究竟有多厚，竟至影響到皇會的命名？《天津皇會考紀》說，當年的八架抬閣「興辦之始，費五千金」。而每次出會，抬閣上的「小人兒們均係雇自貧家之兒童。每被雇一日，則可得津錢二千文（折二兩白銀），故貧人子爭先應募」（據查，清嘉慶年間，一個七品縣令的月俸約在四兩三錢左右）。那麽，抬閣年年出巡，衆轎夫、執事、跟班、會頭，三班人馬輪換，保守的算下來大概也要五百多人操持。而此等人員絕非「二千文」打發得了的，但是有那「運署二分半銀兩」撐腰，足够「費用料理」，正可見其豪氣。

除此以外，在整個皇會活動中各民間藝術團體，是「各帶香資錢財上會」。

也就是説「活動經費」完全由自己解決，是百分之百的「自願參加」的活動。如第七十四道「送生娘娘寶輦」題注記，上會者定要「衣帽、褡包、鞋襪，通身穿齊、見新，會中怕比，自己上臉」。處處攀比，要裏要面，哪怕是自己花錢，也要裝扮整齊，這就是天津衛的風俗。又如第三十二道「西碼頭慶樂漁樵耕讀地秧歌」，談到興辦秧歌會的時候説：衆位好善議論承辦「漁樵耕讀耍會」，請的人們都來到會中幫著辦理各樣事物，有盯著教習孩子們學戲的；有買紬子、布疋、彩鞋、頭巾、靴子供會中使用的；有叫成衣師傅量身定做服裝的；有操持樂隊打銅器傢夥、絲、竹、管、弦，聲腔音調、門闕句斷，練習前場的……前場上大家的服裝也都置辦齊備，是開襟兒袍子，内有大褂，外有馬褂，帽子也是新扎的。照應人多多，都拿著旗子，叫問會道行止。又如第七道「鹽關口勝議中旙聖會」講到：衆位好善爺們掏出錢來，幫著置辦成立中旙會所用的材料、用具、服裝等物。聽説要出娘娘會又『助資行會』。凡有上會的人，哪怕是遲誤了公事、耽擱了買賣、多受了辛苦、少賺了錢財也在所不惜。每日練、見天學，不怕辛苦勞乏，歡喜願意、好者為樂。這是民間百姓「自助資金」上會的實證。

皇會活動中的經濟支持還有其它來源，就是商號的注資和官員的捐助。第六十九道前、中、後三起「華蓋寶傘會」就是由「盧長順南省鮮果供應商號」操辦的。題注稱，辦會前言明「乾隆佛爺敕封天后宮行會」——好大的旗號。「天子敕封」，看你那個敢不恭維，敢不奉敬。緊接著，「走開門頭名帖知單，浄寫大處」——利用向京城居住的王公貴族們供應新鮮水果的「網絡關繫」，先攻破和親王、儀親王兩位王爺的「門子」，並請他們二位「操持」（因為是皇會，當然可以跑到京城去募捐了），找到那普公爺、祥公爺、喜伯爺、那伯爺；又有惠親王爺，有莊親王爺、承恩侯爺、立相侯爺等等；接下來又是內務府的大人們、六部的官員們，有尚書大人、有十三科道的大人們；有太子、貝子、貝勒……他們每位拿出個幾十兩銀子（應該不是公款），參加一下這種活動，只不過是多了茶餘飯後的趣事談資。更有那些南省的水果供應商，也要委托商號寫下銀兩，由天津衛這方代辦華蓋寶傘一併出會——這一切「總在二位王駕體面上」。

最後，把所有「助資人」的名號，都寫在新置的「傘衣」上，也就算是「廣告」回報了。「皇會」在天津商人們「經營頭腦」的操持下，成為上下溝通、左右逢源、財源廣進的「名頭」，成為「會找錢、會花錢、發財快」的典範。這些人為了集資焉有不喜歡「皇會」名頭的道理？這使我們可以更加深刻地理解皇會冠名的經濟學、社會學、歷史學和文化學意義。

六、關于會中老例和規矩

「老例」就是老規矩。正所謂「没有規矩，不成方圓」。天津皇會有一百多道會，演員、樂手、會頭、隨行的轎夫、脚夫、維持會員，以及跟著助興的市民們，加起來有上萬人口，車水馬龍、人歡馬躍，你擁我擠，到會你早我晚，行會你先我後，没有規矩必然造成混亂，而這一切均有效地統一和解决在民間的「鄉規民約」「會規老例」之中。

花會排列中的老例：

第一道為門旛會，象徵娘娘宫前的兩根大旛杆，是皇會的「會頭」，午時初刻（上午十一時）動身，標志著巡遊行會開始。前行「半里地遠」（兩百米左右），第二道太獅會動身。太獅象徵娘娘宫前的一對石獅子，它也有神位，擔任著「辟邪净路」的職責，又顯示娘娘威儀。第三道就是報事靈童會……依次往後，獅子、中旛（共八道）、跨鼓、杠箱、杠箱官、雜耍、重閣、扒杆，一直到第十九道傅家村高蹺老會。這十九道會是享有特權的，他們年年不用拈鬮排檔，年年照此排列，走在皇會隊伍的最前邊。為什麼這樣，題注中僅講了其中兩個會應享特殊待遇的原因。一個是「鄉祠前中旛老會」題注記：娘娘會一興時，有掃殿會到鄉祠前請中旛會行會，為的是使整個行會隊伍有個領頭的。同時也為讓那遠道來睄會的，遠遠地看見耍中旛，就知道在哪裏出會……直至兩會磕頭，答應出會，彼此照應。第二年又有閘口中旛會到鄉祠前老會上拜訪，提出共同出會的請求，老會欣然應允。後來陸續發展到八架中旛，但總是鄉祠前老會領頭，閘口殿后，故稱閘口為「掃堂中旛會」。再後邊跟著跨鼓，因為這跨鼓本就與鄉祠前中旛為一家，它的全稱是「鄉祠前跨鼓中旛老會」。另一個就是傳家村高蹺會，因為「興天妃聖會」的頭一年上就有其隨駕出巡（注意，天妃的稱號要比天后的稱號早四百〇三年，可見其出會之早），當年還沒有第二個高蹺會行會進香，因此歷代就排在前頭，不用拈鬮排檔，「總讓老會先行」，表示對老會的尊重。

至于杠箱、雜耍、重閣、扒杆很可能是因為其藝術形式的古老，和參加娘娘會較早而得以排列在前。因為扒杆、雜耍、重閣（包括高蹺）等，均是漢百戲的遺迹或有更加久遠的歷史。因此這些會也不用抓鬮排檔，誰跟著誰，年年是不變的，這就是老例。

隨後，就是以抬閣為單位，作為劃分「玩藝會」的界綫，各不同類別的花會分別進行插檔排列的規矩，所謂「檔内要唱玩藝行止俱是按大會往大會拈鬮，小會往小會拈鬮排檔，抬閣一共八架，按檔有會。這是年年的會規，再也不錯規矩，人人皆知」（第四十五道，抬閣第六架題注）。其排列順序為：抬閣——高蹺——秧歌——小戲——歌舞——抬閣……依此循環。具體的操作方法是，先由衆高蹺會抓鬮，按序號分別排在抬閣後邊；然後是有大鑼鼓傢夥伴奏的秧歌、花鼓、漁家樂，按抓鬮序號排列在高蹺會後邊；最後是那些十不閑、蓮花落、歌舞、小戲等「小玩藝會」按兩會一組抓鬮，排在秧歌會後邊。

其實經過這種簡單的梳理我們不難發現，從第一道的門旛會，到第五十五道的第八架抬閣，整個「玩藝會」行會隊伍的排列——既遵循著「敬神」「頌聖」「娱神」的宗旨，又兼顧著「老會優先」的文化傳統；在隊列（各種藝術形態的整體結構）安排上，則充分體現出高低、大小、莊嚴、熱烈，耍會、唱會，各會錯落有致的特點。于是無論是鑼鼓鏗鏘，還是和聲吟唱，既能實現互相襯托，又能做到互不影響。

在陳設會中享有特殊待遇——即「老例」的首推「城内寶塔花瓶」，所謂「第頭一座寶塔花瓶聖會在前，年年會規，別會並無争競」。究其原因，寶塔在佛教信仰中是為「葬佛舍利之所」，具有至高無上之獨尊地位。因此，民間亦有言：「娘娘得道坐化聖塔，寶塔奉送，行會出巡」。另外，這寶塔又一直供奉在天后宮大殿內，自然有無上聖物之榮耀，列為首座，理所當然。

在所有的一百〇六道會中，獨享「白天和晚上兩次參加巡遊」殊榮的會道，唯有第五十八道「河北窑窪菓子店梅湯聖會」。該會白天參加行會「施捨梅湯，街市以上，誰渴誰喝，管够」（只是不知排在哪個玩藝會的後邊，或者是怎樣成行成列地隨會前行）。晚上則在筲桶上點上蠟燭燈彩，參加陳設燈會的巡遊。就這樣一道典型的「公益性」「服務類」花會而言，掃殿會不得不敬重，不得不以「殊禮」待之，這也是規矩。

第七十三道天后宮道炬行香會「歷年在送生娘娘寶輦駕前，護聖出巡，議為老例」，這倒是有歷史淵源的。據説最早的娘娘會是没有法鼓會等「響器會」參加巡遊活動的，所以到了晚上，娘娘動身的時候，很多人都不知道，那些燒香、許願、接駕的人甚至因此錯過了燒香的機會。于是掃殿會的人找到天后宮主持，建議成立一道「敲打銅器傢夥」的會，「隨駕出巡護聖」，宮内道士應允，成立了這娘娘會中的第一道「法器會」，由此奠定了其在頭駕寶輦前鳴響「法器」開道的歷史地位。

值得關注的是，此舉竟成為天津最著名的民間藝術「法鼓」的集結號（細節留待後論）。從此以後，娘娘駕前法鼓敲響「五音蟬聯」，大樂奏如「龍嘯鳳吟」。

皇會活動中各會檔之間的老例和規矩有：

新會要主動拜會老會。

老會要對新會相敬如賓。

新會要聽老會招呼，老會要多多照應新會。

上會的穿戴要講究，傢什要漂亮，玩意（技術）要純熟。

演奏中有了錯處自己臉紅，別人不要説辭（指責），內行人都心知肚明，要多多包涵。玩意不熟不要輕易「扶活」（指上場演奏）。

不許與別的會置氣，不許吵嘴、打架，若有別會找麻煩，首先要通知前後會友，商議處理。事後請人評理，按會規罰他。

遇有掃殿會提會、調會，趕緊應著走，不要耽誤、延遲後會。

人人應知「大會上的別鬧事」。

在家中孝敬父母，在會中尊敬師傅，尊重同門兄弟，愛護會中財物等等。

逢廟拜廟、過村拜村、遇會拜會、互換會帖。

兩會相遇，暫停表演，偃旗息鼓、舉棒過頭（含一切手持樂器、道具、彩頭）、交換拜帖等等規矩。

至于說會中義氣、交情、禮儀、容忍、謙讓、講理、講面、講不服輸、講爭氣……既是做人根本，又是辦事準則，更是行會規矩。

鑾駕行會，看會衆人不能喧嘩、言語，供奉聖駕，方顯尊貴雅。有人說話，不可高聲，大家全然自尊自貴。

老例是老例，規矩是規矩，但要做到人人守約，個個循矩，靠的就是「你們白聽唱吧……（咱們）不打架，上會走，別鬧事，大會上的」（第三道萬善報事靈童聖會）這種胸懷與寬容，靠的就是這種息事寧人的態度，靠的就是真正懂得什麼叫做「自尊自貴」。

七、關于皇會行會路綫

《行會圖》題注中涉及皇會行會路綫的有：

第五十九道德照燈亭：每逢三月二十二日衆會進東門出西門行香。華輦行至西門外，有古皇庵，天時未亮，人在北臺階上看……小道子上往西走，是密密查查……

行會到古皇庵前，該往東轉進街道……入西大街，年年行會如此……二十日衆會上出巡行香，進北門出南門，華輦聖駕出城，南門外小道子上，掃殿會的手燈籠可這道上。打南門臉起，通頂到閘口街……閘口人看華輦，未見露面，泥台（倪家台）上紅燈籠亮，通進閘口……走過閘口，天氣未亮時，敢入南斜街上燈籠無了……

第六十九道華蓋寶傘：每逢到三月二十日，華蓋寶傘動身行會……前邊到了北碼頭上，這後邊的寶傘才出天后宫廟……碼頭、估衣街、鍋店街、院門、單街子、毛賈夥巷、宫北大街，頂到張仙閣過來，净是華蓋寶傘……這是二十日行會，進北門出南門……到了二十二日行會，進東門出西門，會上轉過來天后宫前接駕。華蓋寶傘行會，進東門，進城，高照普旛行會到西門内，華蓋寶傘後面的寶傘才進東門，算城裏大街上净是華蓋宝傘行會。

第六十二道西城大園金音法鼓：十六日天后宫請駕，到城西如意庵，進廟安聖位，願心一天；十八日天后宫衆□會來接駕，從雙忠廟前隨駕行好，進宫一天；二十日天后聖母聖駕出巡，進北門出南門，回廟，隨駕一天；二十二日老娘娘聖駕行香，益善，進東門出西門，行會，回廟一天。

僅此，似乎還不能為我們勾勒出鮮明和準確的皇會行會路綫圖。所幸的是《天津皇會考紀》中有「舊例皇會之路綫」，全文如下：

當三十年前天津出皇會時，會期四日，會道亦與今日不同。昔自十六日起，神輦出宮南行，過襪子衚衕，進東門，經鼓樓東大街，過鼓樓，經鼓樓西大街，出西門，逕至如意庵。至庵後，廟祝與善男信女共迎法駕升中殿，時已萬家燈火矣。十七日則演會之人，如高蹺、法鼓，均至殿前，耍練演賽朝聖，聽人進香。十八日早飯以後，由如意庵啓駕，走南閣，進針市街，過估衣街，穿單街子，由宮北大街回宮。十九日休息一日。至二十日，謂之出巡。出宮過襪子衚衕，進東門，出西門，繞灣過南閣，走針市街，進估衣街，經鍋店街，單街子，由宮北進宮。二十一日休息一日。至二十二日出巡則由天后宮起駕，進東門，出西門，由西馬路至南閣，針市街，仍由襪子衚衕還宮。時夜已闌，各會皆不散，至八仙朝聖，則東方已黎明矣。

以上兩組資料，除却三月二十日出巡路綫出入較大外，其它基本相似，此間依據《行會圖》題注（特别是三月二十日行會路綫），參考清·劉瑞清光緒二十三年手繪天津城鄉圖，我們可以勾勒出一幅基本準確的清代天后宫行會路綫圖：

三月十六日送駕：由天后宫起駕—出宫向南行—右拐襪子衚衕—路過天齊廟—左拐南斜街—進東門—循鼓樓東大街—穿過鼓樓—經鼓樓西大街—出西門—西門外大街—至横街口轉向西北—過韋陀廟—南頭窑土地祠—至如意庵。

三月十八日接駕：由如意庵起駕—南頭窑大街向北—至古皇庵轉向東行—鈴鐺閣大街—過鈴鐺閣—穿過南閣—進針市街—估衣街—單街子—毛賈夥巷—由宫北大街回宫。

三月二十日出巡：由天后宫起駕—出宫向北行—經宫北大街—毛賈夥巷—左拐單街子—鍋店街—估衣街—向北至北碼頭—折向南行—穿過水閣—北門外大街—進北門—穿過鼓樓—出南門—折向東循南門臉南門外小道—閘口大街—南斜街—宫南大街—宫北大街回宫。

三月二十二行香：由天后宫起駕—出宫向南行—右拐襪子衚衕—路過天齊廟—左拐南斜街—進東門—循鼓樓東大街—穿過鼓樓—經鼓樓西大街—出西門—西門外大街—至横街口轉向西北—穿過韋陀廟—向北至西頭灣子古皇庵—折向東鈴鐺閣大街—過鈴鐺閣—穿過南閣—進針市街—估衣街—單街子—毛賈夥巷—由

宮北大街回宮。

其後，「二十三日祝壽，在宮前演神劇三出，香火之盛，亦倍于往日，此日一過，則盛會闌珊矣」。所謂「天后出巡儀制大致如此」（語見《天津皇會考紀》之「接駕送駕之儀式」）。

八、執掌全局的掃殿會

掃殿會由什麼人組成？

第八十九起（第一百〇六道）題注記：掃殿會多有舉監（國子監太學生）、生員（俗稱秀才）、五大衙門（巡撫衙門、藩台衙門、臬台衙門、學台衙門、道台衙門）中的房客（似指够得檔次的文、武職工作人員）、班頭衙役（負責衙門的站堂、緝捕、拘提、催差、征糧、解押等事務的當差人），所謂「會中領袖，掃殿會上都稱得起大人物」。因此當年天津城「有頭有臉」的人物，又以成為皇會掃殿會成員為榮事。

掃殿會成員有什麼講究？

凡上掃殿會人員有「二十九講」，曰：講字號、講相貌、講衣冠、講知事、講說話、講條道、講運籌、講維護、講維人、講做人、講恭敬、講待人、講仗義、講講疏財、講息事、講把持、講深厚、講中正、講除惡、講安良、講尊貴、講根本、講禮儀、講儒雅、講行好、講修善、講吃虧、講當下、講寸心。

又有會規，叫做「幾樣不許」：

第一，請會、提會不許動氣、急躁。

第二，遇有會衆吵嘴打架，用喜善言語解勸，實有難勸，磕頭善解。

第三，不許上臉、動怒、罵人。

第四，不許瞪眼瞧看婦女。

第五，不管白天晚上遇有迷路少婦、幼女加以保護，妥帖安置。

第六，遇有擁擠處，主動打道叫道，照顧、保護婦女。

違背會規，造成失誤者罰。

掃殿會一共二百人。每二十人為一班兒，共分十班兒。行會當日，一班兒負責提會、調會、通報活動情況，其餘隨華輦護駕前行，一班兒一班兒地來回倒替，秩序井然。什麼時間開始行會，什麼時間點燈，全憑這些人知會、調度……所謂：會上人多，安置人多，會上請執、安置，掃殿會友爺們提會、請會，街上操持，來回通知赴信……這便是一天一夜的工作量。

關于掃殿會，天津民間還流傳著這樣一個傳説：每逢三月二十二日娘娘會，行會的隊伍進東門出西門，華輦行至西門外時天還未亮。人們站在北台街上看掃殿會的人舉著手裏的小燈籠往西走，是屢屢絮絮、密密查查的竟有上千號人。他們都穿著一樣的衣帽、袍褂、馬褂、緞子面靴子，規規矩矩在駕前一起行走。雖説那些真正的掃殿會成員與他們都不認識，然而大家心裏都清楚，這是各個廟裏的神聖、大仙們也來為老娘娘祝壽，顯化靈應，也來行善，也來替天行道，因此誰也不去説話，不去問。行會到古皇庵前，該往東轉進街道，天也快亮了，這時看掃殿會上的人是越來越少。等走過鈴鐺閣進入西大街，天大亮時，再看掃殿會上的執事人，還是隨駕的那幾位會首，「這就是神聖天仙護佑娘娘會」（見第四十一起（第五十九道）「德照燈亭聖會」題注）。

這種近乎神話色彩的關于掃殿會的民間傳説，本質上反映了掃殿會在津城百姓心目中絕對權威的地位。也只有如此，當各會經過標名掛號，自己的會名出現在「娘娘會黃報」之上，即獲得「上會了」的榮耀同時，也就有了「如錯受罰」的承諾。這就是「我掃殿會頭領于衆會上為尊」（見一百〇六道掃殿會護聖題注）的民約。

九、天津鹽商對皇會活動的影響

《行會圖》中一部分會檔的實際内容與媽祖崇拜没有直接關係，特别是鹽綱總署運署的八架抬閣，其氣勢已經與寶輦並駕齊驅了。這八架抬閣分别是：第十四起（第一架）「八仙慶壽」，第十八起（第二架）「鍾馗嫁妹」，第二十一起（第三架）「龍鳳呈祥」，第二十四起（第四架）「替天行道」，第二十七起（第五架）「火焰山」，第三十起（第六架）「雷師成聖」，第三十三起（第七架）「梁灝救洞賓」，第三十六起（第八架）「傅羅蔔救母」。由鹽商們操持的這八架抬閣的内容都是民間喜聞樂見的戲出和口熟能詳的各種傳説故事，並不局限于媽祖的聖迹傳説。然而它既豐富了皇會的表演題材，也反映了當時天津市民的精神訴求。縱觀整個皇會，大部分會檔的題材也早已突破了媽祖崇拜的範圍。這八架抬閣位于前半程遊行隊伍的中間位置，其它的高蹺、秧歌、小戲等均圍繞著抬閣排列，抬閣處于骨幹地位。

除了鹽綱的抬閣以外，與鹽坨地有關的會檔還有：河東上鹽坨三道井溝誠議心音法鼓老會、河東上鹽坨三道井溝慶善洛陽橋聖會、鹽坨文殊庵前妙顯寸蹺蓮花落聖會、鹽坨壽恩堂慶音法鼓聖會、河東小聖廟後同善漁家樂聖會。這些會檔的組織同樣也少不了鹽商、鹽把頭們參與，而表演的成員一定是居住在當地的鹽工、鹽民。

皇會的後半程從第三十七起（第五十六道）城內寶塔花瓶以後，才是以娘娘寶輦為主體的「陳設會」，如一係列的鮮花會、華蓋寶傘會、法鼓會，直至第六十起是送生娘娘寶輦，第六十七起子孫娘娘寶輦、第六十八起斑疹娘娘寶輦，第七十二起眼光娘娘寶輦，第八十八起天后聖母寶輦。其它會檔都是圍繞著娘娘寶輦排序的。在遊行隊伍中，鹽商的抬閣與娘娘的寶輦各領半壁江山，撐起了整個皇會隊伍的骨架。鹽商的經濟資助、組織與實際參與是天津皇會在清代越辦越火的重要原因。

《行會圖》共八十九起，一百〇六道會，可謂規模宏大，豐富多彩，但並非雜亂無章。在一個城市裏，組織如此規模的集會活動，能做到井然有序，就是在今天也不是件簡單的事。皇會實際上就是城市的社會拼圖，通過《行會圖》，人們可以清楚地看到當時天津鹽商的經濟實力與社會影響。

十、天津人的信仰與崇拜

「皇會」可說是天津地區最為盛大的民俗崇拜祭祀活動之一。從《行會圖》中的「題注」可以感受到天津下層民衆對待「神靈」的真實的態度和聲音：

年年三月行娘娘會，衆善來此進香修好，路遠進香行會，善念非同小可。衆位爺們不能負例，必來進香行會，都為心虔進香。神聖若無靈佑保護誰來進香？誰來修好行善？人若積德，有灾暗消，有禍暗退，有難呈祥，事過以後才知暗中保佑。若無靈驗誰來燒香？誰來上供？誰來許願？誰來唱戲？誰來敬神？誰來謝聖？誰來出會？（見第五十七道「小南河進香音樂法鼓聖會」題注）

隨駕行香，非是衆人街上圖落名分，勸修善行好，至誠。天后聖母靈應垂佑，察照修善、福禄吉慶。當時不見，過後必知，逢凶化吉，神聖護佑。若無靈應，世人誰來進香？多遠路途誰來行會？辛苦傳揚，勸人來，叫人瞄、人看，好入心學好。善緣總是天津。善地才出善人。勸善信神。（見第八十四道「大夥巷内立源振音法鼓會」題注）

這兩段的核心詞語是「神聖若無靈佑保護誰來進香？」「若無靈驗世人誰來進香？」首先是人們有求于神靈，所謂無事不登三寶殿，拜神的目的性和功利性十分明白。其次是神靈必需以靈驗來回報，否則就没有崇拜的必要。「許願—顯靈—還願」三部曲，是中國民間信仰和崇拜的基本模式，本質上是人與神的一種交易，只不過是人們用虔誠來換取神靈的靈驗，所謂「心誠則靈」。這與民間處理人際關係的模式是一樣的，公平交易也沒有什麽不好的。天津人的態度是中國百姓態度的縮影。再看：

燈亭在蓮花生出，好像到了西方佛地……然而一件亭子，會打蓮花朵裏頭長出來，若是蓮花長出燈亭子來，過年我也栽蓮花，看出燈亭子不出……極樂世界，蓮花生人，哪一位到極樂世界去看見了？去問來了？無非傳言，好聽、生色、新樣……韋陀天尊、菩薩，人人都知道。誰看見韋陀爺打哪裏起身感應了？俱都是些傳言，没有真的。向這過會看會，看餓了得吃飯，吃飽了再看是真的。又看渴了喝茶、喝水，這可是真的。喝茶喝水，又解過渴來，再看看。看困了，睡，睡醒了不困，這是真的。吃、拉、睡是真的。花錢辦會，抬到街上人來白看，這是真的……（見第六十一道「城西小夥巷同照燈亭」題注）

一個「誰見著了」，就把人們從崇拜的「迷狂」中拉回到理性的現實。天津人對出會的態度更實際、更直白：「花錢辦會，抬到街上人來白看，這是真的。」敬神、娛神、酬神同時也愉悅、放縱著自己，表達美好願望的同時也是給自己找樂子。這才是天津人最鮮活的寫照。

再看那些磕頭、燒香、許願之人與旁觀者的態度：「頭駕寶輦駕到，這路上大街、巷口、衚衕，有接駕的奶奶們，有老的有少的，有本身求兒的著香接駕跪門口的；有替兒婦求孫男弟女的；有出門子閨女坐月子，求送生娘娘送個小小子來；有他姥姥替外甥女求送生老娘娘送一個半個的；有他奶奶替他孫子媳婦跪香接駕，祝告送生娘娘慈悲，送一個小重孫子；有他婆婆替他兒媳婦跪香求告一兩個小孫子……「長命百歲的娘娘送來吧，如果養活孫子，我要見了面，情願吾死也甘心」！

此情不為不真，此意不為不切，但是對于旁觀的人，特別是請駕會的人聽起來却無比的膩煩，他們對于這些奶奶們的虔誠並沒有表現出應有的同情心。在同樣的情境之中，充滿壯烈意味的祝誦，變成了「煩人的套子話」，請駕會的人高聲喊著「會過去了」「會完了」，無非是想趕緊離開這些絮叨的老少奶奶們。可是那些老少奶奶們還不依不饒，不讓走，同時「還要說點子打岔的話，磕磣、寒磣我們會的話……」（見第七十四道「送生娘娘寶輦」題注）。虔誠的許願活動，突然間演變成例行公事和調侃與玩笑。

一路之上每逢駕到，瞧吧、聽吧，凈是這些老少奶奶們高聲祝告，念誦多多。會中人們只管聽見，都也不笑，都也不説話。耳朵内都聽多了、都聽熟了、都聽絮了、都聽膩了、都聽煩了。若是寶輦行會走著，路上聽的還少些，若是寶輦在街市人多處，若打住杵棍，大家聽吧，又算來了這一套。

三駕寶輦斑疹娘娘駕到街上，誰不多多的請香燒。應當燒一座香的，請兩座香燒；那一家看見這一家燒兩座香了，他請五座香燒，心裏的話，看誰燒香燒的多，吾有的是錢；又來了一家燒香的，心裏話，睄吾的，他將整捆的香解開繩冠，手擺香、羅香，點著了火燒……娘們的勾當，都還攔不住他。大會上只管人多，都看熱鬧，不説不問，路上可忙乎接香會上人們了，長把的鐵勺來接香火（第八十三道「斑疹娘娘寶輦永議寶輦請駕會」題注）。

天津人争强好勝的性格似乎無處不在，就連在娘娘面前燒香多少也要比上一比、拼上一拼。即便是些老奶奶、少奶奶們也來到這裏負氣鬥勝，用誰燒錢更大方，比誰心更誠。把燒錢等同于願心，就把與神做交易的場面描述得如此明白，而且活靈活現。這場景充分説明，大部分中國人始終把敬神局限在世俗生活的現實需要中，很難提升到宗教層次。他們可以虔誠地信仰某個神祇——那只是個交易對象，但從不準備真正改變自己，而達到全身心的皈依。人們崇拜某個神祇，是因為生活中充滿了無法把握的危險和灾難，他們把解脱和得救的希望寄托在這些神祇身上。對于更加世俗的中國百姓來説，崇拜具有某一類特殊功能的專業神祇以解決眼前的實際問題，可能來得更加實用，更加廉價。媽祖是專門解决海上困難的神祇，媽祖信仰傳入天津就是因為元代海上漕運的興盛。但是到了明清，津杭大運河疏通以後，形成了漕運以河運為主的局面，而城市的商業化發展，特别是鹽商的崛起，使社會生活中海難的内容淡化了，城市生活的問題和訴求趨向多樣化。這種變化反映在皇會中就是，媽祖的主要功能轉化為解决「得子」和「小兒疾病」的困難，為此需要再分身四位娘娘各司專職。

再看第五十起「東門外南功店海屋添籌燈亭行啓陳設會」，歷數了人間五十一種苦難，都需要娘娘來救助。正是窘于如此之多的人間「苦」，皇會隊伍中的神祇也就更加五花八門，如菩薩、判官、八仙、鍾馗、靈官、直符神、《封神演義》《白蛇傳》

《西遊記》中的各路神仙等，這些所謂的怪力亂神，似乎共同承擔著救贖的擔子。

皇會的敬神、謝神、娛神有時也適用于娛皇帝。中國皇帝的身份很接近于神，「康熙、乾隆巡視天津謁天妃宮，民間出會以謝神，又借此娛皇帝」，百多道民間花會，歌舞百戲、寶輦、儀仗，浩浩蕩蕩，綿延十數里，通宵達旦。為了顯示親民，皇帝則親賜黄馬褂、金項圈、大龍旗等與百姓互動，甚至回報以免賦稅的善意。如《實録》中記載乾隆五十九年（一七九四）四月辛亥日，乾隆來天津時說：「昨日御舟經過楊柳青夾河地方，該處居民踴躍歡迎，情殷愛戴殊屬可嘉。所有該村莊本年應徵錢糧亦著加普行蠲免。」楊柳青人通過敬皇帝求得回報的實例，反映了天津人對待神祇的同樣心態。《行會圖》中的天津人表示的更直白、更實惠，也更加清醒：「求娘娘神位保護平安、無灾、無禍，就是人的福田。求娘娘神位教發財致富的命，娘娘神位不管發財，全憑自己，愛發不發。」見第六十一起（第七十五道）「侯家後永音法鼓」題注

十一、天津民間花會中的藝術精神

人類逃避生活壓力和精神苦惱的方法一般有：依賴毒品、禁欲、逃避現實、自

我昇華和幻想五種行為。毫無疑問，其中「自我昇華」和「幻想」屬于較為正確和積極的行為方式。而藉著幻想來滿足自己的希望、祈求，並訴諸于藝術行為的創造，則堪稱最明智、最聰明的行為選擇。

天津人選擇了「藝術」的方式，作為宣泄壓力和苦惱，並使之成為滿足自己希望和訴求的具體行動。

一九八四年天津民族民間舞蹈普查登記的民間藝術形式，共計九十五種（本圖中所涉僅二十餘種），其中僅法鼓一項，當年尚可正常活動和表演的不下三十餘道，且絕大部分集中在市區和四郊。據今查證各種資料，獲得天津城有名有號的法鼓老會共計九十三道（見附録六《目前見于史料的天津法鼓會名録》）；另據一九三六年盧粹言所著《丙子皇會寫真》載：遍布天津城鄉的法鼓會大約有一百三十多道。「高蹺」同樣在天津傳統民間花會中佔有顯著地位，據《中國民族民間舞蹈集成・天津卷》載：「天津原有高蹺會一百二十四道，幾經社會變化，至今仍有九十三道。」其歷史總量僅次于法鼓，但保存下來的數量却遠遠高于法鼓。僅憑此資料，不難想象當年天津城民間花会藝術普遍、活躍之一斑。

另外，一九八四年「天津民族民間舞蹈普查登記草表」顯示：以老城厢為核心的南開區，是天津民間花會最集中、形式最豐富的地區之一。僅該區實際統計上報的各種民間花會組織就有二十餘種，五十多道。所以「通衢處處聞鼓聲」的詩意描繪乃是津門歷史上真實街景的記録。

此時再看《行會圖》描繪的清代天津民間花會組織的活動實景，觸摸天津人的藝術追求精神，其感悟可能就更加深刻了：

天后宫前敬藝中旛聖會，是鄉祠前老旛字號排出行會。鄉祠前耍旛厨行師傅們多。宫前耍旛有外行人，少有厨行人，乃是好者為樂。每日練耍，時時操演，俱當年當力之人演習……這位耍的妙，那位耍的巧，看耍旛的人人叫好……這通旛上人們，你强我勝，一位比一位勝强，位位都不落以下，講就（究）人前得尊，傲裏奪貴（第六道「宫前敬藝中旛聖會」題注）

這些財主家凑辦中旛會者乃為小事，置中旛面子都是南綉花打子（籽）的花朵，天青色的緞子旛面。晚間點上燈旛行會。耍旛衆位穿著隨心時衣，扎著是隨心的漢巾子，戴著是愛意平口子溜子，隨心意穿鞋，緞子時興樣式，隨脚襪子要緊，綢褲綢襖，一位强著一位的衣服。人人耍旛不落以下，位位耍的精明巧妙，到處得好，是人人贊美。這一位耍旛，心裏靈動，好裏找好，露臉。那一位接過旛來耍，心裏招裏套招，分外的買彩露臉。人人你强吾勝玩耍中旛，暗含著誰不讓誰。（第九道「河北大關誠齡中旛聖會」題注）

再看第七十道河東于家場雅音法鼓老會：大部分人是因為喜歡敲法鼓來到會上；也有那喜歡聽法鼓音律的人來到會上；有那有錢的人就願意掏錢幫襯法鼓會的也來入會；更有那一聽到法鼓響，就像著了魔一樣耨不動身子的；有愛學敲打法鼓的人入會；有愛交朋友的人入會；有能寫會算，幫著出知單、斂活的人入會；有那組織能力强，能幫著料理會中事物、約束衆人遵守會規的人入會；有那會敲打法鼓的自然以教練身份入會；有在外邊幹活掙了兩錢兒，回來就上會的；有開著小買賣、小酒館的小老闆一聽見法鼓響，把買賣托付給别人照看，自己也要上會的；也有那正經事不幹，一聽法鼓響就犯癮，就往會裏跑的；真有那拿法鼓當手藝的，聽説明天有演出，白天晚上顧不得吃飯也要上會練習；有的人勸别人不要練法鼓，他自己反倒一天不落；有的人本來是出門買東西的，可一聽到法鼓響東西也不買了，直接跑會上去了；有的弟兄們在家吵嘴打架讓人心煩，乾脆到法鼓會練打鑔去；當然也有法鼓會邀請來的貴賓、幫辦……

除此之外，僅看這河東于家場一地，就有雅音法鼓、鵝雲法鼓和勝議高蹺三道老會同時出現在這《行會圖》中。强烈的參與精神，著魔般的愛好，拋棄一切的執著，這就是當年天津衛「普通老百姓們」的藝術追求與藝術精神。至于其中的道理，他們輕鬆地説道：「唯有事事愛息，學著什麽一學就會。若學到別樣不專心學，即便學，學也是白學。强叫他學，他心裏不願意，焉能學得會，歸齊會不了。歡喜願意好者為樂，每日學，見天學，一教就會，一説就明白，全都學會了。」（第七道「鹽關口勝議中旛聖會」題注）。天津人的人生可謂是藝術人生了。

十二、天津人的生活智慧與藝術創造

無論服裝、道具、表演技巧，樣樣要好，要漂亮，要買彩兒，要露臉兒，你强我勝，誰也不讓誰，既是一種藝術品質的比拼，也是一種生活態度的較量。天津人的個性造就了天津衛的民間藝術，天津的民間藝術涵養了天津衛人。

「要漂亮」「要好」，話好説，事難辦。尤其是藝術，特別是民間花會藝術，漂亮和好，必須是智慧和實力的有機統一。姜家井最早的舞獅披子，是用一種叫做

「珍珠綫」的絲織物編織而成，據稱「價值不菲」，當年曾「驚動幾省的人們都來睄會」。《行會圖》中所繪獅披很可能還是對原物的摹寫。

再看姜家井的獅子造型（演員的動作造型），既威武氣派，又高貴典雅——前撲張牙舞爪；躲閃扭項蓄勢；發威仰天長嘯，大有麒麟聖獸的雄姿。據説姜家井舞獅，是按著八卦乾、坤、坎、離、震、艮、巽，兑，八八六十四門的方位和武術技巧訓練而成。悠久的老會歷史，高超的舞獅技巧，獨特而珍貴的獅披裝扮，正因為這「招招鮮亮」的藝術特質，在娘娘會和民間花會的日常活動中，該會被譽為「最有威望的老會」，受到普遍的尊重。

由閩粵會館潮建廣三幫，出資成立的公議太獅的獨特處，不僅是那體積龐大的木雕、彩繪獅子，更集中在那由獅子口中吐出的五彩祥雲托起的燈亭造型——太獅笑口微開，一縷仙氣吐出，漸漸隆起，化成祥雲，祥雲上幻化出一架兩層燈亭，燈亭六角上掌十二盞角質球燈，下懸六串小燈，小燈周邊飾以流蘇。不難想象，八抬大座抬起行走，燈光閃爍，流蘇搖擺，那雲便成了涌動的浮雲，憑空增添了幾分神秘氛圍。太獅燈亭的製作方法與抬閣有同工之妙，即一根圓木從太獅的背部插入到大座底端穩住，上制一架，架上搭建燈亭，四周以祥雲圖案裝飾。這種工藝造型充分表現出民間工匠的奇妙構思與藝術創造能力。也是我國民間傳統藝術寶庫中的一枝奇葩。

閘口下溜米廠勝議重閣老會的人物造型十分精巧：一個公子哥手托鳥籠，鳥籠掛鈎上站了一位紅衣少女；一位老漁翁肩背著一把摇櫓，摇櫓尖上站著一位背插雙劍的藍衣少婦；這一位形似商人，只見他肩搭褡褳，褡褳中竪起一根小棍，棍頭上站立一背著孩子的少婦，像是一家三口；這位老先生正在彈奏大三弦，三弦的弦軸上站立一少女，恰似「飛燕」作「弦」上舞；一位將軍肩扛著一柄金瓜，金瓜上的少女一手持花棍，一手拿綢帶正在翩翩起舞；一位右手拿羽扇的大哥，左手托一小盤，盤中擱盞，盞蓋兒上一少女手持摺扇摇摇欲墜；再後是一人背插拂塵，拂塵頂部也有一位手持拂塵的女子，左手掏着一条紅絲帶，戲出是《錯中錯》；那位背插一面小白旗，白旗杆上一中年女子搔首弄姿，正是著名的「乡里妈妈瞧亲家」……整個表演隊伍人物造型各異，服裝設計華麗。底場人雖負重而舞步輕盈，上場人雖居高而情態悠閑——表現了天津民間藝術家獨特的、充滿智慧的綜合性創造能力。而這一切，首先源自于閘口下衆鄉親們，追求歡愉、追求完美的生活態度。重閣的藝術形式外地也有，天津人却把它發揮和創造得如此淋漓盡致、盡情盡興、美妙絶倫。

說到重閣藝術造型之精緻，構圖之精美，製作之精巧，似乎不能不說鹽務綱總那浩浩蕩蕩，氣勢恢宏，極盡奢華、極盡巧妙、精美絶倫、獨樹一幟的八架大型抬閣。八架抬閣八出戲——「八仙慶壽」「鍾馗嫁妹」「龍鳳呈祥」「替天行道」「火焰山」「雷師呈聖」「梁灝救洞賓」「傅羅蔔救母」，表現内容和人物形象均取自于戲曲人物。但要運用獨特設計的「鐵芯子」，及其由鐵芯子構成的裝飾性圖案，突出地表現出戲曲故事的精華，非要經過一番極具大智慧的藝術（技術）創新過程。

一般的重閣鐵芯子設計，不過上下兩層。底場人的鐵芯子設計，是以雙肩扛掛延伸到腰部支撑的鐵月牙子腰袢結構為主。上場人往往是站立在下場人手中、肩頭等部位凸出來的「道具」之上——實際是鐵芯子的「上延」部分。上延部分的設計，下有脚踏板供站立，中有小木座供騎座，頂部達上場人胸部，固定後避免上身摇擺。上下場演員扛穩、坐好後，再用半米寬的布帶子，繞著上下場演員胸前背後地捆綁結實……這真的已經是很麻煩的事情了。鹽綱總署通商抬閣的設計、製作與裝飾更加複雜。可以説「抬閣」是「重閣」藝術的「豪華版」。所不同的是重閣由上場人和下場人組成，上、下場人相對自由，故舞蹈動態較為豐富，而抬閣更加突出其裝飾性風格和人物故事的豐富性、多樣性，以及「鐵芯子」結構設計的複雜性和科學性。民間有言：「鐵芯子為象，是根本，連串上下人」。所謂「為象」就是指的上、下場人物、景物造型的依據；「根本」，就是指鐵芯子的結構設計與製作。以頭一架《八仙慶壽》為例：三十二人抬著豪華的「小舞臺」，舞臺中央浪花翻涌，推出一顆玲瓏仙石；右側的浪花中李白站在魚背上；左邊的浪花浮著劉海脚踏金蟾；仙石上站定一人似是陳摶老祖，肩扛著掛滿仙桃的樹枝；和合二仙手捧仙桃，站定在紅色蝙蝠一對翅膀的膀尖上，仰視著騎跨鸞鳳、華麗高貴的王母娘娘老壽仙。令人稱絕的是，這些人物都是由巧妙的「鐵芯子」，分別固定在八米多高，精美通透的「浪花」「仙桃樹枝」「蝙蝠翅膀」「團壽字形」之上……三十二抬的豪華大座，前呼後擁。行進起來，轎杠震顫，浪花浮動、仙桃搖擺、鳳翅蹁躚、仙衣飄帶、環佩叮咚，儼然而成神仙下凡之意趣。

其實在整個皇會活動中，不僅是這些相對大型的表演隊伍，各自張揚著自身藝術創造的成果和魅力，就連那些為會衆服務的「小器物」——架鼓用的大鼓箱，架鐺子的鐺子架，標名挑號用的大圖燈，挑水用的茶筲桶，放置茶壺、茶碗、點心包的茶炊子，演員換裝用的衣帽箱，也都是精工雕琢、描金塗繪。就算是一根扁擔，也要是上好的桑木，也要塗上黑油漆，兩頭還要鑲上黄銅做的龍頭、龍尾……這些小器物及其「挑夫」，原本不過是為演員們服務的隨行人員，到後來居然也因為「挑著擔子，邁著猫步，擺動雙臂，忽閃忽閃地走著好看」而成為行會隊伍中的又一表演展示項目，並被命名為「茶炊子」。

天津皇會中，這種充滿藝術追求的「豪華裝飾」「精心打點」「自我完善」之風尚，我呼之為「天津民間藝術的都市風格」。精益求精的藝術追求，南北薈萃的相容精神，亦文亦武的綜合展示，争强好勝的求新精神，豪爽大氣的城市風格，這就是天津皇會最大的特點。

十三、天津民間花會藝術源流

在我們對天津地域傳統舞蹈文化進行深入考察的時候，也曾驚喜地發現中華人文始祖黄帝「合符釜山、千寨同慶」後的「崆峒山黄帝問道廣成子」「無終山黄帝習武練斧」「崆峒山帝牛祭祖」的傳説（《薊州志》《欽定盤山志》均有關于古崆峒山、無終山，以及黄帝登山問道廣成子的記載等）。而周的無終子國（今薊縣）、秦漢初年的泉州、雍奴（今武清）、東平舒（今静海）、後唐的新倉（今寶坻。又一九九〇年在寶坻發現了戰國時期秦城遺址）等地，都為我們保存了豐富的人文史迹和文化藝術的積淀（以上均見各縣《縣志》）。而在進一步探究天津傳統舞蹈的時候，我們又發現由于地理和歷史的原因，天津同北京、河北，乃至山東、山西、河南北部、内蒙古南部的部分地區，在地緣、人緣、文緣和舞緣方面有著千絲萬縷的聯繫——在語言、習俗、風尚，宗教、信仰，直至民間音樂舞蹈——高蹺、秧歌、舞龍、舞獅、猴爬杆、竹馬、跑驢、旱船、杠箱、五虎棍、中旙、信子（重閣）、落子、拉碌碡、太平鼓、吵子、吹歌等等民間藝術形式形態的存在方面，都表現出鮮明的「一體化」特徵。

天津地區自唐以後，宋遼對峙，金元争鋒，「界河」（今海河）成為南北雙方互依的天然屏障。而數百年來沿界河、運河而興的海漕兩運，令「東吴粳稻」「吴罌越布」，以及號稱「玉屑」「玉砂」「珠玉」的「長蘆海鹽」，終于在南北交融的聖地「三海會口」彙聚成「連檣集萬艘」的繁盛，演繹出「入廟靈風肅，焚香瑞氣高，使臣三奠畢，喜色滿官袍」（元國子監祭酒張翥《代祀天妃角次直沽作》詩）的盛景。而那「四月初八日悉達太子生辰，京府及諸州雕木為像，儀仗百戲導從，循城為樂」（《遼史》卷五十三「歲時雜儀」）的民衆信俗，大概正可以看作是其後「天津天后宫娘娘會」的早期楷模。加之此地人民千年涵養而成的「争强好勝」

「豪俠仗義」「重情親友」「豁達幽默」的性格，更加催化了當地人們「尤喜歌舞遊戲」的生活態度和生活方式。

天津地區，歌謠、娱樂、歌樂、戲劇、競賽等應有盡有。諸如：

兒童天真爛漫，削木為雞、騎竹當馬；金鼓並作的傀儡戲、變戲法、西洋景、大鼓書；紙鳶、抖胡蘆、太平鼓、陀螺、打球；提燈、走馬燈、瓜燈；村棋、踢毽、翻綫、拾石子、撒瓦片、藏迷迷、叩鞋、打嘎、抛瓦、拔河；戲劇中高腔，昆腔、秦腔、二簧、哈哈腔；五人義、打獅子，尚氣力者曰杠子會、中幡等；尚技巧者曰鐃子會、猴竿會、高蹺、台閣等；尚壯觀者如曰龍亭、燈旛等；尚情趣者如會緣橋、長亭等；尚音律者如法鼓、音樂會等；尚奇怪者如鬼會、金山等。競賽鬥龍舟、游泳，及滑冰賽、冰床賽聚集。又有槐陰屋角，書叟棋童，握缶持籠，鬥蟲飼鳥。或以文會友，或角力成群。娱樂多端，略無束縛。至若春祈秋社，酒肉歡呼，白叟黄童，追隨先後，則詩所謂「桑柘影斜春社散，家家扶得醉人歸」。（見民國二十三年鉛印本《静海縣志》之民俗部分）

在這裏無論老的、少的、年輕的、力壯的、喜歡雜耍的、喜歡歌唱的、喜歡玩力氣的、喜歡玩技巧的、喜歡玩競賽的、喜歡玩品味的……都有著自己的朋友，都有著自己的會友，都有著自己的「藝術遊藝」項目。而一個「尚」字，又揭示了天津人的審美情趣和審美追求。正因為這種「娛樂多端，略無束縛」的日常生活中的「百味遊戲」，才可能最終形成「天津皇會百戲薈萃」的蔚為大觀。

在此基礎上，天津地區傳統民間花會的源流，及其藝術風格，就有了地理、歷史的依據和文化生活、娛樂傳統的根基。下面就讓我們擇幾個代表性項目加以簡單陳述，以窺一斑。

（一）天津法鼓

《行會圖》中共收録法鼓會十六道，其數量居衆會之首。其排列位置緊隨寶塔、燈亭、鮮花、寶傘、寶輦、寶鼎，以及各還願會隊伍的後邊。由此可見法鼓會在皇會中的實際作用，就是為各「陳設會」「還願會」營造一種典雅、莊重、雄渾的音樂氛圍，提供一種行進速度的節奏。另外，行會路上遇有大户人家截會，法鼓會衆人奮力演奏一部「上擂」——法鼓藝術的精彩舞段，便又讓略顯沉悶的「陳設會」行走，重新獲得一份激越、昂揚的情緒。這真是一陰一陽，一張一弛，一文一武的絕妙安排。面對如此通宵達旦的熱鬧場面、新奇玩意，難怪那些遠道來天津進香、睄會的人會説：「過年再看？知道有誰没誰？知道我活得到過年去，活不到過年去？」（見第一百〇四道「運署護聖老會」題注）大有看了天津皇會死也值，死也甘心的氣魄。

天津法鼓得名于所用五件樂器，即大鼓、大鐃、大鈸、鐺子、鑔鉻，民間呼之為「五件法器」。有關法鼓藝術的起源，民間流傳著幾種説法，一是説法鼓隨燕王掃北時來到天津；二是説，大覺庵金音法鼓，侯家後永音法鼓，東、西園法鼓會先後成立于明朝永樂年間（一四〇三—一四二五）等等（《天津皇會考》）。這是法鼓藝術起源中的「時限」概念。

郭忠萍在對天津法鼓藝術進行深入考查和研究的基礎上，提出「天津法鼓來源于佛教（樂）」的觀點。其證據有二：一是原西郊區辛口村「天興佛堂」民樂班子（即天興音樂法鼓會）有一副鑄有「大明宣德五年造」字樣的大鐃，作為傳家寶。並由此推斷出，佛樂班子與法鼓會一脉相承的關係。其二，謝家莊文法鼓，經十多輩傳承、保存下來的法鼓曲牌，具有鮮明的「禪味兒」，演奏時莊重細膩，别具風格（《法鼓藝術初探》）。這是法鼓起源中藝術品種和藝術風格「源頭」的概念。

《行會圖》第七十三道「天后宮道炬行香會」的題注，就天津法鼓的源流，為我們又添加了一些新的論據，現摘録如下：

> 當年起初娘娘聖會，黄輦行到路上，晚間夜静更深，駕前無有響器傢夥敲打，街市路上如同無人之境。向那許願人、接駕人、燒香人、求聖人他參駕，不知娘娘神位幾時來到……以後掃殿會公議，才請本廟住持出來……道家應下行會，隨駕出巡護聖，敲打銅器傢夥，響聲音律，並無二會響器傢夥隨駕。後來有那念經念佛的道爺們行好，會敲法器傢夥，貼報出法器會，隨駕出巡。愛喜鬥勝，好者鬥勝，本衛人們出響器會，改會名，不叫法器會，叫法鼓會。從那一年興起法鼓會。是有愛出的、愛練的、都是法鼓會了。以外又起字眼，法鼓上的名號，什麽音，什麽音。後來法鼓會太多了，排陳設燈亭會，加檔排出法鼓會打響器傢夥。敢（趕）駕到了，有人接駕，有人燒香，都不困了。

此段文字值得我們注意的有以下幾點。一、最初的娘娘聖會巡遊行香没有法鼓會參加。二、「本廟道家敲打銅器傢夥，出『法器會』隨駕出巡」。三、本衛人出

「響器會」，後改會名，叫「法鼓會」。「從那一年興起法鼓會」，又各起名號，叫「什麼音」。四、「後來法鼓會太多了」。五、另外，圖中此會高照和氣死風大挑燈上的名號為「天后宮道炬行香聖會」。

衆所周知，媽祖娘娘在清康熙十九年（一六八〇）被封為「護國庇民妙靈昭應弘仁普濟天上聖母」，到了康熙二十三年（一六八四）才被封為「護國庇民妙靈昭應仁慈天后」。既然該會的名號為「天后宮道炬行香聖會」，則說明該會是在「敕建天后宮」即康熙二十三年之後（或當年）正式成立的（如果此前曾經另有稱呼或改過會名，則另當別論）。

如果此說成立，就出現了一個問題，「天津法鼓」的名號究竟是源于明朝永樂年間，還是清朝康熙年間？所謂「從那一年興起法鼓會」，依文中邏輯關係看，天津法鼓得名，當是指的清康熙年間，及其以後。

然而，這于法鼓藝術在天津民間傳播的歷史並無大礙，因為此前的「響器會」，肯定是天津法鼓藝術的前身。只是因為天后宮的道爺們辦了個「法器會」，並貼報出會，就攪得津城「響器會」衆位爺們「改會名」，冠「音」字，從此讓這天津鑼鼓藝術有了統一的「法鼓」名號。然後一呼百應地齊齊來到天后宮，標名掛號要出皇會——「法鼓會太多了」……只是此時突然感到，如此大的舉動，這樣的萬衆一心，確實讓人覺得這天津衛的老百姓（特別是民間花會團體）真的「好喜鬥勝」，真的心齊、抱團，真的不好惹。

再有另一種啓示，就是此舉恰好説明當年的法鼓藝術，深得民衆喜愛，並且在天津民間正以極其廣泛、迅速的方式進行著交流、溝通和傳播。這種推斷應當説與同治九年的《續天津縣志·風俗志》：「至皇會之始，有謂因康熙三十年（一六九一）聖祖幸天津謁天妃宫時，民間作百戲以獻神，又借此娱聖祖，于是有皇會之稱」的描述相呼應、相印證（只是此間仍舊稱「天妃宫」）。其實，就法鼓藝術的本質而言，它的鏗鏘有力、火爆熱烈，恰與天津人的瀟灑、豪爽之氣相吻合；它的細膩配合、張弛有度，恰與天津人的義氣、儒雅之精神相標榜。

但是，從藝術形態學的角度，細論天后宫的「法器會」與民間的「法鼓會」，的確是兩種完全不同的藝術樣式。

天后宫道炬行香聖會樂隊編制依次為：四付大鐃、四付大鈸、兩架鐺子、兩個掌中小鼓、兩捧笙、兩支長笛，後邊没有畫完的尚有一人在吹管子。

天津法鼓一般性的樂隊編制依次為：中間一面八十厘米的大鼓（配有鼓箱）、

鼓前左側四至六付大鐃、右側四至六付大鈸、大鼓後左側四架鐺子、右側四付鐐鉻(或左右各為兩把鐺子、兩付鐐鉻)。若為音樂法鼓，則樂隊隨于大鼓後邊，另成一堂。

縱覽中國民間鑼鼓藝術表演形式，無論佛、道兩教還是外地民間鑼鼓，尚未發現與天津法鼓完全相同的表演形式。就天津地區而言，法鼓的流傳範圍又僅限于城内六區和近郊，其它塘沽、大港、漢沽三區僅塘沽寧車沽有一道（但基本表演形式和風格與市内並不相同）。周邊五縣僅寧河縣淮淀鄉，静海縣静海鎮、獨流鎮各有一道（一九九〇年出版的《中國民族民間舞蹈集成·天津卷》的「全市民族民間舞蹈調查表」中，法鼓在天津周邊五縣均為空白）。這一情況似乎更加説明，法鼓藝術實屬天津城區所獨有，是天津市區及附近人民獨特的藝術創造成果。

天津法鼓是集舞蹈與音樂（打擊樂）于一身的民間表演藝術形式，因此它曾被同時收入《中國民族民間舞蹈集成·天津卷》和《中國民族民間音樂集成·天津卷》。而在全國非物質文化遺産名録中，又被納入「民間音樂項目」。

天津法鼓演奏樂曲曲牌豐富，僅見于記載的曲牌名目就有九十五首。例如：綉球、喜報三元、橋頭、瘸腿、九獅圖、泊洞子、象子、連珠炮（連竹炮）、五鬼鬧判、陰陽表、陰陽魚、鼓邊、似金聲、鬥龍鬚、雙龍通、老雲（音）鈸等等。各種曲牌又可以組合成不同的「套曲」。如：「過家興」（又名叫五通）——由九首曲牌組成；「大聯成」——由九首曲牌組成；「摇七點」由七首曲牌組成（可任選七首曲牌組合）；滿堂（又名一品）——由六首曲牌組成等等。

法鼓演奏中最激烈的部分叫做「上擂」，又稱作「上累」或「上力」。總之是指節奏强烈，動作誇張，舞蹈動作繁複，演員們有如打擂一般，情緒激揚，往往竭盡全力，奮力表演。該段落也是法鼓表演中舞蹈動作最集中的段落。

天津法鼓在揮舞打擊樂器，擊打出樂音的同時，順勢並刻意設計了豐富的舞的動作形態（一般法鼓表演動作雖有上下起伏，前俯後仰，左突右唐等運動勢態，但多為原地不動，故此我們稱其為「有舞而無蹈」），被法鼓藝人們冠以形象的動作名稱，並以程式化的方式加以傳承。例如：龍騰虎躍、燕飛鳳舞、海底撈月、插花蓋頂、十字披紅、六角鈸、托塔式、混江龍、跨虎、扯旗、捲簾、紡車等等。更有民間藝人將武術心訣融會其間，如「太極十三勢心訣」等等。演奏時鐃鈸開合，鏗鏘有聲，情緒激昂，氣勢暴烈，長長的鑔纓子纏頭裹腦，上下翻卷。鐺子、鑔鉻繁繁複複，插花填空。鼓聲咚咚，號令全場，樂音舞態，聲情並茂，既有陽剛之美，又有嬌柔之姿。更有在演奏過程中將鐃鈸高高拋向空中，落下接住在手，繼續演奏，名曰「打出手」的高難技巧。因此，天津法鼓又有文、武之分。一般「文」重演奏音色，「武」重動作表演，可説是各具風采。

天津法鼓的另一個突出特色，是在行會或設擺演奏時莊重、肅穆的儀式化風格，和所使用道具的豪華裝飾性風格，這可説是法鼓區別于其它民間藝術形式最大的特點，也是我們稱其為「都市風格的民間藝術」的重要依據之一。

法鼓會的擺設一般有鏤空雕刻、金漆描繪的「大鼓箱」，圖案多為龍、鳳或西池八仙、百鳥朝鳳等；有雕刻漆繪成蒼龍攀柱、九獅圖、佛八寶的「鐺子架」；綉有龍形圖案，高挑丈餘的「大纛旗」「九圖燈」；標有會名的「門旗」「會旗」；有軟、硬對兒（上寫由吉祥話或頌詞組成的對聯）；高照、燈牌、氣死風燈、挑燈（多以書法、繪畫加以裝飾，白天為擺設，夜間出會為照明用具）；更有為「出會」服務的，挑茶、擔食的軟、硬「茶炊子」「筲桶」「食盒」「圓籠」「衣帽箱」等物（也要雕刻圖案、描繪花草等）。這些原本為「會衆」吃、喝服務的用具，後來由于其製作越來越精美，乃至發展成一種獨具風格的工藝品，便也捨不得使用，直至最後發展成一種表演項目——即「茶炊子」。這在我國其它地區民間藝術活動中也是不多見的。

又由于法鼓會中的各色儀仗、擺設、用具較多，所以法鼓會出會需要動用的人員也多。據説過去法鼓會動身，全村青壯年都要跟隨，人數可多達四五百人。

總之，根據目前掌握的資料分析，法鼓藝術的確為天津地區所獨有，並且具有典型的表演風格和獨特的綜合性裝飾風格。至于説其演奏曲牌屬于天津人獨創，還是脱胎、借鑒于某種鑼鼓藝術曲目，尚有待于進一步的深入調查研究。

（二）天津高蹺

有關高蹺藝術的最早記載，見于春秋戰國時期的《列子・説符》：「宋有蘭子者……其技藝，雙枝長倍其身，屬其脛，並馳並驅，弄七劍」（宋國故城位于今河南商丘古城西南），可見高蹺藝術歷史之久遠，技能之高超，技藝之成熟。其後無論是漢唐百戲，還是宋明社火，高蹺可説是必不可少的民間表演藝術形式。就其普及程度而言，我國北方，特別是燕趙、幽薊地區最為常見。其藝術風格，一般以漢百戲的「蹺人（技）」和明清時期的「高蹺戲」為其藝術形式的初現與終結形態。冀蹺、衛蹺、京蹺在其傳承歷史和藝術表現形式上，基本趨于一致。

天津高蹺又稱「衛蹺」，用以區別冀（河北）蹺、（北）京蹺、遼（南）蹺等等。既然衛蹺可在此獨樹一幟，那麼也就是説定有他獨特的藝術風格和表演特色。然而，天津高蹺從何時、何處，由何人傳播？既無迹可尋，又苦無資證。事實是高蹺藝術在我市的覆蓋率最為廣泛——無論是北部薊縣山區，還是東南沿海的塘、漢、大，凡市區、四郊、五縣，幾乎到處可見高蹺會的身影；高蹺花會的民間組織最多——至一九八四年全市統計尚有一百二十三道會可正常活動。時至今日，被列入天津非遺保護項目的民間花會藝術項目中，高蹺仍居首位，共有十五個項目保護單位；高蹺參與民間祭祀和民間信俗活動的時間也較早——津西傅家村高蹺會在「興天妃聖會頭一年上」就參加了媽祖娘娘巡遊活動。元世祖至元十八年（一二八一）封媽祖為「護國明著天妃」，隨後在河東大直沽建起北方最早供奉媽祖娘娘的「靈慈宫」。又，元仁宗延祐元年（一三一四），封護國輔聖庇民顯佑廣濟明著天妃，至元泰定三年（一三二六）泰定帝敕建小直沽三岔河口娘娘宫。據此分析，天津地區最早的「天妃聖會」極可能興于這段時間之内。因為，按中國傳統民間信俗習慣，廟宇落成必有民間「行會」以示慶祝，只是此時參加天妃聖會的傅家村高蹺會，不知早已舞了多少年了。

今天能够見于史料的天津高蹺歷史，多依附于民間記憶和民間傳説，有可信度，但欠準確性。天津民間一般認為：「衛蹺興于大明永樂年間」，所以「天津高蹺會多以『樂』字為號，如『同樂』『慶樂』『永樂高蹺老會』」等等。實際情況是，明、清兩代的確是天津，乃至京、冀地區民間傳統舞蹈大發展、大繁榮的歷史時期。然而其活動能够見諸于史籍記載，大概主要是因為自明永樂年「設衛築城」，「天津衛」有了名正言順的「正統」地位，有了官府（文人）的「職責」，當然也就有了天津傳統民間花會一種時間和空間上的自然定位和自我限定。但是就藝術發展，特別是民間花會藝術發展的一般規律而言，就是再簡單的民間藝術形式，也絕無一蹴而就、一夜萌生的可能性。相反，它們大多經過一個相當長的歷史發展時期，才以「程式化」的方式保存下來，更何況充滿技巧性的，和如此衆多的民間高蹺藝術會衆、會道。因此，以最保守的態度估計，天津地區的民間高蹺藝術，至少亦當有六百至八百年，乃至更加久遠的傳承歷史。

衛蹺之所以能够在我國高蹺藝術中獨樹一幟，當源于以下特點：一、蹺技高超。二、人物造型準確。三、表演構圖（場面調度、雙人、多人集體造型等）豐富。四、服裝考究。五、化妝精美。六、道具運用得當。七、唱腔雅俗共賞。

我們以《行會圖》中第四十一道會「河北石橋昇仙高蹺聖會」為例，簡單分析一下他們的表演特點和風格。

該會表演的內容取材于明清故事《昇仙傳》改編的戲曲《黑沙洞》。講的是：明代術士季小唐（會中小生——俊公子）施法術驅趕白河水妖鯰魚精（會中鯰魚姥姥——老座子），為民除害。鯰魚精不服，變化成一個少女來到泗州城，調戲季小唐，被季識破。季命師弟苗慶（會中跳公子——俠盜、醜）捉拿，並用掌心雷將鯰魚精打傷。鯰魚精含恨投奔淮河野龍敖俊（會中獨角龍——頭棒）。敖俊助紂為孽，興波作浪，水淹泗州城。季小唐又請柳仙（會中柳樹精——跳鬼）下凡，施展法力，擒獲野龍，平息水患。

該高蹺會中共設計角色十六人。為了使觀衆對角色有一個明確的認識，該會不僅服裝、化妝、造型講究，更在鯰魚姥姥、黑、白狗精、白狐狸精等人物的頭上裝有相應的動植物造型的頭飾，其中柳樹精和獨角龍乾脆戴上了「面具」。毫無疑問，這對演員表演而言，無形中增加了極大的難度。而在舞蹈動態和造型方面更是各具個性，看那頭棒「獨角龍」身體前撲，雙手擊棒，右腿踏蹺，左腿向後高高抬起，正是高蹺上的舞蹈技巧「大探海——單脚跳躍」，充分表現了獨角龍凶狠暴戾的性格；柳樹精身背火葫蘆，手拿縛妖索，上身前傾，大步踏出——似乎是蹺技中的「擺臂雙足跳躍」，做急追捕擒拿狀；再看中間的文生公子季小唐，面對群妖雙手平攤，一副勝算在握的表情……整個場景具有典型的戲劇色彩，而又不失廣場藝術火爆熱烈的氣氛。

該會的唱段也很有特色，一般高蹺會角色唱段多為四六句，而這位季小唐的唱段則長達二十四句，把個季小唐從讀書、趕考——到受奸相嚴嵩（明嘉靖年）嫉妒、陷害——一氣之下深山學道——道成，大鬧嚴嵩府、三覺寺降妖、泗州城捉怪——直至成仙，赴王母娘娘蟠桃盛會標仙名，掛神號……整個唱段的改編，合轍押韻，簡單明瞭，一氣呵成，極富文學色彩。

唱段表演完畢，接下來「鑼鼓子敲打，行會，前有神棚，換帖，又唱，又耍，又返場鬥對兒表演」……這正是天津高蹺在行會過程中最一般的表演程式。

就全國範圍而言，天津高蹺本身包含的的種類也是最全的，即文蹺、武蹺和禮儀蹺三種類型。

「文蹺」，一般以蹺高五尺以上，演員扮裝考究，唱腔精美，場面構圖豐富，集體動作節奏整齊，以及由鑼鼓和小民樂隊共同擔任伴奏為特點。《行會圖》中的「勝芳進香高蹺會」，和當今寶坻林亭口高腿子高蹺屬于此類。

「武蹺」，一般以鑼鼓擊節伴奏，並有鬥鑼、鬥鼓的表演，其場面火爆熱烈，有較强的技巧性。其它演員的表演又尤以武功見長，演員們踩著高蹺翻騰、跳躍、摔打，有吊毛翻人墻、跳桌子、摔叉、高搶背、蝎子爬、背腿子、滚背等等名目。又有「雙刀式」舞棒表演，直接將武術和高蹺藝術融為一體。歷史上的紅橋區南頭窑西碼頭「百忍高蹺老會」，即以頭棒霍金豆的「七十二路雙刀式棒法」馳名津門。今天津津南區葛沽鎮的長樂老高蹺，業已整理出「七十二路棒法」，成為該會繼承老會傳統的絶活兒。《行會圖》中第二十六道「河東大寺于家廠勝議高蹺」，則以「疊羅漢」造型為典型特色。二十世紀八十年代采訪該會老者時曾聽説：「大寺高蹺能一人馱七八人，共有六套疊羅漢造型名目。還可以蜷一足跳躍行十數步，又有躍桌扔叉——即場内擺一八仙桌，桌上燃香，舞者踏蹺越過，接落地摔叉」等高難度技巧，堪稱武高蹺之典範。可惜今已經失傳。

所謂「禮儀蹺」，一般僅在酬神、祝壽、慶典活動中出現，而不參加民俗節日的出會表演。禮儀蹺的演員一般裝扮成「鶴童」「八仙」形象，脚踩四尺半的高腿子蹺，身罩「吉禽瑞獸」形狀的大型彩扎道具——如仙鶴、獅子、麒麟、錦鯉、金蟾、金牛、老虎、彩鳳等等。演員在笙、管、笛、簫、嗩吶組成的小樂隊伴奏下，邁著交叉雲子步，口誦慶壽歌，穩步前行，給人一種莊重、高雅、吉祥、和諧的感覺。

可惜的是「禮儀蹺」在《行會圖》中未能出現，但禮儀蹺參加天津皇會的記載並不少見，如光緒二十三年，和天津最後一次皇會會衆名録，就有「津道鶴齡老會」和「西池八仙高蹺會」名號。

天津歷史上曾有三道禮儀蹺，即紅橋區南頭窑一帶的「西池八仙高蹺」、南開區東南角地區的「慶壽八仙高蹺」和甯河縣潘莊的「津道鶴齡老會」。《中國民族民間舞蹈集成・天津卷》收録了「鶴齡」和「西池」兩會，各有詳細論述。

其實在探討高蹺的歷史淵源和發展演變史的過程中，我們發現「禮儀蹺」似乎有其獨特的藝術史學價值。已故歷史學家孫作雲先生通過考證講到：「高蹺戲，出于鶴氏圖騰的跳舞」。如果用藝術發展史的規律詮釋這一觀點的話，禮儀蹺作為原始祭祀活動中的一種重要形式，其歷史可能更加久遠。因此它就不僅僅是一種簡單的娛樂形式，而是一個地區或民族的信仰習俗和道德崇尚等集體潛意識的具體表現。

總之，天津高蹺歷數百年而不衰，時至今日仍為廣大民衆所喜愛。在我國各地舉辦的民間廣場藝術表演和比賽活動中，天津高蹺仍在摘金奪銀，足可見天津蹺人功力不減，其藝術魅力愈加彰顯。特別是在國家非物質文化遺産保護政策的感召下，天津地區一些瀕臨失傳的高蹺老會重又組織起來恢復了活動，實乃衛蹺藝術之幸事。

（三）跨鼓

《天津皇會考紀》有專節記載描述了天津的「跨鼓中旛」，現擇録如下（亦可參照《行會圖》做一比較）：

跨鼓中旛會是北口衆厨行所辦，會名「鄉祠前遠音跨鼓中旛會」，包括跨鼓和中旛兩種技藝，成立在前清康熙四年。在乾隆年間，曾盛極一時，有過這會本身最光榮的一頁。當乾隆皇帝下江南路過天津之時，跨鼓中旛會曾隨同著大會去接駕。乾隆皇帝對于跨鼓的鼓手，擊技精妙，頗為歡悦，乃御賜鼓手八人，每人黄馬褂一件，並龍旗兩面。這兩種皇家賜與的榮典，每和會中人談及，總是欣欣引以為榮的。出會之時也要照樣穿出來，以便人前顯耀。

跨鼓的組織，是大鼓八面（鼓面的直徑約有三尺），由鼓手八人分別擊奏。各人均穿黄馬袍（褂）、紅纓帽。鼓用紅綠油油飾，以黄色絆繩擊（繫）于頸上，擊之聲隆隆然。鐺子八面，亦每人擊一面，均穿黄坎肩。此外有童子兩堂：文童子一堂，十二人，均係十三四歲之學童，各著新衣，假髮雙髻，手持花籃；武童子一堂十二人，亦無年長者，均持對鈸。表演時，跨鼓分為「五通鼓」，各有節調，緩急不同。或沉著如春雷初鳴，或細碎如珠落玉盤。節以鐺子，為簡單美之音樂。

童子兩堂：文童子唱鶴齡之歌，用嗩吶伴奏；武童子則演擊對鈸，並用對鈸擺字。忽然童子散而成行列，忽然童子聚集，擺出文字來，速迅奇妙，頗受歡迎。所擺之字為「天下太平」，或「江山太平」等。

《行會圖》中所繪跨鼓（第十三道）：一人持引鑼號令行止，四柄高照，上書「鄉祠前遠音跨鼓」，兩面大篩鑼開道。後邊就是跨鼓表演的主體隊伍，兩個小童子雙手持「串兒撥浪鼓」跳躍助威，八個小童持小鑔鋊對擊舞蹈，伴奏樂隊為四把鐺子和八面跨鼓，由成人組成，鼓手身著黃馬褂。

與《天津皇會考紀》所述相比較，除八名鼓手擊鼓沒有變化外，原圖中四把鐺子，已變為八把鐺子伴奏；過去八名童子的表演，隨後已經發展為「文、武兩堂」——文童子十二人手提花籃以唱為主；武童子十二人舞鑔鋊，共二十四人的表演隊伍。原唱「一枝花」曲牌，後改為「鶴齡之歌」；原圖中沒有樂隊，後來演唱時有嗩吶伴奏。據此可知，隨著時代的發展，鄉祠前跨鼓中膰老會的表演隊伍已經擴大，表演内容也更加豐富。至于跨鼓老會演奏的曲牌，在《行會圖》題注中記載有五套（實際標有四套），即「老雜拌」「慶壽音」「新雜拌」「潤龍雲」。

就表演形式而言，曾有觀看過跨鼓的老者回憶説：最精彩的時候，表演者將一面大鼓斜挎肩頭，單槌擊鼓，鼓曲獨特。高潮時，鼓袢從肩頭滑落腰間，人體旋轉將鼓掄平，或將鼓挎于脖頸，身軀後仰，旋轉如風，邊轉邊擊打鼓面，節奏依然，序而不亂。孩子們揮舞小鑔穿插擺隊，不慌不亂……表現出高超的鼓舞技藝和雄渾豪放的氣派。可惜這道具有數百年歷史的民間藝術老會，在天津已經失傳。

二〇一二年天津市歷史學學會藝術史專業委員會，組織「雅集春分日踏春」活動，到河北省勝芳古鎮進行文化考察時，有幸觀看到東明街「挎鼓老會」的排練。小小該會共有大鼓三十面，為成人演奏，有十二到十五歲的學童十六人表演擊鑔。小小的鑔片在孩童們手中對擊、抹擊、立（磕）擊、交叉對擊、轉身對擊……鼓聲冬冬、鑔聲朗朗，孩童們進退有序、雀躍起伏，頗有兒童情趣。可説與《行會圖》中描述的鄉祠跨鼓中播老會的表演有異曲同工之妙。

目前他們保存的挎鼓曲牌共計十八套，名曰：一、大得勝，二、小得勝，三、仙人掌，四、佛爺座，五、玉盆仙，六、一盞燈，七、一蓬風，八、節節高，九、一傳令，十、朝天蹬，十一、單展翅，十二、雙展翅，十三、大過橋，十四、小過橋，十五、五月鮮，十六、兩雷風，十七、七鷂，十八、鬼敲門。與之相對應的鑔舞動作名稱叫作：一、對鈸，二、打撤，三、串沙，四、跳圈，五、開撤，六、張口，七、取水，八、打八叉，九、掏螃蟹，十、打撤，十一、鳳凰單展翅（對外鈸），十二、雙對鈸，十三、取沙，十四、雙錯鈸，十五、鳳凰雙展翅，十六、對撤，十七、背劍，十八、片馬（見王乃讓編著《老勝芳民俗探究》）。

有關勝芳挎鼓老會的歷史資料也少發現。據民間傳説，該會也曾受到乾隆皇帝的封賞，故此可穿黄坎肩，係黄褲帶，用黄色鼓袢帶挎鼓等等。一九五四年在挖掘整理民間文物時，發現該會一個報廢的鼓腔中有「大明萬曆年制」字樣，但尚不足以確定其為該會的創立年代。

關于跨鼓藝術的歷史淵源，所見資料唯以《行會圖》和《天津皇會考紀》的記載與描述最為詳盡，以河北勝芳挎鼓老會的存在，及其保存下來的鼓曲和舞蹈動作名稱最為詳實珍貴。也只有在此基礎上，才為我們提供了繼續研究的空間。

首先，我們從鼓的形制上分析比較，它與源于宋代的山西平定、河北磁縣等地的「武訝鼓」有些相仿。但在表演、敲擊演奏的方法上又明顯不同。訝鼓表演，以鼓為主，鐃鈸伴奏；跨鼓表演，以兒童舞鑔為主，鼓為伴奏；訝鼓以行進中變化隊形，擺出陣圖為特色，跨鼓以兒童在擊鑔舞蹈中擺出「天下太平」字樣以求新奇；訝鼓為雙槌敲擊，跨鼓為單槌敲擊（實為特色之一）；跨鼓表演中偶有擊鼓者表演絶技，乃為興之所至的即興表演，可算是自成一格。另外，據民間所傳，所謂「跨鼓」是源于表演時以單脚「跨步行進」而得名，其動作風格又當屬獨具特色。

《中國民族民間舞蹈集成·河北卷》載有「胯鼓」項目，但無論其舞隊構成還是表演程式與天津和勝芳跨鼓毫無相似之處。另在（河北）「全省民族民間舞蹈調查表」中廊坊地區霸縣條目下，有「挎鼓」名稱，當是指的勝芳挎鼓，只是可惜未能進入「集成」記録項目。

根據以上資料推斷，跨鼓最遲在明清時期，就已經是一種成熟而風格獨特的民間鼓舞藝術。流傳地點在天津、河北勝芳一帶。其它如北京、河北趙縣等地雖有稱為挎鼓的民間表演，但與此二會均不相同。但是有一點却是不容置疑的，就是當年「鄉祠前跨鼓中播聖會」中「跨鼓」的表演，因其熱烈、喜慶、歡快的風格而引人注目。又因其受過「皇封」，故在天津民間花會中擁有較高的榮譽和地位，並受到普遍的尊重。

（四）中幡

《行會圖》中的中幡隊伍以「鄉祠前中幡聖會」為首（圖中未談及跨鼓與中幡本為一會之事），共描繪了八道中幡聖會。可能由于畫幅的關係，幡杆只能做傾斜處理，每筒幡下也只能畫十數人左右，僅此已呈浩浩蕩蕩，威武壯觀之勢，無論演練者，還是旁觀者，各個躍躍欲試，動態十足。

《中國舞蹈大辭典》載有「中幡」詞條：

> 民間舞蹈。又稱「舞中旛」「大執事」。流傳于北京、天津、河北等地。中旛，大者高十幾米，小者高四五米，用粗竹竿製成。竿頂綴飾小傘、小旗和小鈴等物，中間掛一長幅綢布制的旛旗，上面綉以象徵吉利的語句或圖像，兩邊垂飾流蘇……古時中旛多在廟會中表演。清代李振聲有《百戲竹枝詞·舞中旛》：「鈴鐸聲中金鼓撞，佛廠子弟健能抗。彩旛正面凌風穩，一朵雲飛如意幢。」

考查中幡藝術的發展歷史淵源，大概與漢百戲中的「尋橦」技藝和宗教儀仗中極具裝飾性意味的「幢旛」有關。例如在山東沂南發現的東漢畫像石：一個大力士赤膊，頭上頂著一個十字形長竿，竿上有三個舞蹈（雜技）演員正在表演「腹旋」的動作；又如河南發現的漢畫像石，一人成馬步下蹲，雙手捧杆，杆上共有九人分別做著各種動作造型；再如晉代陸翽編著的《鄴中記》，其中詳細描述了十六國後趙皇帝石虎舉行的宴樂中的「竿技」表演：「備有額上緣橦，至上鳥飛，左回右轉。又以橦著口齒上亦如之。」（傅起鳳、傅騰龍著《中國雜技》）。僅就傳統藝術形態學或分類學而言，尋橦或與民間的猴爬杆技藝更加接近。但是，就以上描述尋橦底座的扛竿技藝，顯然已經有了中旙藝術中的「雙手托旙」「腦尖」「牙尖」等動作技巧與名稱。至于那旙旗我們看娘娘宫前百尺旙杆上飄揚的大幢旙，或者皇會中的頭道「門旙」會，似乎就不難領略它的内涵及意義所在。

天津人之所以喜愛中旙，大概與天津人的尚武精神與習俗有關。三四丈高、碗口粗細的大毛竹，五尺多寬的緞面兒、布裏兒的巨幅旙旗，加上頂子上的兩面旗幟、三層（架）寶傘，數串銅鈴，少説一百多斤。舞者將旛杆在身體上下、前後、左右舞動旋轉，或托、或舉、或高高抛起，落在額頭、鼻尖、牙齒、下巴上，有時又用肩膀、臂肘、拳頭，甚至一根大拇指托舉百來斤的大旛……看他們，胸大肌鼓鼓的；胳膊根子粗粗的；手掌肥肥厚厚的；手指頭又粗又短，一層「狠巴巴」的老皮，那都是練出來的「功夫」。說實在的，耍練中旛的確是一件既艱苦又危險的活動，磕磕碰碰、挨砸受傷在所難免。據說有的人練「牙尖」能把牙都砸下來。再看「腦尖」的練習，必先以竹片、藤棍擊打頭部，至頭頂磨練出老繭後方可上杆練習……難怪今天的人大都不肯練習此技，是吃不得如此辛苦啊！耍中旛的確是力量與技巧相結合的傳統民間藝術項目。

耍中旛的技巧動作名目極多，例如：單手托塔、雙手捧笙、左右大小盤肘、左右擔山、三起三落、倒口袋、上腦尖、上鼻尖、上牙尖、懷中抱月、左右騙馬、壓肩、提簍、舞旋風、蘇秦背劍、浪子踢球、搖撥浪鼓、老虎大絞尾、朝天一柱香、烏龍絞柱、旱地拔葱、海底撈月、霸王舉鼎、童子拜觀音……又有兩人互相拋接，頭頂相送等等。

事事講究的天津人更是將一些動作名稱賦予新意，例如：托塔不叫托塔，叫「指日高昇」；腦尖不叫腦尖，叫「歡天喜地」；牙尖不叫牙尖，叫「恨福來遲」；鼻尖，又叫斷梁，他們不叫斷梁，叫「摘星換日」；大旛落在肩膀頭，起名叫「肩擔日月」（見第八道「院署內慶祝中旛聖會」題注）……民間的俗稱在這裏沾上了文氣，變得輕鬆、儒雅、吉祥，沁透著天津的文人風格。

當然，這裏並不是説每個耍旛的人要把所有技巧都學會，只要你有上一兩手「絶活」，那就是「人前顯貴、傲裏奪尊」了。除此以外，還有那「看風」「看傘」「隨機應變」的經驗，以及那「巧招妙法」以外的「玩意兒」，就更不是能够「輕易練得到的」。

在天津皇會上耍中旛，不僅要技術高强，旛面也得講究。看河北大關的這道中旛會：天青色的緞子旛面高貴、典雅；上面是江南綉花女用五彩絲綫，打籽的綉法，綉出四季花朵、蝴蝶、瑞草，活靈活現；大旛頂部「河北大關誠齡中旛聖會」幾個大字，光鮮亮麗。晚上出會卸下布旛，换上燈籠旛，不用舞動，早已是流光溢彩，招摇于市。

除此以外，服裝穿戴也要與人不同——「杭紡綢的褲褂，隨心的時衣、隨心的漢巾子」；戴的是「愛意平口子溜子」；隨心的、時興樣式的緞子面的鞋子；連襪子都得講究「隨脚」……看穿戴「一位强似一位」。再加上一位接著一位的耍，動作精明巧妙，逞强鬥勝，買彩露臉，暗中比試，誰也不讓誰，誰也不肯露怯……如此才不失為皇會中的一道風景。如此才算「都齊了，都有了」。

進入當代社會，天津中旛的發展受到一定影響。據二十世紀八十年代天津民間舞蹈普查，全市共有中幡會二十道，其中已經失傳的就有八道，占總數的百分之四十。而市區僅有南開區東北角街登記有「遠音中幡會」一道，但標為「已失傳」。

可喜的是一九八七年五月，南開區文化宮成立了「南開文化宮民間藝術團」。該團遵循「繼承為了發展，發展需要繼承」的原則，依據廣場藝術的規律，采取了選取精華、借鑒豐富的方法，對「中幡」「獅舞」「旱船」「高蹺」等民間藝術進行了大膽的改革創新，並取得了初步成效。一九八九年聯合國教科文組織民間藝術考察團到文化宮進行考察，並觀看了該團的演出，受到一致好評。同年八月《群文資訊報》以「來自南開的報告」為題，向全市介紹了他們對民間花會藝術進行改革的成功經驗。

此後，南開民間藝術團的「中幡」代表天津市，先後參加了在北京舉辦的第六屆全國少數民族傳統體育運動會、昆明·世界園藝博覽會、天津世界體操錦標賽閉幕式等大型演出活動，受到廣泛的關注和好評。

（五）秧歌

清吴錫麟《新年雜詠鈔》載：「秧歌，南宋燈宵之村田樂也。所扮有耍和尚、耍公子、打花鼓、拉花姊、田公、漁婦、裝態貨郎、雜還燈術，以博觀者之笑。」

清樊彬《津門小令》有：「津門好，天后廟開時。幾隊秧歌喧月上，滿城花爆亂星飛。柳翠大頭圍。」末句云「大頭和尚戲柳翠」，也即南宋時民間舞隊中的「耍和尚」。

又，王克芬、隆蔭培在《中國近現當代舞蹈發展史》一書中講到：「秧歌，是一種典型的中國漢族傳統民間歌舞形式。在中國北方的許多地區，每逢年節時，都有鬧秧歌的風俗習慣……這種地道的農民藝術，是集歌、舞、戲、雜耍、武術等于一體的群衆性娛樂活動。一般首先以大場——也就是集體舞開場，然後是小場，主要演出小型舞蹈、歌舞、小戲等，最後再以大場結束……打開場子後就開始小場的各種表演，有高蹺、走馬、舞獅、推小車、跑旱船、耍槍舞棒等。」實際上這裏包括「狹義」的「秧歌」和「廣義」的「鬧秧歌」兩個概念。狹義的「秧歌」是指以民間會道組織為主，表演的集體大場子和以歌舞為主的小場子（天津人稱其為「鬥對兒」）共同組成的民間歌舞表演形式；廣義的「鬧秧歌」則泛指由各類民間歌舞形式共同組成的大型踩街、巡遊、表演、演出活動。天津人稱其為「行會」。

看《行會圖》所描繪的天津地區秧歌（廣義）、歌舞類民間花會計有：秧歌、地秧歌、杠箱、杠箱官、重閣、旱船、竹馬、雙花鼓、太平鼓、漁家樂、十不閑、蓮花落、寸蹺蓮花落、胖姑學舌（與宋代的村田樂異曲同工）、瞧親家、西廂長亭、鍋缸、舞花、舞綉球、萬年甲子舞，以及前邊提到的高蹺、舞獅子等等。

可是這裏有十分重要的一點必須説明，此間的胖姑學舌、瞧親家、西厢長亭、鍋缸，並不像當今秧歌隊小場子中簡單的「鬥對兒」表演，而是以當時最為流行的昆曲、柳子腔、民間小調等為伴奏音樂的，獨立、完整的戲曲歌舞表演形式。同時還要以表演内容來冠名的、獨立的民間花會隊伍（有些類似于今天民間戲曲票友組織，乃至民間的小戲班子）。而舞花、舞綉球、萬年甲子舞更是純粹的歌舞表演形式……因此，就天后宫「行會活動」而言，其表演内容可説是無奇不有；裝扮角色堪稱形形色色；服裝化妝集約南北古今；舞蹈動作率性而發、千姿百態，行會途中人人可得瘋耍狂舞……正是這玲琅滿目、暢情宣泄，舉手投足皆為舞的藝術樣式和表現形式，構成了「天津秧歌」（廣義）獨特而豐富的藝術特色。

如此豐富多彩的民間歌舞形式，必然涉及藝術分類學方面的問題。在此天津人再一次表現出他們的睿智，和對民間花會藝術進行理性梳理方面的能力和修養。例如，在論及民間花會與戲曲藝術的關係時他們説：

戲有袍帶戲，會有袍帶會；戲有粉旦戲，會有粉旦會；戲有武耍把戲，會有武耍把會；戲有玩笑戲，會有玩笑會。並進一步解釋到：何為袍帶會？陳設會乃為袍帶會。何為陳設會？又説鑾駕會、燈亭會、黄轎會、花童會為袍帶會。何為耍把會？向這捷獸獅子會、中旛會、杠箱會、什錦雜耍、如意會、嬰樂猴扒竿，浄耍把不唱，是武會。何為粉旦會？蓮花落、十不閑、太平花鼓、雙花鼓都是粉旦會。何為玩笑會？永樂杠箱官乃為玩笑會。杠箱官行會到街市上，有人截會，聽笑談，本會上預先在下處内大家篡湊幾套哏，早議排好了一套一套根本。箱官問堂事，大家聽他招呼，叫地方一套哏；叫馬快一套哏；叫買辦一套哏；叫執日頭一套哏。街口上若有熟人截會，認的箱官，這一套拿熟人玩笑，現抓哏。無非是逗得看會人哈哈取笑。（第十五道「南門内永樂誠議杠箱官」題注）

雖説此論未必全面，但不失為一種簡單實用的民間花會藝術分類方法。也正是在這簡單分類的基礎上，天津皇會一百多道會行會的排列順序，顯現出井然有序、錯落有致的大氣象。

有關天津秧歌（狹義）的歷史淵源，與前邊所述高蹺、法鼓多有相似之處。例如《行會圖》中的第二十七道「窑窪秧歌聖會」題注記，會中相傳「明成祖稱帝，改年號永樂遷都北京，翌年成祖與民同樂，各種花會競相獻藝，『窑窪秧歌』即參加了演出」。又說：窑窪秧歌乃是「文安投師、霸縣傳」。講說的是當年有一位山東臨清的江湖藝人，到了霸縣的勝芳鎮北，將秧歌傳給當地。後該人移居文安，又輾轉來到天津窑窪村一帶做生意，並向人介紹了秧歌。于是窑窪村派人專程到文安投師，又到霸縣學藝，之後才有了天津窑窪的「單傘秧歌」（見《中國民族民間舞蹈集成·天津卷》）。此說在本圖中似也可得到了證明，即「獨說唱詞句『霸州調』，唱的也得好」。僅此，足見該會歷史悠久及與河北霸州等地的淵源關係。

又如天津另一道著名的「雙傘陣圖秧歌老會」，自稱：清朝康熙末年，一位來自山東臨清，名叫許小喜的小生意人，看到三岔河口脚行的人們練拳脚，提出教大夥點「玩意兒」，于是大家在聚善水局的組織下學習了「陣圖秧歌」。只是改四十八人為二十四人。（見《中國民族民間舞蹈集成·天津卷》）

除此之外，流傳于今河北區東于莊和紅橋區西沽一代的「花鼓」藝術，自稱源于乾隆末年，由安徽鳳陽花鼓藝人于氏兄弟所傳。流傳於津南葛沽地區的清平竹馬，為清朝一趙姓海船商人，從江西九江移居葛沽後所教傳。流傳于武清西柳行村的「太平小車會」，乃是清代北京的一個河北梆子演員所傳。流傳於塘沽胡家園河頭村的

「落子」，為一百多年以前，河北黃驊落户河頭村漁民陳連傑、陳連周所傳等等。由此可見，天津地區的民間秧歌（廣義）藝術形式與河北、山東、北京等地的淵源關係，乃至河海漕運涵養而成的碼頭文化、移民文化的特點。

天津秧歌（廣義）歷來以品種豐富、技藝高超、化妝考究、服裝靚麗、儀仗種類齊全、道具製作精良，而蜚聲京、冀、魯、豫，乃至整個北方地區，民間譽之為「天津的玩意兒鮮亮」。當我們深入探討這一美譽的社會根源時發現，它的確與天津城市的文化構成、經濟發展實力、民衆信仰習俗、民族精神與個性品質等等社會文化因素相關聯。

天津地區普遍的尚武精神，成就了民間花會藝術與武術的結合，使得高蹺、法鼓、舞獅、舞龍，乃至地秧歌等藝術形式，無不蘊含著一種粗獷、剽悍的審美風格。其中不僅有高蹺直接將武術中的「雙刀」演變成「雙刀式舞棒技法」；更有法鼓表演融「太極十三式心訣」于鐃鈸的舞蹈動作之中；將太極八卦拳法匯于舞獅的訓練與演出之中。這些不僅表現出天津地區民間藝人廣收博取的聰明才智，更極大地提高了民間花會藝術的可觀賞性和藝術含量（可參看第二十七道「窑窪秧歌聖會」和第五十二道「梁家嘴議勝秧歌老會」的「舞雙棒者」畫像）。

民間花會出會時對服裝、化妝的講究：演員的彩衣要「成衣局」製作；入會者「纓帽、袍褂、馬褂、緞靴」是必不可少的，所謂「有藝無衣上不得會，總得有藝業，穿新衣服，才可以出來上會行好」（第一百〇一道「同和大樂」題注）。説到化妝，天津紅橋區的八蠟廟高蹺「臉譜和頭面嚴格按照京劇要求一絲不苟。過去出會時的臉譜都由天津著名的民間藝人『泥人張』勾畫。泥人張第三代傳人張景祐曾講到：有八蠟廟一天，泥人張陪一天，一直陪到了（底）」（見《中國民族民間舞蹈集成·天津卷》）。雖然説此等講究未必是普遍現象，但必然對天津民間花會會衆產生深刻的影響，並逐漸行成對藝術細節美的關注、追求之風。

再如鑾駕、儀仗等演出用具、道具的製作，必要精工雕琢、描金塗繪、金綫彩綉；靈官、直符神集天津扎彩藝術之大成，人物造型個性鮮明、活靈活現；九圖燈結合扎彩藝術各藴内涵、造型祥瑞、色彩斑斕；軟對、硬對、燈牌，茶炊子更是集雕刻、繪畫、書法、詩詞、楹聯等藝術元素為一體……這種對文化元素的集約能力，對文化品位的刻意追求之風，對裝飾性風格追求的奢靡之風，對藝術細節的關注、講究之風，共同形成了天津民間花會藝術的「都市化風格」。而這種都市化風格的支柱，則源于天津城官府、商賈與民間超强的經濟實力與生活熱情，正所謂：「此乃小玩意，百事在人的聲勢」。大有想辦就辦，想辦就一定能辦得成的膽量和氣魄。正是這些綜合性因素，使得天津城的民間花會（秧歌）藝術，在繼承的基礎上，迅速形成了自己獨特的藝術風格和藝術特色。

總之，《行會圖》以圖文並茂的藝術手法，不僅為我們留下了極具藝術參考價值的民間歌舞人物造像、舞蹈動態、服裝樣式、道具（器物）圖案。更以紀實性的詳實文字為我們留下了清代天津民俗、民風、民間崇尚、民間信仰、民衆組織、個人品格與修養、民間文化藝術創造過程等等無比珍貴的、豐富的史料資訊。為我們提供了大量的，值得我們進一步深入研究的社會文化學課題，例如：群衆性大型活動的組織運作機制；參與活動的群衆自我約束管理機制；社區文化建設與駐區商業企業結盟的機制；搭建具有民族民俗文化特色平臺的機制、方法等問題，似都可從《行會圖》中獲得一些有益的資訊和啓迪。

第一起（第一道）　慶祝門旛老會

题注

門旛聖會年年錢（前）行。衆位遼半（料辦）旛尚（上）龍旗。造（照）寫娘娘敕封正果。歷年三月十八日。門旛到城西如意巷（庵）[一]接駕。娘娘神位進天后宮[二]內。二十日期行香出巡。進北門出南門。聖駕回廟。門旛會首人有表字明（自鳴）鐘。看對時刻。宗（總）在午時初刻[三]動身。又有掃殿會[四]請執。門旛行會到街市上。看會人等。大家金（盡）知行開會了。有男有女看會。有老有少看會。有忙有□（閑）看會。有窮有富看會。有僧門兩道（僧道兩門）看會。有回漢兩教看會。都在街市巷口。人等來來往往雍幾（擁擠）不動。門旛頭行會走到半裏地遠。太獅會上動身行會。門旛。太獅行會街市。看會人等越訓（聚）越多。街市路上鋪面接連多遠。都掛堂簾掛竹簾。俱是內眷睄會[五]。門旛聽說中旛動身。門旛行會多遠。為有跨鼓音聲聽遠。門旛舊（就）知完（玩）藝會[六]都深（抻）開[七]。

會行合（何）處。又知到（道）説抬閣動身。會行街市時侯。謹（僅）有天勾[八]平西。頂到第捌架抬閣出棚時後（候）。門旛會上吃中客[九]。年年照舊。觀前顧後。會規定然不錯理法。門旛聖會頭行。門旛會行開時。人人知曉。街市上全都有若闐（熱鬧）。會行街市以上。有官座鋪面。兩大板上掛著紅彩紬子。地上捕（鋪）席。席上捕占（鋪氈）條。擺方卓（桌）大家吃茶。人來拂敕（服侍）。官座有鹽務老爺每（們）。有通城的官員看會。有道太（台）。有鎮太（台）。有府太（台）。有縣太（台）[十]。二府太爺都來睄（瞧）會。看會耍。聽會唱。街上有執日班頭待管地方接會衆位大家。會若耍得好。唱得好。衆位大家。哈哈以（一）笑。無非矢先（釋懷）悶倦[十一]。楷（開）心。賞會上點心等務（物）。會行過去又看會來。會會如此。要唱勑後（伺候）。會過到前邊。有鋪面□□滿臉裴（賠）笑。會唱。本家□□□母。岳母。還有奶母。

按語

慶祝門旛會成立于清康熙四年（一六六五）為當時的錢商工會出資興辦。門旛會是娘娘出巡散福活動中的第一道會，有人稱它為「會之頭」。它象徵著天后宫前的兩根大旛杆。門旛杆高一丈五六，通身紅漆油色，上繫一龍頭橫棍，龍頭處飾以寶蓋、小旛、絲帶，寶蓋下垂掛紅色火焰飛邊的黃呢大幟，上貼青呢子剪成的大字「敕封護國庇民顯神贊順垂佑瀛壖天后聖母明著元君寶旛」。大座上站立一人，專司控制旛旗的繩索，據説該人必須是有武職功名的將官。

注釋

[一] 如意庵：出天津老城西關，過南頭窑大街有如意庵。曾一度為天后聖誕巡幸駐蹕之所，所謂老娘娘的娘家。該寺于光緒年間皇會不幸失火被焚。近有津門學者王勇則先生考證，此次火灾發生的具體時間是光緒二十三年三月十七日（一八九七年四月十八日）晚九時許。

[二] 天后宫：俗稱「娘娘宫」，世界三大媽祖廟之一，位于海河三岔河口西岸。始建于元代至元（一二六四——一二九四）年間，泰定三年（一三二六）敕建重修，是天津現存最古老的古建築群之一，也是中國現存年代最早的敕建媽祖廟之一。

[三] 午時初刻：中午十一時媽祖娘娘行香出巡活動正式開始

[四] 掃殿會：天津皇會活動的組織承辦機構，多由津門鄉紳巨賈，有聲望、有威望之人組成。本圖中第八十九起（第一〇六道）有專節詳細描述。

〔五〕封建社會時期大户人家女子不得隨意拋頭露面，故將她們安置在店鋪内觀看皇會，店鋪門窗還要懸掛竹簾子以做遮檔之用，所謂内外有别，更防紈絝子弟、浪蕩公子調戲偷看。

〔六〕玩藝會：中幡、跨鼓、杠箱、高蹺、秧歌、雜耍、歌舞等具有表演性質的民間藝術，天津俗稱其為「玩藝兒會」，並以此區别于陳設會和還願會，如寶鼎、燈亭、鮮花、寶輦、巡風、花瓶、道童等。

〔七〕抻開：方言，隔開。拉開表演間距。

〔八〕天勾：農曆每月二十二、二十三日只能看到月亮的上部半圓，這種月相叫「下弦」，人們稱這時的月亮為「下弦月」，又稱「天勾」。

〔九〕中客：行會衆人在皇會活動中吃招待餐。

〔十〕太：此处「太」可通「台」，为官称。又可理解为天津方言习惯中的「省略」习惯，即省去了「爷」字。

〔十一〕矢先悶倦：津官與富商穩坐在「主席臺」上看會，無非是釋懷先前悶倦，尋的哈哈一笑，解悶開心罷了。

第二起（第二道） 公議太獅聖會

題注

□□□興太獅聖會。明公大有來理（歷）。門旛在前。太獅在後。兩會猿貧（緣分）。□有神位排（牌）位。怎麼講説。門旛本是天后聖母靈應寶旛。上造娘娘敕封。世人念道（叨）。舊（就）知娘娘長長（常常）顯聖才受敕封。門旛乃是神旛會。講説太獅會出巡在後。做（縱）然有神旛行會。配上神獅行會。乃為天后聖母守門。□□。山海經[一]上超（抄）下圖影。那些易（異）獸也□（野獸）出在深山匡也（曠野）。琦（奇）惡無比。什麼都吃。□（有）知者。有不知者。多有知者。也（野）獸的來理（歷）都在大膽經上□□。這也（野）獸的來理（歷）。□□□深山匡也（曠野）半山的僧道徐（們）。修煉避秋（比丘）[二]不分盡（晝）夜手蹻（敲）木魚。念經念佛。□□長生不老法門。日不可長久[三]。一時的混頓（沌）迷精（糊）睡著。庚辰日幹[四]有察善童子。□著。為失于清規[五]。疊（牒）文[六]

雷倍箕死（雷劈擊死）。壞這些天清規的避秋（比丘）修煉多年。死後冤魂不散。長長（常常）在那海將（疆）上寡選（刮旋）風。有在山峰内寡選（刮旋）風。失清規的陰鬼。陰魂哭毫（號）日期。多有□□見天地不合。寡（刮）怪風天氣。下報（暴）雨的天氣。響交（焦）雷的天氣。下冰雹的天氣。出力（靂）電的天氣。海内放黑霧的天氣。這些多年鬼魂聚在山峰。生出來的也（野）獸。有受海霧生出也（野）獸。這些易（異）獸也（野）獸生出掌（長）大。都天地不怕。都見了獅子來。也（野）獸怕急。又説獅子神獸也。明公想情[七]。這獅子它杠有[八]多惡。宗（縱）説獅神獸講倫。凡人啓名太獅稱呼。善人才議。太獅聖會年年出巡浄斜（街）浄路。

按語

針市街「公議太獅聖會」，由閩粵會館潮建廣三幫出資成立。其獸型取自天后宫内壯威儀、避邪祟的兩頭石獅子，只是變坐獅為行獅，顯得活潑可愛而又不失雄偉。它乃木頭雕刻、油彩漆刷，鬃尾飾裝而成，更顯得富貴華麗。太獅高約兩米，彩繪貼金，笑口微開，一縷仙氣吐出漸漸隆起，化成祥雲，祥雲上幻化出一架高約三米的雙層燈亭，燈亭六角上掌十二盞角質球燈，下懸六串小燈，小燈周邊飾以流蘇。每架獅子放在一米多高、彩繪雕刻的四方台座之上，由八人扛抬緩行。另外，據説清乾隆年間，由天津鹽商、糧商、茶商和木商共同商議協定，成立了「公議太獅會」。其中經營東興茶莊的張氏家族，捐助成立「太獅德照聖會」，製作了大型金漆木雕巨獅，長二丈，寬一丈、高一丈，姿態甚為雄偉，既威猛又嫵媚。行會時將巨型金漆木獅置于排子車之上，衆人牽引緩行。（參見尚傑著《皇會》，百花文藝出版社二〇〇六年九月，第一三六頁）

注釋

［一］《山海經》：中國先秦古籍。主要記述古代神話、地理、物産、巫術、宗教、古史、醫藥、民俗、民族等方面的内容。其中有「山海經異獸圖鑒」在民間廣為流傳。

［二］比丘：指受過具足戒（大戒）的男性出家人和女性出家人，為佛教出家五衆之一。

［三］即「日日修煉不可長久」或為「日期不可長久」。「日修」乃佛教對其教徒日日修煉的基本要求；「不可長久」意為「太長久了」，正所謂「出家苦」。

［四］庚辰日幹：又叫做魁罡日。傳統相術理論認為，這一日出生的人「秉權好殺」。

［五］清規：清規戒律，原指佛寺禪院必須遵守的規則、戒律和生活準則。

［六］牒文：公文、文書。此處作爲動詞，行牒文之意。

［七］想情：請想、情由。

［八］杠有：方言，該有。

第三起（第三道）　萬善報事靈童聖會

题注

報事靈童聖會。當初以（一）興時候。有明公多讀。這怎麽講説。有封神榜可平（憑）。方啓（起）報事靈童會名。有看過封神榜的近（盡）知。有周武王興兵罰（伐）紂王。武王都（督）兵到了川（穿）雲關。得勝進城。盤查富（府）庫。當日天晚。君臣議是（事）安解[一]。睡術（熟）。武王睡到醜時五六刻上。心忠（中）發攞得病。傅待夫（大夫）撫莫（摸）[二]。湯藥付（服）下。到太陽出時。武王身上盡出花瘢痘疹。待夫（大夫）官不失（識）此病。眉（没）見過。後宣姜公看病。姜公也不知此病。想啓（起）封神文。查照（找）出來。榜文上寫著四句詰語[三]。寫的是。興主罰（伐）紂增家邦。川（穿）雲關内受温潰（瘟癀）。緊房（謹防）達照光先德。萬仙以（一）陣身體康。姜子牙用龍滔（韜）虎廖（略）察看。知曉。原來是受過易（異）傅的五個仙童。姓餘（余）弟兄五個。乃是餘（余）化龍兒（兒）男。有名有性（姓）弟兄五個。行大叫餘（余）達。行二叫餘（余）照（兆）。行三叫餘（余）光。行四叫餘（余）先。行五叫餘（余）德。有沈公報溝□（中公豹勾引）來復仇。弟兄五人。在半空宗（中）撒温潢（瘟癀）沙。出温（瘟）毒。周武王重（中）温易（瘟疫）。才出花癍痘疹。當初武王□（出）花。算頭一位當差[四]。姜子牙請下七聖消化劍。暫（斬）五弟兄。他封神榜上有神位正果。後來傳世人。隨（誰）能脱的（得）過[五]花癍痘疹温（瘟）灾差事去。每逢嬰兒當差。乃為差瘟易（疫）。都是這五位神童散灾。凡人當差。又問哪五位神童。行大的神報事靈童哥哥。行二神童痘而（二）哥。行三神童水夫哥哥。行四神童臭翰（汗）哥哥。行五神童捧魂哥哥。為（唯）有神翰（汗）哥哥來到送臭翰（汗）。人保住命。捧魂哥哥來到。送魂入喬（竅）。因此。行五的哥哥。是神名餘（余）德。莫是你本家餘德。餘德要存問本身餘德[六]。愛存不存全。全問自幾（己）。生兒養女活不活。查照祖上餘德。父母的餘德。問問自幾（己）本身餘德。報事靈童聖會。本是勸世聖會。報事靈童會行街市上。看會人燕（煙）。好相（像）是人山人海以（一）樣。密密查查。涌幾（擁擠）不動。兩邊的看會鋪面搭著席棚。掛著竹簾。堂簾。這位本家富理（府裏）有錢。使用方便。接親期（戚）都來睄會。看會。這一位本家不浩（好）接女眷看會。愛請男客睄會。與（預）備下早晚的酒席費用。排（派）人街上接會[七]。與（預）

備爐食點心。錢馬（碼）著[八]以鑼（一摞）。堤（提）防[九]賞會。聽說會不遠了。這些看會的客每（們）全來到了。頭以（一）位是本家的生父看會。有岳父睄會。有大父睄會。有叔父睄會。有姑父來看會。有師傅來看會。是會到了。有人節（截）會。要唱完了。會望（往）前行。接[十]簾子弟（遞）出點心來的。合[十一]遞出成吊錢的。合弟（遞）出錢飄（票）子的。合弟（遞）出當飄（票）子來的[十二]。會上人（遞）出當飄（票）。我們不管術（贖）當。又說。你們白聽唱吧。裏頭人不依。會上人說。不打架。上會走。别鬧事。大會上。

第三起眉注：報事靈童、捷獸會，前接八寸後接一尺，兩會一張八尺。

按語

萬善報事靈童聖會，取材于明代許仲琳所著《封神榜》第八十一回「子牙潼關遇痘神」。天津人將其改編成「抬閣」和「疊羅漢」的藝術樣式——看「抬閣」祥雲上站著道家打扮的老五余德，手中托著包裹痘疹的手帕；另一朵祥雲上站著農夫打扮的老三余光，肩擔澆灌天花的水桶；石頭頂上站立著武將打扮的大哥余達，他就是報事靈童，負責通報天花痘疹的疫情……另《天津皇會考紀》載：光緒元年的報事靈童聖會，在藝術形象上有所改變：有四人衣荷硬木小椅，雕刻玲瓏，椅之披墊以大紅貢緞為之而綉花卉、蟲草屬。椅上坐一小兒，作《紅樓夢》中賈寶玉裝束，頭戴紫金冠，身穿銀紅緞袍，外罩藍緞大氅，項垂金鎖，珍珠領圍，雍容華貴，目所能見。尤使人注目者，即為冠上鑲嵌一珠，大如鴿卵，珠以金剛鑽匝之……出會第二日，冠上巨珠忽失，一時秩序大亂。靈童恐生意外，立即下會返家……該會由津門鮑超後人所扮，小兒時年四歲。

注釋

[一] 安解：安歇。

[二] 撫摸：把脉。

[三] 詰語：詰通偈（音吉）。僧、道口誦的韻文、詩句。

[四] 天津風俗，稱出天花的孩子為「替老娘娘當差」。

[五] 脱的過：方言，脱（音妥），即誰能「躲」得過。

[六] 餘德：在這裏餘德既是余家老五的名字，更是要人存留德性，廣積陰功的勸説。

[七] 接會：又名截會，花會踩街行進過程中，大户人家或商户店鋪派人將表演的隊伍攔

下，專門為其家人和賓客進行表演，表演結束後截會者一般要有錢財或禮物奉送，表示感謝。

［八］碼著：方言，整齊地堆摞、擺放。

［九］提防：原意為小心防備。此處為預備下、準備下。

［十］接：方言，隔著。

［十一］合：方言，還有、還有的是。

［十二］此後數句獨得天津地方人文特色，凸顯了豪門巨賈揮金似土的奢靡之風。但是貴客間似又有過的「不景氣」者，看那位拿當票當賞錢者，定為破落户子弟，雖説拿不出現錢來，也還要充一把豪爽，反引得會上人説「不管贖當」。有意思的是那位破落大爺還不依不饒了。倒是耍會的老百姓識大體、顧大局，還透著一股正氣，一種不屑，一種瞧不起。這就是天津民衆的性格、是個性、是民風，是會中規矩。人人都懂得「大會上的，别鬧事」——極富戲劇性的一幕。

第四起（第四道） 姜家井捷獸雲獅老會

題注

捷獸會以（一）興時。多有明公議論。做（縱）然説是獅子瑶（摇）頭萬獸驚。隨（誰）不曉得這句話語。明公言曰。世間長（常）有秉氣不望（旺）[一]人氏。有男有女。長長（常常）的莊柯（撞客）[二]下來。密（迷）下人來胡數（説）八道。有街坊鄰設（舍）來看。要説准是本家的掌背（長輩）來了。迷人舊（就）是掌昔（長輩）到了。有人説是什麽迷人舊（就）是什麽。本家人買點精□（經盤）燒紙燒了。足（祝）告足（祝）告。迷人蘇醒蘇醒好奈（了）。明公問道。撼（敢）是[三]甚麽密（迷）人。又説是眉（没）有鬼密（迷）人。一（以）甚麽密（迷）人。明公説是廟脊上的。廟山上的。廟言（檐）上的獸頭[四]密（迷）人。又説。怎莫（麽）講説。獸頭都是當初人。武王罰（伐）紂。在守（首）陽山前以（一）場熬（鏖）兵。兩廂軍兵死的無數。姜子牙封完神聖。有選（旋）風打卓（轉）。風聲鬼哭。查照明白。無數軍兵魂破（魄）討封告（誥）。姜公慈心以（一）動。加封這些無數的鬼魂節（皆）有護神爵位。年多人皮幹壞。轉成獸面人心。他每（們）等為獸頭安執（置）廟尚（上）。都有名字。叫聞風超氣。根定頒（扳）倒。邦（幫）虎吃食。東拉西扯。藏頭露尾。呼音呼現（忽隱忽現）。非言拂皂（誹言浮躁）。無根無排（派）。[六]這些火燒成的泥獸頭。他們至（自）古來長長（常常）的密下[五]來。混世（是）除不尞（了）的。去不尞（了）的。壞不尞（了）的。他們等聚（俱）受過姜太公的封告（誥）。封神榜後。時（是）武王座周朝年浩（號）。就有這些斜歲（邪祟）等。是他等怕神獸。天后聖母年年出巡行香。精（驚）動已（幾）省的人燕（煙）遠路來進香。水路來座（坐）船進香。漢（旱）路來座（坐）車進香。有行會的人多多。有看（會）人多多。進香人多多。有斜歲（邪祟）密（迷）人。獸神獅子聖會碧斜（辟邪）[七]。□□□□□□□□□後有靈官尊神像位[八]請出行會。晚間碧斜歲（辟邪祟）。前後行會路上並無斜歲（邪祟）。稱為善念平安年年保重捷獸聖會除斜静（邪净）路。保護安泰。斜（邪）不親（侵）正。

第四起眉注：□□（報事）靈童捷獸會前接八寸後接一尺兩會一張八尺

按語

《天津皇會考紀》載：捷獸會，俗稱為姜家井獅子會。該會為西鄉姜家井村衆農民所組織，成立在前清乾隆年以前。至于實在是哪年哪月，因為年代過久，就是他們本會會頭也記憶不清。不過就知道乾隆皇帝下江南時經過天津，這個會曾朝見天子，頗為乾隆皇帝所喜，大悦之餘，特賞給黄馬褂，以示厚愛。因為這是捷獸會最榮幸的事，所以雖是經過多少年仍舊是不會忘的。至于在乾隆以前就不可考了。二十世紀八十年代天津民間舞蹈普查時，西郊區西姜井登記有「九獅圖」，當為是會。但同時標為失傳。另外，乾隆雖然多次來過天津，但並不是下江南時路過，而是視察堤防、河工、鹽務等等。

注釋

［一］秉氣不旺：秉賦、天賦，指人的先天之氣。不旺，不足也，指身體羸弱之人。

［二］撞客：古指生人撞上死人魂靈或鬼魅邪祟，而神志不清、言語錯亂、喜怒無常、狂

亂驚恐，或可以死人語氣説話等等，又稱鬼魂附體。現代醫學視其為情志狂亂，屬精神錯亂病症。

〔三〕敢是：方言，莫非、大概、可能是。

〔四〕獸頭：指房頂部的五脊六獸，六獸分別為：螭吻、狻猊、鬥牛、獬豸、鳳、押魚。

〔五〕密下來：秘密隱藏下來。

〔六〕混是：方言（音亨似），都是、全是、無論怎樣、無論如何。

〔七〕我國舞獅子的活動，最早見于《漢書·禮樂志》中記載的「象人」一詞。三國時魏人孟康注釋：「若今戲魚蝦獅子者」；北魏《洛陽伽藍記》中載：「辟邪獅子導引其前」；唐宮廷燕樂中的「太平樂」，又稱為「五方獅子舞」；詩人白居易有詩《西涼伎》誦到「假面胡人假獅子，刻木為頭絲做尾。金鍍眼睛銀貼齒，奮迅毛衣擺雙耳……」可見我國獅子舞近兩千年的傳承歷史。但是兩千年來獅子舞「吉祥如意」「驅魔辟邪」的民間信俗却一直没有變。

〔八〕靈官：見第四十五起第六十三道

第五起（第五道） 鄉祠前中旛聖會

題注

鄉祠前中旛聖會如今稱為老旛。怎麼講説。當初娘娘會以（一）興時。有掃殿會看出。行會街市以尚（上）。無有會宗（中）頭訓（緒）。大家公議我等進城。到鄉祠前請出中旛在前行會。乃為會宗（中）頭訓（緒）。見中旛會上人商議。有中旛會言説。我等行會在前要旛。有後會當悞（誤）遲。奈合（何）。琪（豈）不霸善[一]。吾們不洛願（落怨）言。又説。為人在世休（修）善。吾等不能作惡。掃殿會上又説。天妃聖母靈光普照萬方。有遠來進香。未（為）的是睄會。會宗（中）無有頭領。無有俱（句）斷。遠來不知會行在合（何）處。吾等白費心急（機）。説我有會無有頭訓（緒）會。算我等遼（料）理會規晲張[二]。娘娘會相（像）人體。有頭。有眼。有耳。有身。方為人體身行（形）。比逢（方）會。説門旛為頭。中旛為眼。跨鼓為耳。抬閣為身行以（形一）樣。中旛會上人聽透寔（倒是）。大家都笑。英（應）許[三]行會。兩會上人以琪科（一起磕）頭。掃殿會又説道。咱兩會合一會。中旛爺每（們）路上要觀前故（顧）後。見景生情。咱大家合手時乃為一會。以（一）興會時舊（就）是鄉祠前中旛一架行會。才稱得啓（起）老旛。頭年行會。第二年有閘口出中旛[四]。

第五起眉注：黑色面 水紅色面 中播八架接連一張 緑色面（指中播面料顏色）

按語

鄉祠指浙江鄉祠，後改稱浙江會館，一九七〇年拆除。原址在天津老城裏東北部。「鄉祠前中播老會」又稱「鄉祠前遠音跨鼓中播會」，它與緊隨在中旛隊伍後邊的遠音跨鼓老會（見第八起第十三道）乃為一道會，由「北口衆厨行」，也即飯店、厨房的「大師傅們」所操演。另外「跨鼓會」曾受過皇封，這道中旛會又是天津舉辦娘娘會被邀請出會的第一個中播會，自然了得，因此為衆中播會的頭領。二十世紀八十年代天津民間舞蹈普查登記該會已經失傳。但由南開區文化館組織的「天津市民間藝術團」尚保留有「舞中播」的節目。另外，當年全市普查登記的中播會曾多達二十餘道，其中僅寧河縣一地就有四道，但均標爲失傳。

注釋

［一］霸善：霸道欺善。

［二］睨張：睨，斜著眼看，此處指辦事不利，或不辦正事。

［三］應許：方言，答應。

［四］閘口中旛會詳見第七起第十二道。

第五起（第六道） 天后宫前敬藝中旛聖會

題注

天后宫前敬藝中旛聖會。是鄉祠前老旛字號排出行會。鄉祠前耍旛厨行師（傅）們多。宫前耍旛有外行人。少有厨行人。多多都是内行爺每（們）愛惜耍旛。乃是浩（好）者為樂。每日練耍。時時操演。中旛練耍者。俱當年當力至（之）人演習。衆位練成。比老旛上人耍的巧妙。立掃（利索）。招法精妙。麻唎（利）急數（速）［一］。衆人分外。心内生出巧招。這位耍的妙。那位耍的巧。看耍旛的人人叫好。這以（一）位接過旛來。要比那一位耍的亙（更）多洛（落）好。連本會上人都叫好。有世人睄著攢每（贊美）。説好。這統（通）旛［二］上人們。你强我勝。以（一）位比以（一）位勝强。位位都不洛（落）以下。又有人説。怎麼不洛（落）好。他每（們）正年浩（好）力壯時分。都有力氣。一力響拾檜（降十會）［三］。將舊（講究）人前得尊。敖理（傲裏）奪翠（尊）［四］。宫前敬藝中旛聖會。

按語

天后宮前敬藝中膰會，以其獨特的地理位置而受到鄉祠老會的器重，邀來一起出會，所謂老膰字號支派。與此同時看他們耍中膰的技術也是極富特色。

注釋

［一］麻利急速：又可譯為麻利技術。意為乾净利索，身段漂亮。

［二］通：通筒，量詞，即一架中膰。

［三］一力降十會：又稱一力降十慧，武術用語，通常指只要有力氣，就可以破解各種巧妙招法。

［四］傲裏奪尊：獨占鰲頭之意，不服輸。

第五起（第七道）　鹽關口勝議中牖聖會

題注

鹽關口勝議中牖。浩（好）善者每日操遲（持）中牖行會。致半柴廖家以（置辦材料傢什）。演習日期不少。長（常）有掃堂牖[一]上人過河來耍牖。為（唯）有世是（事事）愛息。學者（著）什麼以（一）學就檜（會）。若學到別樣不專心學。急（即）便學。學也是白學。强叫他學。他心裏不願意。燕（焉）能學得檜（會）。歸琪（齊）[二]會不㾯（了）。學耍中牖。歡喜願意浩（好）者為樂。每日學。見天學。以（一）教舊檜（就會）。以（一）説舊（就）明白。全都學檜（會）。又有掃堂牖上人言明當初的會規。保舉芝排（支派）。通執（知）老牖各牖知曉。鹽關口中牖衆位。浩（好）善助資行會。有橋上衆位助資。關上關下。頂到雜糧店。鬥局子[三]全都助資。關口中牖行會多年隨（誰）不知曉。年年休（修）好。無非是神數垂照。以（一）郡的風須（俗）好。衆位的善念。有本身上會悮（誤）遲公事。當各（耽因為娘娘聖會乃未（為）願心夯（得）完。會德全是如此。無非聖母催感善人等。求福求順居家平安舊（就）擱）買賣。少德（得）錢財。多受心（辛）苦牢罰（勞乏）。有了。

按語

考天津地名與鹽關口相關者，有元初至清在金鐘河賈家大橋附近（今河北區小關大街與中山路交口處）設關，徵收鹽硝稅，又稱「硝關」，訛讀為「小關」，有稱鹽關口者。又，原東門外海河上設「鹽關浮橋」，俗稱「東浮橋」，過河向南有「鹽官廳」，俗稱鹽關口，此會當坐落該地附近，又因其與閘口中旛隔河相望，故兩會交流瀕繁。

注釋

［一］指「閘口中旛會」，因其為中旛會殿后（收尾）之會，故又稱「掃堂旛」。

［二］歸齊：方言，終歸、到頭來。

［三］鬥局子：鬥，量具。為糧食買賣雙方稱糧的商行或機構。

第六起（第八道）　院署內慶祝中旛聖會

題注

院署內慶祝中旛聖會。要旛衆位愛習（喜）學耍中旛。衆人多多。各行到（道）人都有。有本牙（衙）門的內厨行。有外在班的。聚是牙（衙）門口的當差應易（役）爺每（們）。愛息（喜）耍旛。久練耍旛。看別旛上人耍旛。這衆人齒（恥）笑逆急（膩唧）[一]。吾等人耍旛。講論架勢安穩。才稱會耍旛。沓（要）耍旛。頭招都是托塔。吾們説不叫托塔。叫指日高昇。旛下來惱（腦）尖。不叫惱（腦）尖。叫歡天喜地。惱（腦）尖下來。牙尖。不叫牙尖。叫恨福來遲。牙尖下來鼻尖。又叫斷良（梁）。不叫斷良（梁）。叫齋（摘）星煥（换）日。怎麽講説。人的二目為叫日月。鼻為星星。鼻尖下來。洛（落）有間榜（右肩膀）頭耍。名叫間單（肩擔）日月。間榜（肩膀）下來。單手跨背耍旛。名叫蘇秦碑（背）劍。訓（順）手接旛。要耍專（轉）面。拉繩人要急術（速）喂起喇（裏）邊[二]。旛洛（落）大跨（胯）上。

耍旛的人雙手打問心。名叫童子拜觀音。要（論）耍旛的人都檜（會）。耍旛這裏巧妙招法以外。還有完藝（玩意）[三]。清以（輕易）的練不到的多多。隨急英（機應）變。看風看傘。才為準頭。稱啓（起）耍旛行會。

第六起眉注：白色面 藍色面□□一張 紫色面（指中旛面料顏色）

按語

院署，當指天津貢院提督學院衙門，後改為貢院。《津門雜記》載：「貢院，考取七州縣文武生童處，在東門内迤南。」《天津政俗沿革記》載：「天津試院，俗稱之曰學棚，又曰貢院。」天津乾隆《縣志》記：「在城内東南隅（各地貢院通建本縣城東南角）。雍正十一年（一七三三）鹽院鄂禮捐奉創建。同城職官並鄉紳商綱悉心有捐資。」天津貢院位于城廂東南角，二道街南側，北起二道街，南至貢院後衚衕。

注釋

［一］膩咿：同磨嘰，地方俗語，拖遝、不利索、拖泥帶水。此處含恥笑、不屑貌。

［二］拉繩人：舞中播時，一根長繩拴在杆頂部，另一端握在拉繩人手中，起保護作用。

舞幡人耍「轉面」時大幡快速旋轉，拉繩人便要圍著舞幡人快速奔跑，以防止保護繩纏繞在中幡上，術語稱「喂幡」。也有舞幡人做此動作時摘掉保護繩索，不要保護，以彰顯功夫實力。

［三］耍中旛的動作名目極多，除上面所列，還有：單手托塔、雙手捧笙、左右大小盤肘、左右擔山、上腦尖、上鼻尖、上牙尖、懷中抱月、左右騙馬、壓肩、提簍、舞旋風、蘇秦背劍、浪子踢球、老虎大絞尾、朝天一柱香、烏龍絞柱、旱地拔葱、霸王舉鼎、童子拜觀音……又有兩人互相抛接，頭頂相送……那手、眼、身、法、步的配合，旛起旛落，不僅在雙手、頭上、兩肩，更可在雙膝、兩胯、胸腹、腰背、脚面、指尖、鼻尖、牙尖……大旛摇摇擺擺，穩扎通身上下。院署内慶祝中旛聖會舞旛的動作名頭不同于其它中旛會，處處顯露著「文采」，當與貢院中的「文化人」們不無干係。

第六起（第九道） 河北大關誠齡中旛聖會

題注

河北大關誠齡中旙聖會。練耍旛的位位都富利富足。人人接（皆）知。看關上關下[一]有多少進錢的是（事）由。聚財聚銀講倫（論）關口。有堂官廳。廳上的是有大厨房。有内厨房。有察（查）關差。有把關差。有橋夫差。有察歲（查税）差。有報歲（税）差。有收歲（税）差。有刷單差。有報單差。有看銀差。有交（繳）數差。有交（繳）糧差。有察（查）船差。有察（查）貨差。差事多少不寫。甘露寺内斤稱先生每（們）[二]。這些財主家。輳半（湊辦）中旛會者。乃為小事。治（置）中旛面之（子）都是南綉花打子（籽）[三]的花朵。天青色的斷（緞）子旛面。晚間點上燈旛[四]行會。耍旛衆位穿著隨心時衣。查（扎）著是隨心的漢巾子。代（戴）著是愛意平口子溜子[五]。隨心意穿鞋。斷（緞）子時興樣式。隨脚襪（襪）子要緊搒（綁）。紬（綢）褲紬（綢）襖。穿布褲布襖孩（還）少。以（一）位强著以（一）位的衣伏（服）。人人耍旛不洛（落）以下。位位耍的精明巧妙。到處得好。是人人攢每（贊美）。這以（一）位耍旛。心裏廪動[六]。好裏找好。露臉。那以（一）位接過旛來耍。心裏招裏套招。忿（分）外的買彩露臉。人人你强吾勝玩耍中旛。按寒（暗含）著[七]隨（誰）不讓隨（誰）。乃是老旛上保舉芝排（支派）行會。耍旛衆位無非是自幾（己）兒口願在心。年年行會。休（修）安俅（求）泰。

按語

河北大關，又稱北大關。《津門雜記》載：「天津鈔關，在北門外北浮橋旁，人稱大關，徵收水陸出入貨物税銀。」當時，由南運河進京的漕運船隻，必經北大關完税後方可通行。因北大關在所有的收税關口中規模最大，又位于天津城以北地區，故名「北大關」。

注釋

［一］由「北大關」派生出南運河北岸「關上」「關下」的地名。「關上」因地處北大關的上游而得名（即河北大街南端西側與南運河北路交匯處）；「關下」因地處北大關的下游而得名（河北大街與三條石大街交匯處）。現今，關上與關下以河北大街劃界，大街東部為關下，

大街西部為關上。

〔二〕甘露寺：《天津通志》載：「清康熙四年（一六六五）七月十日，天津鈔關由河西務移駐天津，劃歸天津道兼理」，隨即「天津鈔關」落户南運河北岸甘露寺内（今河北大街南口西側），與此同時健全了一係列收税關所，以利于關税收繳。斤稱先生們：當泛指收税的諸官差。

〔三〕打籽：又稱打籽綉，南方刺綉針法之一。

〔四〕中旛會晚上出會，卸下布旛，換上串燈籠，燈籠上書寫會名，又叫燈籠旛，此時不用舞動，早已是流光溢彩，顯的富貴華麗。

〔五〕平口溜子：男子佩戴大號平口金、玉戒指，俗稱溜子。多為身份、財富的象徵。

〔六〕廪動：靈動、靈機。

〔七〕暗含著：暗中，心裏暗中使勁。

第六起（第十道）　梅家衚衕中旛聖會

題注

梅家衚衕中旛聖會。衆位啓議練耍旛行會。掃堂旛上人多好保舉。老旛知道。操演耍息（習）營務中的人。有牙（衙）門口的人。有手藝人。有買賣人。有行到（道）人。有脚行人。都練成了。治瓣（置辦）旛上其（齊）備[一]。行會日期。街市出巡。耍旛各有耍藝練成。有耍毛腰雙手托旛望上以（一）存[二]。旛高過頭鼎（頂）。旛往下洛（落）雙手接著。此招名叫聯種（連中）三元。人來接旛焕（换）耍。這位耍旛。不耍拉繩。也是雙手托旛筳抵挍（杆底攪）旛上拾（十）幾次専而（轉面）。各（名）叫遥哈（摇撥）浪皷之（鼓子）。接旛焕（换）人耍。這位耍旛各别。旛在脚面上哥（擱）。以重（一聳）腿以（一）存腰[三]。雙手超（抄）旛。起來托塔。此招名叫。海抵牢（底撈）月。人焕（换）耍旛。這位耍旛。兩榜（膀）頭上。旛重（種）在間（肩）頭上。右間（肩）頭上重（種）左間（肩）頭上。左間（肩）

頭上重（種）右間（肩）頭上。左右間搒（肩膀）子拾便（十遍）。總在間榜（肩膀）上要旛。此招名叫到口代（倒口袋）。人接旛焕（换）要[四]。這位要旛。單腿跪下要。口嗔（唇）的牙尖。雙手打密息[五]。要此招名叫參佛拜相。人人叫好。隨（誰）都不説真正的功夫。這才是練法到家。好玩藝。有説從來看見要旛的眉（没）有這套功付（夫）要的。這位要旛不費什麽近（勁兒）。相（像）是完（玩）藝以（一）様。真正要出神來尞（了）。防付（仿佛）中旛聽他説的以（一）様。我等看要旛的算來著了。真好真好。

按語

梅家衚衕，即明代天津右衛指揮使梅滿兒族人居住地，位置在城外西北角小夥巷東側，今屬紅橋區大夥巷街道辦事處。《天津縣新誌》載：梅氏「原籍江蘇武進人，遠祖殷，明初尚甯國公主，官駙馬都尉。其族有名梅滿兒者，官天津右衛指揮使，遂入衛籍」。梅家乃津門名門望族，名流輩出。近代有梅貽琦（一八八九——一九六二年）任清華大學校長；梅貽琳任國民黨首都南京市衛生局長；梅貽寶任燕京大學教務主任、文學院長。抗戰期間，在成都重建燕京大學，並任代校長。後為美國康奈爾大學終身教授。

注釋

［一］中播形制：碗口粗細的大毛竹，要三丈多高；上掛五尺多寬緞面兒、布裏兒、外加火焰飛邊或流蘇裝飾的巨幅播旗；杆頂子上有木制方框，框中斜插兩面三角旗幟、一架三層寶傘，數串銅鈴，中播會的名號就橫寫在播旗最頂部。晚間則要準備燈籠播，會名則直接寫在燈籠上，觀衆一眼望去就知道是哪一道會。

［二］存：動詞，相當于抖，即用一種寸勁兒把大播抛出。

［三］聳腿存腰：預備發力的動作形態。大播在脚面上，要想把播踢起，必需主力腿下蹲、腰臀部向下坐，所謂「蓄勢」，然後方能發力將播杆踢起。

［四］人接播換耍：一架中播重達七八十斤，要練時極費體力，所以要不斷換人。舞中播動作名頭甚多，要練者一人會個三招五式已屬不易，更有人獨練一招一式到爐火純青，便成絶技。

［五］雙手打密息：雙掌合十。十指合于一處，表示十方力量的凝聚、團結。為佛教禮節，俗謂打密息，又名參佛拜相。武術中又稱「童子拜觀音」。

第七起（第十一道） 南頭窑公議中旛聖會

題注

南頭窑公議中旛聖會。衆位大家要練耍中旛。行會日期練檜（會）。耍的透術（熟）。知惠（會）衆人。好出知單遼理（料理）作旛。成規〔一〕。衆為拂䩮（位扶凑）各有號名。拿知單。有柴禾廠人寫知單到圍場地主家寫錢。有車行人拿知單到各處的招商吕（旅）店寫錢。車行頭家寫錢。有回教内人。拿知單到牛羊圈的本家内寫錢。羊肉舖寫錢。牛肉舖寫錢。爐食舖寫錢。爉行舖寫錢。有鞋行人拿知單到城裏。關外。河東。水西。大小街市。巷口。衚衕。號頭。齋號。舖口。靴鞋店内寫錢。有脚行人拿知單到四口上抬貨行衆位寫錢。衆板廠内。針市街。洋貨街。缸店街。曲店街。牌樓口。殘房（裁縫）舖家寫錢。有牙（衙）署人拿知單到各行到（道）。各局子。各廠子。各館子。各下處。各店内。各地方寫錢。是老旛上保舉行會。每年間在正月十一日。侯家後老君堂關老爺會。我旛行會。十五日河北關上白衣寺〔二〕内關老爺出巡。十七日關老爺二敕（次）出巡共兩天。我旛行會。到三月初十日。本處謝公祠[三]謝大人出巡。我旛行會。到十八日娘娘會接駕。我旛行會。廿日娘娘會行香。我旛行會。二十二日娘娘會出巡。我旛行會。到四月初六日。初八日城隍會兩天。到二十日水梯子老爺會。二十二日。二十四日。二十五口。東西廟藥王會。

按語

南頭窑，出天津老城西門，沿西關大街不遠處北轉，即為南頭窑大街。今地屬紅橋區，與南開區交界。「窑」乃是當年用作燒磚瓦之地，是老天津衛的城市建設燒磚、瓦之所。後來窑廢，窑名却成為地名。

注釋

[一]成規：老規矩、慣例。所謂衆人扶湊，各有名號。只是這南頭窑中旛會不知是何來歷，何人操持，何人為會首，好大的氣派，好大的勢力。這中旛是要熟了，怕的是天津衛小半城的大小買賣鋪户也要「熟了」。光看手拿「知單」人的身份地位，和城裏城外到處「寫錢」的氣勢，以及每年十三次的天津各處廟會出會，便不知他斂了多少銀錢。《皇會論》中：「有一等遊手好閑，家家去斂，口稱善事，手拿知單。有錢無錢，强派上臉，圖了熱鬧，賺了吃穿。這盛事直辦到

三月間。」大概指的就是此等行藏。

［二］白衣寺：《津門紀略・壇廟》載：白衣寺有二，一在西門外，一在河北。

［三］謝公祠：《津門雜記》卷上載：謝公祠在西門外永豐屯驢市口，咸豐三年（1853）與謝公同時赴難之蒙古都統佟公鑒並祀于祠。《津門紀略》卷一「疆域門・專祠」載：雙忠祠在永豐屯，祀都統佟公、知縣謝公。又稱雙忠祠，祀清咸豐年間天津縣知縣謝子澄、古北口副都統佟鑒。

第七起（第十二道）　鬧口掃堂中旛聖會

題注

鬧口掃堂中旛聖會。明公問執（之）會名。合（何）為掃堂中旛[一]。人說鄉祠前的中旛頭以（一）年行會。我每（們）中旛在二以（一）年行會。我操演習學檜（會）耍中旛。吾們到鄉祠前知惠（會）[二]乃為尊敬。鄉祠人說好事善念自管行會。我們一統（通）旛行執無去（行之無趣）。如同相（像）孤鳴吊（掉）雁。又說。在（再）有行中旛會者。咱兩下知惠（會）商議。有人出中旛會若知惠（會）你每（們）。算你每（們）字號排執（派支）[三]行會。如過在（果再）有人來知惠（會）我等。算我每（們）字號排執（派支）行會。要你我兩下輿（預）先通執（知）明白。無非是咱中旛會上的義器（氣）。又說。你每（們）中旛若行會時總在後行。吾們中旛在前行會。在（再）有訓（續）中旛者。他每（們）在中。咱兩下以（一）前以（一）後行會。必齒（彼此）前後照應後訓（續）中旛行會。還說。中旛行會者在街市上至（只）管行好休（修）善。莫要望那別會上致（置）氣[四]草（吵）嘴打架。為失于會規。若有望（往）中旛會致（置）氣者。通執（知）前後旛上會友大家商議。下會避（必）有執事者。人請（請人）評理罰他。我每（們）不失會規至（只）管行善休（修）好行會。兩下言明善念。兩下大家科（磕）頭如斌（賓）如客。隨（誰）不歡喜。老旛上人要代（待）茶代（待）飯溜（留）客。掃堂旛上衆位人等在（再）三不餘（依）。當下告此（辭）。老旛上送客多遠。兩下功静（恭敬）。從此閘口掃堂中旛總在後行。業以（已）多年的會規。人人接（皆）知[五]。

按語

「閘口」原地名已失。《津門保甲圖説·東門外圖説二》舊天津護城河在城東南角有一引河通往海河，中間元會庵處有一水閘，稱為閘口。閘口掃堂中旛居于是處。另外清·劉瑞清繪于光緒二十三年天津城區圖，御河北岸督院西側和窑窪普濟庵，以及紫竹林以南海大道（今大沽路）與馬家口中間地帶各有一處標為閘口。

注釋

［一］掃堂旛：見第五起第七道注二。

〔二〕知會：通知、告知，此處含互相尊重意。

〔三〕字號派支：下屬花會組織到所屬會頭處標名掛號，並由會頭安排出會、行會等事宜。

〔四〕置氣：尋畔滋事，津俗語謂之「找茬兒」。

〔五〕天津民間花會組織之間彼此交流傳藝，絶少保守，只是講究輩分，講究師承，以示尊重，這在本質上又可説是天津人骨子裏的「好義」「灑亮」性格的具體體現。會與會之間的兄弟關係則以「拜會的規矩」表現和延續下來。但另一方面，同種表演形式的會與會之間，為了保持自己的藝術風格和技藝地位，又往往不肯將「絶技」輕易示人，以求上會時人前顯貴。

第八起（第十三道）　鄉祠前遠音跨鼓聖會

題注

鄉祠前遠音跨鼓聖會。遠音跨鼓以（一）興時。衆善人都議倫（論）操遲（持）演習。鼓望黨之（鐺子）[一]。鼓的點數。有鼓心。有鼓邊。鼓上有撮（搓）。有點。有句。有斷。起以（一）套鼓名字。演習這套鼓名。演習有錯處。學會尞（了）的人他不依。連説待萃（帶啐）。教息（習）習學。大家都不炳（介）意。教兒學只（習）演習跨鼓非同小可。不是以招（一朝）以息（一夕）功課日期。大家都通術（熟）練尞（了）。蹻（敲）的。打的。合手[二]對音律。練畢。這算以（一）套整了。佑（又）演習那以（一）套。日期長久。那以（一）套學檜（會）術（熟）練。交以（教一）套。檜（會）教少交（教）幾天。人們都學檜尞（會了）。鼓有點數門闕具（句）斷。有黨之嚮（鐺子響）起頭。起哪以（一）套點數。鼓上知道那以（哪一）套起頭。鼓望黨之（鐺子）俱（具）有套數。以（一）套以（一）套全有套名。有以（一）套老雜半（拌）。有以（一）套慶壽音。有以（一）套新雜半（拌）。有以（一）套鬥龍雲蹻（敲）打[三]。會若起那以（哪一）套。大家聽會頭的手鑼的點數。幾下鑼點。有嚮（響）一下的點數。以（一）套的起頭。若嚮（響）十下的起頭點數。以（一）套的起頭。手鑼嚮（響）五下點數起頭。以（一）套的起頭。若聽手鑼緊嚮兩下。大家行會走尞（了）。到尞（了）。掛號。拜客。行會規俱（矩）都聽手鑼嚮（響）音。乃為規俱（矩）。穿彩衣的學生等。行會路上凈蹻（敲）打。街市若有神棚執事人換帖拜望。蹻以（敲一）套住點。穿彩衣的學生們唱以技（一枝）公曲詞所晋芝（鎖南枝）[四]的牌子。唱完。復又嚮（響）手鑼點數。以（一）套起頭。行會走。每逢到處全是以（一）樣。行會為人座（做）人年年休（修）善休（修）好。

遠音跨鼓年年演習。行會。講倫（論）上會的幻（幼）童。學生們演習檜尞（會了）。以（一）套以（一）套。黨之岔鉑（鐺子鑔鈸）通達行會。頂到一年二年。接訓煥（續換）人學。只前番掌（長）大替煥（換）下來。蹻黨之（敲鐺子）。佑（又）轉一年二年下來。蹻黨之（敲鐺子）人佑煥（又換）上蹻（敲）鼓。總德（得）年年添。年年煥（換）。年年操遲（持）演習通達。才出跨鼓聖會。年年行執。

第八起眉注：遠音跨鼓 杠箱前接五寸後接七寸兩會一張

按語

「鄉祠前」，見第五起第五道注一。皇會隊伍中素有：門旛為頭、中旛為眼、跨鼓為耳、抬閣為身形之説。「鄉祠前遠音跨鼓中旛會」，成立于清康熙四年（一六六五），至一九三六年最後一次出皇會，歷經三百年。可惜今已失傳。《天津皇會考紀》載：（該會）「在乾隆年間，曾盛極一時，有過這會本身最光榮的一頁，當乾隆皇帝下江南路過天津之時，跨鼓中旛會曾隨同著大會去接駕，乾隆皇帝對于跨鼓的鼓手，擊技精妙，頗為歡悦，乃御賜鼓手八人，每人黄馬褂一件，並龍旗兩面，這兩種皇家賜予的榮典，每和會中人談及，總是欣欣引以為榮的，出會之時也要照樣穿出來，以便人前顯耀。」

注釋

［一］望：聽、看。鐺子為跨鼓表演的總指揮，鼓手起哪一段曲牌，要聽鐺子的響聲號令。

［二］合手：衆人默契、協調。

［三］河北省勝芳鎮東明街有「挎鼓老會」。目前他們保存的挎鼓曲牌共計18套，名曰：一、

大得勝 二、小得勝 三、仙人掌 四、佛爺座 五、玉盆仙 六、一盞燈 七、一蓬風 八、節節高 九、一傳令 十、朝天蹬 十一、單展翅 十二、雙展翅 十三、大過橋 十四、小過橋 十五、五月鮮 十六、雨雷風 十七、七鷂 十八、鬼敲門。與之相對應的兒童舞鈸動作名稱叫作：一、對鈸 二、打撤 三、串沙 四、跳圈 五、開撤 六、張口 七、取水 八、打八叉 九、掏螃蟹 十、打撤 十一、鳳凰單展翅（對外鈸）十二、雙對鈸 十三、取沙 十四、雙錯鈸 十五、鳳凰雙展翅 十六、對撤 十七、背劍 十八、片馬。除此以外還有「另五套鼓（鈸）」曲子（類似于過渡段落）和一套獨立的表演段落「單撞梅花混」。

［四］公曲詞：合唱曲辭。鎖南枝：屬九句式南曲小調，或小令。

第九起（第十四道） 南門内永樂杠箱老會

題注

南門内衆善公議操遲（持）永樂杠箱。出巡。遊街。行會以為善念。衆位大家請人教息（習）杠箱會。配上五虎打棍[一]。吾等全知。五虎乃是當初董家弟兄五個。地名叫霄金橋。董家弟兄為人霸到（道）。强良捷托（强梁劫奪）京商客吕（旅）金銀務（物）件。他等為作生藝（意）買賣。獨霸霄金橋頭。人稱五虎。後來趙太祖[二]他路過那霄金橋。有董家五虎捷托（劫奪）太祖。趙太祖是大宋朝代九朝八帝都領秀（袖）人。期（豈）無有那□□護住。那莊鄉的福德正神保佑趙太祖。他一人打死五虎。杠箱會配上點做（典故）。無非勸善。杠箱聖會本是勸惡改善會。議倫（論）杠箱會者。無非勸善學好。合（何）為勸善。請説至（自）古今時。行凶霸道□□□聚移（夥）成群。放搶奪銀。以（依）仗强梁。一時的富貴。燕（焉）能長久。洛各（落個）賊名。以後官掌（長）拿去靠□□□（拷打招供）問成死罪。

那（哪）個得了善全。也（野）外山高路遠。搶來搶去。越搶越但（膽）大。搶到天子的銀兩為琪（謂其）皇杠[三]。杠箱者舊（就）是這皇杠銀子近（進）奉。賊們搶去。賊琪（豈）無住家。性（姓）字名隨（誰）。以後走露逢（漏風）信。鄰（臨）近官兵拿著。本人座逆（作孽）連歷（累）居家父母爺娘。全家斬首。又袍（刨）祖墳。白骨獻（現）天。琦（其）罪非曉（小）。

出杠箱聖會。勸惡人別節（劫）皇杠。別節（劫）銀兩。王法惡勸。出行杠箱。如同前影過來的圖樣[四]。惡人醒務（悟）。才出杠箱勸世。因此牌（排）演杠箱。人睄人看。改惡行善。

第九起眉注：遠音跨鼓　杠箱接前五寸接後七寸兩會一張八尺

按語

杠箱又稱作抬杠、彩杠、抬花杠、杆箱等，是流傳在山西、河北、京、津等地的一種民間藝術形式。杠箱表演分為「醜杠」「俊杠」「花子（乞丐）杠」等。又有武杠、文杠之分。杠箱表演的主道具是一根兩三丈長的大竹竿，挑一個六七十斤重，彩繪裝飾的大木箱，木箱四角掌角質燈籠，箱内掛銅鈴和木棒，顛杠時互相撞擊發出響聲。扛竹竿之人，根為後、梢為前，扛根者以配合為主，扛梢者表演動作技巧，有「後頸頂竿頭」「過頭落肩」「蛤蟆爬」「鏇子」「鐵板橋」「單纏腰」「雙纏腰」「打過橋」「翻筋斗」「元寶頂」「上腦旋」「口銜箱杆」「連珠滾」「地趟滾」「鐵門檻」「搶背」「掖脖」「捕旋風」「倒立脚撐竿」……等技巧名目。雙人的基本技巧主要表現在「顫杠」，又有「單轉」「雙轉」「繞頭」「猛轉身」……無論怎樣行進後退，手不扶竿，全憑肩頭力量和「顫竿」分寸的把握。南門内杠箱會又因其與「五虎棍」相組合，顯得尤為火爆熱烈。

注釋

[一] 五虎棍：是一種武術對練的表演形式，在此與杠箱結合形成完整的故事情節。據《天津皇會考紀》載「北城根公議集善五虎杠箱老會」由「老三營軍人們所編排練習」，表演者真刀真槍的對打，甚是精彩。該會以戲曲《緑牡丹·宏碧緣》的故事改編而成。護杠者是按照巴家五虎裝扮，每人都是手持藤牌一面、單刀一把。劫杠者則為余千、濮天鵬等。南門内永樂杠箱會中的五虎棍則以「霄金橋」故事為藍本。

[二] 趙太祖：宋代開國皇帝趙匡胤。（太祖）當年路過霄金橋（有稱董家橋），遇到當

地惡霸「董家五虎」，攔路要錢，雙方發生爭鬥，賣油郎鄭子明路過此地，見狀不忿，出手相助，抽出扁擔幫助趙匡胤打敗「董家五虎」。「南門內永樂杠箱會」以此故事為藍本，改編成杠箱表演。

〔三〕皇杠：又稱皇綱，唐代以後地方官員向皇帝或朝廷進貢、進奉的銀兩、珠寶等貴重財物。

〔四〕似為「如同前朝影過來的圖樣一樣」。意指前事之不忘，後事之師也。

第十起（第十五道） 南門内誠議杠箱官

題注

慶樂杠箱官聖會。浩（好）善者説。聽戲看戲。有袍帶戲。有文紂至（縐子）戲。有武紂至（縐子）戲。有單出戲。有粉但（旦）戲。有完（玩）笑戲。這是戲房牌（排）出來的戲文。乃為明勸世人。出娘娘會者。浩（好）善者的願心。行會勸人。戲有明勸人。會有明勸人。戲有袍帶戲。會有袍帶會。戲有粉但（旦）戲。會有粉但（旦）會。戲有武要把戲出。有會武要把會。戲有完（玩）笑戲。會有完（玩）笑會。這些話語怎麽説。會宗（中）的袍帶會。合（何）為袍帶會。講説言曰。陳設會乃為袍帶會。合（何）為陳設會。又説鑾駕會為袍帶會。燈亭會為袍帶會。黄轎會為袍帶會。花童會為袍帶會。武戲。要把戲打武。會有武會要把會。怎麽講説。又曰。相（像）這捷獸獅子會乃是要把會。浄要把不唱。名叫武會。中旛會浄要不唱。武會。杠箱會浄要把。武會不唱。拾（什）錦雜要。武會不唱。如意會浄要把。武會不唱。

嬰樂猴扒竿净要把。武會不唱。有粉但（旦）戲。有粉但（旦）會。怎麽講。合（何）為粉但（旦）會。又曰。蓮花落粉但（旦）會。拾（十）不閑粉但（旦）會。大（太）平花鼓粉但（旦）會。雙花鼓粉但（旦）會。有完（玩）笑戲。有完（玩）笑會。怎麽講。合（何）為完（玩）笑會。慶樂杠箱官會乃為完（玩）笑會[一]。怎麽講。合（何）為完（玩）笑會。又説。杠箱官行會到街市上。多有人捷（截）會。聽笑談。無非説勅（賜）光[二]。本會上與（預）先在下處内大家寋輳（攢凑）幾套齦（哏）[三]。早議牌（排）好了一套一套根本[四]。箱官問堂事。大家聽他招呼。叫地方[五]一套齦（哏）。叫馬快[六]以（一）套齦（哏）。叫買辦[七]以（一）套齦（哏）。叫執日頭[八]以（一）套齦（哏）。街口上若有術（熟）人捷（截）會任（認）的箱官。這以（一）套拿術（熟）人完（玩）笑。現抓齦（哏）[九]。無非是鬥的（逗得）看會人哈哈取笑。

行會處處一樣。本會言曰。雖説完（玩）笑不為尊貴。吾等觀睄不雅。明公大街齒（恥）笑。吾等白費氣力。又有人説非也。行會勸世人未（為）好事。有勸世人成年勸皆（解）。有成月勸世人。有成日勸世人。我會杠箱官。為成時勸世人。此話怎麽講説。又説杠箱官行會在街上。勸以（一）時世人。怎麽講。又説看會人。

睄會人。聽會人。説會人。講會人。人人雍（擁）擠不動。有多少人。上無數的人燕（煙）都來息（睄）會。內有心忠（中）為難至（之）人。來看箱官他抓龈（哏）。為難人他笑寮（了）。當時他不為難了。有範（犯）愁人。百事辦不下去。來睄箱官。現抓以（一）套龈（哏）。範（犯）愁人笑寮（了）。不範（犯）愁了。有這悠律（憂慮）人心相（像）焦草以（一）樣。見箱官問按（案）抓龈（哏）。悠律（憂慮）人笑寮（了）不悠律（憂慮）。有心兒圈（倦）悶人來聽箱官審事。箱官聞（問）話翠龈（脆哏）。心兒笑寮（了）。不心兒寮（不倦悶了）。齒（只）為箱官以（一）時勸人。乃是明勸世人。舊（就）在以（一）時。也為善念。杠箱官他佑（又）是完（玩）笑會。將佑（講究）是以（一）時勸善。年年行會。

每年行會。街市以上看會人等涌幾（擁擠）不動。兩榜著（旁的）看會的席棚。前頭掛著竹簾幹（竿）。裏面有多少位堂客[十]看會。這位本家有錢。接親期（戚）睄會。接的人客不少。有本家的老奶奶。叫本家的少奶奶接親期（戚）。接幾位老表親奶奶。接少姑奶奶。接姨奶奶。接親叔背（伯）大奶奶。接親叔背沈（伯嬸）奶奶。接舊（舅）奶奶。接唐（堂）叔背（伯）奶奶。接親家奶奶。是親期（戚）都接到來了。與（預）備早晚的酒飯食。與（預）備看會的好煙好茶葉。欺（沏）

開水哈（喝）。與（預）備賞會的點心。菓子。茶食。街上有人捷（截）會的親期（戚）人。年年花錢為人。

第十起眉注：杠箱官什錦雜耍前接八寸後接八寸兩會一張八尺

按語

南門內誠議杠箱官聖會，圖中高照上文字標為「南門內誠議杠箱官」，所持會旗標為「誠敬杠箱官聖會」，圖中文字寫作「慶樂杠箱官聖會」。尚傑所著《皇會》記為「誠議」，文從此説。

這是一道典型的「滑稽」會。兩面藍灰色門旗上寫著「清道」二字；後邊緊跟兩面畫有「兩腿、兩翅、牛頭、大肚子怪獸」的旗幟；八面肅静、回避牌上分別寫的是「諧音」官職：著任梅桂縣（玫瑰餡）正堂、陲印鄭法縣（正發餡）正堂、全印田醬州（甜糯粥）正堂、（第五面牌畫面脱落）、那及青魚府正堂、定親快魚府正堂、晋升萬活道正堂、候選二牛道正堂。後邊便是衙役、捕快，押解著兩個扛枷帶鎖的人犯，又有一衙役模樣的人帶著一名犯婦，跪在帽插糖葫蘆、脖項掛著蒸餅串成的朝珠，手拿鵝毛扇，騎著駱駝的「玫瑰餡太爺」面前……這就是典型的「玩笑會」。

注釋

〔一〕以上題注段落具有天津民間花會分類學意義，即袍帶會、粉旦會、武耍把會、玩笑會等等，同時論及民間花會與戲曲藝術之間的共生關係。

〔二〕賜光：賞光，邀請花會表演的客氣話。

〔三〕哏：著名的天津方言，意為可樂，有意思。

〔四〕根本：基本情節。杠箱官表演有較大即興成分，但事前也要簡單攢凑幾件逗樂的事情（如相聲中的「包袱」），所謂「攢凑幾套哏」。

〔五〕地方：地保，又叫做甲長、保長。中國封建社會時期以家庭、鄰里為單位的社會統治手段，所謂甲長制、保長制。

〔六〕馬快：舊時衙門裏偵緝逮捕罪犯的差役。

〔七〕買辦：一般專指為宮廷供應日用品的商人，或衙門中專門負責采買物品的差役、管事。

〔八〕值日頭：值日班頭，衙門中當值的差役頭兒。

〔九〕每年正月十六，津南區葛沽鎮照例要出娘娘會，其中耍樂會中的「杠箱會」更接近這種「玩笑」習俗，所謂「拿熟人玩笑，現抓時哏」。是日杠箱官「判案」，衙役「拿人」，真要送到「監獄」內關押起來（象徵性走一遭），被拿之人沿街喊冤、痛罵狗官，再有「拒捕毆差」「半路逃逸」者「把事兒鬧大」，便成為一齣大大的民間集體即興創作的「鬧劇」了，這就叫做「假戲真做」，可惜已經失傳。

還有一類「杠箱官」，是縣官坐在由兩名衙役扛抬的竹竿上，表演「坐杠、顛杠、鉤掛杠」等動作技巧。此外，故事情節一般為：縣太爺攜太太出巡訪察民事，有百姓喊冤叫屈（既有會中人員，又有觀衆中愛凑熱鬧之人），太爺徇情勘問、胡點亂判、插科打諢、答非所問。太太在旁極盡幫腔作勢、胡攪蠻纏之能事。故此整體表演詼趣幽默，妙語連珠、滑稽逗哏，常令觀者捧腹大笑。

〔十〕堂客：妻子。此為南方人對妻子的稱呼，天津人却很少用。在此泛指親戚朋友家的女性客人。

第十一起（第十六道） 勝議什錦雜耍老會（殘）

題注

（該題注僅存數語，難得其意）□□□今時合有行會□□□逆也□□□什麽□□□樂□□□曉□□□耍藝□□□曉□□□會上人聽見□□□露臉

按語

從四柄高照和會旗所標名號我們得知，該會為「勝議什錦雜耍老會」。圖中有較為常見的「耍花罎」「打花棍」「轉碟」「頂技」等，也有比較少見的如「高竿頂碗」和「舞綢帶」，似乎還有「踢花鍵」等。他們在手鑼、小手鼓、大鐃、大鈸的伴奏下各展絶技……勝議什錦雜耍老會可説是典型的「漢百戲」遺迹。宋代以後，除官府主辦的「左右軍」雜技組織在大型活動中表演外，形形色色的雜技藝術開始在民間廣泛流傳。勾欄瓦舍成為雜技藝人表演的主要場所，「撂地攤」更成為那些流浪藝人糊口謀生的普遍方式。進入明清時期，各地的「廟會」和「進香行

會」，又成為雜技藝人和雜技愛好者們「還願、獻藝」的表演機會。天津娘娘會自然也少不了雜技藝人們的助興表演。只是由于圖中題注嚴重殘缺，故不知道勝議什錦雜耍老會究竟是由雜技藝人組成，還是由天津的雜技愛好者們組成。從「雜耍老會」的稱呼和表演形式看，該會似為民間雜技藝術團體。

第十二起（第十七道） 閘口下溜米廠勝議重閣老會

題注

閘口下溜米廠有衆人浩（好）善者。要操演重閣聖會出巡。佑（又）叫皆皆（節節）高會。一會二名怎麽講。重閣重二人為字從講。閣乃樓也。樓上有人。樓下有人。叫樓閣者。閣上有人。閣下也有人。為閣。樓一面。閣四面。閣字寬説乃為重閣。佑（又）問皆皆（節節）高怎麽講。回説皆皆（節節）高。是以（一）句寔（實）話。説狄（底）場人身上榜（綁）著鐵信之（芯子）。鐵信（芯）下打舊（就）鐵榜判（綁襻）。下邊有鐵腰判（襻）[一]。全都榜（綁）帶祭（繫）緊。鐵信（芯）上頭打舊（就）鐵月牙之（子）。判（襻）下邊有木頭座之（子）。小孩子報（抱）上去。穩[二]在鐵之（芯子）後邊。小人座木頭座之（子）上。兩脚有蹬板登。判（襻）帶子祭（繫）起。鐵月牙子判（襻）在小人凶（胸）前背後榜（綁）緊。先提上彩褲袛（抿）好。小孩子們早把頭包好[三]。待（戴）上花。身穿上彩衣。鐵芯之（子）

上出彩[四]。彩上頭有假脚。狄（底）場人穿上彩衣。上場人下場人配合以（一）出戲文。狄（底）場人以皆（一節）。上場人以皆（一節）。鐵信（芯）子為相（象）[五]是根本。連串上下。人講是為皆皆（節節）高。説重閣二字。乃是會中的講（稱）呼講倫（論）。會行到街市上。有看會的人等隨（誰）不愛喜。到處人人捷（截）會。討臉説勅（賜）光。前場有南鑼鼓的傢夥蹻（敲）打。在前行會。後場有隨手人[六]隨息（喜）。有海笛。橫笛。鼓。撫笙。緘（弦）。隨唱以吒（弋腔）[七]戲班人的傳頭[八]。牌（排）演坤吒（昆腔）[九]燈曲詞一兩枝（支）唱曲。頭一枝（支）混江龍牌子。第二枝（支）四門子牌子。唱一枝（支）下來。有南鑼鼓的傢夥蹻（敲）打。信之（芯子）上走場。鑼鼓的傢夥住點。又唱第二枝（支）曲祠（詞）。每逢行會到處以（一）樣的賜（伺）候。曲祠（詞）上字演（眼）是。

跨鳳的在雲外遊。

承（乘）龍的在天外鬥。

有幾處浩（好）拜仙祭增（齋僧）。

有幾處鮮花卯端（牡丹）瑞草秋。

今有座福雲樓。

這都是花燈。

花燈照百紂（白晝）。

這似（是）第頭以枝（一支）燈曲祠（詞）唱字演（眼）。嘉（加）上南鑼鼓傢夥演（眼）蹻（敲）打。信之（芯子）上的人都走場。傢夥演（眼）住點。復佑（複又）唱第二枝（支）曲祠（詞）。

壽星燈聚在仙山頂上輳（凑）。

福禄燈宜（一）對對的帔只（吉）獸/呀。

睄那邊山則勾。

這邊廂在清霄。

那邊廂通宇宙。

悠悠。

宜市供春（一世供養）幾時休。

接鑼鼓傢夥蹻（敲）打行會。每逢到處全是以（一）様。年年行執。勝議重閣老會。大家休（修）好休（修）善。

第十二起眉注：重閣 猴爬杆 傅家村高蹺中接九寸 後接七寸三會一張八尺

按語

出天津老城東門，沿海河下行至東碼頭（約今張自忠路與多倫道交口處）河邊有溜米廠（後稱為閘口下溜米廠大街，今地名已失），重閣會居于是處。該處建有滑忠祠，祭祀「福星號」海難（光緒元年二月二十八日，即一八七五年四月四日）中遇難的二十餘位津局江浙海運委員。

重閣：又叫節節高、抬閣、背芯子、背棍、背社火、背閣、晃閣、轉閣、牛拉閣等等，在河北、山西、陝西、京、津等地均有流傳。雖説稱謂不同，但「底場人（成人）」和「上場人（兒童）」，用一種叫做「鐵芯子」的支架連接固定在一起進行表演的基本方式是一樣的。

注釋

［一］鐵芯子、鐵綁襻、鐵腰襻、鐵月牙子：重閣藝術中用于連接上下兩個人的鐵架子，和起固定作用的零部件。襻：用于捆綁、固定底場和上場人的布條（一般不用繩索，以防打滑松扣），寬約一尺五寸。上場人雙脚併攏，被捆綁在鐵芯子上，穿上一條褲腿，另一條假腿褲管内用棉花填充，看似真腿。底場人托舉造型的上臂也然，看似托舉，内部實際為鐵芯子。

［二］穩在：放在、固定在。把兒童固定在鐵芯子上，民間稱為「上架」。抬閣上架後直到行會結束，兒童方能被放下。中間休息時下場人坐在桌子或高凳上，上場的兒童則只能靠在特製的「叉子」上休息和進食。所以該會也是一檔非常辛苦的表演形式。

［三］把頭包好：戲曲藝術中稱化妝為「包頭」。把頭包好即化好妝。

［四］出彩：指各種裝飾性道具，如鳥籠、茶盞、寶劍等。

［五］為象：即根據故事情節和人物形象設計製作的鐵芯子，所以稱其為根本。重閣藝術的核心是鐵芯子的設計製作，民間藝人歷來把鐵芯子的設計，乃至捆綁方法視做本會機密，不肯輕易示人。鐵芯子的結構一般分為芯頭、坐板、踏板、芯勾、芯背、芯眼、芯尾、芯環。芯子又分單芯子與雙芯子。

［六］隨手人：樂手，後又有稱場面人。

［七］弋腔：弋陽腔。戲曲聲腔，簡稱「弋腔」。宋元時期南戲流傳至江西弋陽後，與當地方言、民間音樂結合，並吸收北曲演變而成。明嘉靖年間在京津兩地及北方地區廣為流傳。清代，弋陽腔成為流行于民間的主要聲腔之一。清李調元《劇話》載：「弋腔始弋陽，即今『高腔』」，因此弋陽腔又稱高腔。

［八］傳頭：傳播、教習。

［九］昆腔：地方戲曲聲腔。發源于江蘇昆山，又名昆山腔。與之並立的戲曲聲腔名詞諸如高腔，梆子，皮黄等等。

第十三起（第十八道）　勝議扒杆老會

題注

□□猴□□□□□□扒杆會。非是深山匡也（曠野）不見人的。山島的也（野）猴子扒杆行違（為）。俱（具）是小嬰孩等操練工付（功夫）扒杆。他每（們）都大不過十四歲。十三歲的頂大。有十二歲的。多有十一歲的。多有十歲的。多有九歲的。還有八歲的頂小。完（玩）耍藝業。一個人完（玩）耍。是一個人的工付（功夫）。都有完（玩）耍的名將[一]。有完（玩）獨吊（釣）寒江的名將。有完（玩）順風打旗的名將。有完班（玩扳）倒泰山的名將。有完（玩）天官賜福的名將。有完（玩）海狄牢（底撈）月的名將。有完（玩）拔山舉鼎的名將。有完洪海（玩紅孩）養性的名將。有完（玩）飛虎盤車的名將。有完（玩）高跳龍門的名將。有完（玩）順水頭（投）井的名將。扒杆名將無數。隨心完（玩）藝自便。只要他每（們）有氣力。自管完（玩）耍[二]。小英雄每（們）。一位都似勝強一位。在上頭完（玩）

藝。只要德（得）好。

第十三起眉注：□□傅家村高蹺中接九寸 後接七寸三會一張八尺

按語

尚傑《皇會》第十五章「玩藝兒會・雜耍」一節：「爬竿靈活、險情迭起，扣人心弦的侯家後勝議猴爬杆老會……」得知此會乃為三岔河口以西，南運河畔侯家後的一道花會。侯家後，早在天津築城設衛之前就已經是一個航運繁忙、百貨集散之地了。據載該地在清咸豐、同治年間就已經成為繁華的商業區了。高凌雯《志餘隨筆》記載：李湜字懷芳，乾隆壬申舉人……嘗自署門帖云「天津衛八十三齡鐵漢子，侯家後五百餘載舊人家」據此李氏一家居此當在元中葉。足證此地歷史悠久。

注釋

［一］名將：名頭，名稱。此處指嬰兒猴爬杆的動作名稱。

［二］這又是一道典型的「漢百戲」遺迹，只是這裏不叫「尋橦」「戴竿」，而是更形象地直呼其「扒杆」「猴扒竿」。漢張衡在《西京賦》中寫到：「都盧尋橦……爾乃建戲車，樹修旃……侲僮程才，上下翩翻，突倒投而跟掛，譬隕絕而復聯……橦末之技，態不可彌」。南

朝時大富豪石虎家中私宴也有「竿技」表演：「……設馬車，立木橦其上，長二丈，緣頭安横木，兩技兒各做一頭，或鳥飛，或倒掛」（《鄴中記》），都是對爬杆的形象描寫。只可惜侯家後的這道爬竿會早已失傳。

二〇〇九年，入選天津市第二批非物質文化遺產名録的静海縣大六分村登竿聖會，是天津市目前傳承、保留下來的唯一一道「扒竿」會。相傳該會源于清乾隆年間，表演時用七米「龍竿」，在没有支撑，没有保險的情況下，全靠人力扶持，演員像猿猴一樣手脚並用爬竿，竿上少則一人，多則七八人，表演拜四方、驢打滾、倒香爐、蹬鴨、高空蹬人、仙人脱衣、三猿競技、脚蹬竿轉吊人等動作。據説當年共有一百零八種招式，其中「竿頂站立，耍流星」更是獨具特色。

第十三起（第十九道）　傅家村高蹺老會

題注

傅家村黎（離）天津衛城西南洛（老）鄉二十五里地。遠路奔小直沽。興天妃聖會頭以（一）年舊（就）有傅家村的高蹺隨駕出巡。並無有第二高蹺行會進香。年年休（修）善到今時。稱啓（其）老會。歷代在前。頭以（一）會高蹺。不能輩究排當（拈鬮排檔）。乃為會宗（中）的老立（例）。別會高蹺並無增静（争競）。總讓老會先行。似（是）為會規。浩（好）善溜（留）下會規。有掃殿會上都年年去請。□□□（傅家村）老會若以（一）年不出。掃殿會上排（派）人下請帖去請。名為浩（好）善的規俱（矩）。行會的禮道。老會上都依。（一）來未（為）娘娘的聖（盛）會。二來未（為）大家的進香願心。因此上年年進香行會。傅家村高蹺會到掃殿會上待場。早飯點心與□（預備）。似（是）為老立（例）會規。大家都自尊自貴。全未（為）聖事善念。休（修）好德（得）好□□□世人誠攢（稱贊）。

善念為重。

傅家村高蹺會行會街上。隨（誰）不捷（截）老會唱詞。賞臉。勑（賜）光。捷（截）會必齒千供（必持謙恭）。老會人哪有不唱道理。鑼鼓蹻（敲）打。辦（扮）角人牆（返）場。鑼鼓住點。辦（扮）角人唱。

俺魚（漁）翁錘吊（垂釣）絲竿拿。
水内的魚兒把食查（咂）。
見天時打魚為生足勾渡（够度）日。
我老漢獨吊韓（釣寒）江。無律（慮）無霞（暇）。
橋（樵）夫我單（擔）著以但（一擔）乾柴鮮奚在走（歇息再走）。
睄見了一位漁翁笑哈哈。
橋（樵）夫上前問了以（一）聲心（辛）苦。
老魚翁他以（一）轉身行（形）把話搭。
魚（漁）翁説尊公打柴多見拾（世）面。
問尊公山裏的實務（物）放什麼光華。
佑（又）問道對講相（像）見過以（一）樣[二]。

橋（樵）夫說哪來的竇務（物）是草也（野）鮮花。
橋（樵）夫說尊公垂吊（釣）比姜呂望。
魚（漁）翁說小可燕感（焉敢）比上姜子牙[二]。
魚（漁）翁說尊公比買臣[三]打柴高官座（做）。
橋（樵）夫說初貢（粗笨）小可比不上他。
我橋（樵）夫每日裏半夜眠五更起無非渡（度）日。
魚（漁）翁說人有那十年旺運碧（必）要發家。
二人在山窪河沿公（恭）敬說好□（話）。你看那水清山秀魚橋（漁樵）來問達（答）。唱完大家叫好聲。鑼鼓在（再）敬。行會。看會人人說孩（還）是老會。德好。

按語

傅家村即今西青區精武鎮傅村。傅家村高蹺會是在「興天妃聖會頭一年」，第一個參加「娘娘會」出巡進香的高蹺會。元世祖至元十八年（一二八一）在天津大直沽建起了北方最早的「天妃靈慈宫」供奉「護國明著天妃」，不知是否于此時便有了「娘娘會」出巡。傅家村高蹺會的創舉，奠定了它在衆家高蹺會中獨享尊貴的地位，即：「歷代在前頭為第一道會，不用拈鬮排檔，乃為會中的老例，别的高蹺會並無争競，總讓老會先行，是為會規」。

注釋

［一］此句不像是唱詞的内容。所謂「像見過的一樣」，更像是一種對演員表演、表情方面的提示和要求。

［二］姜子牙：姜尚，字子牙，號飛熊。自幼苦讀，得龍韜虎略，天文地理無一不曉，兵書戰策無一不精。生不逢時，垂釣江邊。年過六旬拜相封侯，扶周滅紂，點將封神，成姬周八百年基業，享「百家尊師」之位。

［三］買臣：朱買臣，字翁子，會稽吴人。家貧，以砍柴為生，然酷愛讀書，手不釋卷，口不離誦，身負柴擔也常凝神沉思，妻羞其痴而離。買臣年五十得（漢）武帝賞識，拜會稽太守，官至丞相長史。其妻羞愧，自縊而亡……民間藝術家多將姜子牙和朱買臣視作最早的漁夫和樵夫形象的代表。

第十四起（第二十道）　鹽綱總署運署抬閣第一架八仙慶壽

題注

鹽務綱總通商人家公議。運署二分半銀兩。皇尚（上）家的歲銀國客（課）[一]。乃為皇會稱呼[二]。年年出行八架抬閣費用等項遼（料）理。年年的會規。出巡行香者。在街市行會。從門旛頭以（一）會起。到頭架抬閣前有幾會。他等們年年行會不抓究（鬮）不排當（檔）。議為老規者[三]。行會抬閣後面。餘者[四]的衆會上人每（們）要抓究（鬮）。排當（檔）行會。是無有增静（争競）[五]。行會按著。高蹺會通望（往）高蹺會上輂究（拈鬮）。按當（檔）行會。似（是）高蹺會根（跟）抬閣後頭以當（一檔）行會。這似（是）高蹺會上輂究（拈鬮）排當（檔）會規[六]。

佑倫（又論）那有北草芝（吵子）[七]前場的衆會上爺每（們）抓究（鬮）排當（檔）。行會跟隨高蹻（蹺）後面行會。他等拈鬮排當（檔）。隨（誰）的會根（跟）隨高蹺後面行會。以（一）會以（一）會。大家全知尞（了）。

佑倫（又論）小完（玩）藝會[八]衆位爺每（們）來輦究（拈鬮）排當（檔）。按著壹貳號。三寺（肆）號。頂到拾（十）數號上[九]。按著兩會以當（一檔）儀溜（遺留）下的年年會規出巡。無非浩（好）善者不能增静（争競）。才稱得啓（起）聖事。

第十四起眉注：□架抬閣 勝芳高蹺前接□尺後接一尺兩會一張

按語

「鹽綱總署」又稱「鹽務綱總」，是天津鹽商組織的行業商會。「運署」，全稱為「都轉鹽運使司」，簡稱「運司」，與「鹽政」「分司」合稱鹽務三道衙門，又稱「三署」。由鹽商宣導、組織並投資製作的八架抬閣成為天津皇會活動中最為壯觀、豪華的大景象。在整個皇會活動中，它不僅與行會隊伍後半部的五架寶輦前後呼應，且成為前半部「玩藝會」的分割綫，使得高蹺、秧歌、歌舞、小戲等穿插排列其間，文武相間，錯落有序，又互不影響。

這抬閣的「鐵芯子」結構設計和製作，較之重閣來得更加精巧和複雜，裝飾性風格也更加突出，加上三十二人扛抬的豪華大座，因此上顯得更加華麗無比、氣勢磅礴。

這架抬閣名叫《八仙慶壽》。說起這架抬閣還有著一段悲慘的故事。據史載：光緒十年（一八八四）三月二十「娘娘出巡散福」那天，天氣格外炎熱。扮演王母娘娘的女孩由于太陽暴曬脱水，終至死于高閣之上。其母「訴諸官司，蒙判以津錢二百千，作拭淚金……」此後，抬閣會被禁，精美壯觀的「抬閣藝術」從此退出皇會的歷史舞臺。其實細究起來，抬閣會（包括叉子會）諸位爺的粗心大意，才是這次事故的真正原因。然而慘遭「禁辦」的却是「抬閣藝術」。事到如今，不知哪家肯掏千金，並組織人員恢復咱天津這道精美的藝術佳作。

注釋

［一］歲銀國課：每年上繳國庫的税銀。早年天津三叉沽地區出現煮鹽户，元太宗六年（甲午一二三四年）官府特許高松、謝實等十八户在此設灶煮鹽。《三叉沽創立鹽場碑》載：「是年辦課五百錠，比之他場幾倍之」。

［二］皇會：俗稱「娘娘會」。根據文字史料的記載「皇會」的稱謂，至遲在清嘉慶與道光年間已在天津民間廣泛流傳，並為文人所使用。而皇會的得名，民間更傾向源于皇上的觀看和對花會的賞賜。此處則對「皇會」一詞的來歷又添新解——即花了皇上家的銀子。

[三]老規者：皇會的老規則。按本圖統計，共有一百零六道會參加皇會巡遊行會，其中「玩藝兒會」一共五十五道（從門旛起，到第八架抬閣止）。頭架抬閣前計有十九道老會，這些老會皆因為一些特殊的身份和原因，在皇會活動中享有特殊待遇，即「不用抓鬮排檔」。

[四]餘者：剩餘、其餘。

[五]争競：争執、争吵。

[六]高蹺會上拈鬮排檔：為能順利確定花會行會秩序，首先是衆高蹺會要抓鬮，以確定哪個高蹺會跟在哪架抬閣後邊（就像本圖所繪，當是勝芳進香高蹺會抓了第一號，所以他跟在第一架抬閣後邊，以此類推）。

[七]北吵子：一般稱為「吵子會」（本圖題注中又有南、北吵子之分），即主要以大鑼鼓敲打、伴奏為表演形式的民間花會如秧歌、漁家樂等。此類會抓鬮，分別排在高蹺會後邊。

[八]小玩藝會：指其它民間歌舞花會，如花鼓、蓮花落、什不閑兒、小戲、歌舞等等。

[九]十數號上：此處有誤，當為八號，因為只有八架抬閣，分出八個會檔。從本圖分析，高蹺會後邊多為較大型的吵子、秧歌會。其它歌舞小會抓鬮「兩會一檔」，恰好成就了蓮花落和什不閑兒等共為一會的組合特點。

第十五起（第二十一道）　盛芳進香高蹺會

題注

盛芳進香高蹺韋究（拈鬮）排當（檔）。第頭以（一）會行會。他那裏的高蹺會風須（俗）不相（像）天津衛的高蹺會。舊（就）是雅鑼鼓子[一]蹻（敲）打辦（伴）場。人每（們）跑場閂（鬥）對[二]。聽見綁（梆）錘響聲[三]。鑼子鼓子住點。哀（挨）班以（一）位人唱。會行街上。愛唱己（幾）個曲詞唱己（幾）個曲詞。無有規處[四]。這是本衛高蹺行會。是人人接（皆）知。

盛芳的高蹺會牌（排）演。以（一）共三十六位人上場辦（扮）角。共合拾捌出戲[五]。兩個人乃以（一）出戲。三十六位人。大家都唱為公曲詞。以（一）句以（一）句唱的合（和）音律。都似真字真吋（腔）。唱句斷四句[六]以（一）出戲文。嘉（加）上傢夥蹻（敲）打。聽住點復番佑（又）唱四句戲文。嘉（加）上傢夥。三十六位人彩蹻（踩蹺）大家什（是）步法一升（聲）響音。前邊有隨手人吹打拉譚（彈）。

隨奚（其）唱詞。隨手人有打鼓的。有打梆子的。有打選（鏇）子的。有打鑼的。有打鐓（鐃）的。有打鉑（鈸）的。有打鎶（鉻）子的。有吹橫笛的。有譚絨（彈弦）子的。有譚嶽（彈月）琴的。有拉糊絨（胡弦）的。大家都合音律隨唱詞。都隨場在前不能遠黎（離）。彩（踩）腿子人緊緊的根（跟）隨唱。好失（識）音律。

牌（排）演通蜀（屬）柳枝吒吊（子腔調）[七]。以（一）出根（跟）以（一）出唱戲文。句斷。字演（眼）是。

薛頂（丁）山代（帶）弓箭。

俺兄妹衛（汾）河邊。

每日裏射雁在沙灘/嘉（加）傢夥

到後來受仙傳。

保唐王滅西番。

得勝回轉座（做）高官/嘉（加）傢夥

吕盂祖賁（奔）山東。

俺兄妹趕皇營。

鳳柳秧歌唱的好聽/嘉（加）傢夥

會賢樓拜斌（賓）朋。
張大琦相面精。
泰安山救駕座功清（做公卿）／嘉（加）傢夥
唐掌（長）老收猴王。
他師途（徒）上西方。
前行來到高老莊／嘉（加）傢夥
猪捌（八）戒曾養揚（蹭癢癢）。
想起來美嬌娘。
孫悟空變化在秀（綉）房／嘉（加）傢夥
寇成玉（承御）女群差（裙釵）。
劉娘娘行是（事）歪。
黎（狸）猫換出太子來／嘉（加）傢夥
陳林（琳）説無方愛（妨礙）。
小幼主勉（免）禍灾。
哄信劉後救嬰孩／嘉（加）傢夥

張別古街邀（吆）呼。
賣榮（絨）綫有木梳。
瓜（刮）頭遍（篦）子把頭蘇（梳）/嘉（加）傢夥
朱賣臣忙托夫（付）。
去寄信不寫書。
休了妻子受苦孤/嘉（加）傢夥
閔自千廻（子騫回）大街。
見交（嬌）兒來□□（掃雪）。
他身上寒冷戰□些/嘉（加）傢夥
問根節把嘴覺（撅）。
回房娘心想斜。
蘆花胥（絮）襖真各（個）別/嘉（加）傢夥
呂猛（蒙）正住寒窑。
長□齋苦難傲（熬）。
以後座（做）官把信捎/嘉（加）傢夥

宫花報喜氣高。
攢（贊）夫人福不雹（薄）。
萬古流芳烈付彪（婦標）/嘉（加）傢夥
鐵弓園（緣）賣香茶。
女兒大配婷（婆）家。
有人來救（求）親把弓拉/嘉（加）傢夥
醜相公白沿打。
李公子見翠花。
拉開尞（了）鐵弓婚配他/嘉（加）傢夥
保（鴇）兒我住行院。
雹洛人把水端。
碑著皮怕（背著琵琶）在後邊/嘉（加）傢夥
窑姐他把臉番（翻）。
駡王八嘴頭三（饞）。
我去裴（陪）客你圖錢/嘉（加）傢夥

楊彥貴（延輝）叫夫人。
宮士生後背根（公主身後背跟）。
我宗招（終朝）每日思家心／嘉（加）傢夥
窮鸞雲失了魂。
想當初到如今。
無（毋）做分別歎娘親／嘉（加）傢夥
□□（劉少）忠笑哈哈。
裹二寺鬧若（熱鬧）多。
娘娘會上蹻（敲）傢夥／嘉（加）傢夥
吳小姐容燕德（容顏德）。
劉少忠要配合。
與（遇）見個猢（狐）仙把他磨／嘉（加）傢夥
蘆自深（魯智深）把家黎（離）。
菜園裹心不居。
到（倒）拔垂楊用力欺（氣）／嘉（加）傢夥

樹林裹要解（歇）息。
賣酒的老音期（起）。
我不吃酒來真惟（委）屈/嘉（加）傢夥
梅花娘女英魁。
伴（扮）男子去做賊。
偷富祭（濟）貧心不盔（虧）/嘉（加）傢夥
聽涌悲方知隨（誰）。
洸鄧貴（翻騰櫃）在天黑。
到（盜）來的銀子以大追（一大堆）/嘉（加）傢夥
蘇龍彦來查邊。
小公主出了關。
瞧見個南慢（蠻）睡沙灘/嘉（加）傢夥
公主見小南慢（蠻）。
行（形）容好美茂（貌）端。
將他來焕（喚）醒救（就）婣元（緣）/嘉（加）傢夥

我伍（武）松美英雄。
景彥剛（景陽岡）打虎蟲。
楊蔔縣牙（陽穀縣衙）拾帔紅∕嘉（加）傢夥
廻家宗歎掌兄（回家中探長兄）。
嫂嫂溝（勾）西門慶。
殺了人頭有數名∕嘉（加）傢夥
我學生碑棒垂（背棒槌）。
怕老婷（婆）家難廻（回）。
老婷（婆）他見我兩眼黑∕嘉（加）傢夥
無能為我是隨（誰）。
怕婷（婆）娘惡家規。
打我罵我梆垂雷（棒槌擂）∕嘉（加）傢夥
趙太祖送金（京）娘。
千里路到家鄉。
後來身南（北）宋王∕嘉（加）傢夥

那周皇病死床。
他招（昭）陽座（做）事藏。
陳橋兵變立汴梁/嘉（加）傢夥
猢（狐）狸女思情由。
想代（大）王本姓牛。
不廻山再（回山寨）接獻（姘）頭/嘉（加）傢夥
羅岔（剎）女甚風流。
哄代（大）王不害修（羞）。
銀□交勾渡春秋/嘉（加）傢夥

這是高蹻（蹺）會上唱的曲詞句斷。以（一）共拾捌出戲文。每逢行會在街走場專（轉）回。公唱公曲。若不唱。半（扮）角上場人們單走在街市尚（上）。以（一）共接連著看有多遠。三十六位人們。狄（底）場人們。蹻（敲）打銅器傢夥的。隨接訓（續）吹。接訓（續）傢夥。通板連串[八]。著琪（其）結合音。合手。遠聽近聽。真是戲臺尚（上）唱戲的以（一）樣。街市上行會。看多麼若（悠）閑。多麼威顯。真是戲。真活人。真好聽。真德（得）看。隨（誰）不賀（喝）彩攢（贊）

美。

萬朝都是神聖催感。天津風須（俗）。人的福田。講善招善來。盛芳進香高蹺聖會到來。

第十五起眉注：頭架抬閣 勝芳高蹺前接一尺□□□尺八尺

按語

河北省勝芳古鎮距天津老城百里之遥，但自古以來兩地經濟文化交往瀕繁。僅勝芳高蹺會到天津演出的相關記載，有公議老高蹺到海張五家中表演，與天津高蹺會角藝，並從此得到海張五的長期資助；還一次是勝芳高蹺參加皇會巡遊演出綁著腿子過浮橋，讓天津人大開眼界（見《老勝芳民俗探究》王乃讓編著勝芳鎮志辦公室出版一二六／頁）；再有就是該圖所繪演出情景，僅此足見天津與勝芳的情緣。

注釋

［一］天津武高蹺表演的伴奏形式一般是腰鼓兩面、手鑼兩面。文高蹺和禮儀蹺的演出伴奏除鑼鼓外又有吹打小樂隊，但都不如這道勝芳高蹺樂隊來得壯觀。

［二］跑場鬥對兒：跑場，又稱大場，指高蹺會集體走會，穿插變化隊形，如編籬笆、剪

子股等。鬥對兒，又稱小場，指單人或雙人表演，如漁翁與青竿（魚）、公子與白竿（蝴蝶）、媽媽與兒子等。另外還有「鬥場」，為一名或數名演員表演「落地兒」（踩著高蹺腿子表演蝎子爬、摔叉、背腿子、翻筋斗）等技巧動作。

［三］棒槌響聲：高蹺行會全聽「頭棒」的現場指揮，兩柄棒槌相撞，發出快、慢、松、緊不同的點數，這就是不同的號令，伴奏演員據此起不同的鑼鼓鼓點，表演者依次下場表演。

［四］規處：規矩，俗稱「死規矩兒」。

［五］十八齣戲大概是：汾河灣、高老莊、狸猫换太子、賣貨郎、鞭打蘆花、吕蒙正風雪破窑記、鐵弓緣、四郎探母、野猪林、玩會跳船、西遊記、景陽岡、鬧館、千里送京娘、三盗芭蕉扇等。

［六］四句：按圖文中句斷分析應為六句。

［七］柳子腔：戲曲劇種。起源于山東，流行在河北、河南、蘇北、皖北等地。清代中葉，京津兩地戲曲活動中廣有「東柳、西梆、南昆、北弋」的説法。所謂柳子，即小調或小曲之意，多以當時流行的民間小調作為唱腔，有「九腔十八調，七十二哎哎」和「哎哎難」（指腔調難于把握）之説。

［八］通板連串：樂隊與打擊樂交替演奏。

第十六起（第二十二道） 河東上鹽坨三道井溝意善洛陽橋聖會

題注

河東上鹽坨三道井溝有衆位浩（好）善者。大家公議操遲（持）。勸世。勸人。勸善。勸好。要行會到街市人看。人人可敬。可扶（服）。吾等操心費力不往（枉）。只要德好。才能牌（排）會。大家佑（又）議。觀世音姥母。來渡化迷經（津）。怎麽講説。當初菜（蔡）氏在洛陽。善念。大家説好。以心合忌睄（一心合計請）人牌（排）演曲文。請來小場班子先生教習曲文。包頭。唱詞句。吒閏堆黄吊（腔韻灘簧調）[一]。絲緘（弦）隨息防緘（戲仿弦）子。譚（彈）手人見天學只（習）洛陽橋。以（一）興時牌（排）演。前有北草芝（北吵子）[二]傢夥蹻（敲）打吹。歌詞成套句斷。草芝（吵子）起頭。大鼓聲音聽鑼蹻（敲）一梆（棒）。鼓聲蹻（敲）豹至（子）起頭。蹻（敲）打有起頭點數。有住頭的點數。有快有慢的街（接）頭。有對海笛子吹詞句。工尺上[三]的名將三番三轉。内嘉（加）銅器傢夥蹻（敲）接。

銅器傢夥接蹻（敲）。海笛子接吹。豹子頭蹻（敲）完。豹子頭吹完。改上別套的牌子。詞句有前番。有後番。有慢番。有緊番。有拾番。有達子（打籽）。有達（打）棗。後上南鑼鼓的牌子蹻（敲）打。有加官頭。有神跳。有三破陽。有亂皮傳。後套接訓（續）吹打雜牌子。吹以（一）套打以（一）揞（通）。接蹻（敲）打。分大分小。接蹻（敲）傢夥點數。雜牌子吹打蹻（敲）完。才吹上趕子句斷。吹打趕子套數。完又豹子頭起。豹子頭洛（落）銅器傢夥。這是本會的前場頭訓（緒）[四]。

又說本會的後場頭訓（緒）。

後場是南鑼鼓。蹻（敲）打僅（進）場鼓的點數。先是迿（跑）四門[五]的雲童。有頭有尾。有上有下。有左有右。有揹（折）有番（翻）。迿（跑）完四門。公分兩傍攢（旁站）立。南鑼鼓傢夥尾設（剎）住點。雲童唱以枝（一支）整仙衣普天樂的牌子坤（昆）曲詞。隨手人對鎖那（嗩吶）隨唱以枝（一支）公曲詞。唱完。銅器傢夥打尾沙（剎）鼓點住。花船走場在中間。窑（搖）著。晃著。擺著。算（涮）著[六]。有四但（彈）絲緘（弦）人譚（彈）起出場的頭訓（緒）。絲緘（弦）過板。絲緘譚（弦彈）的輪子點。有譚（彈）的撮點。譚（彈）的開唱點。譚（彈）的隨唱點。譚（彈）的過唱點。譚（彈）的接唱點。譚（彈）的過板點。包頭的學生唱。

名叫堆黃吊（灘簧調）的吖閏（腔韻）。唱（一）句。絲絨（弦）譚（彈）以（一）句。譚（彈）過板。算是唱以（一）句曲吊（調）。譚（彈）以（一）句曲吊（調）。配合相（像）是當（檔）子班唱的。來排（派）[七]真似（是）清秀儒雅。並無亢音。唱的堆黃吊（灘簧調）。曲文話。開口唱的字演（眼）。

獨座（坐）小舟當（蕩）悠悠。

五湖四海任意遊。

至（只）因抉（狀）元未（為）母還心願。

一貧（品）的家財全花透。

好心感動天合（和）地。

出家點化個女逢（風）流。

精（驚）動了世上的人千萬。

銀錢鬬（砍）的真密仇（稠）。

此時的迷人都不醒務（悟）。

後知道山人前來把橋修。

堆黃吊（灘簧調）唱完曲詞。南銀（音）鑼鼓銅器傢夥蹻（敲）打起來。雲童專（轉）起走場。花船［八］算（涮）。擺。搖。跨。走場收場。歸執（置）前後［九］。鑼鼓住點。行會。行會。捷（截）會。到處一樣勅（伺）候。意善洛陽橋。末等拜惠（會）。

按語

鹽坨，据《津門雜記》載：天津河東（今日之河北區和河東區一部）鹽坨「鹽包累累如山，呼曰鹽碼，地占數里，一望無際」。碼鹽的方法是，用蘆席或口袋將鹽打包，每包為一引（三百斤），九引為一堆，每堆為一埠，十埠為一垛，排列成行，謂之「鹽坨」。清康熙年間，南起季家樓（今天津站附近），北至鹽關廳（東門外海河北岸），乃至北站外新開河沿綫，盡為鹽坨地，又稱為「皇鹽場」。「老鹽坨村」位于河北區北部，即今北寧公園後門以北，新開河南岸。

洛陽橋：灘簧調小戲，昆曲傳統劇碼，現有豫劇和同名戲曲電影。講的是宋龍圖閣學士、泉州太守蔡襄修建洛陽橋的故事。蔡襄的母親在過泉州洛陽渡時，因遇風浪險遭不測。後來蔡襄中了狀元，出任泉州太守，奉母命修建洛陽橋。劇中有觀音與呂洞賓鬥法；魯班幫助造橋；夏得海入海投書等情節。故此在秧歌會後邊還有一個重閣造型——呂洞賓背背寶劍，手拿拂塵站在水怪頭頂的黑水潮頭之上。

注釋

〔一〕灘簧調：戲曲腔調。源于江浙一帶。興于清乾隆年間，並在南北兩地廣為流傳，至清中後期發展成小型戲曲，演員化妝登臺演出。本秧歌會以北方常見的民間「跑旱船」為主體，再配上八個手拿雲牌的童子，和一堂不小的民族管弦樂隊，一起表演「洛陽橋」，也可謂藝術的移植和創新也。

〔二〕北吵子：即吵子會，一種以大鼓、大鐃、鈸、鐺子和嗩吶、管子等組成的民間吹打樂隊，以打擊樂和嗩吶交替演奏為特色。本圖中還多次提到「南吵子」，又有南吵子三十六番之説，當也指其演奏特點而言。

〔三〕工尺上：民間樂曲曲牌名稱，文指樂器變調調式。

〔四〕豹子頭、前番、後番、慢番、緊番、拾番、打籽、打棗、加官頭、神跳、三破陽、亂皮傳、雜牌子、上趕子、打趕子等，皆為民間樂曲和鑼鼓曲牌名稱。此處含有樂曲演奏順序的意義。

〔五〕跑四門：秧歌會跑場的畫面構圖。

［六］搖、晃、擺、涮：旱船表演的動作形態。
［七］來派：來頭、氣派、做派，指其藝術風格和表演堪比職業劇團。
［八］花船：又稱旱船。現今民間傳統花會中仍可見其藝術樣式，但如此漂亮的花船造型今天真極為少見。

這架花船可謂造型別致、做工精巧——船棚閣前檐中央一朵祥雲托著蓮花台，蓮台上端坐著觀音菩薩；閣頂上遍插角質燈；棚閣飛檐上翹，繪花團錦簇；檐角垂下串串流蘇；船體通身黃色，顯得富貴華麗，船幫上繪有輪、螺、傘、蓋等佛家八寶……僅看這船的個頭和裝飾，就知道它的分量不小。兩位演員全靠肩扛腰挎把船撑起，和著絲弦音律，既要唱出清新儒雅的小調，又要步調一致走出搖、晃、擺、涮、轉等划船動作，更要表現出悠閑典雅的風采，實屬功力高深。更有八名學童雙手持五色祥雲彩牌，隨船擁護，吟唱小調，並不時變化隊形圖案，真是清新雅致，令人賞心悅目。
［九］歸置前後：整理隊伍。

第十七起（第二十三道）　侯家後同樂拾不閑聖會

題注

侯家後衆善輳半（湊辦）同樂拾不閑聖會。浩（好）善者大家都願意。請教師。全（勸）學生演習曲文。重（衆）學生都練檜（會）唱詞。致（至于）會上等務。有人説。會要陽報[一]才好。行會到處尊貴雅執（致）親近。才不能洛（落）下看。大家公議。上場學生彩衣欺輳（齊湊）。多請會首爺每（們）。前有前場。南鑼鼓銅器傢夥蹻（敲）打在前。為有場面。架子在後。拿旗人圍隨著。學生們唱公曲詞句。唱以枝蹻以（一支敲一）套鼓鑼。唱幾枝蹻（支敲）幾套。後接醜唱。到那（哪）裏唱哪裏。見景生情。現抓時齦（哏）。時話。到處德（得）好。自會上也惱不著人。也好不著人。到處人來親敬捷（截）會。看會人等。無非哈哈以（一）笑。顯出會宗（中）德好。

第十七起眉注：侯家後十不閑　蓮花落二架抬閣　大寺高蹺四會一張八尺　後接二

架抬閣

按語

侯家後位于天津衛「三岔河口」西側，南運河南岸，老鐵橋至北浮橋之間。自金元時期，仰仗運河之便，形成航運繁忙，百貨集散，店鋪比鄰的繁盛之貌，成為天津設衛之前最早的商賈往來聚落地之一，並有了最早的户籍記録。

什不閑兒、蓮花落：同屬民間歌舞小調。盛行于清嘉慶年間。在各地民間花會行會中二者經常在一起表演，因此也往往被合稱為「太平會」。圖中所繪的侯家後十不閑和議善蓮花落也被畫在一起，屬于典型的「兩會一檔」，大概也遵循了這一規律。只是兩會中的文字描述，並未提到有關合作表演的情況。

什不閑兒：又稱十不閑兒。清李振聲《百戲竹枝詞》：「設一榒，若簃架然，上鐃、鼓、鉦、鑼各一，歌畢，互擊之以為節，名打十不閑」。演唱形式有獨唱、對唱等，多以歷史故事和男女愛情為題材。更多的是：「到哪裏，唱哪裏，見景生情，現抓時哏」的即興編詞。舞蹈則以秧歌步為主。

注釋

［一］陽報：火爆、熱烈。

第十七起（第二十四道） 議善蓮花洛

題注

議善蓮花洛。年年行會。稱為有去完（趣玩）藝老會。唱出祠（詞）句。聚（俱）是勸善。行會到處隨（誰）都愛息（惜）。隨（誰）都喜歡。人人愛聽。愛睄。愛看。愛捷（截）。會宗（中）愛唱。會宗（中）隨手人有横笛吹。有鼓板蹻（敲）。有搭笙的。有譚緘（彈弦）子的。這是隨場人每（們）。開口唱是公曲詞斷（段）。唱完有（又）隨到（道）話白。在前邊替焕（换）人唱。替焕（换）人到（道）話白。到（道）話白以（一）句。隨看過鼓板。上場學生們唱公曲祠（詞）。牌舊（排就）唱文都是這。

姐姐呀妹妹都根（跟）著我。
遼黎溜蓮花呀以（一）呀朵梅花。
聽我表表古人名。

爺每（們）孩咳孩蓮花。
以（一朵）梅花洛咳孩歎（呦）。
這是公曲唱字演（眼）。人到（道）話白[一]。
梁山上有座萬字城／過鼓
聚天下重（衆）英雄／過板[二]
伍（武）松在景彦剛（陽崗）上打過虎／過鼓
力批（劈）任元（原）小燕清（青）／過板
孫二娘顧大嫂還有以張（一丈青）／過鼓
有李魁賀玄（逵黑旋）風／過板
史千到甲鼓上掃（時遷盜甲鼓上蚤）／過板
還有好漢石秀賀（和）楊熊（雄）／公唱[三]。
梁山上以（一）百單八將。
遼黎溜蓮花呀以（一）呀朵梅花。
替天行到（道）宋公明。
爺每（們）孩咳孩蓮花。

以（一）朵梅花洛咳歎歎（呦呦）。
公曲唱完。又到（道）話白
混賫以（了一）年又以（一）年／過板
年年混是往（枉）然／過板
人家尋好女婿／過板
風逢（風）流流過幾年／過板
奴家尋無能漢／過板
佑檜（又會）吃酒佑檜（又會）耍錢／過板
奴家有心分兩開／過板
佑（又）怕傍（旁）人笑話咱／公唱
奴家我有心根（跟）他受。
黎溜蓮花呀以（一）呀朵梅花。
為孔（唯恐）當王八不費難。
爺每（們）孩咳孩蓮花。
以（一）朵梅花洛咳歎歎（呦呦）。

這是議善蓮花洛聖會唱祠（詞）曲文。多年牌舊（排就）老唱。多多到（道）話白。詞句。行會到處以（一）樣。勑（伺）候拜會。年年行執為是玩藝會。講說。也是勸善行執。小唱會倫（論）。人捷（截）。人看。人聽。人笑。無非是會宗洛（中落）句德（得）好。算洛（露）臉了。

按語

蓮花洛，即蓮花落，据《清稗類鈔》載：「乞丐截三寸竹為兩，以繩貫其兩端，指捩之作聲，歌而和之，作乞憐、頌禱語，亦有演故事者，名之蓮花落」，又名「大口蓮花落」。後被職業藝人發展為一種曲藝形式，分由兩三人扮醜、旦，表演歌舞小戲，但仍然繼承了邊唱邊扭、邊歌邊舞和即興編詞的傳統，此曰「小口蓮花落」。民間也廣有此等花會會道。清光緒年間慈禧老佛爺曾命內務府掌儀司專設宮官，掌管宮內十不閑蓮花落的演出活動。由此可見，這一民間藝術形式無論在宮廷還是民間，曾受到普遍的歡迎。

議善蓮花落：天津地區的塘沽、大港、津南葛沽、西青楊柳青、靜海、武清、薊縣等地均流傳有蓮花落，不知這道會是什麼地方的。議善蓮花落的表演已經不局限于竹板，而是將霸王鞭融入其中，舞蹈的表演性得到了加强。

注釋

［一］人道話白：此句為提示性語言，即以下文字當為「數板」。

［二］過鼓、過板：即一句道白（數板），一段（句）鑼鼓敲打，二者穿插進行表演。

［三］公唱：合唱。一句道白，一段鑼鼓，大段落中加一段合唱。該形式載歌載舞，可謂活潑、熱烈。再加上現場抓哏，滑稽幽默，風趣調侃。

第十八起（第二十五道）　鹽務綱總通商抬閣第二架鐘馗嫁妹

題注

鹽務綱總通商抬閣第二以（一）架。名叫平安吉慶。戲文判官送妹。三月二十日期行會進北門。出南門。迴（回）廟。到二十二日期行會進東門。出西門。迴（回）廟。年年掃殿會上抬閣來信。先請叉子會[一]去。叉子會答應遼（了）。在（再）請抬閣。然後知回（會）別會。行會日期抬閣出棚。到了宫前掛號。敬神行會。先過那張仙閣。抬閣上嘉（夾）杠。布判捞（襻綁）好。去奈間（了肩）杠。叉子會來。拉到（倒）抬閣。叉子會上。衆位托住嘉（夾）杠托住小人每（們）。搽（搊）[二]過閣去。放下狄（底）座。著地。叉子會上復佑搽（搊）起。立穩。叉子會歸下處解（歇）息。抬閣行會。以（一）樣辦理。

第十八起眉注：
侯家後十不閑　蓮花落　二架抬閣　大寺高蹺，四會一張八尺。

按語

抬閣第二架「平安吉慶」，戲名叫做「鍾馗嫁妹」，故事源于清初張大復所作傳奇劇本《天下樂》，隨即被昆曲藝術家搬上舞臺，改名為《鍾馗嫁妹》。故事説的是：唐人鍾馗才貌雙全，在赴京趕考途中，誤入陰山鬼境，受鬼怪捉弄相貌變醜。後雖考中狀元，皇上却因其面貌醜陋而罷用，鍾馗憤而自殺。玉皇大帝念鍾馗為人正直，封他為驅邪斬祟將軍。鍾馗生前曾把妹妹許配好友杜平，為踐前約，又感念杜平替自己收屍、埋骨、祭墳之德，親率衆小鬼回家接妹，將她送到杜府為二人完婚。

這架抬閣的規模略小于《八仙慶壽》，為十六人的扛抬大座，但就藝術造型而言可謂更加奇特：大座上一塊奇石，奇石上一張方桌，書生杜平手拿摺扇依桌而坐，若有所思；桌上有一燭臺，紅燭上一縷青煙化成祥雲，祥雲上鐘妹悠閑地坐在雙輪小推車中；奇石兩側五彩祥雲上站立著兩個小鬼，一個手托花瓶，瓶中插著三隻小戟，意為「平升三級」，一個肩擔「嫁妝」面露喜色、指點竊語；方桌腿部又生起一朵祥雲，祥雲上鍾馗舉鞭騎在神牛背上，鞭梢上一個小鬼兒為鐘妹打著一把雨傘。這一組造像雖為鬼怪簇擁，但全無陰森之感，反添喜慶之意。

注釋

〔一〕叉子會：為抬閣會的附屬會道，抬閣出會先要拜請叉子會，叉子會應允，抬閣方能出會。叉子會是由一些手持長杆，長杆頂部固定著一個月牙形鋼架的人們組成。他們的主要工作是幫助抬閣會搭起架子，並將孩子們（角色）用襻帶固定在鐵芯子上之後，再將架子拆掉。行會中遇到「城門洞」等不够高度的地方，還要幫著把抬閣放倒、抬起，穿行而過，此時叉子的作用就是保護孩子們。另外，由于行會時間比較長，孩子們在抬閣上邊吃的、喝的、擦汗的手巾等，也都要靠叉子會的人用叉杆遞給孩子們。據此又可認為抬閣會和叉子會在本質上實為一家。

〔二〕搊：方言，扶起、抬起。抬閣通過門洞等低矮之處，要重新上「夾杠」，即對所有的人物、景致加以固定。然後抽出「肩杠」，把抬閣放倒，衆人一起將其抬（搊）起來，通過障礙，再重新樹起，撤夾杠，上肩杠，重新行會。細論起來，這樣一道會真不知道要有多少人為其服務。與此同時，觀衆對這一熱熱鬧鬧「攢忙操持」的場面，大概也會給予極大的關注，並報以熱烈地鼓掌和喝彩。

第十八起（第二十六道）　河東大寺于家廠勝意高蹺

題注

河東大寺于家廠勝意高蹺。大寺前于家廠有衆位公議。説高蹻（蹺）會茂勝（盛）時大家習學。行會。街市鑼鼓期（齊）響。番（翻）場鬥對。有擺對[一]名叫相陀寶平（象馱寶瓶）。有擺對名叫大佛昇殿。有擺對名叫羅漢山頭。有擺對名叫百鳥朝鳳。有擺對名叫龍行澤雨。有擺對名叫天羅地往（網）。以（一）共擺對六名。餘外[二]番（翻）場鬥對。净似戲文鬥對。有以（一）出似暇子曠（是瞎子逛）燈鬥對。有以（一）出似（是）出征別窑鬥對。有以（一）出似（是）二姐上廟鬥對。有以（一）出似（是）千里神車（駒）鬥對。

于（餘）者的是旬長（尋常）[三]的秧歌對。這勝意高蹺會敬神拜客。出巡。擺完寮（了）對。趵（跑）完寮（了）場。然後時才能唱。唱詞多多。俱是長斷（段）。到處買彩德（得）好。有上場人。該唱角的。大家替焕（換）唱詞。各人唱是各人的曲詞。牌（排）演規居（矩）。

老漢我居住德州城西。
今年吾壽活到六拾（十）一。
息（膝）下所生以（一）個巧言女。
隨（誰）不知我相面的先生張大奇。
麻藝（衣）相法看出他生死。
歸而（龜兒）神掛（卦）定算出凶吉。
不浩沙晃（不好撒謊）也不説假話。
從來無弄過匡片（誆騙）局。
無非俺浩（好）吃那幾盅酒。
我也不圖穿來不圖吃。
酒後滔（掏）包我先檜帳（會賬）[四]。
至佑（自幼）不愛戰（占）人家偏儀（便宜）
改（該）人家的想還。
該吾的不要。

隨（誰）不知我肉頭老好似（是）第依（一）。

有以（一）個外生孔凡似以何尚（外甥孔凡是一和尚）

他在那興隆寺當家立他為師。

長望（常往）那九千歲劉錦甚是交好。

件天惠（見天會）朝庭（廷）家的文武官執（職）。

我總睄孔九（凡）鬧得不好烈（咧）。

你看那孔九（凡）他死後變以（一）個叫驢。

唱完。鑼鼓期（齊）響。番（返）場行會。

按語

出老城東門過東浮橋，進興隆街（今河北區），有大佛寺和山西會館，于家廠位居其北。今地名已失。

勝議高蹺會扮角演員共計二十二人，加上前場的三十多人，在天津衆高蹺會中可謂人數較多的一道會，據圖中文字描述該高蹺會當屬于典型的「武蹺」。另外，二十世紀八十年代天津民舞普查時，該會已經失傳。據當地老者回憶：「大寺高蹺能一人馱七八人；還可以蜷一足跳躍行十數步；又有躍桌扔叉——即場内擺一八仙桌，桌上燃香，舞者踏蹺飛躍而過，接落地摔叉」等武功技巧。

注釋

〔一〕擺對：與「疊羅漢」造型相仿，類似今天高蹺會表演的「拉駱駝」。該會則可以分別擺出「象馱寶瓶」「大佛升殿」「羅漢山頭」「百鳥朝鳳」「龍行澤雨」「天羅地網」六組造型。遺憾的是圖中未能繪出這些藝術形象。

〔二〕餘外：額外、剩餘的。

〔三〕尋常：一般的、常見的。

〔四〕會賬：付款、買單。

第十九起（第二十七道）　窑窪秧歌聖會

題注

東窑窪。西窑窪。接著[一]兩座廟。這邊那邊。有衆位浩（好）善者牌（排）演秧歌。出巡行會。操遲（持）前場。習學後場。每日練。晝夜學。不是以招以息（一朝一夕）。大家練檜（會）。日啓（期）緊。有人都學成。上場人每（們）穿彩衣的以（一）共十七名[二]。傘為頭領[三]。大家演習趈（跑）場。忌（記）准場口。灣相压者（彎向曲折）。専（轉）傘領袖。人們看傘步法。傘佐専（左轉）。規掯（歸折）路。傘佑専（右轉）。條道番（跳倒翻）。傘兩擺。分開頭兩下番（翻）。傘點頭。兩下嘉黎（加力）數三便専（轉）。人記趈（跑）場。有頭對尾。有左接右。有右接左。有前有後。有左有右。有番有専（有翻有轉）。有灣有廻（有彎有回）。有歸有處。趈（跑）場相（像）是陣圖牌（排）場[四]以（一）様。到後來怕失傳。人若看見過窑窪秧歌會。莫地叫好。傳名。隨（誰）不成攢（稱贊）。隨（誰）不扶啓（服氣）喜愛。衆位怎麽學會這些厒楮（曲折）。看會人説。窑窪秧歌番（翻）場時。越看越愛看。越睄越好睄。真正眉（没）有的。佑（又）説頭以（一）件。天后聖母靈應催感。第二件是窑窪的會上。衆位的福田皂（造）化。練成這霍（夥）秧歌會。露臉。

獨説唱詞句。霸州吊（調）。唱的也德（得）好。眉（没）有會上番（翻）場好柯德（可得）的多。好。真正好莫（嘛）。上場辨（扮）角人每（們）以（一）共十七位。各有各角。各有各辦（扮）相。各有各交待唱詞。唱有掌傘的唱。有拉花的唱。有老座子唱。有白蛇唱。有應歌（英哥）唱。有跳公子唱。有老魚（漁）翁唱。有柴夫唱。有打鼓之（子）唱。若有雙對。替焕（换）著唱。輪到這一當（檔）上。哀（挨）到了掌傘的唱寮（了）。開口字演（眼）。

人生在世天地間。
有幾件大事不周全。
貧的貧來富的富。
忙的忙來賢（閑）的賢（閑）。
吃（痴）傻呆滅（茶）偏毫（豪）富。

怪（乖）巧靈理（伶俐）受監（艱）難。
滿付（腹）的經綸不德重（得中）。
旬長學文座（尋常學問做）高官。
郡（駿）馬陀（馱）定無義漢。
巧付長辨（婦常伴）魯夫眠。
若問此是因何顧（故）。
皆陰末（因為）他前世陰功無修全。

這是掌傘的人唱完尞（了）。鑼子鼓子蹻（敲）打起來。看會的衆人們大家都琪（齊）聲叫好。好。辦（扮）場人每（們）拉開了搒（膀）子。眼睄著傘往那邊専（轉）行。大家復佑（複又）趵（跑）場鬥（鬥）對。聽見了手鑼聲響番（翻）場行會。看會的人們都雍幾（擁擠）不動。會旗子打道走。走佑（又）不遠。人來捷（截）會。滿臉裴（賠）笑。口説勑（賜）光。賞臉。笑説爺每前呈前呈（們虔誠虔誠）。捷（截）會人他不任失（認識）人。那以（一）時他也任（認）的人尞（了）。□□□□完尞（了）會上説在（再）敬在（再）敬。會過去尞（了）。捷（截）會人佑（又）不任（認）的人尞（了）。戒（這）叫走過差（拆）橋[五]。多多。

按語

天津三岔河口子牙河畔的窑窪村（今屬河北區），歷史上為淀北二十四村的頭一村。早年這裏瀕臨碼頭、漕運興旺、市井繁榮，店鋪、棧房鱗次櫛比。據會中老者講：「明成祖稱帝，改年號永樂（一四〇三——一四二四年），遷都北京，翌年成祖與民同樂，各種花會競相獻藝，『窑窪秧歌』即參加演出」。如此算來該會已有近六百年的歷史。二十世紀八十年代《中國民族民間舞蹈集成·天津卷》完整收録了該會的相關資料。窑窪秧歌的傳承譜係較為清晰，會中有言曰：「文安投師、霸縣傳」，說的是當年有一位山東臨清的江湖藝人，到霸縣的勝芳鎮，將秧歌傳給當地。後該人移居文安，又輾轉來到天津窑窪村一帶做生意，並向人介紹了秧歌。于是窑窪村派人到文安投師，又到霸縣學藝，才有了天津窑窪《單傘秧歌》。

注釋

〔一〕接著：方言，隔著。

〔二〕穿彩衣的共十七名：無論是該圖中文字記載，還是《中國民族民間舞蹈集成·天津卷》，都說該會上場「穿彩衣」表演者是十七人，應該不會有錯。但該圖中却畫了十八位人物。

雖說：「過去也有會頭穿上彩衣扮演花振芳（串鈴）、伍振平（叫鑼）上場表演」的說法，一則「很少見」，二則圖中穿彩衣者未見持串鈴和叫鑼的人物。從「鬥對」的角色組合分析，公子撲蝶一組（圖右側下部），「白片（俗稱白杆）——舞蝴蝶的女子」身後，似乎多了一位身穿藍衣，頭頂紅珠，徒手而舞之人，此人身份有待考證。

窑窪秧歌會表演的是戲曲《龍潭鮑駱》中「綠牡丹大鬧嘉興府」的故事。他們扮演的十七位角色分別是：鮑子安（傘頭）、濮天鵬（樵夫）、駱宏勳（公子）、花奶奶（俊婆）、巴奶奶（醜婆）、童子二人（俊、醜英哥）、花碧蓮（白片）、鮑金花（青片）、肖未（頭棒）、肖月（二棒）、丫鬟二人（拉花）、巴龍（頭鼓）、巴虎（二鼓）、巴彪（三鼓）、巴豹（四鼓）。

［三］窑窪秧歌又稱單傘秧歌。持傘者為現場指揮，名之曰「傘頭」。

［四］陣圖排場：秧歌會跑場構圖。窑窪秧歌在天津的秧歌會中，素以隊形變化豐富多樣著稱，又有稱之為「陣圖秧歌」者。其陣圖有：二龍出宮、梳辮子、剪子股、單套環、雙套環、卷菜心等等。其實令觀衆賞心悦目的不僅是變化多樣的隊形，更有在隊形變化中的舞蹈動作，如：斜肩帶步、虎行三步、叼腿、倒撵五行、二起脚、砍四門、金雞獨立、對打退三步、地裏蹦、蝎子爬、飛脚擊棒、踏步擊鼓、單出鞘、挎背包等等，各個角色都有自己的舞藝和拿手絶活。

［五］走過拆橋：即「過河拆橋」，此處特指那些在街上替大户人家截會的人，邀會時滿

臉堆笑，作揖叩首，表演一結束，轉眼就不認得人了。撰文者無非是嘲笑那些狗仗人勢的勢利小人。

第二十起（第二十八道）　多福如意聖會

題注

此會是江南人多福戲班子人每（們）。耍流星的人在班子裏的毫（好）老唱粉戲。真乃紅花。名叫多福。學的是武戲包頭陸（緑）牡丹。他去[一]花碧蓮角。牌（排）武射（把）子唱桃花務（塢）的戲。他辦（扮）角出來趵（跑）解馬賣藝。有配角。無非是等等配達排（搭派）角。這是耍流星的人名叫多福。唱小但（旦）戲的江南人。這一位耍四把扇子的人名叫大老四。戲房人小花面[二]。唱丑戲。當裏榜祭稼之座（襠裏綁係夾子作）的人惱（腦）化彩的臉[三]。相（像）真人的臉不岔甚（差什）麼。防付以（仿佛一）樣臉。脚穿單模子。大門脚枝頭（大拇脚趾頭）對二門脚枝頭（二拇脚趾頭）加（夾）著以（一）把扇子。兩隻脚巴鴨枝頭加（脚巴丫子頭夾）著兩巴（把）扇子。真人頭朝下假惱代（腦袋）朝上。兩隻手他拿著兩把扇子在狄（底）下耍。以（一）共四把扇子上下耍。防扶（仿佛）四知（只）手兩個惱代瓜（腦袋瓜）。他是順天府本（北）京人。長（常）唱神州會的戲出。要行天津衛的娘娘聖會。他洛（落）不出大好去。也算難未（為）他。不大甚好。天津衛人人是大家。明公講倫（論）。

第二十起眉注：前接窑窪秧歌 如意會 判姑學舌 三架抬閣 混元盒高蹺四會 一張八尺

按語

此會為南方跑江湖的戲班子，來天津參加皇會巡遊演出活動。圖中耍流星者名叫「多福」，演刀馬旦角，看他在萬頭攢動的皇會上表演水流星，想來身上還是要有點真功夫。大概也屬于那時當紅的明星、班主，所謂「班子裏的好老」。

注釋

［一］去：扮、扮演。

［二］小花面：又稱小花臉、三花臉，戲曲中丑角的臉譜。

［三］這又是一種典型的「一扮二」的表演形式，有些像「二貴絆跤」，只是後者為四肢觸地，後背上背著兩個假人，彼此間你絆我，我踢你，來的比較靈便。大老四表演的這種形式

則是用紙或布「夾子」（多層布糊在一起）做的假臉，再做一個身形架子，綁在褲襠中間，另做一套連體的上衣，使兩條腿變成兩隻臂膀，形成兩個人的形象，躺坐在地上表演，雙手、脚各拿兩把扇子舞動，當也十分費力。從藝術創造的角度講不算不新，但身形運動受到極大限制。故此要想出彩，並不容易，所以在見多識廣的天津人面前，却也「落不得好去」。

第二十起（第二十九道）　隨議判姑學舌聖會

題注

隨議判姑學舌聖會。南鑼鼓蹻（敲）打前場。會首衆位爺每（們）手拿旗子。圍繞照應。後場隨手人對笛。鼓板。絨（弦）子。笙隨吹。隨唱。

城内賽（曬）米廠[一]。有衆位浩（好）善操遲（持）坤吋（昆腔）戲出行會。夫（嫌）那武完（玩）藝亂糟。大家喜愛清客完（玩）藝[二]。孩（還）説辦（扮）角的人不要多尞（了）。大家公議。好想。想來想去想到（學舌）判姑上的戲人三個。佑（又）不多。佑（又）是坤吋（昆腔）戲出。未（為）的是儒雅清秀單生[三]。大家浩（好）者為樂。愛息（惜）甚麽辦定了甚麽。請人教息（習）學生唱詞念字牌吋閏（腔韻）。教牌（排）場。學走招。各有個人舉動來排（派）[四]。教息（習）老生的走相（象）。指點座排（做派）。教生角嬰兒腿脚歡跳（蹦）。手架。手指。手洛（落）。手全（蜷）。教小但（旦）包頭。逢腰擺榜（蜂腰擺膀）。柳逗動腿。

賓（並）脚慢抬。根（跟）手。拿扇子。指點這手遼（撩）巾。手枝（指）頭要拚楮綉戈（卡住袖子）擺風。尖架（肩胛）磨頭。回萬（腕）扶腰[五]。先生教息（習）真正的耐允（心）。出場唱詞。

按語

「隨議判姑學舌」該會由城内曬米廠（老城東南側二道街關帝廟後）衆人操持演練。《判姑學舌》是著名的元雜劇歌舞小戲，作者為楊景賢（元順帝至明成祖永樂年間著名的蒙古族雜劇作家）。最早為昆弋腔，又稱《胖姑》，俗稱《學舌》，清朝初年在民間廣為流傳。小戲講的是：小村姑（胖姑）帶著弟弟（王留兒）到長安城，觀看百官送唐三藏西去取經，又看到歡送隊伍中民間社火（花會）的表演。回家後姐弟倆争著向爺爺講述看到的情景，模仿著民間社火的表演。所以該會雖為歌舞小戲，但與皇會的整體情境却也絲絲相扣。

注釋

［一］曬米廠：自元明以來，從南方沿河海漕運進津的糧食數目越來越大，糧食入倉前必要再次晾曬，因此天津老城及周邊地區就出現了專司糧食晾曬的「廠」，又寫作「場」，如趙家場、

華家場、姚家場、王串場等地名，大都與翻曬糧食、碾軋穀物的「打穀場」有關。

［二］清客玩藝：清新典雅的藝術風格。

［三］單生：簡潔、明快。

［四］舉動來派：來頭，即不同角色的動作形態産生的生活基礎。

［五］回腕扶腰：這一大段講的都是戲劇（舞蹈）動作的基本要領，又稱為「戲諺」，因其使用的都是極具形象化的語言，所以便于學生領悟。由此可見教戲的先生是很有經驗，又很耐心的。

第二十一起（第三十道）　鹽務綱總通商抬閣第三架龍鳳呈祥

題注

鹽務綱總通商抬閣第三以（一）架。名叫龍鳳呈祥。戲出名叫三皇姑出家。年年抬閣。出棚行會。以（一）共有那四洛（落）四啓（起）[一]。宮前掛號敬神。過張仙閣[二]。一洛（落）一啓（起）。行會一路到城門口。進城二敕（次）一洛（落）一啓（起）。城裏行會到鼓樓前[三]。三敕（次）一洛（落）一啓（起）。過鼓樓佑（又）行會到城門口出城。四賜（次）一洛（落）一啓（起）。年年行執。

第二十一起眉注：如意會 判姑學舌 三架抬閣 混元盒高蹺四會

按語

抬閣第三架「龍鳳呈祥」，又叫做「三皇姑出家」。講的是春秋時期，有個國君叫妙莊王，生有妙顏、妙音、妙善三個女兒。妙善自幼好善而不慕榮華，喜坐佛法，被宮女們尊稱為「三皇姑」。為逃婚妙善躲入白雀寺，妙莊王火燒白雀寺，妙善僥幸逃脱。後莊王患病，鐵拐李化作郎中，為妙莊診病後言講：大王的病須用親骨肉的一隻手、一隻眼做藥引，方能治愈。此時，在家的兩個女兒都不肯相救。妙善聽到消息後回家，獻手、獻眼救父。莊王的病好後，在火珠山上修建了香山寺，以便女兒在山上終身侍佛。寺院落成後，要為三皇姑塑像，雕塑匠問妙莊王：塑成什麼樣子？莊王道：「全手全眼」。雕塑匠誤聽為「千手千眼」，于是就雕塑成了一尊千手千眼的三皇姑塑像。

注釋

［一］四落四起：詳見第十八起第二十五道注二、三。

［二］張仙閣：面對天后宫山門右側有張仙閣。傳説宋太祖趙匡胤滅了後蜀，霸占了後蜀皇帝的妃子花蕊夫人。花蕊思念孟昶，便畫了一張孟昶持弓射獵圖掛在寢室。一日，趙匡胤見到此畫，追問畫中人是誰，花蕊詭稱是蜀國的送子張仙神，于是張仙求子的風俗在民間流傳開來。張仙閣中的張仙像，面如敷粉，唇若塗朱，五綹長髯，身著藍袍，左手持弓，右手拿彈丸，仰天射向天狗，形象俊美飄逸。從此，張仙以送子護童聞名于世，並與送子娘娘等一同被尊為祈子送生之神。

〔三〕鼓樓：「天津衛三宗寶：鼓樓，炮臺，鈴鐺閣」。鼓樓始建于明洪武四年（一三七一），歷經數次戰亂損毀，于民國十年重建，是天津地區現存最古老的城樓。清代天津詩人梅小樹撰寫對聯：「高敞快登臨，看七十二沽往來帆影；繁華誰喚醒，聽一百八杵早晚鐘聲」。據此而論天津鼓樓名為鼓樓，實為鐘樓也。

第二十一起（第三十一道）　縣署前混元盒高蹺聖會

題注

縣署前混元盒高蹺聖會。有浩（好）善者大家公議操遲（持）。致辦（置辦）行頭彩衣。俱（具）要作（做）絲綫紬斷衣伏（綢緞衣服）。頂高對光尺頭[一]。有買上上的南綉。大綉小綉花朵。有買達紙綖紙（大絨挺絨）花牙。有買綉花斷（緞）邊。翎邊花邊。有雜色的叟之纈乾（鼗積藍衫）[二]。成衣局内做好。有吴公何尚衣伏（蜈蚣和尚衣服）。有些（蝎）虎子嬰哥衣伏（服）。有傅老魚（漁）翁衣伏（服）。有萬年柴夫衣伏（服）。有劉少忠跳公子衣伏（服）。有些虻（蝎子）精老座子衣伏（服）。有紅莽（蟒）精包頭拉花[三]衣伏（服）。有白狐狸精拉花衣伏（服）。有趙國勝文生衣伏（服）。有黑狐狸精蹻（敲）鑼之（子）衣伏（服）。有號（耗）鼠精蹻（敲）鑼之（子）衣伏（服）。有張天師振（鎮）場道人衣伏（服）。有王捌（八）精醜子衣伏（服）。有清（青）石精望白石怪對打鼓之（子）的兩件衣伏

（服）。上場辦（扮）角的衆人每（們）都穿尚（上）行頭。行會敬神掛號拜客。走在街市以上。新彩衣伏（服）穿都期（戴齊）備。繞（耀）眼增光。世人睄見。隨（誰）不說好。隨（誰）不成攢（稱贊）。隨（誰）不愛息（惜）。隨（誰）不賀（喝）彩。隨（誰）不浩（好）睄。隨（誰）不抬居（舉）。隨（誰）不歡喜。隨（誰）不尊敬。前後兩邊有衆位會首人拿著旗子。違（尾）隨有多少根（跟）領會人[四]。奪（多）大的威然式樣。旗子多。人的衣帽新鮮。惟式亙抬啓（委實[五]更抬起）會來。

到尞（了）行會街上。會宗（中）有三件好。頭以（一）件好。會首人多。旗子多。衣帽新。第二件好。行頭新開剪穿。第三件好。辦（扮）角的人唱的字演（眼）真作順聽入耳。辦（扮）角人們該朝（著）唱。這以（一）時唱。該著張天師唱。各有個人的唱詞。

龍虎的聖人本性（姓）張。

可哏（恨）那金花白稱娘娘。

無做（故）的聚妖神旛晃幾晃。

他把那天下的群妖晃下都心忙。

心生要把我的教門破。
我天師全仗祖傳的寶響邦（相幫）。
作（捉）拿獠（了）鐵钜（錨）妖怪鎮海口。
佑（又）拿獠清（了青）白石怪現在門旁。
惡怪莽（蟒）笥幹[六]了懷（淮）河的水。
命法官响（拘）拿怪務（物）在傅家村莊。
那一年尚（上）京引見到順天府。
河西務拿獠（了）黑狐狸在明倫堂。
白狐狸也從大開（曾大鬧）過裏二寺。
張家灣守（首）府牙（衙）門把妖怪響（降）。
通州霸（把）哈媽（蛤蟆）精檜（會）包子鋪烈（咧）。
但看那通州城門掛著哈媽（蛤蟆）皮以章（一張）。
唱完。看會人們。合街上[七]人叫好。響鑼鼓子行會。掃殿會上來提著走[八]。
這是混元盒高蹺行會。

按語

老城内天津縣署（今鼓樓東北側中心地帶）前的「混元盒高蹺會」是「衛蹺」的代表性組織之一，其表演形式屬于「文蹺」係列，素以演員服裝（全套京劇行頭）、化妝（按京劇臉譜重彩描繪）、道具精美鮮亮，唱腔圓潤優美，韻律考究而著稱。一九五〇年春最後一次出會，隨後失傳。天津老城博物館尚保留其部分遺物。

混元盒高蹺源自于戲曲《混元盒》，講述的是「張天師捉拿五毒妖」的故事。作為「禳災除祟、翦滅五毒」民間習俗的附庸，該戲也曾作為清代「宮廷月令承應」劇碼，于每年五月端午由「南府」排練上演，以供御覽。民間百姓更是將其視作「殄除毒穢、扶正袪邪」形象的代表，這就是「混元盒高蹺」在天津深得大衆喜愛的原因之一。

另外，還有西門裏的「民樂混元盒高蹺會」，該會被録入《中國民族民間舞蹈集成·天津卷》。據會中老者介紹：該高蹺節目是由山東輾轉傳來，又有説是津南傳村來人傳授，當時北門裏和西門裏兩夥人同時學藝，至今已近兩百年的歷史。可惜的是隨著時光流轉，該會的演唱技藝早已失傳，後來將唱曲改為「叫賣」等「津門市聲俚歌」，雖説市井風味濃郁，但終究藝術魅力不及以往。到如今更是期望著那「風味濃郁」的「市聲俚歌」千萬不要再丟失了。

注釋

〔一〕頂高對光尺頭：指穿著合體、色彩鮮亮，量身定做的服裝。

〔二〕襞積藍衫：襞積，衣褶。藍衫，明清時「藍衫」為秀才、舉人的公服。《正字通・衣部》：「明制，生員襴衫用藍絹裾袖緣以青，謂有襴緣也。俗作『襤衫』，因色藍改為『藍衫』」。

〔三〕拉花：對高蹺（秧歌）會中男扮女裝或年青女子的稱呼。

〔四〕跟領會人：「跟會人」多為本村（地）幫忙維持秩序的鄉親們，他們手舉寫有本會會名的小旗子，又稱「維持會」。領會者即「會頭」。

〔五〕委實：著實、確實，含有「更加」的意思。

〔六〕筲幹：「筲」柳條編織的盛水用具，此處名詞作動詞。意為：用桶挑幹了河裏的水。

〔七〕合街上：合，方言，同「滿」，即滿街上的人們齊聲叫好。

〔八〕提著走：掃殿會催促趕緊行會，以避免擁堵後邊的會。

問津文庫

「十三五」國家重點圖書出版規劃項目
津沽筆記史料叢刊第六種
主編　王振良

天后宫行會圖校注

（下）

高惠军
陈　克　整理

天津出版傳媒集團
天津古籍出版社

圖書在版編目(CIP)數據

天后宫行會圖校注 / 高惠軍, 陳克整理. -- 天津 : 天津古籍出版社, 2017.8
(津沽筆記史料叢刊 / 王振良主編)
ISBN 978-7-5528-0548-2

Ⅰ. ①天… Ⅱ. ①高… ②陳… Ⅲ. ①行會－研究－天津 Ⅳ. ①K892.27

中國版本圖書館 CIP 數據核字(2017)第 202281 號

天后宫行會圖校注(上下册)
高惠軍　陳克整理

出版人/ 張瑋

*

天津古籍出版社出版
(天津市西康路 35 號　郵政編碼:300051)
http:// www.tjabc.net
今晚報社印刷廠印刷
全國新華書店發行
開本 880×1230 毫米　1/32　印張 25　字數 325 千字
2017 年 8 月第 1 版　2017 年 8 月第 1 次印刷

ISBN 978-7-5528-0548-2

定　價: 128.00 圓

第二十二起（第三十二道）　西碼頭慶樂漁樵耕讀地秧歌

題注

西碼頭有衆浩（好）善者。議倫誠（論承）辦。漁樵耕讀聖會。請人都來辦理。會宗（中）等等樣樣。有晌人教昔（習）孩子們的。有買紬子布疋。彩鞋。頭巾。靴子會宗史（中使）用的。有叫成衣師夫（傅）做衣伏（服）的。有操遲（持）練習前場。打北草芝（吵子）傢夥的。日期不柯（可）長久[一]。衆人等都全然練檜（會）。有蹻（敲）大鑼的。有吹撥銅尖子的。有蹻（敲）銅鉆（鈸）的。有蹻（敲）鐓（鐃）的。有蹻（敲）銅岔鉆（鑔鈸）的。有蹻（敲）銅選之（鏇子）的。有打鼓的。有吹對海笛子的。有打邦（梆）子的。有打藹（鐺）子的。衆位人每（們）有打有蹻（敲）。有吹有撥。套數門鬬[二]。交枝（交織）句斷。緊慢接過演（節骨眼兒）都通蜀（熟）。

前場上人大家的衣伏（服）孩都期備（還都齊備）。都似（是）開氣（襟兒）袍子。內有大褂。外有馬褂[三]。帽子新再（扎）[四]的。照應人們不少拿著旗子。

叫問會道行只（止）。解（歇）著時。叫來茶房人欺（沏）茶弟（遞）茶。前後知惠（會）大家人等。口尊心（辛）苦衆位。乃為行會規居（矩）[五]。

後場上有隨手人每（們）。有對横笛吹。隨唱。有板有叱（腔）口氣力。有鼓板蹻（敲）打。聽句斷。叫叱（腔）。叫演（眼）。叫板。有吹笙為搭音。句斷裏前搭起頭音。後斷句為托音。有絾（弦）子聽句斷。繟（彈）單點叫音點。句斷音高唱紙絾（底弦）上繟（彈）音點。句斷平吊（調）上的叱閏字演（腔韻字眼）。絾（弦）子用二絾（弦）繟（彈）音點。句斷洛叱（落腔）音。絾子繟老絾（弦子彈老弦）音點。吹笛有清工。清尺。清上。手按笛眼。分出片打閗婁（嘟嚕）。全要口風味咧（道）出音律[六]。

又說教師。教小學生每（們）的唱出來的詞句唱。各有各辦（扮）角的人唱。以（一）個人唱以（一）個人的曲文。來排[七]。座合（做何）生理[八]。柯（可）是牌舊（排就）的公曲公唱。學生每（們）大家唱名公曲詞。名叫魚（漁）樵耕讀。魚（漁）字講。魚（漁）翁先唱為魚（漁）字。大家都明白寮（了）。老魚（漁）翁唱字演（眼）。

望湖天呀

長睄流水流溪刷。
漁船過長沙
絲杆手情（擎）拿。
那魚兒溜細（戲）耍
徃（往）頭尾兩響查（廂扎）。
頭枝（支）唱完。魚（漁）翁頭以枝（一支）。
樵夫唱第二以枝（一支）。
步山路入深窑（窪）。
至聽德也鳥（只聽得野鳥）聲音查（喳）。
打德（的）蒼松岔（杈）。
間單（肩擔）兩頭查（扎）。
把俺橋（樵）夫吾們居沙（倨煞）[九]。
二枝（支）唱完。
泥華拉（嘩啦）脚齒（趾）沙。
短把長黎花（犁鏵）[十]。

黎華（犁鏵）也與而（尔）抄穀麻[十一]。
天情出岔查（天晴出分杈）。
把俺弄（農）夫吾們居沙（倨煞）。
三枝（支）唱完。
春邊打荻兒查（村邊打笛兒扎）。
到牛背[十二]排奇大馬（倒牛背就騎大馬）。
把俺春（村）童吾每（們）樂沙（煞）。
四枝（支）唱完。
整書法隨某滔（謀韜）以句成名（一舉成名）
叫兒曹以（一）但判進貴。
頭代（戴）狀元花。
身穿蟒袍玉帶橫查（扎）。
五枝（支）唱完。
宸（趁）穀雨彩（采）新茶（芽）[十三]。
以（一）去觀睄樹葉搭。

解時解時套（該拾該拾掇）。
彩（采）桑樹林下。
籣裏以把比把以把抓（籃裏一把擗巴[十四]一把抓）。
六枝（支）唱完。接連滑江倚。尾設（煞）[十五]。
只見他身奇（騎）五花馬。
□觀也（眼觀野）草花。
男女們精整背斜[十六]路以（似一）家。
這是漁樵耕讀牌（排）演的唱偏（篇）字句。以（一）共六枝（支）。尾設（煞）在外。行會到處捷（截）住唱。以（一）樣賜（伺）候。捷（截）住唱。唱完走。
第二十二起眉注：漁樵耕讀前接一尺八寸後接八寸一張八尺

按語

西碼頭，天津老地名，位于南運河南岸，西頭大灣子及南頭窑一帶。

民間一般將那種依據高蹺會（戲裝）人物裝扮，但又不踩腿子的表演稱為「地秧歌」。該藝術形式由于不受高蹺腿子的限制，其舞蹈性明顯加大。西碼頭地區除却本圖描繪的「慶樂漁樵耕讀地秧歌」外，還有一道成立于嘉慶二十一年（一八一六）的「百忍高蹺老會」（又稱「百忍京秧歌老會」），據説該會就是源于地秧歌），至今還活躍在津城，並被録入一九九〇年出版的《中國民族民間舞蹈集成·天津卷》。二〇〇九年該會被納入「天津市第一批市級非物質文化遺産擴展項目名録」。

注釋

[一] 日期不可長久：經過很長一段時間。

[二] 套數門闕：指樂隊演奏的曲譜段落，銜接、轉折、速度等等關節。

[三] 長袍馬褂：清代滿族服裝。長袍為大襟，兩側開襟；馬褂為對襟，大都有馬蹄袖，便于騎射。馬褂以直貢呢、黑花綢緞為主料，常與藍、朱青、灰色長袍配套。長袍、馬褂均為盤領、窄袖，顯得莊重大方，具有禮服性質。

[四] 再：扎（音栽），製作帽子工藝技法的俗稱。

[五] 僅看辦會就比過年還熱鬧，會裏會外「一團和氣」，既是會規又是民風。天津民間講究的是：過年是家庭（家族）的聚會，出皇會則是全村兒（全天津衛）人們的大聚會。因此，「皇會」對天津衛的老百姓來講，是比過年還熱鬧的「狂歡節」。

〔六〕此段落具有古代音律學意義，其中諸多音樂名詞和演奏技巧名詞本身就很有味道。

〔七〕來排：來頭。

〔八〕做何生理：幹什麽「工作」，即唱詞中的人物在生活中是做什麽的。此處講教師在教唱詞的同時，還悉心地介紹人物的生活背景等，以利于學生把握人物形象與性格。

〔九〕倨煞：倨通踞，伸開兩腿坐著。煞，很、極。安然自得、悠閑舒坦之貌。

〔十〕犁鏵：用來耕地、破土和為農作物培墒的農具。

〔十一〕抄谷麻：拉著犁鏵在田中行走，讓土壤培向穀物根部，起到保墒的作用。

〔十二〕倒牛背：倒坐在牛背上。

〔十三〕新芽：指嫩桑葉。

〔十四〕擗巴：抓采桑葉貌。

〔十五〕尾煞：結束曲。

〔十六〕精整背斜：整整齊齊、風風光光。看著他們在路上風光、整齊的背影，就像是一家人一樣。

第二十三起（第三十三道） 樂善雙花鼓聖會

題注

說鳳陽到（道）鳳陽。
鳳陽本是好地方。
至（自）從出位朱洪武[一]。
拾年到（倒）有九年荒。
改變觀越（邊關月）牌子吣閏（腔韻）。
年年到有正月正。
年年到有正月正。
務（誤）造西鄉（廂）名叫張生。
至因未（只因為）崔相國不種（中）張生他的名。
至因未（只因為）崔相國不種（中）張生他的名。

二月龍台（抬）頭。
二月龍台（抬）頭。
張生望（往）崔相接（結）冤仇。
昝[二]我的文券平倫[三]叫吾幾時休。
昝我的文券平倫叫吾幾時休。
三月清明衣。
三月清明衣。
張生望（往）崔府錦（結）鄰居。
有紅娘花園内吾等惠佳琪（會佳期）。
四月天氣長／匕匕[四]。
張生跳過粉皮墻。
崔嬰嬰（鶯鶯）説
相公來你我進綉房／匕匕。
五月端陽節／匕匕。
紅娘雙手將門開。

開開門來不見張秀才。
不是那。
准是妖磨（魔）怪／匕匕。
六月蜀（數）三伏／匕匕。
張生趕考勾賁（够奔）京都。
他有心閃下奴怎叫受苦孤／匕匕。
響鑼行會。捷（截）會。看會。睄會。會唱辦（半）年多月。到處人捷（截）會唱。根（跟）隨人都愛聽。[五]

第二十三起眉注：根（跟）漁樵耕讀接册 雙花鼓 舞花會 四架抬閣 金山寺高蹺四會一張

按語

此圖為鳳陽花鼓在天津傳播的實證，但圖中文字僅記載了該會鳳陽花鼓調唱詞，而未言及其它，因此很難確定「樂善花鼓」曾活動于今天的哪一地區。據考察，鳳陽花鼓在天津地區的傳習，主要是今河北區京津公路街東于莊的「同樂花鼓會」，和紅橋區西沽村的「太平花鼓會」。

注釋

［一］朱洪武：明朝開國皇帝朱元璋。

［二］咎：怪罪。

［三］平倫：平常、一般。

［四］匕匕：一種象聲符號，可能是某種板類樂器或敲擊鼓梆的聲音符號。

［五］二十世紀八十年代天津民舞普查時，上述兩道花鼓會均已失傳（目前東于莊同樂花鼓會已恢復，並于二〇〇九年納入天津市第二批非物質文化遺産名録）。然據相關資料顯示，原東于莊花鼓會演員為六人，分別為花鼓（旦）二人、花鼓婆子（彩醜）一人、小鑼（公子）一人、蓮湘（醜）一人、太平鼓（小扇子醜）一人。此説與上圖雖有不同，還較為近似。但如今恢復的同樂花鼓會演員編制，則與西沽太平花鼓會相仿。

西沽太平花鼓會的編制為：第一對兒，丫鬟，手持霸王鞭，身穿紫花綢緞小襖；第二對兒，孫二娘、顧大嫂，手持小太平鼓，身穿桃紅色緞子小襖；第三對兒，李逵、燕青，手持小鑼，武生打扮；第四對兒，扈三娘、樂三娘肩挎花鼓。前場樂隊有大鼓一面、鐃、鈸各六付，海笛子兩隻等等。

此時再來觀看上圖，可能會為我們帶來一些有用的資訊。首先有一點十分可惜，就是這道「雙花鼓會」的圖畫未能全部完成。在歌舞表演者的右側，圖中僅以綫描的技法，起草畫了一位吹橫笛人，和一左手持鼓板、右手敲擊一面掛在肩頭的小鑼之人，説明花鼓會有前場的伴奏樂手。

再看圖中歌舞隊六名演員的動態描繪，與東于莊花鼓會傳統「藝訣」的描述又有相似之處：「黃鶯鼓舞連步往還，走二回一么趕三。玉腕輕摇金錢鞭，風擺楊柳在腰間。太平鼓上點，燕逵把鑼喧。四人結隊列兩邊，二鼓相隨在中間。先唱一個平安樂，再唱一個樂平安」。用此訣與上圖比較，原圖中未見有打金錢鞭者，但「四人結隊列兩邊，二鼓相隨在中間」——兩名旦角肩挎一面細腰小鼓，在場地中間翹步、擰腰、扭胯、回首，右手反握鼓槌，分別與手持摺扇的一官醜和一俊公子相對而舞；「太平鼓上點，燕逵把鑼喧」——兩名武丑裝扮的演員手持手鑼和鑼槌邊敲邊舞，動作孔武有力，當正是李逵與燕青。這種繪圖和藝訣的相似性應當不是無根由的巧合。此圖很可能與東于莊同樂花鼓有著某種淵源關係，或者就是東于莊同樂花鼓會（此段落可參照比對第四十二道「城北西沽永慶太平花鼓聖會」注一）。

第二十三起（第三十四道）　西大藥王廟前德慶舞花聖會

題注

西大藥王廟前衆位操遲（持）辦理德慶舞花聖會。演習個月只工（之功）[一]。百事操期（齊）等等樣樣全都期（齊）備。前場後場。衆人聚個亭避（俱各停當）[二]。蹻打吹。隨人每（們）安執（置）。邀集。到行會日期尞（了）。學生每（們）走場。唱偏（篇）字演（眼）寫明。有前場上蹻（敲）鼓的點。叫傢夥演（眼）。起洛（落）句斷。分出跑場。走場。住場。接場。打鑼分出有緊有慢。有種有清（有重有輕）。有響有他（搭）。銆⿰金敫鐉錤子（鈸。鐃。鏇。鐺子）都隨著聽鼓點數。有會首人違（尾）隨旗子。照看行會。叫開道路好走。街市神棚。煥（換）帖會拜[三]。路上看會人等。來去雍幾（擁擠）勸執（止）。到處賜（伺）候。要唱。不唱惱人[四]。總德（得）唱演。

舞花聖會牌（排）著公曲詞句。對銷那（嗩吶）隨吹唱偏（篇）。

神童雲相（翔）飛。
失手天花醉（墜）。
春令開富花。
牡丹花尊貴。
水鮮（仙）開花望（旺）。
茶花香有味。
夏令風須（煦）暖。
凡（繁）花人增歲。
海棠花越莫（悦目）。
芍窑（藥）紫威威（葳葳）。
拾（石）榴花響（像）火。
荷花若水圍。
秋令月箕勝（月季盛）。
草花開賜（刺）梅。
桂花香田翠（甜醉）。

時令開秋魁。
居（菊）花秋時末。
鹽（嚴）霜花葉垂。
冬令雪花飄。
寒省來增（争）梅。
擺（百）合花入窖。
萬花根土裴（培）。
迎春花貌美。
舞花會上歸。

此乃萬花歌牌名。以（一）年有四季。四季都有花草。萬頒（般）根在土。各自等時來。以（一）樣的話語説好善。行會存心。會規忍耐。講休（修）善。吃盔德（虧得）好。長在世。為是花開花解（謝）。至（只）要有人焦（澆）水。花草萬世總有。風細無（舞）花。

按語

《津門紀略》卷一「疆域門·壇廟」載：藥王廟，一在城外西北隅，一在費家衚衕，一在河北，一在鹽坨。老城外西北處，由大夥巷前行至御河南岸，有大藥王廟，是為該會居所。天津民間素有「藥王崇拜」習俗，因此藥王廟也特別多，較為著名的還有西鄉（今西青區）的蜂窩藥王廟、土城金仙觀藥王廟（舊址在今河西區土城小学）等等。這一段「萬花歌」歌詞寫得一年四季，鮮花爛漫，花香四溢。小學生們不僅雙手舞動鮮花，後背上還背著插著鮮花的花瓶，邊歌邊舞。從動作幅度上看該歌舞定當歡快熱烈。「鮮花——天花」在此處成為人們祈求健康與平安的頌歌。

注釋

［一］個月之功：一個月的時間。

［二］俱各停當：全都準備好。

［三］換帖會拜：天津民間花會會規之一。兩會相遇要互換拜帖，拜帖上一般寫有「某某老會仝拜」字樣，稱為「拜會」，以示互相尊重。

［四］不唱惱人：不演唱就會使觀衆懊惱、不高興。

第二十四起（第三十五道）　鹽務綱總通商抬閣第四架替天行道

題注

鹽務綱總通商抬閣四以（一）架。名叫替天行道。戲名叫平方臘。為（唯）有抬閣動身行會者難。怎麼講説。行會當日。寒風上嘉（夾）杠。風希洛（息落）嘉（夾）杠。下雨上嘉（夾）杠。晴天洛嘉（落夾）杠。走閣上嘉（夾）杠。過閣洛嘉（落夾）杠。門臉上嘉（夾）杠。進城洛嘉（落夾）杠。鼓樓前上嘉（夾）杠。鼓樓後洛嘉（落夾）杠。城裏門臉上嘉（夾）杠。出城洛嘉（落夾）杠。每逢抬閣行會。不遠上嘉（夾）杠。洛嘉（落夾）杠。當會務遲（吃）工付（夫）[一]。講倫（論）行會規戈（格）。説年年只（之）規。並無更改。

第二十四起眉注：雙花鼓 舞花會 四架抬閣 金山寺高蹺四會

按語

抬閣第四架「替天行道」，又叫「平方臘」。《水滸傳》宋江受招安後，奉皇命率一百單八將征討方臘，不料死的死、傷的傷，損傷及半。名曰替天行道，實則代人受過。三百多年的大宋王朝，為我們留下了太多昏君、忠臣、奸逆，可歌、可泣、可歎的藝術形象，「潘仁美陷害楊家將」「高俅、蔡京與梁山群雄為敵」「秦檜誣殺岳鵬舉」……更不用說「兔死狗烹」的「趙匡胤杯酒釋兵權」。然而無論悲劇怎樣不斷重現，「楊門女將」「精忠報國」「替天行道」的英雄層出不窮，依然是無怨無悔、盡棄前嫌、前仆後繼、死而後已……雖有「愚忠」之嫌，但這又是真正的民族精神、民族氣節，是這個民族永遠不敗、不滅的「民族真魂魄」。這也是人們為什麼喜愛這類題材藝術形象的原因吧……看這架抬閣威武壯烈：李逵一手高舉板斧，一手高舉武松的斷臂；大刀關勝站在板斧的鋒刃上；而武松就站在自己的斷臂之上；李逵左右似是戴宗和燕青；那最上邊的應當就是呼保義宋江。

注釋

［一］當會務吃功夫：此處似指專為八架抬閣會服務的「叉子會」。他們幫忙出會，無論冬夏風雨，上夾杠、撤肩杠地前後忙活，還要加倍小心，不要傷了孩子，毀了抬閣的景致，其間自然有些技巧、門道，謂之「吃功夫」也不虛。然而這一切却是民間花會組織之間自己立下

的「規矩」或曰「合約」。叉子會是名符其實的幕後英雄，天津皇會一百〇六道會，至此應當成為一百零七道。

第二十四起（第三十六道） 中營前金山寺高蹺聖會

題注

中營西（前）有衆位演習金山寺高蹻（蹺）會。乃是南班子戲[一]。以榜（一綁）腿之（子）人各有各角。有辦（扮）羅漢角的。有辦鵞吒（扮哪吒）角的。有辦（扮）法海角的。有辦（扮）醜何（和）尚角的。有辦奎（扮魁）星角的。有許宣（仙）角的。有辦清（扮青）蛇角的。有辦（扮）白蛇角的。有辦（扮）水頭角的。有辦（扮）黑魚精角的。有辦（扮）蝦米精角的。有辦（扮）螃解（蟹）精角的。有辦（扮）包頭逢拉花角的。有辦蹻（扮敲）鑼子包頭逢角的。行會到寮（了）街上。各人有各人的唱詞。大家都該（挨）班唱詞。隨（誰）也不望隨參語（誰參與）[二]。隨（誰）唱隨（誰）的偏（篇）。這一回該許宣（仙）唱偏（篇）。

俺許宣（仙）在藥行將生藝（意）學。

深知曉丸散高（膏）丹頂大的哈（河）車[三]。

出門去西湖上與（遇）見白娘子。
下大雨我借傘才把話説。
送傘去兩下願意婚姻定。
良辰吉日才望娘（子）成配合。
到後來開賚以（了一）座生藥鋪。
五月五端陽節將熊潢（雄黄）酒[四]哈（喝）。
白娘子熊潢（雄黄）酒醉把元行獻（原形現）。
赫（嚇）死那許宣（仙）命見閻羅。
白娘子未（為）許宣（仙）也從到（曾盜）過翎（靈）芝草。
救好賚（了）許宣（仙）死去幻（還）活。
請香紙到金山寺内去還願。
有法海説許宣（仙）傜（被）妖怪磨。
至赫德許宣不感（只嚇得許仙不敢）回家轉。
白娘子等仗（丈）夫時厚（候）緊多。
白蛇到金山寺内找了幾賜（次）。

說許宣（仙）在金山寺內藏著。
那白蛇要水滿尞（漫了）金山寺。
法海以（一）見把架沙托（袈裟脫）。
言語說水掌（漲）山也掌（長）。
法海說響（降）妖怪祭起子金神紵（紫金神鉢）。
有奎（魁）星下凡塵把人情講。
懷胎是狀元對法海說。
說許宣（仙）有幾月夫妻願（緣）未滿。
叫許宣（仙）收服妖怪去合紵（鉢）。
到後來將白蛇鎮在雷峰塔[五]咧。
你看那清（青）蛇他（劈）塔將道亨（行）學德（得）。行會。

按語

中營，清劉瑞清繪于光緒二十三年天津城區圖，有兩處標為「中營」，一在金鐘河賈家大橋西側；一在城內東北部居中，即後來老城廂內的「中營前街」，（乃明代軍隊「神機營」駐地），前為白衣庵，後為三聖庵。該會當落腳是處之右。

金山寺，又名江天禪寺，位于江蘇鎮江市區西北部的金山之上。始建于東晉，原名澤心寺，自唐代起，稱金山寺。神話故事「白娘子水漫金山寺」就發生在這裏。該會表演的高蹺，就是以此為藍本，或者這個戲班子演出的本就是「水漫金山寺」。

注釋

［一］南班子戲：此處似指該會為南方的戲班子演員裝扮而成，所謂「一綁腿子，各有各角」。

［二］參與：方言，摻合、攪合。此處指「誰也不影響誰」。

［三］河車：中藥名，又稱「紫河車」，即嬰兒胎盤。中醫認為，胎盤性味甘、咸、温，入肺、心、腎經，有補腎益精、益氣養血之功效。

［四］雄黃酒：雄黃，中藥名。藥性温，味苦辛，有毒，主要用做解毒、殺蟲，具有攻下作用。俗傳，每年端午節，為了「驅邪」「解毒」「避蟲」需飲雄黃酒，以求解毒和健康長壽。現代醫學認為，雄黃是一種含砷的有毒礦石，屬劇毒物質，人如果誤服五~五十毫克，即可引起急性砷中毒，表現為惡心、嘔吐、腹痛、腹瀉或水樣大便，便中帶血，同時伴有肝、脾、腎

功能損害，血壓下降和循环衰竭，甚至出現中樞神經係統麻痹，意識模糊、昏迷等症狀。六十毫克以上可致人死亡。

〔五〕雷峰塔：居于杭州西湖南岸夕照山的「雷峰」之上，古稱「黄妃塔」，乃吴越國王錢俶于北宋太平興國二年（九七七年）建造。後因與神話故事《白蛇傳》相附會，成為西湖十景中為人津津樂道的名勝。一九二四年九月二十五日，年久失修的雷峰塔轟然坍塌。一九九九年底，浙江省和杭州市人民政府，在原址按雷峰塔原有風貌建造新塔，新塔内封閉保存著古塔遺迹。重建工程于二〇〇〇年十二月二十六日奠基，二〇〇二年十月二十五日落成。

第二十五起（第三十七道）　吉家衕衕白衣巷和善長亭老會

題注

河東吉家衕衕內白衣巷有衆浩（好）善者。公議牌（排）演清秀尊貴完（玩）藝兒。雅到（致）文戲。大家想到和善長亭西香（厢）坤戲[一]。衆位合心願意。請人演習。前場不分晝夜操遲（持）北草芝（吵子）傢夥。有打大鑼的。有撥銅尖子的。有蹻（敲）大小鼓的。有蹻鐓銆（敲鐃鈸）的。有蹻鐂（敲鏇）子的。有打鎶子（鉻子）的。有吹對海笛子的。有打梆子的。有蹻蘯子（敲鐺子）的。衆位演習。日期緊有。吹打歌詞成套術（熟）練。有起有洛（落）。有套有名。有緊有慢。前場上吹打傢夥人每以堂（人們一堂）二十二位。邀請兩堂爺每（們）替煥（換）手。蹻（敲）打吹。為（唯）有拿旗子的爺每（們）前場後場兆（照）應事。行會日期。前場有茶房人。後場有茶房人。似（侍）奉有茶筲子。有點心筲子。有狀煥衣伏（裝換衣服）筲子[二]。有亢（扛）板凳人[三]。多少根（跟）會。前場後場以（一）樣安執（置）

行會。

後場隨手人每（們）。有手鑼為主張[四]。有板鼓為領袖[五]。吒閏（腔韻）聽鼓。有對横笛吹隨唱句詞。有搭笙的。托笛音律。起洛吒（起落腔）。有緘（弦）子繟（彈）點。正音律。字有字點。有正點。有吒（腔）點。有元點。以（一）處[六]為叫字正吒元（腔圓）。大家合手。吹也好吹。打也好打。繟（彈）也好繟（彈）。稱其隨手。場面先生。小學生每（們）唱詞。公曲詞唱。

第二十五起眉注：和善長亭前接一尺六寸後接八寸一張八尺

按語

「吉家衚衕」，清劉瑞清手繪光緒二十三年天津城區圖，三岔河口東岸有白衣巷，其東北側為山西會館，即今意式風情街一帶，現屬河北區光復道街。吉家衚衕内白衣巷的昆曲《西廂記》「長亭」一折，戲不大，行會的隊伍可不小，可惜這張圖畫紙太窄了，還有那麼多前後場「伺候喝茶的茶房人」「挑茶筲子人」「挑點心筲子人」「挑換裝的衣帽箱子之人」，「還有那扛板凳、搭亭子的人」「二堂樂隊人」等等，都没能入畫，這樣算下來這道會恐怕最少也得百十號人。

注釋

［一］西厢坤戲：指昆曲《西厢記》。《西厢記》的故事最早見于唐元稹《會真記》，宋金兩代各有「鼓詞」和「諸宫調」演唱版本。元代著名雜劇作家王實甫，承前世之成就，創作了雜劇《西厢記》，從此紅娘、鶯鶯、張生這一組藝術形象成為中國「愛情」主題故事的代表，深得歷代民衆喜愛。天津人更認它「清秀、尊貴、雅致」的風格，「合心願意，請人演習，不分晝夜操持……大家合手，吹也好，打也好，彈也好，小學生們則齊唱公曲詞」。其「端正好」云：「碧雲天，黄花地，西風緊。北雁南飛。曉來誰染霜林醉？總是離人淚……」

［二］筲子：挑子，即用扁擔擔著的水桶、茶壺、茶碗、點心、衣帽箱子等物，本是為花會會衆休息、打尖、换裝所用。後來這些生活用具越做越漂亮，越來越講究，雕花、彩繪、玻璃鑲嵌，角質燈、小會旗等一番裝飾，使之具有了工藝品的性質。加之挑擔子之人也隨著鑼鼓點的節奏高抬腿、輕落步，舉重若輕地甩動著雙臂，踏著小步……那根四米長，兩頭飾以黄銅打造的龍頭、龍尾的桑木扁擔，咿咿呀呀、顫顫巍巍，也就成了老百姓觀賞的一景。天津人稱之曰「茶炊子」。

［三］扛板凳人：為會衆服務的人員。別看他們扛著板凳，等到隊伍休息的時候，却是没

有他們的座位。那板凳一定是要讓給會頭、老者和演員坐下休息的。

〔四〕主張：號召、主宰。持手鑼者為會頭，以鑼聲號令本會行止和表演。

〔五〕領袖：帶領、率領。鼓板為樂隊之頭，相當于指揮。

〔六〕一處：合在一起。

第二十六起（第三十八道） 育德庵前永長金錢竹馬聖會

題注

育德庵前有衆位浩（好）善大家公議。武戲的玩藝。想啓（起）跑祝（竹）馬的戲出。包頭逢多。旗粧打辦（旗裝打扮）[一]。佑（又）有馬跑場口串四門武場。歡查（喳）[二]。鑼鼓傢夥配著。多有若（熱）鬧。大家願意請人教昔（習）。日期緊有。學生們唱檜寮（會了）。跑場檜寮（會了）。唱是坤吖霍（腔夥）曲詞。拾溜花（石榴花）牌子[三]。後場隨手人有班鼓蹻（板鼓敲）。有銅鉬（鈸）板演（眼）。有對銷那（嗩吶）隨吹唱詞。

俺可也將馬執望對武沙。

驚赫（嚇）那山峰狼蟲虎豹拿。

若有那羊猴也（野）猪鹿梅花。

若有那白兔叫細狗抃（掐）[四]。

見了人熊槍炮琪（齊）發╱上小樓[五]
你看那辦（半）山的也（野）鴨。
你看那辦（半）山的也（野）鴨。
睄那些翎秦（禽）都亥（害）怕。
只見那山前的也（野）花。
只見那山前的也（野）花。
好像是花山不大岔（差）。
不由得天黑忌（及）早回家。
這是祝（竹）馬唱曲文字偏（篇）。牌子唱完。鑼鼓期蹻（齊敲）行會。會捷（截）。會唱。會場。會敬。會拜。到處以（一）樣。無偏無相（向）辦理。年年休（修）善。永長金錢祝（竹）馬聖會。
第二十六起眉注：隨長亭 金錢祝（竹）馬 睄親家 五架抬閣 昇仙高蹺四會一張後跟五架抬閣

按語

育德庵，清劉瑞清繪于光緒二十三年天津城區圖示有該地名，位于先春園西側，南運河岸邊。紅橋區曾有育德庵大街。現地名已失。

「跑竹馬」在漢代作為一種兒童遊戲已載史記。到宋代發展成為宮廷表演的「小兒竹馬隊」和「踏蹺竹馬隊」。至明清時期載歌載舞的「跑竹馬」已隨處可見，並成為民間花會中的一支奇葩。天津武清、靜海、津南等地均可見其風采。

為天津「跑竹馬」留下完整史料的，是津南區葛沽鎮的「清平竹馬」。據《中國民族民間舞蹈集成・天津卷》載：此會最早流傳江西九江，清咸豐年間一趙姓官家後代來津做生意，並將竹馬傳給當地王氏家族中的王鎮，乃為葛沽「清平竹馬」第一代傳人，至二十世紀八十年代共計傳承八代。

將育德庵前永長金錢竹馬聖會與葛沽清平竹馬會比較，不難發現兩會中均有二位身穿黃馬褂、頭上頂戴花翎的清代將官，都有四位女子。不同的是，葛沽竹馬有二馬童，永長金錢竹馬則前有一騎竹駱駝的兵卒，後有一黃衣女子。就竹馬會表現的內容而言，不知二者是否有著某種內在的聯繫。

再有，兩會所用馬形道具也有所不同。葛沽竹馬係馬上設假腿，假脚踹鐙，真人腰部以下被馬身上的布幔所遮檔。金錢竹馬的馬身分為兩部分一前一後掛在身上。另外，兩會的唱詞也有所不同，清平竹馬以唱「邊關調」為主；金錢竹馬則以昆曲「石榴花」調為主。

注釋

［一］旗裝：清代滿族服裝。

［二］歡喳：火爆、熱鬧。

［三］霍曲詞石榴花：霍通夥，即合唱曲辭。石榴花，曲牌名稱。

［四］細狗掐：細狗，獵狗的一種，以善于奔跑著稱。掐，抓、咬。

［五］上小樓：曲牌名稱。

第二十六起（第三十九道） 東南城角康家大院慶和睄親家聖會

題注

東南城角康家大院衆位爺每（們）。商議辦理戲出的玩藝會。想到這睄親家。請師牌（排）演教昔（習）。習學都檜（會）。行頭期（齊）備。走場。手脚。座排（做派）。唱詞通蜀（熟）。句斷。話白。唱偏（篇）。以妾（一切）等等全都牌（排）好。行會。場上的隨手人。有對横笛吹隨唱。有鼓板蹻（敲）打板演（眼）。叫吒閏（腔韻）。有吹笙。托笛音。轉吒（腔）轉吊（調）。有絾（弦）子繟（彈）音。高音句顯露宗（中）聽[二]。衆學生每牌（們排）演。有三花臉唱醜。有老但（旦）角唱媽媽覺（角）。有采但覺（彩旦角）唱旗仙角。有小花但（旦）唱帰（閨）女角。有文但覺（生角）唱小女婿角。有老生覺（角）唱親家角。辦（扮）角人們早已配好行會。出來開口唱詞。句斷。走相。作排（做派）。指點。

鄉裏的媽媽/歎（呦）/去睄親家。

總想我那歸（閨）女殿（惦）著他。
只從作息付住了己蘯家（自從做媳婦住了幾趟家）[二]。
出門只歸女受婷婷的霞（出門子閨女受婆婆的轄）[三]／歎（呦）咳
惱恨親家母臭歪啦[四]／哈哈哈
惱恨親家母臭歪啦／歎鴨（呦呀）哈
小花臉醜子唱。
傻子我毛（猫）腰提尚（上）鞋。
媽媽叨叨把嘴覺（撅）。
以（一）頭似毛緑豆。
這頭似紫海茄。
吃食的東西待（帶）著好些／歎（呦）喉咳
單到城裏去睄姐姐／歎（呦）喉咳
單到城裏去睄姐姐／歎（呦）喉咳
鄉裏的媽媽進城來。
見寮以座牌方笑寮一個呆（見了一座牌坊笑了一個呆）。

隨家的大衣架撮立在當該（誰家的大衣架戳立在當街）[五]。
上頭哇（碼）著瓦[六]。
狄（底）下石頭篩（塞）。
門裏進不去。
屋内擺不開。
悶壞人佑（又）把人悶壞。
悶壞人佑（又）把人悶壞。
小花臉唱。
根（跟）隨著媽媽呀進城來。
見了個班（扳）不倒[七]樂尕以（了一）個呆。
班（扳）也班（扳）不倒班（扳）倒又起來。
甚（什）麽物件真吊歪[八]/歎（呦）哈咳
振莫（這麽）點的東西作大怪。
振莫（這麽）點的東西作大怪。

按語

瞧親家，清代廣為流行的一出滑稽歌舞小戲。據説「同光十三絶」中的醜旦劉趕三，表演京劇小戲《探親家》中的鄉下媽媽冠絶一時。可惜圖中文字未能告知康家大院唱的是什麼腔調。清王廷紹點訂，乾隆六十年（一七九五）刊刻的《霓裳續譜》收録有京津兩地民歌小調，其中卷五有一首《鄉里親家我瞧瞧親家》，歌詞如下：

鄉里親家，我瞧瞧親家。思想半晌没什麼拿，把人急躁煞。曬乾了的茄子拿二十，一盒子幹扁豆，一盒曬乾絲瓜，葫蘆條兒只在荊籃裏挎。炊帚條帚拿上十來把，拿到城裏我瞧瞧親家。我的老頭兒，啊咳，備下驢，你把驢兒備下，騎上驢，我可瞧瞧親家。

以東南城角康家大院存録的「瞧親家」歌詞和以上歌詞相比較，一是角色多了——有三花臉醜、老旦、小花臉、彩旦、小生、老生；二是城鄉矛盾更加突出了。遺憾的是這出小戲未能留下完整的「劇本」——因為從原圖題注看，鄉里的媽媽一家人剛剛進了城，還没有見到親家公和親家母，真正的矛盾還未展開呢。

注釋

〔一〕中聽：好聽。
〔二〕住：回。
〔三〕轄：轄制、管制。指姑娘出嫁後，到了婆家受到限制。
〔四〕臭歪拉：駡人語。指為人心術不正。
〔五〕當街：街（音該）。當街，道路中間。
〔六〕碼著：疊著擺放。
〔七〕扳不倒：不倒翁。
〔八〕吊歪：方言，調皮搗蛋，不服管。

第二十七起（第四十道）　鹽務綱總通商抬閣第五架火焰山

題注

鹽務綱總通商抬閣第五以（一）架。名叫嬰兒岔（刹）女内包丹。説到戲文叫火燕（焰）山戲出名。牛木（魔）王的夫人名叫羅岔（刹）女。生養洪（紅）孩。嬰兒偏名叫逃（淘）氣精翎（靈）。邱子[一]勸世人身。座畫西遊討妖斜（邪）。畫人的州（周）身活動。西遊妖怪洞似人的津（筋）骨七十二皆（節）[二]。西遊七十二洞。人動嘆的（魔得）動[三]。西遊看透。善念大也的只（滋）味。

第二十六起眉注：金錢祝（竹）馬晡親家五架抬閣昇仙高蹺四會一張

按語

抬閣第五架「火焰山」，這架抬閣將唐僧師徒大戰牛魔王、鐵扇公主羅刹女和紅孩兒表現得淋漓盡致。僅看畫面服裝、道具的尺寸、樣式，無一不精、無一不美。圖中人物，性格突出、形象準確、動作誇張、表情生動——這應當是原型（孩子們）

的精彩表現，而非全憑畫師畫技所為。看牛魔王，金雞獨立，右手的刀尖上站立著鐵扇公主（羅刹女），鐵扇公主高舉的寶劍尖上站定孫悟空，這一組造型被抬閣造型藝術家們設計的「鐵芯子」處理得輕巧而奇妙。特別是那朵橫溢的祥雲，蜿蜒曲折（而不是垂直支撐），上邊的唐僧和白馬至少也要有百十斤的分量，踏彩雲凌空，可謂巧奪天工。

注釋

［一］丘子：丘處機（一一四八—一二二七），字通密，道號長春子，金朝末年全真道掌教。丘處機因遠赴西域勸説成吉思汗減少殺戮而聞名于世，曾留有著名詩句「十年萬里干戈動，早晚回師望太平」（《邱長春真人西遊記》）。清乾隆皇帝曾為北京白雲觀邱祖殿題聯曰：「萬古長生，不用餐霞求秘訣；一言止殺，始知濟世有奇功。」此處借吴承恩的《西遊記》，引出邱處機的「西遊止戮」。一為神話，一為史實。

［二］七十二節：節，關節。中國古代素以「自然大宇宙、人體小宇宙」相合相近為理念，認為：一年有三百六十天，人體有三百六十大穴；一年有十二個月，人體有十二條經絡；天有七十二煞星，人有七十二關節……現代醫學認為四肢大關節肩、肘、腕、髖、膝、踝共十二個，

小關節則多達二百一十個。

［三］人動魔得動：所謂道高一尺魔高一丈。

第二十七起（第四十一道）　河北石橋昇仙高蹺聖會

題注

河北石橋衆位公議。操遲（持）昇仙高蹻（蹺）行會。大家琪（齊）心願意。演習唱祠（詞）走場。牌（排）演日期不少。大家都各配個角上場。衣伏（服）行頭。彩褲靴鞋。帽子頭巾。全然辦成。净等[一]掛號行會。敬神拜客。各有各角。該班唱詞。牌（排）演准且（確）。有辦（扮）獨角龍的打俳錙（棒子）角[二]。有辦（扮）包頭逢對拉花的角。有辦（扮）苗慶跳公子的角[三]。有辦（扮）焦勝賀老道士的角。有辦（扮）包頭[四]黑狗精的角。有辦（扮）包頭白狗精的角。有辦（扮）包頭清連（青鰱）子的角。有辦（扮）包頭年（鯰）魚姥姥座之（子）的角[五]。有辦（扮）季小唐正生的角。有辦（扮）柳樹精跳鬼的角。有辦（扮）包頭白猢（狐）狸精的角。有辦（扮）包頭水務快（霧怪）蹻（敲）鑼子的角。有辦（扮）水務（霧）怪鑼子角。有辦（扮）對打鼓子二人雙角。行會該班唱。這一班該粧（妝）季小唐的人唱。聽開口唱。
俺季小唐祖居住在遼陽。
愛讀書從（曾）受過十年的寒床（窗）。
大畢（比）年龍虎日[六]上京科考。
全平（憑）我滿付（腹）經綸寫的文章。
賊嚴松（嵩）座（做）了那位正主考。
他看我的文卷分外的强。
那嚴松（嵩）吃醋眼門（酸）他不種（中）我。
他怕我做高官似（是）寵臣咎吾的文章。
以（一）氣我東（終）南山上學藝業。
根（跟）吕祖學檜（會）那隨心的怵（術）法越沮（耀祖）增光。
師傅説我的洪願孩（還）未滿。
師命我報應嚴嵩内有箕逢（機鋒）藏。
我也從（曾）點化兒大鬧慈（瓷）器店。
我也從（曾）化蝴疊便（蝶變）戲法隨（誰）不贊揚。

我也從（曾）府内狗便（變）美人二番又鬧嚴嵩府。
他的兒嚴世藩報（抱）美人狗咬的成了惡瘡。
到後來在三角（覺）寺内響（降）妖怪。
狐狸便薩菩亥還人（變菩薩還害人）净吃肝常（腸）。
響（降）妖怪怒惱獨角司[七]發昏（洪）水。
獨角他水漫泗州[八]莫（没）城隍。
俺小唐城頭按（暗）用替身法。
俺師兄神鎖拿著獨角代（大）王。
洪願滿幡桃會上有我的名姓列。
你看那赴瑶池在王母山上[九]參拜娘娘。
接響鑼鼓子蹻打下場。行會。前有神棚焕（换）貼。會佑（又）唱。佑（又）耍。佑番（又返）場。鬥隊（對）。該別人唱詞。

按語

河北石橋，查天津老地名，今紅橋區内南頭窑曾有石橋衚衕。另外在河北大街北段有石橋西衚衕（劉瑞清繪光緒二十三年天津城區圖也標有「石橋」名），河北石橋應指後者。

石橋高蹺會表演的節目内容，取材于明清故事《昇仙傳》改編的戲曲《黑沙洞》。講的是明代術士季小唐（又寫作紀曉唐，會中小生——俊公子）施法術，驅趕白河水妖鯰魚精（會中鯰魚姥姥——老座子）為民除害。鯰魚精不服，變化成一個少女來到泗州，調戲季小唐，被季識破，命師弟苗慶（跳公子——俠盗、醜）捉拿，並用掌心雷將鯰魚精打傷。鯰魚精含恨投奔淮河野龍敖俊（獨角龍——頭棒）。敖俊助紂為虐，興波作浪，水淹泗州城。季小唐又請柳仙（柳樹精——跳鬼）下凡，施展法力，擒獲野龍，平息水患。

注釋

［一］净等：方言，只等。

［二］打棒子角：高蹺表演中的現場指揮，俗呼為「頭棒」「大頭衡」，多為陀頭、花臉裝扮。

［三］跳公子角：高蹺會中的角色，俗稱「公子」，往往與「白竿」（蝴蝶）或「拉花」鬥對兒表演。俗謂「公子無規矩兒」，指其多以即興表演為主。

［四］包頭角：高蹺會中對中青年女子角色的稱呼。

［五］座子角：高蹺會中對中老年婦女的稱呼，俗稱「老媽子」「傻媽媽」，多與「傻兒子」「傻小子」鬥對兒表演，偶與「漁翁」鬥對。以幽默滑稽為表演風格。

［六］大比年龍虎日：古代科舉考試的年份，俗稱「大比年」。「龍虎日」也即開考的那一天。

［七］獨角司：即獨角龍。

［八］泗州城：泗州城位于江蘇盱眙縣淮河岸邊，唐代至明代，處于黄河與長江的漕運中心，有水陸都會之稱。公元一六八〇年，泗州城被洪水淹没，它是中國唯一一個灾難性古城遺址，被稱為中國的「龐貝古城」。傳説季小唐降獨角龍即在此地（一説在北京密雲白河，降服鯰魚怪）。

［九］王母山：女神王母娘娘的居所。相传三月初三为王母娘娘诞辰，在昆仑山瑶池举行盛大庆典，俗称「蟠桃盛会」，届时各路神仙齐聚瑶池为王母娘娘庆寿。天津民间习俗，每年的三月初三也要在各地庙宇举行祭祀庆祝活动。

第二十八起（第四十二道） 城北西沽永慶太平花鼓聖會

題注

天津城北西沽有浩（好）善者衆人議論。牌（排）演永慶太平花鼓聖會。出巡。行香。每日操遲（持）。演習前場北草芝（吵子）傢夥。蹻（敲）打吹練。日期緊有。成套成句斷開。鼓蹻（敲）打豹子頭起。三番三轉。海笛子吹三番工尺上牌名。按起洛吒（落腔）。嘉（加）上大小傢夥演（眼）。音律改牌子。吹上番下番句斷。傢夥隨音蹻（敲）。吹到趕子牌子。上傢夥演套數。吹到拾（十）番上。傢夥接蹻（敲）南鑼鼓套數牌子。蹻（敲）一套加官頭名字。蹻（敲）一套神跳。緊生慢歸。常行點數。吹改吒閏（腔韻）打棗牌名。嘉（加）傢夥。吹雜牌子。吹一套。傢夥打一套。有大有小有陰有陽。各分各曲。雜牌子吹完，接連著吹隆（三〈音：颯〉）蝴蝶。傢夥接蹻（敲）豹子頭的點數句斷。接連吹半套打棗的牌子。傢夥接蹻（敲）豹子頭。收場住點[一]。

北草芝（吵子）傢夥豹子頭起豹子頭住。這是太平花鼓前場交待。後有後場的交代句斷。
後場有隨手人。吹。打。緷（彈）。捧[二]。先生每（們）隨後場唱詞。學生們公唱曲詞句斷。牌舊的座排（排就的做派）。手脚指點。蹻（敲）鼓蹻（敲）鑼。會名叫太平花鼓名。唱詞名叫太平吊（調）名。行會。太平鼓住點。
唱以（一）回唐明皇[三]座朝掌君歸（規）。
收了位楊貴妃/咳孩歎（呦）。
收了位楊貴妃。
安路山郡美把君裴（安禄山俊美把君陪）。
李白醉酒駡奸賊。
安路（禄）山返從違（反重圍）/咳孩歎（呦）。
安路（禄）山返從違（反重圍）。
鑼鼓兒蹻（敲）打響叮噹。
武顏[四]挎藍去采桑。
與（遇）見了齊宣王/咳孩歎（呦）。

與（遇）見了齊宣王。
鑼鼓敲打住點。佑（又）唱曲詞朝代名惠（諱）。
鑼鼓兒敲打不住遥（摇）。
招（昭）君娘娘赫（和）北朝。
紅（鴻）雁來把信捎/咳孩歎（呦）。
紅（鴻）雁來把信捎。
兀（烏）江口官掌（長）搭浮橋。
娘娘全節江裏跳[五]。
蓋廟都把香燒/咳孩歎（呦）。
蓋廟都把香燒。
鑼鼓兒敲打響聲發。
劉算（蒜）[六]漁船藏著他。
收了位吴鳳霞/咳孩歎（呦）。
收了位吴鳳霞。
吴鳳霞敕梁無綒查（刺梁往脖扎）。

萬家春相面救出他。
後來在帝王家/咳孩歎（呦）。
後來在帝王家。
太平歌唱完了。響鑼鼓行會。
第二十八起眉注：太平花鼓前接一尺五寸後接一尺一張八尺

按語

西沽，距天津老城厢西北四里，位于子牙河入北運河處，即今紅橋區東北部的西沽公園一帶。梅寶璐（字小樹，清代天津詩人）有詩云：「大紅橋北是西沽，楊柳樓臺金碧鋪。隔岸好添山一角，不需妝點似西湖。」

此會名曰「城北西沽永慶太平花鼓聖會」——「永慶太平」應為會中名號，「花鼓」乃是它的表演形式，但實際上圖中描繪的舞蹈動作和手持道具是典型的「太平鼓」，而非「花鼓」。或者當年的「太平鼓」也可叫做「花鼓」？此段公案還有待進一步考證。

據此前掌握的資料顯示：一、西沽太平花鼓會，乃為清咸豐年間安徽花鼓藝人

「于家兄長」所傳。于家兄弟在乾隆年間逃荒到于王莊（今東于莊）賣藝，被當地人收留，並傳藝，是為天津「武太平鼓」（實為「花鼓」）之源。其後大哥受到西沽邀請，在小藥王廟附近組織起「以唱為主」的「西沽太平花鼓會」，後被稱為「文太平鼓」。此段歷史傳承脉絡清晰（見《中國民族民間舞蹈集成・天津卷》），且此圖描繪的正是純正的民間「太平鼓」的藝術樣式。二、尚傑《皇會》一書載：西沽太平花鼓會和鳳陽花鼓會大體相同，八位花鼓演員俱是十三四歲的童子……第一對兒，丫鬟，手持霸王鞭，身穿紫花綢緞小襖；第二對兒，孫二娘、顧大嫂，手持小太平鼓，身穿桃紅色緞子小襖；第三對兒，李逵、燕青，手持小鑼，武生打扮；第四對兒，扈三娘、樂三娘肩挎花鼓。前場樂隊有大鼓一面、鐃、鈸各六付，海笛子兩隻等等。此說與本圖描繪相悖。三、按上述兩道會的記載與《行會圖》描述，東于莊表演的當屬漢族民間的「花鼓」藝術，即「肩挎花鼓」進行説唱表演，而西沽表演的則是「太平鼓」（因為「太平鼓」與「花鼓」屬于完全不同的兩種民間歌舞藝術形式。此段落可參照比對第三十三道「樂善雙花鼓聖會」注六）。至于後來的西沽太平花鼓會將霸王鞭、太平鼓、花鼓結合在一起，有可能是該會後期的發展演變。

注釋

［一］此段落完整講述了太平花鼓的鼓樂演奏程式——鼓敲打「豹子頭」三番三轉——海笛子吹三番「工尺上」，按起落腔，加上大小傢伙——「改牌子」曲牌吹上番下番，傢伙隨音敲——吹「趕子」曲牌，到十番上，傢伙接敲南鑼鼓套數牌子，敲「加官頭」「神跳」「常行點」——吹奏改腔韻吹「打棗」「雜牌子」，吹一套，傢伙打一套，有大、有小、有陰、有陽，各分各點曲——雜牌子吹完——接連著吹「三蝴蝶」——傢伙接敲「豹子頭」——再吹半套「打棗」——傢伙接敲「豹子頭」——收場住點。

［二］吹打彈捧：吹指笛子；打指鼓、板；彈指三弦；捧指吹笙。以此代指給演唱伴奏的樂手，所謂「後場隨手人」。

［三］唐明皇：唐玄宗李隆基（六八五年九月八日－七六二年五月三日），亦稱唐明皇，在位四十四年。他的開元盛世是唐朝的極盛階段。後期因寵幸楊貴妃，寵信奸臣李林甫、楊國忠等，加上重用安祿山等佞臣，導致了長達八年的安史之亂，盛唐由此而衰矣。

［四］武顏：一般寫作「無鹽」，復姓鐘離（名春，字無鹽）。該女子相貌奇醜，後人稱為「無豔」，但有奇才，文武兼備。齊宣王執政初期，日日歌舞，夜夜歡聲，後無鹽進言，述先人開

疆不易，歷數宣王之錯。宣王悔改，為表其誠意，盡散後宮，立無鹽為后，以彰己不貪美貌之心。民間廣有醜娘娘領兵打仗，智勇雙全的故事。有元雜劇《醜齊后無鹽連環》講的就是「無鹽采桑遇宣王」的故事。

［五］昭君娘娘：《後漢書・南匈奴傳》載：昭君，字嬙，南郡人也。初，元帝時，以良家子選入掖庭。時，呼韓邪來朝，帝敕以宮女五人以賜之。昭君入宮數歲，不得見御，積悲怨，乃請掖庭令求行。呼韓邪臨辭大會，帝召五女以示之，昭君豐容靚飾，光明漢宮，顧景裴回，竦動左右。帝見大驚，意欲留之，然難于失信，遂與匈奴……俗稱「昭君出塞」。

娘娘全節江裏跳：此唱詞不知出自何方？昭君出塞後與呼韓單于生有一子。三年呼韓邪死。依照匈奴禮俗，昭君成了雕陶莫皋單于的妻子，備受寵愛，生下兩個女兒，後來分別嫁給匈奴貴族。後「王莽篡權」，禍亂再起，和親破滅，王昭君在幽怨、悽楚與絕望中死去，葬在大黑河南岸。今内蒙古呼和浩特市舊城南九千米處大黑河畔有「昭君墓」古迹。

［六］劉蒜、吴鳳霞、萬家春：戲劇《漁家樂》，又做《刺梁冀》中人物。東漢末年，冲帝病危，衆臣欲立清河王劉蒜。鄭國公梁冀，依仗權勢，强立年幼的渤海王劉纘為帝，劉蒜隻身逃走。有漁家女吴鳳霞與父親以打漁為生，劉蒜逃在吴家船中。梁冀派校尉追殺劉蒜，在江邊放箭射殺吴父。鳳霞闖入梁府刺殺梁冀為父報仇、為國鋤奸，不料被梁府護衛發現，危難之

際巧遇江湖相士萬家春搭救。最後劉蒜回朝承繼帝位，並與吴鳳霞成婚。

第二十九起（第四十三道）　永慶萬年甲子聖會

題注

後場隨手人每（們）。海笛。橫笛。笙。絾（弦）。鼓板。隨吹隨打。隨繟（彈）。隨唱。牌（排）就公曲唱詞。唱詞俱是神曲。神詞。神話。神童辦（扮）相。走場。跑場。兀（烏）龍挍（絞）尾[一]。元零好的牌子。開口唱是。

鼠無眠戰（占）子時能檜（會）算卦。

牛無□戰（牙占）醜時孝（效）當力田。

虎無相戰（占）寅時獸中王位。

兔無嗔戰（脣占）卯時日光法天。

龍無耳戰（占）辰時行雲步（布）霧。

蛇無足戰（占）巳時典（淀）灣飛歡。

馬無肝戰（占）午時國王通道。

羊無□戰（瞳占）未時祝世人燕（煙）。
猴無篩戰（腮占）申時非獸非務（物）。
雞無甚戰（腎占）酉時分季鳴忝（天）。
狗無味戰（胃占）戌時失（食）草救主。
猪無津戰（筋占）亥時壽忌（及）萬年。
神曲詞唱完。鑼鼓傢夥接蹻（敲）打。跑場。走場。收場。歸場。行會。每逢到處以（一）樣。永慶萬年甲子聖會出巡拜客。

第二十九起眉注：接漁家樂　萬年甲子　鋸（鍋）破缸　六架抬閣　緑牡丹高蹺，四會一張八尺。

按語

永慶萬年甲子聖會，此歌舞小會不知何處、何人所為。生肖文化集中反映了我國勞動人民的「大智慧」。十二生肖以動物形象與黄帝天干、地支紀年法中「十二地支」一相配伍，成為便于記憶、人人盡知的子鼠、醜牛、寅虎、卯兔……，更衍生出天干地支相配的衆生保護神「本命太歲元神」六十位大將軍，如：甲子太歲金辨大將軍、乙醜太歲陳材大將軍、丙寅太歲耿章大將軍（天津天后宮可見其形象）……更有十二屬相與十二時辰有關的「鼠咬天開」，子時養鼠性；「地辟于醜」，醜時牛耕于田；「人生于寅」，有生既有死，敬畏猛虎……等等體現著中國哲學意味的理念與知識。該會唱詞以十二生肖和十二時辰為素材，分別陳述了它們各自的特點，也讓我們看到古代天津文人的智慧和文采。

注釋

［一］烏龍攪尾：秧歌（歌舞）大場子跑場構圖名稱。

第二十九起（第四十四道）　同樂鍋缸聖會

題注

同樂鍋缸老會出巡多年。牌演教習唱祠（詞）。座排（做派）。走相。學生練息（習）。日期不多。唱祠（詞）老曲好學。净是到（道）話白以（一）樣。隨手人每（們）對噴那（吶）隨吹接音律。相（像）過板的以（一）樣。

醜子[一]先唱。

巡天都御察善惡。

見做（著）妖氣鎖上蒼。

吾神點化個手藝將（匠）。

妖怪德到似（得道是）口破缸。

捕（補）拉鍋住在招商店。

清便（晨）早起出了店房。

捕（補）拉鍋足下不代（怠）慢。
單（擔）起了但之（擔子）游四方。
清晨走到晌午錯[二]。
叮叮噹噹孩眉（還没）開張。
心想不望（往）别處去。
意（一）心要上王家莊。
王家莊有個王員外。
他家生下三個姑娘。
三個姑娘尋了三個女婿。
以（一）位到（倒）比那以（一）位强。
大女婿掌（長）的人才好。
惱代上瘓的六（腦袋上秃的流）油光。
二女婿掌（長）的人才好。
連眼代（帶）眉掌（長）疥瘡。
三女婿掌（長）的人才好。

到晚上不用點燈亮薀薀（堂堂）。
胡街撥到（胡説八道）來得好快喂。
前邊上了王家莊。
捕（補）拉鍋開言高聲叫/吆呼聲
鋸（鋦）盆。鋸（鋦）碗。鋸（鋦）大缸。
□□□□□□□
但（擔）子放在了大門旁。
該包頭的唱詞[三]。

按語

同樂鍋缸聖會，這道歌舞小會不知屬何處、何人所為，但它卻是天津人熟悉、喜愛的表演劇碼之一。《鋦缸》又名《王大娘補缸》《人鋦缸》《大補缸》《王家莊》《百草山》等。故事出自明代傳奇《缸中蓮》，後經各地戲劇藝術大師創作，改編成徽、川、豫、楚、漢、湘、秦腔、河北梆子等劇種。各地的民間秧歌花會，也運用它唱念結合的「二人臺、鴛鴦戲」表演形式，和「九腔十八調、七十二哼哼的柳子腔」「浩猖調」等民歌小調，直接將其演繹成「以缸抒情、借缸喻人」，幽默風趣、打情罵俏的民間對唱小戲。

圖中肩擔挑子的小爐匠是百草山的「土地爺」，那個手拿大煙袋的「王大娘」是神通廣大的「旱魃」妖精，只因為她有一口盛「污穢之物」的寶缸能大能小，能隱能顯，如意隨行，天神捉她，她只要往缸中一躲，衆神怕污了自己的法寶，便不肯去破它。後來她與巨靈神對陣，那寶缸被巨靈神一錘打裂，旱魃只好化身王大娘，尋人「鍋缸」。觀世音得知此事，命百草山土地化作「補拉鍋」的小爐匠，來到「王家莊」……于是「調情」「砸缸」「開仗」，成了小戲一齣。

注釋

［一］醜子：醜角，即手藝匠，又名鍋鍋匠、錮羅鍋、補拉鍋、小爐匠。

［二］晌午錯：過了中午時分。

［三］續該包頭的唱詞：

忽聽有人喊補缸，

綉樓裏出來我王大娘。

清早打了個和面盆，
晌午砸了個大水缸。
將身來在大門外，
出言有語叫補鍋匠。
補鍋師傅你別走，
給俺鍋盆再鍋缸。
……
小爐匠唱：
忽聽有人喊補缸，
放下擔子我細端詳。
王大娘唱：
補缸尋得什麼價？
小爐匠唱：
大缸要補一塊八，
小缸要補三塊强。

王大娘唱：
為啥小缸要比大缸貴？
小爐匠唱：
只因那小的瓷實，大的糠。
……

第三十起（第四十五道）　鹽務綱總通商抬閣第六架雷師呈聖

題注

鹽務綱總通商抬閣第六以（一）架。名叫雷師呈聖。到了戲文名叫拾覺（十絶）大陣。戲出的名將。抬閣行會。有以檔嘉著四霍會（有一檔夾著四夥會）。行有唱會。有耍會。有大會。有小會。當内耍唱完藝行執。俱似（是）按大會望大會輂究（拈鬮）。有小會望小會輂究（拈鬮）排當（檔）。抬閣以（一）共捌（八）架。按當有會。這似（是）年年的會規。在（再）也不錯規俱（矩）。人人接（皆）知行會。

第三十起眉注字迹嚴重破損，似與第二十九起同

按語

抬閣第六架「雷師呈聖」，人物形象取材于戲曲《十絶陣》，即《封神演義》中「燃燈議破十絶陣」。因十絶陣内諸神皆歸雷部，故又稱「雷師成聖」。這架抬閣，中間為燃燈道人；左邊踏風火輪者為哪吒；右邊踏祥雲者為二郎神楊戬；燃燈道人

劍尖上騎金麒麟、手舉蛟龍金鞭者乃為聞仲——也即「九天應元雷聲普化天尊」，就是「雷神的總頭領」；供桌旗旛尖上，翻倒「雷鼓」的乃雷部神仙；聞太師的金鞭上站立的是手持打神鞭，背背玉虛杏黃旗的姜子牙。

第三十起（第四十六道）東南城角過街閣後西遊高蹺會

題注

東南城角過街閣後。衆位公議牌（排）演戲出西遊。高蹺行會。輂究（拈鬮）在第六架抬閣後牌當（排檔）行會。辦（扮）場人該班。雲（輪）流唱詞。到這以（一）次該班辦伍空（扮悟空）角唱。鑼鼓住點。

俺伍（悟）空保師父日期多。
那以（一）年走到了保相（寶象）國。
惡妖怪名叫金錢豹。
看見了凡間的女子要圖麽（謀）。
差小妖强霸為婚下定禮。
我老孫聞聽燕（焉）能榮德（容得）。
叫八戒他變化了凡塵的女。

俺伍（悟）空變化了還將他等著。
金錢豹拜花燭把動（洞）房入。
俺還弟（遞）茶叫新郎哈（喝）。
俺二人眼色不對舊（就）打起架。
金錢豹露真行（形）鬥起干戈。
不是無（吾）老孫的敎（殺）法消（驍）勇。
金錢豹的義（叉）下難以逃托（脱）。
金（筋）鬥雲的根（跟）頭到了南海。
紫竹林中對薩菩（菩薩）說。
法駕說金錢豹二拾（十）八宿有名性（姓）。
金骨挷（金箍棒）打死他命難活。
觀世音渡他歸到南海咧。
你看那虎相的豹兒裴半（陪伴）我佛。
唱完。鑼鼓琪（齊）響。行會。到前邊鄉（廂）又唱。

按語

天津老城東南角盡頭有草場庵，在清朝末年的草廠庵大街北頭，有一支「永慶京秧歌高蹺會」，曾以表演《水滸傳》《白蛇傳》《西遊記》《仕女游春》等故事享譽津門。這道「西遊高蹺會」極有可能就是其前身。

但是過街閣後的這道高蹺會説是表演的「西遊記」——又有孫悟空的唱腔，又有變化後的猪八戒（扛釘耙的老座子）看似不錯，可實在有著不少的漏洞。僅看唱詞是誤謬百出，唐三藏在寶象國（實際是「碗子山波月洞」）遇到的妖怪是「黄袍怪」，乃二十八宿之一的「奎木狼」下界。還有那所謂金錢豹强索寶象國凡間女子成婚，悟空、八戒變化除妖等等，更是不知典出何處。實際上唐三藏到寶象國前，早已因為「三打白骨精」把個齊天大聖趕回花果山，唐僧遇難後才被八戒請回，所以不知「洞房變化」（原著中倒有孫悟空「碗子山波月洞」變化）典出何處。再者寶象國的三公主可不是凡間女子，她乃是「天庭披香殿侍香玉女」，因與奎木狼兩情相悦，故思凡投胎到寶象國。後被「黄袍怪——奎木狼」擄去，二人成就一十三年夫妻之緣。原著中此回更没有觀世音「收金錢怪」一説，而是「玉帝命那二十七宿本部星員收他上界」，並罰他為太上老君煉丹爐燒火煉丹……所以真不知該高蹺會依據的是哪一齣戲？更不知以上的孫悟空「唱段」取自何處？大概與今天一樣，也有著戲說的成分。只是看這道會的場面也不够火爆，倒是敲鼓子二人的化妝與裝束還有些意思。

第三十一起（第四十七道）　河東小聖廟後同善漁家樂聖會

題注

河東小聖廟後衆位公議。牌（排）演同善漁家樂。出巡行會。大家善念操遲遼立（持料理）等項。會宗（中）差排（派）各有事顧（故）。却次辦理。有辦前場上的爺每（們）。幾位見天請人操練前場傢夥演（眼兒）習學之。有辦後場上的爺每（們）。幾位見天臉輳（歛凑）小學生們。看他的辦（扮）相。該去甚（什）麼角的。總要精明靈透。才柯（可）演習。有教習人看前場上衆人每（們）晝夜練吹練打傢夥。以（一）共多少套門闕。交待歌詞。年年前場北草芝（吵子）傢夥套數多馬付（碼襯）[一]。有新上會的人。有舊上會的人。總德（得）演習多日功夫才術（熟）練。無有錯處。蹻（敲）打吹。會所[二]净（盡）管錢財。出入有賬。吃用等項。有成衣作（做）彩衣賬。衆位人等早晚飯食。有飯房菜數。有厨行師夫（傅）安執（置）。前場牌（排）演衆人待長（賞）。後場教習大人小人待長（賞）[三]。前後遼（料）

理。總有個月工刻吃用才能行會。敬神。掛號。拜客等是（事）。正似（是）出會榮意（容易）。辦會難[四]。百事在人的昇式（聲勢）。亙不許檜（更不許會）[五]。會首人長（常）説過。此乃是小完藝（玩意）。

後場隨手人每（們）。有對笛吹。領句。領斷（段）。領𠯈（腔）。領閏（韻）。有鼓板蹻（敲）打。叫字。叫𠯈（腔）。有吹笙的托音。托吊（調）。托句。托字。有絾（弦）子繟（彈）撮。繟安（彈按）。繟（彈）提。繟落（彈落）。繟（彈）字。繟𠯈（彈腔）。檜（匯）合以（一）處捧唱。演習學生們大家公唱霍（夥）曲詞。魚（漁）家樂唱牌名。也（野）四景牌名叫。

老魚（漁）翁在溪邊。
拿著吊（釣）魚竿。
吊（釣）魚兒胞（泡）在攬（籃）。
相（象）鵤（烏）魚鮮（鯰）魚上串穿。
這魚兒煥（換）銅錢。
半日忙來半日夫（閑）。
夫（閑）了來引（飲）酒在沙堆（灘）。

看世間俺漁家樂喜歡歡。ㄧ咳咳蓮花呀ㄧ咳咳蓮花呀ㄧ咳咳蓮花呀
唱以（一）套中魚（漁）翁。
他船頭上希零零花啦啦把往沙（網撒）。
只見他吊吊登登將拏跨（櫓挎）。
搖多遠不夫罰（嫌乏）回把手往（網）繩拉。
倒選往（懸網）魚兒查（扎）
有魚兒螃鮮（蟹）蝦。
船倉（艙）魚兒等行發[六]。
賣錢財好做家。
為（唯）有俺魚（漁）家樂來吃酒柳音（蔭）下。
大家都把拳華（劃）。ㄧ咳咳蓮花呀ㄧ咳咳蓮花呀ㄧ咳咳蓮花呀
唱以（一）套小魚（漁）翁。
他黃毛童以（一）孩哇（娃）。
跳跳轉轉來完（玩）耍。
到後來好接訓（續）他。

看當下知甚嗎。
將來辟（必）有個成人大。
俺小魚（漁）翁笑哈哈。
吾把他鬍鬚抓。
他來罵笑話搭。
酒醉他每（們）都茲（呲）著牙。
哈哈。/咳咳蓮花呀/咳咳蓮花呀/咳咳蓮花呀
唱以（一）套醉為高。
不知那（哪）樣好。
唱西湖若（熱）鬧。
吾們把拾面睄。
俺魚（漁）家都把弩（櫓）來遥（摇）。
唱完行會。
同善漁家樂聖會。牌舊霍（排就夥）曲唱祠（詞）話語。行會多年。
第三十一起眉注：漁家樂前接一尺五寸後接八寸一張八尺

按語

《天津衛志》載：「小聖廟，一在城外東南隅，明崇禎五年敕建。一在河東鹽坨，有石牌坊」。《天津縣志》載：「小聖廟在河東鹽坨」。劉瑞清光緒二十三年手繪天津城區圖，老龍頭火車站以西，鹽坨後，標有小聖廟確切位置。當是該會居所。《天津縣新志》則記載了小聖神的來歷：「小聖廟在鹽坨。相傳神滕姓，名經，年二十三落水成神，故稱小聖，蓋海神也。舊有廟在河西，始封平浪侯，繼封護國濟運顯應平浪元侯，商船往來屢荷顯應，順治六年復建廟河東，棟宇宏敞，陳廷敬、余泰來皆有碑記，載碑刻志。今廟址劃入租界」。清·沈峻有《津門迎神歌》專記小聖廟廟會：「復有恬波稱小聖，立廟瀛壖禋祀敬。未聞報賽舉國狂，始信歡虞關性命」。

漁家樂：秧歌會中的歌舞表演，它不同于「刺梁冀」的戲曲故事「漁家樂」，而是典型秧歌會中的「漁家樂」。其中老、中、少三代漁翁的唱段情真意切，詼諧幽默，堪稱精品。查閱資料發現，當年河東小聖廟後同善「漁家樂」，與江蘇漣水縣的「漁家樂」，極為相似，都是四人飾漁翁，四人飾漁家女，邊舞邊唱。不知其間是否有些淵源。

二十世紀八十年代天津民間舞蹈普查，僅有南郊（今津南）區葛沽鎮登記有「漁家樂」一處。但該會實為「豐樂會」，本地又稱「漁樂會」，其中雖有「漁樵耕讀」「青蛇、白蛇」等小場子和小指子戲……但並未發現典型的漁家樂唱段。

注釋

〔一〕碼襯：方言、民间音樂術語，即「加花兒」「加襯」。指在鑼鼓演奏過程中多加襯音變化，俗謂「加花兒」，使鑼鼓演奏更加好聽、好看。

〔二〕會所：民間花會日常活動、練習，存放服裝、道具等物品的地點，多為村内公房，也有大户人家，或會頭騰出家中房屋作為會所用房的。

〔三〕待賞：等候賞賜。

〔四〕出會容易辦會難：組織這樣一支民間藝術表演隊伍實屬不易，樂師和樂手都是請來的，白天晚上的吹打練習，那麼多套曲牌，又有新來的樂手，都合在一起，又不能出錯，實屬不易。負責演員的人則要召集小學生們，根據他們的長相、身形安排角色，但基本條件是聰明伶俐。辦會的人經管錢財出入，吃喝用度均有帳目，正所謂「出會容易，辦會難」。但是「百事在人的聲勢」，看衆會頭們的氣勢「此乃是小玩意！」

〔五〕不許會：方言，不理會、不在意，此處指辦事果斷，不為小事所擾。

〔六〕等行發：等候「魚行」的商人批發、售賣。

第三十二起（第四十八道） 先春園德慶綉球會

題注

先春園有衆位浩（好）善者公議。德慶綉球聖會。大家願意操遲（持）牌（排）演。請人教習詞曲。跑場行場。焕（换）場轉場。擺字唱偏（篇）。改字唱偏（篇）[一]。四字擺完。唱完時。鑼鼓傢夥接音律蹻（敲）打。復佑（複又）跑場口。住點。嘉（夾）唱。嘉蹻（夾敲）。學生們唱公曲詞字演（眼）。挮銀登（剔銀燈）的牌子。後場隨手人。對嗩吶。隨音吹打蹻（敲）。唱歌詞句斷。

天有道下德（的）是甘露細雨。
地有道收的是五穀苗田。
日有道東西轉法輪普照。
月有道分投（朔）望[二]以（一）月以（一）圓。
星有道守供渡（宫度）[三]各分四也（野）。

塵（辰）有道按五方時刻盡全。
山有道出寶貨行雲步霧。
水有道運生民波浪滔添（天）。
君有道行德（的）是堯順（舜）湯禹。
臣有道行正執帥（直率）領群賢。

這似（是）前拾（十）句唱。嘉（夾）上鑼鼓傢夥蹻（敲）打。跑場。番（返）場。歸場。傢夥住點。收場佑（又）唱後拾（十）句。歌祠（詞）神曲。神童。德慶綉球聖會。每逢到處以樣賜侯（一樣伺候）。

第三十二起眉注：綉球會 四季常鮮 六架抬閣 西遊高蹺四會一張前接

按語

先春園地處天津老城外西北角方向不遠的御河南岸，即今日紅橋區大豐路、春雨路與先春園大街之間的先春園紀春里一帶。東北側毗鄰紅橋清真寺。

綉球聖會：「綉球」本是中國民間常見的一種吉祥物。在民間舞蹈活動中它的另一個名稱是「引球」，也即舞龍和舞獅活動中，擔任「耍龍」或「耍獅」之人手中所持之「綉球」，也就是「獅子滚綉球」「龍戲珠」之球。這種綉球有幾種含義，一是龍獅的「玩具」，所謂「戲」；二是「寶物」，所謂「二龍奪寶」；再有，説這寶物乃為「龍卵」，追逐嬉戲之間含有對生命的呵護與關愛……天津先春園的這道「綉球會」，顯然與上述兩種綉球的制式不盡相同，但就其内在含義而言似是大同小異。僅看唱詞，也不難體會到人們祈盼平安、幸福，祝願五穀豐登、天下太平的美好意願，所謂天、地、日、月、星、辰、山、水、君、臣各行其「道」，老百姓才能安享天下太平。

注釋

［一］擺字、改字唱篇：看來這「綉球舞」在當年也屬于流行舞範疇，先春園的鄉親們請了老師，教唱詞、教舞蹈——怎麽跑場、怎樣轉折、怎樣擺字（中國古代最著名的「舞隊擺字」是唐代武則天時的《聖壽樂》。據《舊唐書·音樂志》描述，參與這個舞蹈的人數共一百四十人，她們頭戴金銅冠，穿著五色畫衣，用舞的行列擺成不同的字。每變一次隊形便擺出一個字來，總共變化十六次，擺出十六個字——「聖超千古，道泰百王，皇帝萬年，寶祚彌昌」）。先春園的這八名舞蹈演員大概是邊唱邊跑，並分别擺出天、下、太、平等簡單的字樣。

〔二〕朔、望：月相名稱。農曆每月初一日月亮隱入太陽與地球的陰影之中，古稱朔月。十五日月正圓，稱為望月，又稱滿月。

〔三〕宫度：古代天文學名詞。天文學家分黄道帶為十二宫，每宫長為三十度，即周天的十二分之一，一周天的時間概念即為一年。

第三十二起（第四十九道） 河東棋盤街後萬家台英樂四季長鮮聖會

題注

河東棋盤街後萬家台衆人公議。牌（排）演四季長鮮聖會出巡。大家操遲（持）辦理。請出劉顯臣[一]商議教息（習）。小學生每（們）排角唱詞。有包頭的粉粧（妝）。以慢以漠（一嫚一嫫）。有辦（扮）賣鮮花的生角。賣花邀（吆）呼唱詞。唱四句斷以（一句）。嘉（加）上吹打。拉絪絾（胡弦）。海笛子吹。接隨唱詞句。脚打梆子。叫板。柳子吖閏（腔韻）[二]。

按語

河東棋盤街後萬家台，劉瑞清繪于光緒二十三年的天津城區圖示有該地名，位居鹽坨西頭，與東南城角隔河相望。現地名已失。

四季常鮮聖會：從圖中看，該會具有「十不閑」的表演特徵，其吹、拉、彈、敲，「脚打梆子」為一人。生角（擔花籃者）唱的是「賣花吆喝聲」，旦角唱的是

「柳子腔」。

注釋

〔一〕劉顯臣：《天后宫行會圖》看到此處已近一半，第一次發現了與民間花會藝術活動有直接關係的人物姓名「劉顯臣」。結合圖中文字分析，這位劉顯臣可能是當時的一位「戲曲名家（或演員、或教師）」，大家商議著請他出來幫著「教習和導演、排練柳子腔小戲《四季長鮮》」。這似乎也可以看作是，自古以來天津職業藝人（或文人）與民間藝術團體之間親密關係的佐證。

〔二〕柳子腔：元明時期流傳在山東、河南、蘇北、皖北、冀南一帶的地方戲曲劇種，又有「弦子戲」「北調子」「糠窩窩」之稱。在中國戲曲史上更有「南昆、北弋、東柳、西梆」之説，可見其影響之廣。《行会圖》題注中多处提到「柳子腔」，説明這一戲曲形式當時在天津的流行和普及程度之高。

第三十三起（第五十道） 鹽務綱總通商抬閣第七架梁灝救洞賓

題注

鹽務綱總通商抬閣第七以（一）架。名叫托（脱）過輪廻（回）。到遼（了）戲文上名叫梁灝救洞賓。怎麽講説。因呂洞賓醉酒月（岳）陽樓上。又説戲牡丹。是有雷部察照。到日期雷神頙（劈）他。後來呂洞賓他知曉。變化蟲務（物）。飛在梁灝[一]畢（筆）管裹去。梁灝天榜上有名。該重（中）狀元。命大福長。洞賓去借皆（解）灾難。梁灝不知舊（就裹）。聽見眼前頤嗔（一陣）雷聲響烈。手拿畢（筆）寫字。座（做）他的文章。雷聲振（震）耳多時。天也情（晴）了。雷也不響。洞賓罪過時刻。畢（筆）管扒（爬）出蟲物。轉化人行（形）。騰雲加（駕）霧廻（逃）出。從此佑休（又修）真養性。練清規。後來梁灝有上（善）報。他有狀元名等候。八十二歲才對大廷（庭）魁多（奪）士。種（中）狀元尞（了）。這是戲文上的話語。

按語

抬閣第七架「脱過輪回」（脱，音妥，意為逃過）：又叫做「梁灝救洞賓」，著名的民間故事。呂洞賓因為「三戲白牡丹」違反了「天條仙律」。玉皇大怒，派出了「行刑大隊」雷公諸神，要劈死呂洞賓。洞賓心中害怕趕緊逃命。正不知何處藏身之時，一道祥光突然攔住去路，低頭一看，却原來是「文曲星」下凡，名叫梁灝，乃是下一届的新科狀元。洞賓趕緊按落雲頭，來到梁灝面前將所犯罪過實言相告，請求搭救。梁灝説：我乃一介書生，如何能搭救于你？洞賓説：午時三刻將有狂風暴雨，雷電霹靂，到時你只要緊握毛筆，奮筆疾書，置雷電霹靂而不聞就可以了。俗話説，救人一命勝造七級浮屠，這點要求對梁灝來講並不算難事，也就答應下來。

午時三刻剛到，果然是烏雲密布、狂風驟起、霹靂閃電狂瀉而下。梁灝就像什麽也聽不見一樣，仍是手握毛筆，專心致志地做自己的文章。不久風停雷息、雨過天晴，只聽得身邊有人説：多謝梁兄救命之恩，梁灝這才停下筆來。舉目細看，原來呂洞賓變作一隻小蜜蜂，這時正從梁灝手中握著的筆管之中鑽了出來。

原來衆雷神執行玉帝的命令追殺呂洞賓，一直追到梁家，立即大顯神威做起法來，不想此時呂洞賓已經躲進梁灝手中的筆管內。衆雷神也曉得梁灝為文曲星下界，當有狀元之位，此時見他握著毛筆不停地寫寫畫畫，雖然曉得呂洞賓躲在筆管之內，但因為怕傷及未來的狀元，無可奈何之下，也只好罷兵回天庭向玉帝說明原委。此時天庭罰罪時辰已過，呂洞賓總算逃過了這一劫難。

注釋

［一］梁灝：《三字經》有言，「若梁灝，八十二，對大庭，魁奪士」。講的就是北宋年間山東鄆州須城（今東平州城）梁灝、梁固的事蹟。史傳梁灝，字太素，北宋鄆州須城人，一生苦讀，八十二歲中狀元。其子梁固在其教育下「少有奇才」，二十三歲時謝絶皇上御賜進士，憑自己實力也考中了狀元，「父子狀元」成為一時佳話，歷史上歌頌梁家的戲劇故事有《滿堂笏》《青袍記》等。

第三十三起（第五十一道）　緑牡丹高蹺聖會

題注

棗林村的花鎮方（芳）江湖為頭。
老漢我在路（緑）林中無律（慮）無悠（憂）。
江湖上的朋友總德（得）來掛號。
他若是不來掛號他別想偷。
花碧蓮我女兒現今掌（長）大。
我與他捎（挑）郎翟（擇）婿四海去遊（遊）。
我女兒在桃花務（塢）跑通解馬。
世人隨（誰）不攢（贊）美女交（姣）流。
未（為）女兒尋婷（婆）家我每巧粧打半（們乔裝打扮）。
並非我跑馬解專（解馬鑽）刀山去轉（賺）錢渡春秋。

英雄的治（志）氣不柯（可）以外露。
無意中花碧蓮四望亭上去拿猴。
拿著猴他破（踏破）亭摔下小女。
多盔（虧）那洛洪薰（駱宏勳）托住每（没）把命修（休）。
這才是走破了鐵鞋無到（找）處烈（咧）。
你看那拾（食）盒酒禮去把親求。

鑼鼓接響。旗開行會。業以（已）天勾平西。前邊行該吃忠（中）客。會首衆人與（預）備酒席卓（桌）。罷卓（桌）[二]。上場人每（們）有高櫈座（凳坐）下。用晚飯。行會到天黑。上燈出巡。行執（至）下處。有會首人送會。拈香接駕。這是年年規俱（矩）。

按語

緑牡丹高蹺會是以戲曲《緑牡丹》為藍本的高蹺會。查天津傳統高蹺會有關資料，唯有南開區南門西街「樂然四傑村高蹺會」，曾有過以《緑牡丹》中《四傑村》為藍本的高蹺表演。其演員編制為：頭棒——肖月和尚；二棒——馮洪；老座子——賀氏；樵夫——余謙；青杆——花碧蓮；公子——駱宏勳；白杆——鮑金花；漁翁——鮑子安；頭鑼——巴家九奶奶；二鑼——濮天鵬；頭鼓——徐松鵬；二鼓——花鎮芳，共計演員一十二人。

兩會對比我們不難看出，圖中「緑牡丹高蹺會」更忠實于戲曲故事，其中人物角色不僅有幾位江湖好漢，還有小白猴和奸臣西台御史欒守禮之子欒鎰萬。更重要的是這裏的鬥對兒表演，仍是以《四望亭》中的人物關係來分配的，如花碧蓮與駱宏勳、余謙與小猴、欒鎰萬與鮑金花等等。而「樂然四傑村高蹺會」，雖然説保留了《緑牡丹》的故事情節和角色，但已將其變成程式化高蹺表演形式，即頭棒、二棒、漁夫、樵夫等等。

然而我們又知道，這兩道會從時間上講，至少已經間隔了近二百年，更不要説世事變遷、生死交替造成的會續、會斷、會的演變。之所以在這裏將二者結合起來談，僅是因為《緑牡丹》結的緣。

注釋

［一］罪桌：民間藝人帶妝圍桌吃飯，以為不敬，故自稱「罪桌」。

第三十四起（第五十二道） 梁家嘴議勝秧歌老會

題注

梁家嘴議勝秧歌老會。衆位善念。聚（俱）是本處園户人每（們）。買賣人多。不請外人。年年操遲（持）大家扶輳（湊）[一]。錢財費用。全有抵賬花消（銷）。前場上多少位人。有賬[二]。按名號請。件（見）天演習傢夥。吹的打的蹻（敲）的套數。人人都檜（會）吹曲。那套哀那（哪套挨哪套）。打鼓那楮哀那楮（哪通挨哪通）。蹻（敲）傢夥甚（什）麽牌子挨甚（什）麽牌子蹻（敲）。比不德（得）不檜（會）。新學新練全都透術（熟）。申手舊檜（伸手就會）。本處共輳（湊）前場人每（們）足勾（够）兩堂人。多照應人。拿旗子人。風復（豐富）有餘。到了行會日期早有安排。用完早飯。過河去找下處安解（歇）。行會路上點心茶水有人精（經）手。吃中客的下處預備晚間的蠟燭。當天的準備是（事）。

後場上練舊（就）的跑場。走場。鬥對。座排（做派）。指點。隨根走。隨根跑不能岔對（誰跟走誰跟跑不能差對）。有兀龍挍海廠（有烏龍攪海場）。有教子升天廠（場）。有道德輪回廠（場）[三]。

楚漢增（争）封到咸陽。

有以（一）位沛功（公）將軍名叫劉邦。

沛功（公）到咸陽子英（嬰）獻印。

那沛功（公）立天下越（約）法三張（章）。

項禹（羽）他後到咸陽立鴻門宴。

有樊嗰武（噲舞）劍都笑滿堂。

惡項禹（羽）殺子英（嬰）三千多口。

袍（刨）靈柩找屍首火燒秦始皇。

火墳（焚）那鵞（阿）房宮院三百餘里。

佑施宜（又是一）帝立國號稱為霸王。

編（貶）劉邦封漢王到西川包宗（褒中）去。

劉邦他領旨以（意）鄰行祠（臨行辭）別張良。

張良說你去後吾找以（一）領兵元帥。

回包宗（褒中）火燒連雲的（營得）安康。
張至（子）房知道有執幾（戟）郎官名叫韓信。
增（贈）寶劍寫見（薦）書弟（遞）與那執幾（戟）郎。
韓信他待見（帶薦）書施頭（始投）那漢王。
那韓信不失（識）路殺橋（樵）夫把命傷。
韓信到包宗（褒中）蕭何引見。
漢王命韓信他管倉敖（廒）。
官執（職）看首（守）米糧。
有蕭何再（在）月下追趕韓信。
韓信對蕭何説今日露出張至（子）房。
良辰日漢王他登臺拜帥。
興大兵明修戰（棧）道暗渡陳倉。
有韓信九里山設擺拾（十）面埋伏陣。
要把那從童（重瞳）項禹（羽）他誆。
張至（子）房座（作）歌吹簫為散軍法。

子弟兵八千人各回家鄉。
霸王他破崋（滑）車都史覺寮力（使絕了力）。
糧草也進不來晝夜打戰（仗）人難當。
可歎那裕濟（虞姬）娘娘死的甚苦咧。
你看那霸王他自刎自死在烏江。[四]

唱完響鑼鼓蹻（敲）打。番（返）場鬥對。捷（截）會人們。看會人們。大家都合啓（齊）叫好。辦（扮）角人們越鬥對。場口越高性（興）。聚（俱）是你强吾勝。隨不韓呼（誰不含糊）[五]。到處德（得）好買翠[六]。得尊顯人。

第三十四起眉注：梁家嘴秧歌前接一尺八寸後接八寸一張八尺

按語

梁家嘴，《天津地理買賣雜字》云：「西北角，自來水，西頭灣子梁家嘴。」南運河截彎取直前梁家嘴恰居西頭灣子「灣兜」內（即運河北側，成三面臨水之勢）。今紅橋區南運河南路與復興路、日月南路一帶。

勝議秧歌，從圖中畫面看，梁家嘴議勝秧歌老會和窑窪秧歌聖會（第二十七道），兩會演員扮相和動態極為相似，同屬單傘秧歌。其主要不同之處在于，梁家嘴唱的是「楚漢争霸」，而窑窪唱的是「緑牡丹大鬧嘉興府」。其實這種差異在民間藝術活動中是常見的現象，這也正是我國民間藝術活動中，「避其形而明其意」的大寫意創編手法。也正因為如此，看似同樣的表演隊伍，又有著細節的變化和各自的表演風格。

注釋

［一］扶凑：捐款、捐物。

［二］有賬：指人員名單。

［三］場：烏龍攪海、教子昇天、道德輪回，秧歌跑場構圖名稱。

［四］這一大段唱詞，直從「劉邦進咸陽約法三章」，唱到「霸王别姬烏江自刎」，句句有典故，句句都是故事，只是不知它出自哪一齣戲劇？看歌詞的這種章法結構、音韻落腔，也必為高手所為，或者就是專為秧歌會演出而創作。

［五］不含糊：不服、不怕。此處指梁家嘴勝議秧歌老會衆位演員一位比一位更賣力氣，特别是鬥對兒表演時，他們越鬥情緒越高，越鬥越高興，觀衆齊聲喝彩。

［六］買翠：方言，邀甜買脆兒。即好上加好。

第三十五起（第五十三道）　鹽坨文殊庵前妙顯寸蹺蓮花洛聖會

題注

鹽坨文殊庵前衆位公議。辦理妙顯寸蹺蓮花洛聖會出巡。請人教習。牌（排）演。小學生們學習唱詞。字句。走場。座排（做派）。有單唱曲詞。有公唱曲詞。敬神。掛號。行會。拜客。以樣似奉（一樣伺奉）。

姐在/歎/房中思歲（碎）了心。
這幾年不見來個梅（媒）人。
當戈（耽擱）奴的婚姻/咳孩歎
當戈（耽擱）奴的婚姻。
配婚姻早過門逢逢溜溜（風風流流）混幾春。
新郎望我早混幾載。
孩子們養呼以（活一）群/咳孩歎

孩子們養呼以（活一）群。
姐在／歎／房中自歎奴。
惱恨爹娘甚是胡圖（糊塗）。
判（盼）新郎每日哭／咳孩歎
判（盼）新郎每日哭。
晝夜哭信息無。
可恨奴家眉（没）有仗（丈）夫。
那（哪）找個情人疼愛奴。
勉（免）去我受苦孤／咳孩歎
勉（免）去我受苦孤。
姐在／歎／房中氣長須（籲）。
奴家我今年二拾（十）一。
未（為）什麼婚姻遲／咳孩歎
未（為）什麼婚姻遲。
二拾（十）一孩座婦女（還做閨女）。

婚姻大事總不提。
寶（飽）漢子不知卧（餓）漢子箕（饑）。
奴家我白著急／咳孩歎
奴家我白著急。
姐在／歎／房中把耿（腮）托。
花紅彩轎取（娶）親的多。
急的奴把手撮（搓）／咳孩歎
急的奴把手撮（搓）。
相思病眼難合。
夫妻的情長子莫（滋摩）[一]著。
在（再）不然任以（認一）位幹哥哥。
晚間也入得紅羅／咳孩歎
晚間也入得紅羅。[二]
唱完。聽響手鑼行會。前邊佑（又）有人來捷（截）會。又唱曲詞。又改了牌子的曲詞唱。

第三十五起眉注：跟隨粱家嘴秧歌 寸蹺蓮花落 京十不閑 八架抬閣一張八尺 接八架抬閣

按語

《津門紀略》卷一「域門・壇廟載」：「文殊庵在鹽坨」。《津門雜記》載：天津河東鹽坨「鹽包累累如山，呼曰鹽碼，地占數里，一望無際」；清朝著名詩人崔旭在《津門百詠》中描繪鹽坨道：「堆積如山傍海河，河東數里盡鹽坨。」據史載：明代初年，長蘆運司在小直沽設批驗所，鹽商在海河東岸買地築坨存鹽，以等待查驗運銷。鹽坨有新、舊之分，中間以石碑為界，石碑以南為舊坨，堆貯未曾稱掣的生鹽；石碑以北為新坨，堆貯已稱掣完畢、等待運銷的熟鹽。據吉朋輝先生考證，河東鹽坨南起季家樓（今天津站附近），北至掣鹽廳（東門外海河東岸）。

寸蹺蓮花落：所謂寸蹺，就是演員脚蹬十二厘米高的小高蹺，蹺頭飾以三寸金蓮小花鞋，表現婦女纏足後步態婀娜、一步三搖的「内緼式」體態特徵。妙顯寸蹺蓮花落中三名少女足踏寸蹺、雙手持板，身體呈現出明顯的「三道彎」——屈膝、擰腰、腆腮，這乃是蓮花落舞蹈「曲綫美」的基本動作形態。它的動作構成要點是：

以腰為軸心，跟步時雙腿併攏微曲，膝部以内力（韌勁兒）上下顫動，胯部向一側突出、擰腰，同時頭部微側傾、腆腮，身體形成互相交錯的「反勁兒」。這些動態共同組成蓮花落三道彎韻律輕盈優美的動作風格，藝諺曰：「扭似風擺柳，走似水上漂」，俗稱「小風流，濃酸味兒」。

注釋

［一］滋摩：滋潤、滋養。此處含有關懷體貼的意味。

［二］此曲為天津地方流傳的又一首「少女思春」類民間小調。《中國民間歌曲集成·天津卷·天津民歌》收録有：西郊區的《半夜眠》、南郊區的《妓女悲秋》《跑關東》、寶坻縣的《茉莉花》、薊縣的《十女愛十行》《尼姑思凡》等曲目。該類小調從本質上反映了封建社会對女性的壓迫，和女性對包辦婚姻的反抗與叛逆，及其對美滿姻緣的渴望。

第三十五起（第五十四道）　順天府宛平縣長樂京十不閑天后宫進香會

題注

天津衛小直沽[一]。天后聖母。靈應萬方。催感香火。有順天府宛平縣長樂京拾（十）不閑。到天后宫進香。行會出巡。善豫（緣）行開。隨會拜客。到處拜望敬執。路上行會有捷舊（截就）唱。不齒心苦（不辭辛苦）。善念未（為）聖前（虔）心。天津人每（們）看見這拾（十）不閑。相（像）到了那京城以（一）樣。鑼鼓蹻（敲）打成套。場上人每（們）。大家唱公曲詞話語。

秋天的景執（致）好傷情。
西域雷音攎（懶）去莊（撞）鐘。
刷（唰）拉拉雨打捌脚業（芭蕉葉）。
堤榴榴（滴溜溜）平地起了金風。
對對的斌紅（賓鴻）[二]朝南去。

口北的達（韃）子佑（又）去出征。

寒蠷[三]叫的聲音遼（嘹）亮。

聽把（罷）的皇經佑聽停（又聽聽）。

唱完曲詞。鑼鼓蹻（敲）打完。住了點數。場番在（返場再）唱。後有掃殿會來提會當之（檔子）[四]前行。後有第八架抬閣催到城門臉上。叉子會作活。抬閣好進城。行會。天到平西。怕的會晚難行。衆會上似時後（是時候）吃中客。當悞（耽誤）後會。緊緊的深（催）衆會。掃殿會上年年忙到（叨）。無非是大家都求安休（修）好。

按語

宛平縣在明永樂元年（一四〇三）至清代為北京順天府管轄縣。一九二八年設置北平市，宛平縣改隸屬河北省，直至一九五二年撤銷縣置。今北京西城區、宣武區、豐台區、石景山區、海淀區、門頭溝區之全部或大部都曾為原宛平縣轄區。此會當為外地民衆到天津天后宫進香的又一實證。

宛平縣的這道十不閑在天津有著十足的人緣。這也難怪，人家來在天津進香，還要到處拜望衆會同人，分發本會拜帖，以表敬意（看來天津和北京衆民間花會間的會規禮儀是一樣的）……俗話説「禮多人不怪」，天津人又刻意地講究這個，所謂「有裏（禮）兒、有面兒」。另外，該會的演員們又不辭辛苦，「行會路上是有截就唱」。也許是來自北京的這道會唱得太有味兒了，你看臺下舉旗服務的那位爺仰著頭、張著嘴，似乎也聽得入了迷了。

注釋

〔一〕小直沽：舊指天津三岔河口一帶，即今天的獅子林橋東南至南運河故道。然《天津重修涌泉寺記》有「（燕王朱棣）自小直沽渡蹕而南」之説，那麽今天北大關一帶也盡屬小直沽矣。劉瑞清光緒二十三年手繪天津城區圖天后宫、玉皇閣前標有「小直沽」地名，應為確指。

〔二〕賓鴻：遠方飛來的鴻雁。

〔三〕寒蠷：深秋的蛐蛐（蟋蟀），泛指深秋的鳴蟲。

〔四〕提會檔子：掃殿會提會，催促前行。天津人們看見這十不閑表演，就像到了京城一樣。看這八句唱詞，天上地下、山南海北、韃子犯境、老佛誦經，大有「東拉西扯、就地抓哏」的表演風采。據説當年北京城表演十不閑蓮花落的會檔很多，著名的有西四牌樓的「太平歌詞」，地安門内的「樂善歌詞」，禄米倉的「萬年歌詞」，香山的「擊壤高歌」，最著名的演員叫「抓髻趙」，所到之處最受歡迎，只是我們今天聽不到他唱的是什麽調？總之是人們擁擠著走不動了，于是掃殿會出面「緊緊地催趕，無非是怕耽誤了後邊的行會」。

第三十六起（第五十五道）　鹽務綱總通商抬閣第八架傅羅蔔救母

題注

鹽務綱總通商抬閣第八以（一）架。名叫忠孝節義。到戲文名叫傅羅步（蔔）救主（母）。借九蓮燈破火灾。以後傅羅步（蔔）有神位。賜侯北茂王在左力受香火。無非勸世。教人學好。仁義禮智信五常。羅步（蔔）戰（占）住義字。傳流後世人知。第八架抬閣後聚（俱）是陳設會行執。玩藝會眉（没）有尞（了）[二]。第頭一架大座寶塔花瓶聖會在前。年年會規。別會並無增静（争競）。

按語

抬閣第八架「忠孝節義」，又稱「傅羅蔔救母」「目連救母」。故事源自于西晉·竺法護翻譯的《盂蘭盆經》。講述的是善人傅相全家樂善好施，齋僧布道。傅相病故昇天后，其子傅羅蔔（即目連）又出家修行。羅卜的母親面對家中變故，心性迷亂，焚毀佛經、扯落佛像、搗毀佛堂，受其弟蠱惑棄素開葷，肆意殺害生靈，被罰入地獄受苦受難。出家的傅羅蔔發現亡母劉青提已墜落于餓鬼地獄。為報答父母哺育之恩，目連深入地獄盛飯奉母，但食物尚未入口便化成火炭，其母不能得食……目連矢志救母，不惜犧牲自己，深入層層地獄，千方百計克服一切困難，拯救亡母出地獄、昇天，終于全家團圓。

注釋

［一］天津皇會「行會」活動至此，「玩藝兒會」——歌舞、雜技等諸般「百戲」表演已經了結，會道上行進的盡是「陳設會」了。此時法鼓敲響「五音蟬聯」，大樂奏如「龍嘯鳳吟」……此時，所有維持會手旗全部換成寫有會道名稱的小挑燈，大座、華輦、寶傘、燈亭、高照、提燈等等燈具，全部點燃，一時間花燈萬盞，流光溢彩，香煙繚繞，香氣彌漫，猛然間平添一份華麗、莊嚴、莊重、威嚴、肅穆之情。再看那些姑娘、媳婦、婆母、親娘，手捧高香，滿目虔誠，跪拜迎接，口誦「老娘娘保佑」——又是一出「夜場大戲」開演。

第三十七起（第五十六道） 城内寶塔花瓶

題注

□□□□□□道德高種。來排字點。是古是今。□□□□□德法。能知風雷雨電雹霧天時。佑（又）知自幾（己）的輪廻（回）日干。□□□□□德法。道家是洪蒙教[一]主弟子。出家修真養亨（性）。真心修煉千日。能知到苦樓經（道骷髏經）的法運。□□□□□快。天聞（文）進知（盡知）。期（豈）不知到（道）自己昇霞[二]時刻。明白鄰違座（臨危坐）化[三]。成仙德（得）道。座（坐）缸埋藏。立石頭塔。靈□□是世間人氏。在門頭[四]的師傅。修煉德（得）道。廣積陰功德性。先辟六門。除去六賊[五]。然後在（再）練養性。條（調）理食水風火。丹道練成。自己長（常）見自己條（調）理苦樓頒家（骷髏搬家）。舊（就）知自幾元際（己圓寂）[六]日期到了。隣違（臨危）時刻座（坐）化□須托下。座（做）缸成練（盛殮）埋藏。造石塔。造磚塔靈柩。長（常）有靈應神聖。德（得）受敕封。才德（得）

正果朝元。至古至今。神仙俱是凡人[七]。在世浄座（盡做）陰功德性只（之）事。廣存忠厚善豫（緣）。老寔（實）運籌。行啓善念。方便吃盔（虧）。到死後時。選風不秀（巽風不透）。上天神風。舊（就）是剛（罡）風。撮化不動。陰功鬼魂。居這似人（聚者是人）。散這似（散者是）風。陰鬼魂在（再）存德性。救難。救苦。顯佑。舊（就）成神位。皇帝若知辟（必）然敕封。

天后聖母凡間人氏。是臺灣人性（姓）林。老娘娘是三月二十三日延（誕）壽。掌（長）到七歲飛升。九歲德（得）道。長（常）在當海顯聖救船。救苦救難。才受朝代（廷）封告（誥）。先受敕封天仙聖母。元朝敕封天妃聖母。清朝乾隆爺敕封天后聖母。行娘娘會。

寶塔會正是那娘娘的聖塔會。講論。前有人德（得）道。他座（坐）石塔。座（坐）磚塔。娘娘得道座（坐）化聖塔。佑（又）是聖母。靈應催感。方顯神位靈柩。凡間行善人每（們）。啓（起）名寶塔行會。現今天后宮内。在龍虎殿前掛牌編（匾）。編（匾）上有字。上寫聖塔重光。是出寶塔會的本家願心以（已）滿送在廟内。隨按隨接（誰安誰接）。寶塔奉送。行會出巡。

第三十七起眉注：□□□□接□□□□□吹歌會一張八尺

按語

寶塔花瓶會，這是皇會中第一道陳設會，乃是天后宮内的聖塔，有匾額頌曰「聖塔重光」。因此，在「娘娘會」活動中總是排在陈设会的第一位。津門名士楊一昆《皇會論》有言：「寶塔仍是章家辦」。為「本家願心已滿送在廟内」之物。

注釋

〔一〕洪蒙教：洪蒙，混沌未開化的宇宙。清代民間秘密宗教有「洪蒙教」組織。

〔二〕昇霞：昇天。北齊劉晝《新論·風俗》：「秦之西有義渠之國，其人死則聚柴而焚之，煙上熏天，謂之昇霞。」此處指得道昇天之人。

〔三〕坐化：佛教用語。謂修行有素的人，安然端坐而命終。《水滸傳》第一百一十九回：魯智深坐化六和寺——魯智深笑道：「既然死乃唤做圓寂，洒家今已必當圓寂。煩與俺燒桶湯來，洒家沐浴」……換了一身御賜的僧衣，又問寺内衆僧處討紙筆，寫了一篇頌子，去法堂上捉把禪椅，當中坐（化）了。

〔四〕門頭：多指民間宗教會道門，如太上門、玉虚門、天真門、五聖門等。

〔五〕六門、六賊：佛教認為眼、耳、鼻、舌、身、意為六根，也叫六門。與之相對應的色、聲、香、味、觸、法為六塵，也叫「六賊」，因為六塵為一切「煩惱根源」，故以「賊」譬之。

〔六〕圓寂：佛教用語，指僧尼去世。梵語音譯作「般涅槃」或「涅槃」。

〔七〕神仙俱是凡人：這是中國百姓對待神靈的基本認知方法和態度。的確，中國老百姓心中的「神」就是「凡人」，例如炎帝、黃帝、蚩尤、堯、舜、禹、老子、孔子、莊子、姜尚、關羽、岳飛、扁鵲、張仲景、孫思邈、林默娘……

第三十八起（第五十七道） 小南河進香音樂法鼓聖會

題注

小南河黎（離）衛城西南二十八里地遠。洛（老）鄉村莊。年年行致（執）音樂吹歌法鼓。進香聖會。隨駕出巡休（修）好。行善遊街。乃為聖宗（中）的願心。報達（答）娘娘聖恩。佑（又）護國。佑（又）保民。長長（常常）顯佑。垂照。人人感念。慈悲聖母靈應。世方真辛（四方真心）。天津衛是善地。鄰近的村莊上善地。有善地。出善人。作（做）善事。行善會。年年三月行娘娘會。衆善來此進香休（修）好。黎（離）城不足三十于（餘）里。路遠進香行會。善念非同小柯（可）。衆位爺每（們）不能富利（負例）[一]不來。進香行會。接駕行會以（一）共三天日期。莊鄉到此。住店下處。來回日期。行會日期。安解（歇）日期。以（一）共多少日期。吃用。蠟燭。□□錢以務（衣物）等項。只（諸）事成文。都未心前（為心虔）進香。善事到來。求神求聖。保佑護佑。神聖若無靈佑保護隨（誰）來進香。

隨（誰）來休（修）好行善。人若□（積）德。有灾按（暗）消。有禍按（暗）退。有難成（呈）祥。事過以後才知按宗（暗中）保佑。人人善念。廟前願戲[二]。連唱多少日期。廟裏香火無數。擺供多高多滿。鮮果保又（佑）。海味保又（佑）。若無靈燕（驗）。隨（誰）來燒香。隨（誰）來上供。隨（誰）來許願。隨（誰）來唱戲。隨（誰）來敬神。隨（誰）來謝聖。隨（誰）來出會操演法鼓。隨（誰）練吹歌音樂傢祀（什）。學吹。學唱。學繟（彈）。學蹻（敲）。學打。學吹是吹管芝（子）。吹横笛。吹口管出音尖響。吹簫。吹笙。學唱是念字。忌（記）准牌吋閆（腔韻）。唱練戲出。念字。檜（會）牌吊（調）。牌吋閆（腔韻）唱。學戲有邦子吋（梆子腔）戲。有柳字吋（子腔）戲。有哈哈吋（腔）戲。有哇子吋（娃子腔）戲。上會净吹唱文曲吊（調）戲。以（一）出以（一）出。眉（没）有話白。會上吹以（一）出戲。嘉（加）上蹻（敲）打傢夥。以（一）套蹻（敲）完。佑（又）吹改戲出。合似邦（是梆）子戲出。合似（是）改柳字吋（子腔）戲出。合似（是）改哈哈吋（腔）戲出。合似（是）改哇子吋（娃子腔）戲出。有以（一）出戲吹完。嘉（加）上以（一）套傢夥蹻（敲）打。學繟（彈）是絲緘繟（弦彈）音。隨吹戲句斷。起落吋（腔）。繟（彈）出點音。有正字繟（彈）點。有吋閆繟（腔韻彈）點。

有過板點。有綸字（輪子）點。學吹管芝（子）。檜（會）吹出口奉（風）來。丹田有氣力。要吹出起頭來。要吹出句斷。要吹出吖閏（腔韻）來。要吹出手法來。要吹出味道來。才稱得啓（起）吹管芝（子）。吹管芝（子）本似（是）吹歌會上頭領。管芝啓那以（管子起哪一）出戲。甚麽吖閏（腔韻）。吹那以（哪一）出。改那以（哪一）出。都在吹管芝（子）人手内。口内。心内。由著他啓（起）。學打鼓手萬（腕）要活番（泛）。打出鼓點來要利掃（索）。分開唱詞句斷。鼓點叫傢夥。蹻啓洛住（敲起落住）。頭鼓點似（是）九江頭訓（續）。分開路數。吹也知到（道）。蹻（敲）也知道。乃為大家合手。音樂法鼓老會。

第三十八起眉注：寶塔會接小南河□□□□□□□（进香音樂法鼓聖會）

按語

小南河村今屬西青區精武鎮，著名武術大師霍元甲的家鄉。

法鼓是天津地區獨有的民間鑼鼓藝術形式，樂隊有五種樂器，鼓、鐺子、鑔鉻、鐃、鈸，又稱五件法器。另有各種仪仗、茶炊子等極具裝飾性風格的器物與人員共同組成，所以在皇會中它被納入「陳設會」行列。一九三六年盧粹言所編著《丙子皇會寫真》稱「津門法鼓會多如雨後春笋」。僅據目前掌握的，天津城鄉曾標有名號的法鼓會就有九十三道之多。一九八四年天津民間舞蹈普查時，登記在册並能活動與表演的法鼓隊伍還有三十多道，可惜當年的小南河音樂法鼓會已經失傳。

「法鼓」作為天津最具代表性的民間表演藝術，分别于二〇〇七年和二〇〇八年榮登天津市和國家非物質文化遺産名録（包括：河西區掛甲寺慶音法鼓鑾駕老會、楊家莊永音法鼓和北辰區劉園祥音法鼓）。

所謂音樂法鼓，即與法鼓會同行的還有民間吹打樂班子，並同稱一會。表演時打一通法鼓曲牌，演奏一段吹打樂，二者交替進行，當也是别具特色。

小南河的這支民樂隊看來還是很不錯的，一看他們演奏的樂曲種類可謂豐富，有梆子腔、哈哈腔、柳子腔、娃娃腔，都是當年流行的戲曲音乐；二看他們的樂隊配置，笙、管、笛、簫、弦子、鼓板、小雲鑼，樣樣齊全；三看他們對樂手的要求，要有音、有字、有板、有點、有腔、有韻、有口風、有味道。最後，也是最重要的一點，即「大家合手乃為老會」。

注釋

［一］負例：負，辜負、忘記；例，章程、規矩。此處指每年三月二十三娘娘聖誕，法鼓會到天后宫進香乃為本地民衆慣例，並且一切雜項事由均有安排，所謂「諸事成文」。

［二］願戲：天后宫前有戲樓，可供許願、還願人家請來戲班唱戲，乃酬神之古風也。

第三十九起（第五十八道前部） 河北窑窪菓子店梅湯聖會

題注

河北窑窪菓子店。衆位脚行爺每（們）善念。年年行執梅湯聖會。大家議為願心休（修）好。開水傲（熬）熟梅湯。欺（沏）幹紅糖。桂花。成（盛）在筲内。行會路上。休（修）好善念。街市以上人等們可隨哈隨哈（誰渴誰喝）。會宗（中）無非是休（修）好德（得）好。會宗（中）人們意（一）秉前（虔）心。口願。會宗（中）真寔（是）行善。白晝間行會施捨梅湯。行會街市進城出城。專（轉）回來。梅湯捨無佑訓（又續）。行會路上管勾（够）。逢復（豐富）有餘。並無空筲。行會到天后宫前。才歸下處。大家解（歇）息多時。會上人每（們）吃中客完。單等寶塔會動身行會。佑（又）候小南河的音樂法鼓根（跟）隨寶塔行會。走不多遠時。梅湯會換以（一）堂燈筲[一]。上蠟點著。彩燈上期（齊）。復佑（複又）行晚間燈會。明公想情。娘娘會出巡行香。前後有上百多會。那（哪）有當天會上行變（遍）兩次的。為（唯）有菓子店梅湯會。以（一）天行兩變（遍）會。街上會規。年年如此辦理。白晝行執施捨梅湯行會。專（轉）過來到夜晚間。全都點蠟。行執梅湯會。改名為陳設燈會。隨駕出巡行香。以□善念。復佑專（又轉）過來時。路過天后宮前。梅湯會才回下處安解（歇）。

雖然説天津衛是善地。出善人。座（做）善事。信神佛。浩息（好喜）鬥勝。別管窮別管富。感（敢）花錢。感辦是（敢辦事）。這夥梅湯會上。當天花費。有多少錢遼（料）理。當初立起。德（得）多少錢。成歸[二]相（象）會出來。柯（可）是大家的願心錢成（虔誠）。致辦（置辦）木筲。才廖工付（材料功夫）。油作（做）彩畫工付（功夫）。晚間燈彩才廖（材料）。扎彩工付（功夫）。畫作工付（功夫）。才規執（歸置）起來。買焦（角）燈安彩子。作燈筲才廖工付（材料功夫）。買川蠟點上。彩子燈前後。手拿蓮子焦（角）燈[三]。有高照焦（角）燈[四]。有後邊的大圖焦（角）燈[五]。才廖工付（材料功夫）。年年行會。衆位大家不用邀請。期（齊）心願意。拿錢行會。以秉還願至誠。行好。凡有行會。幾天遼（料）理。雜項挑費等。全有賬目所信。過侯（後）時算清。大家善念。公攤錢財無思（私）。燒香昇表。放邊（鞭）炮送聖。議尞（一了）心願。大家求福求順。求安求泰。

第三十九起眉注：梅湯會前後上一張八尺（第四十起與此同）

按語

河北窑窪，見第十九起第二十七道「窑窪秧歌聖會」注一。

窑窪菓子店的這道「公益性」老會，真可謂「積德行善」想得周到。「梅湯」，又稱「酸梅湯」，選用上好的烏梅，用開水沏泡，加上冰糖、桂花、蜂蜜，就可做成酸甜可口的梅湯了。陰曆三月辦皇會，趕上好天照樣有了烈日當頭的感覺，人多擁擠、口乾舌燥，喝上一口酸甜可口的酸梅湯，也算得上莫大的享受了。梅湯會一天內兩次離會，來回擔水、送水，施捨梅湯，居然能够做到「誰渴誰喝」，行會路上管够，豐富有餘」。他們白天施捨梅湯，到了晚上換上一堂燈筲，筲上掛燈彩，點上蠟燭，又成為燈光閃閃的陳設燈會了。

注釋

［一］燈筲：從河北窑窪菓子店梅湯會所用筲桶的造型，不難看出天津民衆的藝術創造能力和文化修養。這二十副筲桶雖然名為筲桶，實乃工藝品，無一不裝點精美。桶身通體油為黄色，上繪緑色花蔓吉祥紋和紅色蝙蝠紋樣。筲梁上分別裝上以五色祥雲為底托的彩扎，第一組

似乎是十二生肖中的醜牛、寅虎、辰龍、巳蛇、酉雞、戌狗；第二組為造型各異的五彩鸞鳳、朱頂仙鶴；第三組為：金瓜、鉞斧、朝天蹬、輪、螺、傘、蓋、花、罐、魚、長、寶扇、如意；第四組為「暗八仙」即劍（呂洞賓）、芭蕉扇（鐘離權）、魚鼓（張果老）、玉板（曹國舅）、葫蘆（鐵拐李）、荷花（何仙姑）、笛子（韓湘子）、花籃（藍采和）。到了晚間，扁擔顫顫、筲桶搖擺、燭光晃動、那彩扎便也左右搖擺、上下躍動地活了起來。「梅湯會」搖身變成了「陳設燈會」。

［二］成規：方言，就是、就像是、就算是。

［三］蓮子角燈：角燈，用牛羊角熬製成膠後，吹制而成的燈籠罩，又稱「角質燈」，此處指蓮子造型的角燈。

［四］高照角燈：簡稱高照。鵝卵粗細，兩米來高的燈杆上裝有木質雕刻的燈托和燈罩架，上罩球形大燈罩，一般為紗質，上寫本會會名。梅湯會的高照為角質燈，顯得更加富貴、珍貴。

［五］大圖角燈：簡稱大圖燈，由數盞角燈與各具風格的裝飾物組合而成，每盞燈上一個字，組成本會會名，為晚上行會所用，功能與白天所用大纛旗相同。

第四十起（第五十八道後部） 河北窑窪菓子店梅湯聖會

題注

此地梅湯聖會。年年行執休（修）好。乃是會宗（中）的善念心願。又是窑窪菓子店以（一）郡的名號昇式（聲勢）。别説本處天津人每誠攢（們稱贊）。舊（就）説外來的進香會。有多少船來到進香。看會人燕（煙）。有天津衛五里三村男女車輛來到進香看會人等。他們回家隨（誰）不攢養（贊揚）天津娘娘。吾每（們）看見甚麽會。甚麽會。傳説人來。如同錦上添花。議為生執（甥侄）傳言。隨（誰）都不來見見娘娘聖會。看他每（們）外鄉人們來到天津進香睄會也非統曉（同小）可。不在榮意（容易）來。多少里地路景。家貧路富。無錢難來。不可清（輕）動身區（軀）。進香睄會開心。總德（得）睄會的福田造化[一]。外鄉人每（們）睄不著會的人多。這上面寫定是全然寔（實）話善言。並無笑談説詞（辭）。

窑窪菓子店梅湯。非是梅湯會[二]。上燈上蠟。照如同白晝。晚間出巡。梅湯會超（好）比説啓陳設會行。隨駕出巡遊街。回廟守夜的善念。會上衆人的心願。行好。秉執口願前誠（虔誠）。求至居家德（得）安。無災無病。大小人口全興。舊（就）是福田皂（造）化。會上衆人期（齊）心願意休（修）好。休（修）福休（修）善。神目如電。聖母靈應保護。若是無神無佛。隨（誰）能出頭行會。行好是（事）。説好話。辭德（必得）吉慶善緣。有福。有禄。有壽。積下陰功。德性。才生貴子賢孫。挽年的接（晚年得結）果。狀元行會宗（中）。是顧（事故）隨息。當行則行善念。當止德（則）止會規。聖宗為大。

年年行會休（修）好。前後有的執是（事）人多。照應遼理（料理）會規。全是以（一）樣的。上會助資錢財。知（執）事人每（們）無非多多操持辦理。上會衆人每（們）都不能多説話。也不能都多事。净（静）候行會休（修）好。議為善念會規。大家的前（虔）心口願講論。

注釋

［一］福田造化：佛教用語，稱行善、施捨為廣植福田，認為由此便可得福分、福報，得善果，即所謂造化。

［二］梅湯非是梅湯會：此時的梅湯會已經不是梅湯會了，他們在筲桶上裝上燈彩、點上蠟燭，搖身一變，已經成為娘娘駕前的陳設燈會了。

第四十一起（第五十九道）　德照燈亭聖會

題注

□（德）照燈亭聖會□□□□□□陳設燈亭隨駕出巡。大家操持。□□□□□亭内供爐焚起票（檀）香煙繚繞□□□□□□察善念。香火甚知南啓不週（南瞻部州）。□□□□□□山。各廟大仙在空宗（中）雲端内護聖。□□□□□净造謡言。善才童子。各廟大仙空宗（中）□□□空宗（中）童子。□□□佑（又）説到娘娘會。每逢三月二十二日。衆會進東門出西門行香。華輦行執（至）西門外。由（有）古皇庵[一]。天時未亮。人在北台技（階）上看華輦前掃殿會上手燈籠在小道子上望（往）西走。是密密查查。管有上千號紅燈籠。都是黑字。以（一）邊三個字。都是掃殿會。衣帽袍掛（褂）。馬掛（褂）。斷（緞）靴。真掃殿會上人都不任失（認識）。掃殿會上人位位都是規規居居（矩矩）在駕前。大家都以（一）處行會走。衆人每孩（們還）都不説話。行會到古皇庵前。該望（往）

東專（轉）進街道。那些掃殿會上人每件（們漸）無。越望（往）東行越少。越走越少。越走越少。走到過了靈當（鈴鐺）閣街。天氣大亮。敢入西大街。掃殿會上人還是那幾位執事的爺每（們）。掃殿會上會首衆位隨駕。年年行會如祠（此）［二］。掃殿會上人知曉都不説。人行善念隨會。神行善念隨會。聚末聖是（俱為聖事）無疆好處。神聖大仙靈應催感。違（唯）望替天行道。二十日衆會上出巡行香。進北門出南門。華輦聖駕出城。南門外小道子上。掃殿會的手燈籠柯（可）［三］這道上。打南門臉起。通頂到閘口街。聖母駕前。净似（是）掃殿會上人。掃殿會上燈籠。閘口人看華輦。未見露面。泥臺（倪家台）［四］上紅燈籠亮。通進閘口。掃殿會上人多多。接連不斷。净似（是）紅燈籠。人們打攟（量）掃殿會上人每（們）。位位嬰（纓）帽。袍掛（褂）。馬掛（褂）。斷（緞）靴。路上行走酬（稠）密。吕吕訓訓（屢屢續續）。走過閘口。天氣未亮時。敢入南斜街上燈籠無了。那些衆位人們不知望（往）那裏去了。行娘娘會。年年如此的峰須（風俗）。並非以賜（一次）神聖天仙護佑。善念。威顯。隨駕。這似（是）德照燈亭聖會上的願心休（修）善。年年行會。花些資財。無非求福求順。

第四十一起眉注：廣音法鼓 德照燈亭前接七寸後接□寸兩會一張八尺

按語

天津老城西北角有針市街德照會，當是德照燈亭會。針市街現已被拆。燈亭的含義，民間傳説有四，一是説娘娘出巡行會時將神位前的長明燈請到燈亭内，為娘娘寶輦伴駕隨行；二説燈亭為娘娘寶輦前的「引駕」；三是娘娘出巡時休息的凉亭；四是説燈亭為娘娘在海上為遇難船隻指引迷津之燈塔，具有海上燈標的含義。

注釋

［一］古皇庵：《津門紀略》卷一《疆域門·壇廟》載：古皇庵在西門外。劉瑞清光緒二十三年手繪天津城區圖示有古皇庵，位居西頭灣子以南，鈴鐺閣以西。

［二］德照燈亭老會一直流傳著這樣的傳説：説此會每年三月二十三隨駕出巡，常有各廟的大仙、善財童子下凡，一來護聖，二來也享受人間煙火。他們變化成人形，也舉著掃殿會的手燈籠，靴帽袍褂與掃殿會的人們一般無二，「密密查查地有上千號人、上千盞燈」。掃殿會上的人們都很守規矩，一路前行互相間也不説話。等行會行到古皇庵前，該往東走進街道，天快亮了，那些「掃殿會」上的人們是越來越少、越走越少了。等過了鈴鐺閣，天光大亮，燈亭進入西大街，再看掃殿會上，「還是那幾位真正的執事爺們」。年年隨駕行會，年年安排護聖，

年年行會都是如此，掃殿會上的會首們都知道是神仙下凡助會，只是大家都不説罷了。二十二日的出巡行香也是如此。其實這也是德照燈亭聖會的願心。

［三］可：方言，滿，填滿、充滿。意指掃殿會上人多，把道路都填滿了。

［四］倪家台：地名。出南門過護城河，南门外大街東側有倪家台，與南門臉隔河相望。

第四十二起（第六十道） 閘口下東園廣音法鼓老會

題注

閘口下東園廣音法鼓老會。知事人。會首人。聚（俱）是浩（好）善休（修）好。年年隨駕出巡行香。大家以（一）秉前（虔）心。善念。敬神。天后宫内長（常）有靈應。人人隨（誰）不感念。巡長（尋常）看去。香火不斷。明公言講。都是大聖大仙催感香火有照。求兒求女。求孫。多有靈應。寔（實）言佑（又）説到。不用看見仙家神聖。舊（就）遠來的進香會有多少人。舊（就）知道有多少仙家催感。那德（得）道的仙家。都要休（修）善休（修）好。無非是那重（衆）仙家每（們）替天行道。要求以（一）位正果朝禄[一]。柯（刻）意望那[二]日月殯間（並肩）。長（常）活在世心意。仙家催感善念行會。有園户人。有地户人。有買賣人。有手藝人。有脚行人。有史（駛）船人。有趕車人。以（一）共捌路人每（們）。佑（又）外請多少位浩（好）善爺每（們）上會助資[三]。衆位大家都是仙祭催感。以啓（一齊）心願。操演廣音法鼓行會。為（唯）有廣音法鼓演習傢夥蹻（敲）起來比別會法鼓音聲聽遠。如若近聽怎（震）耳。銅器[四]種（重）大厚。講會到街上。蹻（敲）打以（一）套。耳聽真似（是）翁聲翁器（甕聲甕氣）。無非是這大家的善念休（修）好。隨駕護聖娘娘垂佑。會宗（中）威然多添善祝好話。行好的福田。說外來人說天津衛。稱得咨（起）信神善禄多大。奏事天宮。人生在世。要修天德合（和）。地德合（和）。人德合（和）。萬事才合（和）。怎麼講說。天德合（和）時令正。五風十雨。地德合（和）勉（免）温（瘟）氣。五穀豐登。人德合（和）心好善。居家平安。廣音法鼓行會勸善。勸善者。行會者。大家都是求福求順。求安求泰。善念到。天知到（道）。才能有求必應。嘴說好話。心裏亥（害）人。求至（之）不應。愛信不信。

第四十二起眉注：廣音法鼓□□（德照）燈亭前接七寸中接一寸兩會一張八尺

按語

劉瑞清光緒二十三年手繪天津城區圖，紫竹林以南海大道（今大沽路）與馬家口中間有「閘口」地名，當為是會居所。《天津皇會考紀》中有文專門描述東園法鼓，全文録入，權作留史：東園法鼓和西園法鼓這兩個會組織成立最早，在燕王掃北時隨來天津。東園在紫竹林，就是現在華商公會附近，那時那個地方還算是落荒，一片郊野，地名就叫做東園。這個法鼓會成立就以地為名，叫做東園法鼓。庚子以後，紫竹林作為法國租借地，東園法鼓不能够立足，便遷到大直沽去。但是因為人的散漫，農村的破產，人們受著經濟的壓迫，各去謀生，這東園法鼓，便風流雲散，完全解體。後來大覺庵金音法鼓起而代其位置，所以當時有一句俗語是「要聽法鼓，先聽東西園，後聽大覺庵」，足見得當年東園法鼓是如何的負有盛譽了。

注釋

［一］正果朝禄：佛教語，指達到了修行的目的，可與日月齊肩，長生不老，享受人間禄位朝供。

［二］刻意望那：一心追求，希望達到。

［三］看這閘口下東園（九圖燈上標為上園）廣音法鼓老會，有種菜的園户人、有種糧的地户人、有買賣人、有手藝人、有脚行人、有駛船人、有趕車人，又外請好善爺們，一共捌路人馬組成，人員構成够複雜。但有一點叫做「一齊心願操演」，大家高興，都願學習法鼓。説

天津人愛熱鬧，大概再也没有比敲鑼打鼓來的熱鬧了。而這法鼓與我國其它鑼鼓藝術又有不同，是熱烈中透著文雅，豪放中藴著莊重。據説當年天津城的法鼓會就有一百三十多道，是「通衢處處聞鼓聲」。

［四］銅器：指所用鐃鈸。當今法鼓會所用鐃鈸一般為三、四斤，據説當年所用鐃鈸有七八斤重的，因此擊打出的聲音顯得厚重，所謂「甕聲甕氣」。

第四十三起（第六十一道）　城西小夥巷同照燈亭

題注

天津城西小夥巷有衆位爺每（們）浩（好）善。公議陳設燈亭。隨駕出巡行香。大家願意。後來燈亭造好。行會名叫同照燈亭。行在街上。有位明公說到。同照亭子在蓮花裏面生出。應在大路經[一]偏（篇）上的話語。大路經上言語。净似（是）勸世。教化世人醒務（悟）。頭以（一）篇。舊似（就是）天地人山水。擷再（批在）萬國九週（州）上。有這五週（州）近。世人有處要見全柯（科）[二]。怎麼說講五週（州）近。話說天。天為蓋週（州）。溜（留）四季。二十四氣。風雷雨電。說地。地為托週（州）。溜萬務（留萬物）。萬務（物）土生。萬務（物）歸土。說人。人為混週（州）。溜（留）子孫。多積陰功。廣存德性。說山。山為華週（州）。溜真（留珍）寶。雲霧掌（常）生。金□□。說水。水為流週（州）。溜（留）海瀾。潤酬生民。波浪滔添（天）。這在世間五週（州）近路。還有四週

（州）遠路。泰（太）遠。當初開天立世界。講先在這東方倫（論）起。東盛（勝）神州。溜立（琉璃）世界。山内生人。無名無性（姓）。舊任自幾（就認自己）。瞵違（臨危）金藏。南方倫（論）曰。南啓不週（南贍部洲）。花花世界。人柯（可）生人。有名有性（姓）。富貴貧窮。瞵違（臨危）木藏。西方迷經。咭囉赫週（西牛賀洲）。咭囉（極樂）世界。蓮花生人。人迷呆傻。日吃擔飯。瞵違（臨危）火藏。北方鹽燕。北積蘆週（北俱蘆洲）。□□世界。神不相（像）神。鬼不相（像）鬼。人不相（像）人。吃石哈（喝）風。瞵違（臨危）水藏。

同照燈亭。在蓮花生出。好相（像）到了西方佛地咭囉（極樂）世界。到此敬神善念。只未（為）同照燈亭這朵蓮花座之（子）來。訓（須）上西方咭囉（極樂）世界。經點費力這些[三]。然而以（一）件亭子。檜（會）打蓮花朵裏頭掌（長）出來。若是蓮花掌（長）出燈亭子來。過年吾也斎（栽）蓮花。看出燈亭子出不出。大路經上説。咭囉（極樂）世界。蓮花生人。那以（哪一）位到咭囉（極樂）世界去看見了。去問來了。經□□説眉（没）見。無非傳言。好聽。生色。新樣。相（像）那僧家道家化緣。滿街上招呼。三洲感應護法違（韋）陀。尊天薩菩（菩薩）。人人都知道。隨（誰）看見違（韋）陀爺應在打那（哪）裏起身感應尞（了）。俱都是些傳言。没有真的。相（像）這過會看會。看（餓）了德（得）吃飯。吃保（飽）了在（再）看似（是）真的。佑（又）看可了哈茶哈水（渴了喝茶喝水）。皆（這）可是真的。哈茶哈水（喝茶喝水）。佑皆過可來（又解過渴來）。在（再）看。看困了睡。睡醒了不困。皆似（這是）真的。全是假的。吃拉睡似（是）真的。花錢辦會。抬到街上人來白看。這似（是）真的[四]。

世間昏（混）如鏡。人情似扶（浮）雲。莫信執中執。須房（防）人不人（仁）。

第四十三起眉注：金音法鼓 同照燈亭前接八寸中接一尺後接七寸兩會一張八尺

按語

緊鄰老城西北角有一條南北向的街道，名曰小夥巷。今屬紅橋區。同照燈亭：造型為大座——蓮花台——六角凉亭，意為蓮花亭。在佛教文化中蓮花生長在極樂世界七寶池中，其微妙香潔、體至潔净，乃「衆生往生之花胎，隨人心性變現之物」。這同照燈亭便是從蓮花中生出，或可説是「隨人心性變現之物」（人們心中所想于是便有了此亭）。

注釋

［一］大路經：《大路經》之說似有誤，疑為《净土經》，又稱净土三經，即《無量壽經》《觀無量壽經》《阿彌陀經》，乃是有關阿彌陀佛及其西方極樂净土的三部佛經。其中有法藏比丘在佛前和大衆之中發下四十八宏願之故事，他的第二十四願即為「蓮花化生願」。

［二］全科：全部。指天、地、人、山、水，都可以看得見、看得全，故曰「近」。

［三］經點費力這些：為了説明「蓮花裏生出燈亭」這件事，引經據典、七繞八繞地説了這麼多。

［四］天津人創造出如此漂亮的「工藝燈亭」供人欣賞，這是真的。

第四十四起（第六十二道）　西城大園金音法鼓老會

題注

金音法鼓洛（老）鄉。西城大園衆位行善爺每（們）。年年隨駕□□□香。休（修）德休（修）好善念。前（虔）心秉執。感念聖母靈應護佑。金音法鼓。年年從正月行會。有日期休（修）善。啓（其）接連不斷。行會處廟宗（中）請[一]。

正月十一日。侯家後老君堂。關聖帝君出巡。

到十五日。河北關上。白衣寺關聖帝君。行香隨駕出巡一天。

佑（又）十七日。關上護國佛。察善惡出巡遊街。進城出城。隨駕一天。

二月十九日。南海觀世音薩菩（菩薩）聖延（誕）。在神棚内祝壽。會宗（中）一天。

三月初十日。南頭窑謝公祠堂。謝太爺大人出巡隨駕一天。

十六日。天后宫請駕。到城西如意庵。進廟安聖位。願心一天。

十八日。天后宮衆□會來接駕。從雙忠廟前隨駕行好。進宮一天。
二十日。天后聖母聖駕出巡。進北門出南門。廻廟。隨駕一天。
二十二日。老娘娘聖駕行香。益善。進東門出西門。行會。回廟一天。
到四月初六日。城隍老爺聖駕出巡。出東門進北門。行會一天。
初八日。城隍老爺。設骨察善察惡。出北門進西門。行會一天。
二十日。河□□□□□□□□帝君。聖駕出巡行香。隨駕行會一天。
二十三日。在河東陳家溝廟内。普濟真君藥王老爺。接駕回本廟。行會一天。
二十四日。西大藥王廟。普濟真君聖駕出巡。收温災（瘟灾）。行會一天。
二十五日。河東鹽坨藥王廟。普濟真君聖駕出巡。趕措温（瘟）氣。行會一天。
五月十三日。河東鹽坨老爺廟。關聖帝君聖駕出巡。行會一天。
這似（是）金音法鼓。年年休（修）好行會日期。善念[二]

按語

《天津皇會考紀》中有關西園法鼓會的記載與描述十分珍貴，全文録入，權作留史：西園法鼓和東園法鼓一樣的有悠久的歷史，西園就是現在西鄉大園村和小園村一帶，當年和東園的地名遥遥相對。這夥法鼓，先在大園村，由兩村合辦。後來大園村的老人無意興辦，擱淺了幾年，才由小園村民接著辦理，仍舊沿著西園的名目。他們的敲法與普通法鼓不同，最出名的牌子要算是「獅子滾綉球」「老河西」「新河西」「反河西」「鬼叫門」「蹶腿」「反蹶腿」等數十種。以上是指著敲的聲音説的，至于耍的有「單裏腦」「雙裏腦」「纏手腕」「拋桃」「拉紡車」等等的名目，練起來煞是好看。不過除非是朝聖時完全施展以外，平時只演幾種而已。他們每次參加皇會，都是排列在頭駕輦前。西園法鼓的組織是一鼓、四個鐃子、四個鐺子、四付鐃、十六付鈸，前面有「茶催子」（專擔茶具，並搬設燈彩，由人擔著，使擔子兩邊上下顫動，不用手扶，亦極精彩好看），旗幟和軟硬對聯，最後是一面大旌，上寫著西園法鼓老會。如果會出到晚上，那面大旌就改為燈牌。所有的會員全是本村的村民，現在共有會員一百餘人。主其事者為于文林、荆玉春、俞長順、張寶全、楊錫元、于恩群、蔣起發等人。他們不但是成人的人練習，還訓練一隊童子隊，都是十四五歲的幼童，技藝的精彩，不減於成人。所以因為這個，特別的為人所重視。

注釋

［一］廟中請：如下所列津門十六處庵、廟舉辦法事、廟會，隨請西園金音法鼓會助興演出、行會，似也為慣例。

［二］除却西園金音法鼓外，城西還有一道大覺庵金音法鼓會，當年在天津也頗有名氣。《天津皇會考紀》載：大覺庵金音法鼓，成立於明朝永樂年間距今已有數百年之久，與東園法鼓、西園法鼓先後成立，但其鼓點特別動聽，直到東園法鼓停辦，西園法鼓倒手之際，金音法鼓之聲譽日上，越東西園而過之——他們的會名雖是叫做「大覺庵金音法鼓會」，可是不限于西鄉大覺庵村，是辛莊村、侯家莊、楊家莊和大覺庵四村合辦的，人數很多大約共有四五百人，平常是各村分別練習，到出會以前，大家合起來練一回，他們表演拿手的牌子，有「龍鬚」「新點」「鬼叫門」「蹶腿」「老河西」等幾十種。《津門紀略・卷一・壇廟載》：大覺庵在城西（即三教堂）。

第四十五起（第六十三道）　掃殿會靈官護聖大座

題注

娘娘聖駕出巡行香日期。街市路上。巷口衚衕。城裏城外。庵觀寺院。聖駕到處。人多世種（勢衆）。違孔斜數按宗密人狡亂（唯恐邪祟[一]暗中迷人攪亂）。掃殿會安執紙□（置紙扎）神位靈官爺隨在駕前。威顯護佑。除斜（邪）净路平安。到晚間時。夜近（静）更深。休（修）善人多。行好人多。有小嬰孩子[二]眼是静（睁）得。怕看見斜歲來細（邪祟來襲）。執（只）會宗（中）有多多花瓶會。不少巡風會。不少頂馬會。不少道童會。不少靈童會。不少花童會。這些會宗（中）。小相公年幼的花瓶會願心。小姑娘幼女出巡風會願心。小完（頑）童嬰兒出道童會願心。年幼小學生出頂馬會願心。有儒（乳）口未開小孩哇（娃）出靈童會願心。這些會聚（俱）是嬰兒孩哇（娃）。黄花幼女。全是休（修）好行善。許下願心行會。到夜近（間）若有綍（婆）查[三]。説行會心不前（虔）的。善念。才請出靈官爺在前當執（值）

［四］○神聖護佑○保衆會上無樣（恙）○平安○行善顯露神聖靈延（驗）保護○為（唯）有掃殿會上浩（好）善○廖練的到（歷練得道）○教會宗（中）可斌（敬）可扶（服）○

按語

靈官護聖，「靈官」何許人也？《神仙傳記》載：靈官原名王惡，湘陰浮梁之廟神，因其吞噬童男童女被西河第三十代天師虚靖真人的弟子薩守堅飛符火焚，將王惡燒成火眼金睛。王惡不服，奏告于天庭。玉皇大帝即賜慧眼並金鞭，准其陰隨薩真人，察有過錯即可報復前仇。十二年間，王惡以慧眼觀察無遺，竟無過錯可歸咎於薩真人。後至閩中拜薩真人為師，誓佐行持。薩真人乃以「善」易其名，改王惡為王善，並且奏告天庭，録為雷部三五火車雷公，後被道家奉為護法神。

看這位靈官爺形象，劍眉倒豎、虎目圓睁、身穿戰袍、手持鋼鞭、法輪，威風凛凛，活靈活現……却原來是位彩畫色油的神仙、竹扎紙糊的將軍……這就是我國民間傳統工藝美術的「扎彩」藝術。

據説，清末民初天津城内精于此道的，有北門裏天福齋和東門内義友齋兩家，義友齋更是獨攻此技。有見過該店老扎工扎製的開路神方弼、方相二神將，説到：

開路神高丈許，頭大過麥斗，軀架偉壯，戴鳳翅戰盔，披戰襖鎧甲，並有臂鞲、膝甲之飾。二者顏面一赭一白，皆劍眉暴目，扎須勁生，炯炯怒視，儼然寺觀之護法金剛，見者莫不稱道，贊之曰『絶』。」（見《天津老城憶舊·天津的扎彩》，作者王壽岩。）

注釋

［一］邪祟：禍扰民生的鬼怪。舊指不明原因的瘋魔病症，民間一般認為是受邪魔厲祟所侵。魯迅《彷徨·長明燈》：「大約那是邪祟附了體，怕見正路神道了。」

［二］小嬰孩：此處指那些還願人家的孩子而言。所謂：出花瓶會的小小子、出巡風會的小姑娘、出道童會的小頑童、出頂馬會的小學生。他們的年齡都不大，晚上都睁著眼，怕他們看見不好的東西，也即「邪祟」。

［三］婆查：廟裏老娘娘身邊專有負責查看、催感香火的老奶奶們。

［四］當值：值日、值班。

第四十五起（第六十四道） 花瓶聖會

題注

花瓶聖會。隨駕出巡行香。議為休（修）好休（修）善。捕（補）報聖恩。尞（了）此心願報答。因此這小嬰兒當著差事[一]。日期晚間有人守夜。茂（貿）然看見年老的奶奶。走進房屋說話。問著首（守）花人[二]。天明叫他爹娘許下還願。此花三天上。明日花琪（期）。好花壞花都在明日。若不還花願心。許下[三]小孩難保。明日吾來聽信。這位奶奶話說完走了。首（守）花人明明白白看見進來說話。明明白白出去。首（守）花人佑（又）看見進來說話。耳聽說話真妾（切）。佑（又）見人家出去。首（守）花人只管聽見說話。眼看著人家走了。首（守）花人說不出話來。心裏佑（又）不亥（害）怕。明明白白的。眉（沒）等天亮。首（守）花人對本家言明。許下花好解（謝）娘娘報恩。出下花瓶聖會。

這兩位小相公似（是）對夾把兄弟[四]。二人當日生養。佑（又）轉過三年頭上。四歲。他每佑（們又）當日見苗生花。以（一）屋内兩個孩子當差[五]。屋裏首（守）花人不少。裏間屋。明間屋人每（們）。十二位倒替首（守）夜。呼（忽）然間。聽院宗（中）有人走脚步響。屋裏人問。院外走道是隨（誰）。院外不言語。屋裏又聽見脚步響。屋裏佑（又）連問隨隨隨（誰誰誰）。院外不言語。屋裏有精（經）過的執器（直齊）擺手[六]。巧（悄）言説。別問了這位。問人的人也不敢問。大家首（守）頂到天亮。請位道奶奶[七]看香。察（查）出來。黑下院外走道。是張仙閣上催感香火。胡二姑[八]來追願。許下花瓶會。似（是）花瓶會都未（為）出花當差。許願出好花。還好花願心。行會答報娘娘聖恩。行花瓶會。休（修）善行好。隨駕出巡行香。以（一）共四年還願。大仙催感聖母靈佑。才有許多花瓶會。行教化人間行好。

是立兒男增光越（耀）祖。存德性。積陰功。隨（誰）也奪不去。浩（好）善者增福延壽。別嘴巧口存福。多吃些珍秀（饈）美味。別忘為初布衣。能煮（阻）風堂（搪）冷[九]。壽多長穿。別看那紟羅斷台（綾羅緞匹）。居體都有十年旺運。舊時光要存德。各穿年戴月。信義違佑。有錢大五葷隨意樂。他樂來樂去。油近（盡）忝燈。祭（即）有錢何不你邦（幫）扶難人。舊（就）是陰功德行。佑溜（又留）

名。積後背（輩）才蓮生貴子。作惡人不聽勸。想來錢。堆成萬。不施捨。若（惹）禍端。掛悞（卦誤）當堂不花（化）難。錢花盡。有若干。這場事尞（了）不完。錢來的不正。才有巡（循）環。

勸世人錢施捨。有災有難柯（可）以朵（躲）。若不信。看他禍。不行正道時運（運）過。想從先（前）。作下惡。想錢的道眉（沒）有我。又打架。不説合。氣成鼓症向（像）蟈蟈。恨自幾（己）。無神佛。鄉（相）好人。不睄吾。從來眉（没）受総沿卧（總挨餓）。卧（餓）的我。心有火。水難哈（喝）。口内吃塊糠餑餑。孩麼（還摸）不著。

按語

以鮮花比喻天花，以花瓶比喻平安。天津民俗以出花瓶會的形式來為出天花的孩子還願、祈福，也是民間的一種信仰，一種創造。人們口中念誦「出好花、花真好」，即含有祝願生天花的孩子早日康復的意思。楊一昆《皇會論》：「花瓶會，到底讓口岸」。

注釋

［一］差事：指本家的孩子生了「天花」。

［二］守花人：指陪伴、陪護在生天花孩子的身邊之人。

［三］許下：方言，當下。

［四］夾把兄弟：孿生兄弟，俗謂「雙伴兒、雙生」。

［五］「天花」曾是威脅全人類的惡性傳染病之一。直至十八世紀七十年代，英國醫生愛德華·琴納發現了「牛痘」疫苗，天花才得以控制。清代天津著名鹽商王敬熙（一八〇〇——一八七五）曾于同治六年（一八六七）在天津老城廂二道街西口設立了保赤堂牛痘公局，每年春季免費為兒童施種牛痘。後該處被稱為牛痘局衚衕。

［六］直齊擺手：趕緊連連擺手。

［七］道奶奶：在會道門或庵、廟裏的女性，尊稱為奶奶。一般具有巫醫性質。

［八］胡二姑：中國民間信俗，有胡、黃、白、柳、灰五仙之説，即狐狸、黃鼬、刺猬、蛇和老鼠，乃是農村中最常見的幾種小動物。因其經常與人打交道，且行為精靈鬼怪，便也被人稱之為「仙」。胡二姑即指狐仙。

〔九〕搪：方言，意為抗、抵檔。

第四十六起（第六十五道前部）　西頭雙忠廟後花神廟鮮花場鮮花聖會

題注

西頭雙忠廟後有花神廟。衆鮮花場善念爺每（們）。大家公議。鮮花聖會隨駕出巡行香。衆花場人全都願意。衆花行都眉（没）行會時。就招招拾倒（朝朝拾掇）花。內行知道花性。相（像）這頭以（一）抬是茶花。斎（栽）大盆內。小盆斎（栽）奎花。竹枝花。在頭以（一）抬隨會引路出巡。倫（論）理時令。茶花正月開。花行人收食（拾）□（三）月開。

第二以（一）抬牡丹花。再（在）大盆斎掌（栽長）。倫（論）理。牡丹花時令正月開。有內行人。收食（熟識）花性。再（在）三月開花。未（為）的是娘娘聖會供獻神位。小盆斎（栽）賜（刺）梅花。望杏花。配著不單生[一]。花行人每（們）。叫草花等等那（哪）時開花。花性就在那（哪）時開放花朵。戈（擱）不住[二]食倒（拾掇）。他要的是手藝。外行也不感（敢）出此鮮花聖會。也不知花的性情。

接行似（是）立巴[三]。説内行講論。别致聲色。

第三以（一）抬妁窑（芍藥）花。再（在）大盆裏斎掌（栽長）。倫（論）理。妁窑（芍藥）花開放。時令在四月。妁窑（芍藥）才開放花朵。有花行人收食（拾）。不叫他四月開。收食（拾）花叫他三月開花朵。叫花草他早開辦（半）月。未（為）的是聖會出去别致。應在蜀（俗）語話講。難者不檜檜（會。會）者不難。小盆配著是仙人掌。蔣奚蠟（江西臘）花。前後配著開芳（放）。蔣奚蠟（江西臘）是草花。時令不對。五月花。四月花。未（為）何三月開。這似（是）花行的收食（拾）調理。總在手藝人知鮮花動專（轉）。内行。學會花草性情。早開花。晚開花。規執（歸置）行會日期。此會隨駕天后聖母靈應大仙爺每（們）催感。才出花行人們能工巧將（匠）。都會收食遼理（拾料理）花草。條道（調倒）花草時令。不該開花的。内行收食（拾）叫花早開。杠（该）著早開花的。花行收食（拾）。不叫早開花。叫花晚開花。陰天怎麽收食（拾）。晴天怎麽收食（拾）。天气暖怎样收（拾）。天氣寒怎樣收（拾）。收食（拾）花將（匠）黑下白日時時看守遼（料）理。花根上。花枝上。看庶（舒）出葉尖。何似（時）生出花孤頭（骨朵）來。佑（又）看土幹土失（濕）[四]。

第四十六起眉注：鮮花會頭抬前接四寸後五寸

第四十七起（圖中無編號，該起数编号为校注者添加）眉注：八尺

第四十八起眉注：鮮花會頭抬前接四寸後接五寸跟隨和音法鼓□兩會一張（此三起為一道會，即鮮花場的鮮花聖會）

按語

《津門紀略》卷一「疆域門·壇廟」載：花神廟在西門外，雙忠廟在西門外（實際位置應為老城西北角以西），即今紅橋區芥園道至南運河南岸一帶。劉瑞清光緒二十三年手繪天津城區圖示有確切位置。

鮮花聖會：李世瑜《天津的舊花場業》載：西郊區是塊風水寶地……楊莊子、大園、小園、曹莊子一帶種的鮮花，在天津是獨一無二的，就是由于這一帶土質肥美，宜于種植鮮花，因此這一帶的花場比比皆是。每年一到春節之前的二十來天，各花場就都把他們培養的花卉拿到集市上來賣，這個集市從北門開始直到東北城角，全長一華里半。那些超季節的珍稀品種非常普遍……珍稀花卉還有兩項用處，一是人家聘姑娘時要過嫁妝，嫁妝有一抬是果盤，果盤裏一定要盛木瓜或佛手；一是出

大殯時有八個「大座」，有一個叫「花亭」裹面擺著橘子、檸檬、金橘之類……

文中講的「八個大座」似與此圖有直接關聯。這頭一抬是茶花，小盆栽著奎花、竹枝花；第二一抬牡丹花，小盆栽刺梅花、望杏花；第三一抬芍藥花，小盆配著是仙人掌和江西蠟花；第四一抬海棠花，前後配上蘭花、鐵樹；第五一抬是梅花，小盆栽櫻桃花、月季花；第六一抬鮮果佛手，為果木，前後配著芙蓉花、百合花；第七一抬蔚棠花，前後配狗奶子花、□梅花；第八一抬碧桃花，小盆栽長月季花、南串草。最後就是那架花亭了，全名叫做「西頭雙忠廟後花神廟鮮花場鮮花燈亭聖會」。「燈亭」又叫做「松柏亭子」。

注釋

［一］單生：單薄、孤單。

［二］擱不住：經不住。指不停的拾掇。

［三］接行是立巴：方言，接，隔著；行，行當、職業；立巴，外行、嘛也不懂。

［四］天津的花農熟識「花性」。無論北方還是南方的花卉；無論是春天還是秋天的花期；無論是果樹還是草花，想讓它什麼時間開花，它就什麼時間開花，想讓它什麼時間結果兒，它

就什麼時間結果兒，總之這是手藝。外行人不懂花的性情，所以他也不敢出鮮花會。那些花匠為了把花期控制在三月二十的娘娘會，從入冬開始，不論白天黑夜，時時看守料理。時至正月，皇會日期臨近，更是悉心照料，花根上、花枝上、看舒出葉尖、何時生出花骨朵來。又要看土幹土濕、天涼天暖、風輕風重，晴天怎麼收拾、陰天怎麼收拾……中國栽培花卉的歷史悠久，早在公元前十一世紀，商代的甲骨文中就已有了「園、圃、枝、樹、花、果、草」等字。到漢武帝修上林苑，詔令群臣從各地獻名果、奇樹、異卉，所得草木多達兩千餘種，足證我國花卉栽培技術歷史之悠久。

第四十六起（第六十五道中部） 西頭雙忠廟後花神廟鮮花場鮮花聖會

題注

第四以（一）抬。海棠春天開放花朵。再（在）大盆子斎掌（栽長）。春海棠正似（是）三月時令開花。娘娘會上出巡。香味真正茂盛望興（旺盛）。這才令親愛花扌非（掐）朵代（戴）[一]。會上人説。敬神的花。扌非（掐）不的（得）。代（戴）不的（得）。這似柯（是棵）海棠花。掌舊（長就）好看風笥（騷）。前後配上蘭花。鐵樹。都再（在）小盆斎掌（栽長）。鮮花會衆位人。怎麼修理這些花草。枝葉花朵。滿滿普普。花葉元團風笥（騷）。世人看見。愛息（惜）説好。隨（誰）見賚（了）都喜歡。抬居成攢（舉稱贊）。為（唯）有養花至（之）家。花草時氣旦（帶）來的世力霸到（勢力霸道）。怎麼講説。花草檜（慧）根[二]。人的運氣。開花。座花骨頭（朵）。□□望興。若不信什（時）。至（只）管瞧看花草。

（第五抬文字嚴重缺損，僅留數語如下）

□□□□……枝上已似（是）梅花臘月□□□□……擺櫻桃花。越急（月季）

花□□□□……那裏去看梅花□□□□……

第六以（一）抬佛手香鮮為樹果。講説。為（唯）有佛手生掌（長）。斎動（栽種）。轉種。都在外省。本處土埋種上不出。不活。白種。正似（是）那以（一）方水土以（一）方人。講説各省的人物。各省的果品樹木。前後配著茯榮（芙蓉）花。擺荷（百合）花。小盆斎掌（栽長）。年年收食（拾）。年年開花。年年行會。花將（匠）手藝人。他每（們）到那正月。件（見）天精心遼（料）理。二月件（見）天精心看枝葉。精心到進三月初日。亙（更）來加工付（夫）。晝夜精心收食（拾）。水土花性情。佑（又）看風氣。花的冷若（熱）。行會日期。□□□□□□看柯（可）到了花開。應在蜀（俗）語長（常）説。□□□□□□德致合事。別接手辦。

注釋

［一］掐朵戴：指看會的行人瞧見鮮花可愛，恨不得掐上一朵，戴在自己身上、頭上。鮮花會的人説「敬神的花，掐不得」。又説「這是棵海棠花，長就得好看，風騷」。言外之意：海棠花過于豔麗，不是良家女子佩戴的，无非是不让人乱掐花朵。

［二］慧根：佛教語，指智慧、悟性、靈性。此處是説鮮花像人一樣，是有性情、有靈性的。

第四十七起（第六十五道後部） 西頭雙忠廟後花神廟鮮花場鮮花聖會

第七以（一）抬蔚棠花。再（在）大盆斎掌（栽長）。蔚棠花草似（是）春花。正月露生葉尖。到二月生出花骨頭（朵）。掌（長）到三月該要開花。蔚棠花本處少有。江南省蔚棠花草多多。此花都打南來。到北執（地）來。德（得）知道蔚棠花他的性情。德檜（得會）養蔚棠花的。不然。他的怎麼吃水。多大性情。壞了。再不然死了。蔚棠花不好惹他。前後配花。小盆斎掌（栽長）狗奶子花。□梅花。小盆的花都是秋花。要花行的將（匠）人每（們）他拾刀（掇）。才能義（依）春令時開花。

第八以（一）抬避（碧）桃花。鮮給（極）茂盛。正似（是）三月時令花草。桃花。杏花。黎（梨）花。似（是）菓子花三月開多。不用花將（匠）拾倒（掇）。此花無非比別的花草少來精心看守。也德（得）收食（拾）。早晚瞧看。情性花朵。這正是那春風得意花千里。秋高陽輝桂一枝。鮮花時令總德（得）春光明眉（媚）

好天氣。風訓（信）催動得長。發達昇騰。避（碧）桃花時令。前後配花。小盆斎掌（栽長）□祭（月季）花。南串草配合。路上行會。看會付（婦）道。那些老少。來到花前看花。隨（誰）都愛息（惜）。指指撮撮（戳戳）。説説笑笑。全都圍滿了。都攢嚴了[一]。七嘴八舌。你以（一）言吾以（一）語。

注釋

[一] 攢嚴了：方言，攢，擠。嚴，滿。意指看花的人圍得滿滿的，擁擠不動。

第四十八起（第六十六道） 西頭雙忠廟後花神廟鮮花場鮮花燈亭聖會

題注

到了後面的松柏燈亭[一]前。眉（没）有那些人看。松柏亭子是鮮花會上大座。鮮花會出。初比天后聖母的花園子。神花草請到凡塵行會。叫世上的凡人觀睄觀看。見見神花草。講有人傳言。山東濟南府泰安山上。有以（一）座天妃聖母宫殿廟與（宇）[二]。年年出巡行香過會。也有鮮花聖會隨會下山。遊（遊）街行會。行到薩菩（菩薩）庵。黄轎黄輦神位進庵。神聖安位。住下衆會。全有下處。會所安解（歇）。以（一）日有人兆（照）應吃用等項。到了後日。衆會從在（再從）那薩菩（菩薩）庵行會。遊（遊）中街。回山進廟。安神位。各會昇表拈香[三]。以夽（一了）心願。為（唯）有真鮮花會都溜（留）在廟内。鮮花衆會首每（們）大家下山。個人都回家去了。會過去以（一）兩天的日期。睄把（吧）。山上陰天下雨。山下晴天不下雨。那裏的人們全都知曉。這似（是）娘娘的焦（澆）花雨。德（得）下三十六場焦（澆）花雨。乃為神花講倫（論）。

注釋

〔一〕松柏燈亭：這架燈亭子與别的燈亭子又不一樣，别的燈亭子裏擺的是香爐，焚的是檀香，這架亭子裏供的却是松柏，所以號稱「鮮花會松柏燈亭大座」。這架亭子有講究：它好比天后娘娘花園子裏的凉亭。娘娘將神花仙草帶來凡間，叫世上的凡人觀瞧、欣賞。

〔二〕泰安山天妃宫：疑為泰山碧霞宫——供奉碧霞元君，俗稱泰山娘娘、泰山奶奶，簡稱娘娘。有著與天后聖母娘娘相似的神職，同為中國古代女性膜拜的女神。明萬曆二十一年（一五九三）《東嶽碧霞宫碑》載：「自碧霞宫興，而世之香火東嶽者咸奔走元君，近數百里，遠即千里，每歲瓣香嶽頂，數十萬衆」，「香火自鄒、魯、齊、泰以至晋冀」。

〔三〕昇表拈香：昇表，將心願寫成文表，在佛前焚燒，以達天聽。拈香即燒香、叩拜。

第四十九起（第六十七道）　錦衣衛橋和音法鼓老會

題注

和音法鼓聖會。衆位善念。大家口願隨駕出巡行香。議為敬神許願。有明公言説。做然敬神有好。可知神聖。隨（誰）看見了。合（何）處有神見著。人全知到（道）庵觀寺廟裏有神聖。乃是人數（塑）的泥胎神聖。佛祖。聚（俱）都是些金相（像）。石相（像）。水相（像）。泥相（像）。紙相（像）。畫相（像）。榜沙相（絹紗像）。在廟内座相（做像）。攢[一]相（像）。人去燒香科（磕）頭。舊（就）是廟内靈應。討籤問是。求聖水治病。要知道聚（俱）是那得道的大仙家。與廟内催感香火在按宗（暗中）。急變（即便）是仙家。他每（們）不敢在街市上露面。仙家無非替天行道。世家（間）凡人。他信者有。不信者無。成聖神。無有人神。俱是鬼神。要看真神。年年有神。月月有神。日日有神。時時有神。年月日時。聖神不棃（離）眼前。神聖于（與）凡間人長長（常常）説話。問己（幾）位神。問神不多。共有十二位神聖。佑（又）問那（哪）十二位神聖。明公說是十二位神聖。乃是天地君親師日月星風雷雨雹。這是真神。長（常）見勸人。休（修）好德（得）好。居家平安。知福仰（養）福。不可望（妄）為。法鼓學蹻（敲）。學打。浩（好）者為樂。和匡（何况）又是休（修）好行善。不為過忿（分）。者（折）福為人。隨駕修（休）好行善。無有過處。至有成攢（只有稱贊）說好。聖宗（中）善念。敬神。

第四十九起眉注：和音法鼓會 松柏燈亭鮮花會在後行會

按語

清乾隆十一年（一七四六）在金鐘河上建了一座木橋，因明代錦衣衛指揮使衙門設于此地，故得名錦衣衛橋，附近村落亦以此具名。河北區曾有錦衣衛橋大街。隨時代變遷，該地名已不復存在。劉瑞清光緒二十三年手繪天津城區圖示有該橋的確切位置。

筆者第一次聽到錦衣衛橋和音法鼓會的名字，是在二十世紀八十年代搞「天津民間舞蹈集成」的時候。當時采訪河西區楊家莊永音法鼓老會（現屬國家級非物質文化遺産保護項目），老會頭楊惠友（已故）先生曾說：楊家莊法鼓會學的就是錦衣衛橋的打法。老輩子上楊家莊招了一位錦衣衛橋的上門女婿，名叫張起，本是錦衣衛橋法鼓會的鐃鈸手，到楊家莊後開始傳授法鼓，説起來也有兩百多年了。中華人民共和國成立以後楊家莊永音法鼓老會進京，參加一九五三年的「全國民間音樂舞蹈匯演」，回津後曾專程到錦衣衛橋進行交流印證，結果發現，兩家的演奏曲譜和打擊技巧動作完全一樣。從此後，兩家認作一家，彼此經常交流互訪，關係密切。《中國民族民間舞蹈集成·天津卷》「全市民族民間舞蹈調查表」中，尚有其名號。前些時聽説，該會老人所剩多已八十開外，又無年輕人接班，因此很難保證正常活動了。

注釋

［一］攢：聚攏、拼凑，裝配在一起。

第五十起（第六十八道）　東門外南功店海屋添籌燈亭行啓陳設會

題注

東門外南功店。因嬰兒他當差。出花以（已）好。許下口願。作（做）燈亭行啓陳設會。隨駕出巡行香。捕（補）報恩德。天后聖母有求必應。深信娘娘靈佑垂照。真是德大同天。萬里威顯。慈赫（和）群生。無不救難救苦。救海苦。救山苦。救路苦。救國苦。救民苦。救官苦。救煥（宦）苦。救僧苦。救道苦。救女苦。救付（婦）苦。救婷（婆）苦。救息（媳）苦。救窮苦。救富苦。救船苦。救車苦。救堂前苦。救牢獄苦。救行人苦。救雨林（淋）苦。救樹下苦。救怪風苦。救賊捋苦。救達（踏）踐苦。救爬山苦。救按亥（暗害）苦。救毒酒苦。救無常苦。救頭（投）河苦。救跳井苦。救屈賬苦。救捷（截）銀苦。救軍營苦。救賊拿苦。救都（督）帥苦。救自刎苦。救點（殿）殺苦。救山峰苦。救虎吃苦。救蛇禪（纏）苦。救熊撻苦。救群鄉（群狼）苦。救豹抓苦。救山迷苦。救山窪苦。救荒草苦。救刁

（離）趕苦。救鵬細（襲）苦。救猴群苦。聖母這都是救人命。

天后聖母後（受）過敕封[一]。管海路水寺。娘娘長（常）救走山的好人。多多威顯靈應。聖母山上的廟堂。靈應廣大無邊。有明（名）山島。相（像）京西北妙峰山[二]娘娘廟。有求必應。京城西藍店（靛）廠。名為西頂娘娘廟[三]。有求必應。心誠則靈。河西務過河由上東頂[四]進香。山島娘娘應驗。靈趕廟堂。山東濟南府泰安山上娘娘廟[五]。有求必應。靈應催感外省香火。海島内名叫娘娘島。長長（常常）救船。娘娘顯聖救苦。有苦海當中山島名叫蓬萊[六]。山上有娘娘廟。凡人進香。難上山島。山下水鵝毛都塵抵（沉底）。般致（船隻）不敢去。那山上斎掌（栽長）佛頭蓮花。年年開花。日日開花。時時開花。

積善人家造好燈亭。隨駕出巡行香。燈亭會名叫海屋天（添）籌燈亭陳設。講倫（論）海屋天（添）籌。知者多多。不知者少。當海以内。有以各力（一蛤蜊）大帥。德（得）道修煉。日九（久）年深。能轉人行（形）。休（修）成執帥。與龍神當差應藝（役）。此帥練舊仙天只氣（就先天之氣）。長（常）在當海水宗完（中玩）耍。噴出仙（先）天氣來。仲（布）在空宗（中）。氣務（霧）化顯樓臺殿閣。房設（舍）。長長（常常）放。長長（常常）收。心意玩耍。這年日期完（玩）耍。

與（遇）見那過海的群鳥飛罰（乏）。鳥看見當海裏有樓臺殿閣。群鳥全都洛（落）。有閣有殿。洛（落）在上頭解解（歇歇）。皆皆罰在飛在行（解解乏再飛再行）。各力（蛤蜊）大帥以（一）時錯處。他將他的仙（先）天之氣往下慢慢下細（吸）。細來細去細（吸來吸去吸）在他口內。各力（蛤蜊）將那群鳥每（們）全吃了。以皆忝（解饞）。各力長長（蛤蜊常常）吃鳥。當他吃貫寮（慣了）。總想要吃。佑眉（又没）亂件（見）天放務（霧）。等候吃鳥。等來到這一天。仙鶴過海。遠遠看見黑務（霧）有房屋。仙鶴通神。鶴見各力（蛤蜊）他誆性命。他吃用。鶴飛海蔣（疆）上有樹木。鶴嘴咬下一柯（棵）乾柴邦（棒）。鶴刁（叼）幹邦（棒）洛（落）在務（霧）裏。閣（闔）上鶴眼。各力（蛤蜊）不知是仙鶴。仙鶴明知各力（蛤蜊）。圖嘴的各力（蛤蜊）仙（先）天氣往下細（吸）。細（吸）在各力（蛤蜊）口張開。要吃仙鶴。仙鶴將乾柴邦枝（棒支）在各力（蛤蜊）兩扇加皮骨上。各力殯（蛤蜊併）不上。有乾柴邦枝（棒支）住了。各力燕能殯（蛤蜊焉能併）的上。仙鶴嘴長。鶴吃各力（蛤蜊）肉。越吃越愛吃。鶴將多年的大各力（蛤蜊）肉全都吃净了。堂裏净吊兩扇空各力（蛤蜊）骨皮。仙鶴他也皆過忝（解過饞）來了。仙鶴他飛起走了。各力（蛤蜊）死了。這是山海經上點估（典故）。才情（請）人啓（起）名。叫海屋天（添）籌。傳出來叫人人接（皆）知。

這是海屋天（添）籌燈亭上出身根本。

第五十起眉注：慶善堂巡風會 海屋添籌燈亭中接六寸兩會一張

按語

南功店，不知此店做何營生？此處存疑。

海屋添籌，典出蘇軾《東坡志林·三老語》：「嘗有三老人相遇，或問之年……一人曰：海水變桑田時，吾輒下一籌，爾來吾籌已滿十間屋」，即含有「長壽」之意。又，故宮中有壁畫，祥雲仙境中有一小亭，亭中置一花瓶，瓶中擺滿樹枝，一隻口銜樹枝的仙鶴飛往小亭中，意為「添籌」，含有「添壽、祝壽」之意。

不知怎地，天津的這位作者，將這一充滿吉祥喜慶之意的典故，竟與「鷸蚌相爭」，或曰「仙鶴義滅蛤蜊妖」的故事串連在一起，還説：「講論海屋添籌，知者多多，不知者少」，愣講：「這是海屋添籌燈亭上出身根本」。也許是本人才疏學淺，所閱資料有限，還未能找到海屋添籌的真正出處。若論東門外南功店家的孩子，因為出天花，並許下心願，出「燈亭行啓陳設會」，含有「為家人添壽」的本意，似也還可以理解。但是不管怎樣，圖中文字為我們描繪的「蛤蜊化顯海市蜃樓」「群鳥誤落命喪妖口」「仙鶴銜棒巧食蛤蜊」的故事，若能够創編成動畫片，當代的小朋友們是一定喜愛的。

注釋

［一］天后聖母受敕封：媽祖本為民間信仰。自宋代以後，各朝廷為適應海運以及船工祈求平安的精神需求，加上媽祖生平事迹、傳説的廣泛影響，開始不斷給予媽祖賜封。据不完全統計宋代敕封十四次，元代五次，明代兩次，清代十五次。其中較為重要的有：宋高宗紹興二十六年（一一五六），封靈惠夫人；宋光宗紹熙三年（一一九二），封靈惠妃；元世祖至元十八年（一二八一），封護國明著天妃；康熙十九年（一六八〇），封「護國庇民妙靈昭應弘仁普濟天上聖母」；康熙二十三年（一六八四），封「護國庇民妙靈昭應仁慈天后」。五百年間媽祖娘娘由「夫人」「妃」「天妃」「聖母」，直至「天后」。其封號從最初的「靈惠夫人」四個字，一直到最後的「護國庇民妙靈昭應弘仁普濟福佑群生誠感咸孚顯神贊順垂慈篤佑安瀾利運澤覃海宇恬波宣惠導流衍慶靖洋錫祉恩周德溥衛漕保泰振武綏疆天后之神」六十四個字。媽祖娘娘的地位越來越高了，神职也越来越广泛了。

〔二〕妙峰山：《津門紀略卷五》風俗門有「金頂妙峰山」條，曰：妙峰山頂距京師西北八十里，去天津三百餘里。上有廟宇，供天仙聖母，靈爽式憑，香火極盛。每年于四月開廟，朔起望止。此半月中道上行人如蟻，車如流水馬如龍，猶未足以喻也。廟在山頂，故名「金頂妙峰山」。進香者曰「朝頂」。天津人士信之者篤，赴之者衆。

〔三〕西頂娘娘廟：西頂碧霞元君廟位于北京市區西北部，海淀區四季青鄉藍靛廠。建于明萬曆年間，名護國洪慈宫。清康熙五十一年（一七一二）改稱西頂碧霞元君廟，俗稱西頂。

〔四〕東頂：北京東頂娘娘廟，俗稱行宫廟，位于東城區東直門外。供奉碧霞元君娘娘。另有眼光娘娘、斑疹娘娘、子孫娘娘、送生娘娘。每年農曆五月初一到初七為碧霞元君娘娘廟廟會。

〔五〕泰安山娘娘廟：見第四十八起（第六十六道）西頭雙忠廟後花神廟鮮花場鮮花燈亭聖會注十一「泰安山天妃宫」。

〔六〕蓬萊：古代傳説中的三神山，即「蓬萊、瀛州、方丈」。而蓬萊素以「八仙過海」處而名揚天下。不知怎地，此處將蓬萊島説成是：連羽毛都要沉底的「苦海」中的島嶼，還説島上也有娘娘廟，但凡人却是上不去。大概是因為海市蜃樓看為仙境，赴之則凶險無比，有去無回的缘故。

第五十一起（闕失）

第五十二起（第六十九道前部） 長順華蓋寶傘

題注

天后聖母出巡行香。有陳設燈亭。金爐寶鼎。當配寶蓋華蓋。有盧長順大家公益（議）造立華蓋寶傘。配上金爐寶鼎。衆位願意。盧長順號走南省鮮果供應京城。走開門頭[一]。名帖知單。浄寫大處。言明乾隆佛爺敕封天后宫行會[二]。華蓋寶傘。寫資助功德。寫化聖事長惠。何慶（和親）王爺。儀慶（怡親）王爺。二位王駕操遲（持）。浄寫大字號。有普功（公）爺助資。有祥功（公）爺助資。有喜伯爺助資。有那伯爺助資。有回（惠）親王爺助資。有莊親王爺助資。有承恩侯爺助資。有立相侯爺助資。有内五（務）府[三]等闕（缺）大人每（們）助資。有六部[四]大人每（們）助資。有尚書大人助資。有拾（十）三科道[五]大人每（們）助資。有太子。悲（貝）子。悲（貝）勒助資。這些位爺每（們）名號都寫在寶傘衣上[六]。在京内的公伯王侯。五府六部。十三科道。太子。太悲（大貝）。悲（貝）子。悲（貝）勒。衆位大家。每位出幾拾（十）兩。以規與笑談。總在二位土駕體面上。佑（又）在供向（項）人[七]。年年南省人進獻鮮果。供運籌。寫化（劃）銀兩。下天津衛致辦（置辦）華蓋寶傘才廖（材料）。

到辦（置辦）傘衣才廖（材料）。浄買外國來德（的）羽毛碧基（嗶嘰）。哈喇大尼。小尼。四川錦斷（緞）。廣翎（綾）。佑（又）買蘇。杭。瓜。陽四洲的紬（綢）貨。斷（緞）貨。睠（絹）貨。緅（縐）貨。纙貨。沙（紗）貨。這些貨物寫賬來看。沙（紗）貨是庫沙（紗）。亮沙（紗）。生沙（紗）。石地沙（紗）。羅貨是沙（紗）羅。遠（軟）羅。湯羅。睠（絹）羅。緅（縐）羅。緅（縐）貨是洋緅（縐）。花緅（縐）。冠緅（縐）。湯緅（縐）。紷（綾）貨是廣紷（綾）。彥付紷（綾）。小花紷（綾）。大花紷（綾）。睠（絹）貨是。生睠（絹）。凡睠（絹）貨。澄沙睠（絹）。亮紗睠（絹）。紬（綢）貨是傣紬（綢）。湯紬（綢）。串紬（綢）。剪紬（綢）。紷紬（綾綢）。傘上繑邊活[八]。廣貨行買去。有喇納邊。有綉花邊。有清斷（緞）邊。有臥斷（緞）邊。成衣師傅所作掛裏子傘[九]。俱是外國的毛貨。傘衣白晝間行會。沙。睠。緅。（紗絹縐）羅單傘衣[十]。晚間上燈透光圖亮。以為燈傘。晚間行會照遠。光輝如同相（像）白晝行會一樣。華蓋會傘衣子。兩堂傘衣。白晝間傘衣以（一）堂。夜晚間傘衣以（一）堂。此會泰（太）大也了。

第五十二起眉注：華蓋會□□前接高照一八□□□雅音法鼓前接一尺八寸

第五十三起眉注：前接高照□□□□□□□一張

第五十四起眉注：華蓋後□接這雅音法鼓前接一尺□寸（此三起為一道會，即華蓋寶傘會）

按語

「華蓋」指帝王的車蓋。晉崔豹《古今注·輿服》曰：「華蓋，黃帝所作也，與蚩尤戰于涿鹿之野，常有五色雲氣，金枝玉葉，止于帝上，有花葩之象，故因而做華蓋也」。「寶傘」，一般指古印度皇室、貴族出行的儀仗器具，是皇權地位的象徵（這與中國古代帝王使用的「黃羅傘」意義相同）。另外，釋迦牟尼成道後，為衆弟子講經傳法，梵天等用飾有寶珠的金柄綢緞白傘為佛遮陽。其後寶傘演變成儀仗，用來標示佛、菩薩地位的莊嚴與崇高。民間則更追求華蓋寶傘蘊含的「蔭庇百姓」「風調雨順」「遮蔽魔障」等現實意義。

盧長順或為人名，這「盧長順號」當是南方新鮮水果專營店。因其水果直接供應北京，或直接供應皇族貴戚，故此有了十分了得的關係網，撐起了好大的門面、積蓄了好大的勢力、積累了好雄厚的資金、產生了好大的社會活動號召力……這一切不折不扣地體現在其簡單而巧妙的「華蓋寶傘會」的創意之上。

注釋

［一］門頭：關係。

［二］天津民間素有「皇會」稱呼始于乾隆年間的説法，此處又可作為一證。

［三］内務府：清廷總管皇室宫禁大小事務的機構。

［四］六部：指清廷的吏部、户部、禮部、兵部、刑部、工部。

［五］十三科道：又稱六科十三道，明、清所設監察機構，六科設給事中，十三道設監察御史。其官職不大，權限却不小，乃「提督各道，為天子耳目風紀之司也」。

［六］天津皇會中的華蓋寶傘會，一方面取其宗教性儀仗的含義——與陳設燈亭、金爐寶鼎等，共同組成娘娘的「鑾駕儀仗」，以示娘娘受敕封後的尊貴地位；另一方面在「素傘」（單色傘）上標有為娘娘會「助資人」的姓名、功名、衙門和助資多少等内容。于是華蓋寶傘也就具有了「功德傘」「萬民傘」的社會學意義。

〔七〕供項：供應。此處指那些南方的水果供應商，也要為天津皇會注資，拿出銀兩，或來在天津衛置辦華蓋寶傘，參加皇會巡遊活動。

〔八〕縭邊活：一種縫紉技法，把布帛的邊沿，或專用花邊的邊沿向裏卷，然後縫起來，外面不露針脚，俗稱「縭邊兒」。

〔九〕掛裏子傘：又叫「掛膽」，即裏外兩層，可以對高級面料起到定型、保護的作用。此種傘衣為白天所用，顯得高貴華麗。

〔十〕單傘衣：即紗、絹、縐、羅等薄質材料製作的傘衣，為晚間所用，取其點上蠟燭後的透光性質。

第五十三起（第六十九道中部）　長順華蓋寶傘

題注

凡有華蓋寶傘。行會街市路上。該有多遠行執。有看會人等數過寶傘。以（一）共寶傘華蓋二百八十四巴（把）。路上夫（閑）話多多。有説拿多的。有説拿少的。年年每逢到三月二十日。華蓋寶傘動身行會。前邊高照普旛行開。寶傘緊緊的根（跟）隨走。前邊到了北碼頭上。這後邊的寶傘才出天后宫廟。並無别會。净似（是）華蓋寶傘以（一）會。碼頭。估衣街。鍋店街。院門。單街子。毛賈夥巷。宫北大街。頂到張仙閣過來。净似（是）華蓋寶傘。以巴哀著以巴（一把挨著一把）。以巴哀著以巴（一把挨著一把）。緊緊象（相）連根（跟）隨。不算北門外石頭道。城外净似（是）華蓋會以霍（一夥）行執。真正的成群成杭（行）。街上看華蓋會都是密密查查（匝匝）。净傘净人。當之（檔子）不大。遠行看寶傘。都是以巴。以巴。以巴（一把一把一把）執行。于外照管人。知是（事）人。忙護（活）人。茶房人。

來回路上。街市上應酬。華蓋寶傘不足三百巴（把）傘。會上人有以巴（一把）。傘上准有三位人照管事[二]。這似（是）二十日行會。進北門出南門。專（轉）過來回下處安解（歇）。

到了二拾（十）二日行會。進東門出西門。會上專（轉）過來天后宫前接駕。華蓋寶傘行會。進東門。進城。高照普旛行會到西門內。華蓋寶傘後面的寶傘才進東門。算城裏大街上。净似（是）華蓋傘行會。並無二會。華蓋寶傘行在街上。隨不誠攢（誰不稱贊）。隨（誰）不説好。多大錢誠（虔誠）。

華蓋寶傘會。出以（一）年勝似以（一）年。浩（好）善人每（們）年年出。是年年添訓（續）。至（只）有添的眉（没）有去的。怎麽不多。會首人應柯（硬嗑）有錢。佑仗議（又仗義）。寶傘上總要好看。露臉。傘衣上頭要將舊時排（講究勢派）活[三]。不怕花錢。傘衣子上有大綉活。有小綉活。達子活。有冠子活。有崩（繃）子活。有欠（嵌）子活。有盤綫活。有盤金活。有包鄉（鑲）活。有遠鄉（圓鑲）活。有櫧眷（褶捲）活。有錦片活。有錦綉活。有掛彩活。有焦（角）燈活。有寫字活。有包字活。有苗（描）金活。有貼金活。有對光活。有掛光活。有綉花作。有包鄉（鑲）櫧眷（褶捲）作。有成衣作。有油漆彩畫作。有座（做）傘南（楠）

木作。有座焦（做角）燈作坊[三]。座（做）活的師傅們願根（跟）會隨息（喜）。行會早晚有酒席吃。孩（還）有工錢。件（見）天有不願意者自管去。也不溜（留）。至今至古手藝人。隨（誰）都願意根（跟）會[四]。

注釋

[一] 近三百把華蓋寶傘，近千人的行會隊伍，威風凜凜、浩浩蕩蕩，從北碼頭算起，估衣街、鍋店街、院門、單街子、毛賈夥巷、宮北大街，到張仙閣過來，直至天后宮大門，整條街上全是華蓋寶傘會的人馬。有人說：「華蓋寶傘會是一年勝似一年，是年年出會，年年添傘，是只有添的没有去的，怎麼能不多呢？會首人『硬嗑』，又有錢，又仗義」。這裏的「硬嗑」是有門子、有勢力、有實力；「有錢」是經濟基礎，花得起、辦得起、操持的起；「仗義」是人和、是人情、是人緣、是公正、是凝聚力。

[二] 勢派活：又可譯作時派，即製作寶傘的工藝，面料也要講究、要好、要氣派、要隨潮流，也要有自己的風格。

[三] 上一起講了傘面的料子，這裏又講寶傘的輔料、做工：有大綉活、有小綉活、有達子活、有冠子活、有綳子活、有嵌子活、有盤綫活、有盤金活、有包鑲活、有圓鑲活、有褶捲活、

有錦片活、有錦綉活……有綉活、掛彩活、欠邊活、角燈活、寫字活、包字活、描金活、貼金活、對光活、掛光活……涉及的工匠作坊：有綉花作坊、包鑲褶捲作坊、成衣作坊、油漆彩畫作坊、做傘骨架的楠木作坊、做角燈的作坊等等。總之是想告訴人們這看似簡單的一把寶傘，製作起來是很講究的。

［四］手藝人跟會：這是一個很不錯的創意，讓做傘的師傅們自己打著自己做的華蓋寶傘，既是招牌，又是廣告，更是一種顯耀、一種榮耀。

第五十四起（第六十九道後部）　長順華蓋寶傘

題注

華蓋寶傘多多。分前分後。凡有傘衣上有花活。有掛活。有綉活。有鄉（鑲）活。有欠（嵌）活。有錦活。有彩活。有焦（膠）活。這些色花傘衣子的在前頭行會引路。後邊的傘衣子乃索（素）傘衣子。上面寫著字。敬寫上助資的名惠（諱）名號。全寫在傘衣子上面。有寫明助銀兩多少數。甚（什）麽人物。先寫助銀兩的人物。在傘衣子上邊寫明白了。傘衣子上無前無後。有上有下。上邊寫明在朝的功（公）伯王侯助銀兩多少數。又寫太子大悲（貝）。悲（貝）子悲（貝）勒助銀。寫明多少兩數。佑（又）寫五府衆位大人的名惠（諱）。助銀兩多少兩數。佑（又）寫六部衆位大人的助銀兩。寫清多少兩數。佑（又）寫拾（十）三科道衆位大人的助銀兩。寫清多少兩數。等闕（缺）在京衆位官員助銀兩。寫清多少兩數。佑（又）寫本天津的官員名惠（諱）。執忿（職分）。河北察院大人名惠（諱）。助銀寫清多少兩數。

佑（又）寫鎮海侯鎮太（台）大人的名惠（諱）。助銀寫清多少兩數。佑（又）寫運署大人助銀。寫清多少兩數。佑（又）寫道署大人助銀。寫清多少兩數。佑（又）寫府署大（太）爺助銀。寫清多少兩數。佑（又）寫縣署太爺助銀。寫清多少兩數。佑（又）寫二府太爺助銀。寫清多少兩數。這是助資官員。王功（公）大臣寫完。還有衆位鹽務口中店綱總老爺每（們）助銀。佑（又）寫商人家老爺每（們）助銀。佑（又）寫商夥家各店口老爺每（們）助銀。佑（又）寫商夥各號頭老爺每（們）助銀。佑（又）寫買賣。東家。深（紳）户老鄰每（們）助錢財。佑（又）寫讀書深（紳）家堂名老爺每（們）助錢財。通貢（統共）傘衣子上寫清本處天津深（紳）家當（堂）名。傘上寫清。會首人的昇式（聲勢）善念[一]。還是助錢財的浩（好）善人們多多。總似（是）天后聖母靈應催感。會宗前心（會中虔心）。

天津衛打元莫（末）明出（初）。永樂明主要在天津監（建）都。有守（首）相劉伯温[二]奏似（事）。天津柯（何）好。城宗闕（中缺）柴短水。于監（建）都範隫[三]倫（論）説。天津衛氣運極望（旺）。應在本處人燕（煙）座是（做事）陽報[四]。（感）敢立世業。發財快。受窮快。檜（會）找錢。檜（會）花錢。相（像）這華蓋寶傘。行會以（一）天。前後有多少位人。吃用的要執（置）下。以（一）

共三百多浩（號）。六小碗面吃完。出來行會。過午的宗（中）客成席。有多少桌酒飯。感（趕）下會佑清（又請）。菜碟。水酒。蒸食足用。路上的燭蠟點多少斤。這似完（是玩）會露臉。顧（固）然村（襯）有來項。多少銀子錢財。才誠（成）華蓋寶傘聖會。

注釋

［一］此節專寫近三百把華蓋寶傘組織、排序的規矩：首先「色花傘衣子」排在最前邊——這應當是藝術品質第一的原則，即生色、好看、氣派，當然也標志著經濟上的實力。接下來是「素傘衣子」，也就是傘衣上「敬寫助資者名諱、名號，助資多少，什麼人物」的「功德傘」「萬民傘」。這種傘的排列順序就甭說了，首先是社會地位的等級、名號和社會影響力，另外就是助資多少了。

［二］劉伯温：劉基（一三一一－一三七五），字伯温，謚曰文成，浙江青田（今文成縣）人。此處講劉伯温與朱棣論天津實為附會。天津建衛為永樂二年（一四〇四），伯温去世久矣。然民間傳説自有其心意，論天津城的發迹的確與天津人的辦事作風有關，所謂「敢立事業」，僅看數百載鹽糧碼頭，鹽商豪富，僅看天津城先先後後八大家發家史、没落史，交替更迭，就知道此説不謬。

〔三〕範𩑨：詞義不明，似含有風水、民風之意。

〔四〕陽報：方言，含有火爆、乾脆、利落、豪爽之意。

第五十五起（第七十道）　河東于家廠雅音法鼓老會

題注

河東于家廠出雅音法鼓聖會。大家善念。行好功德。會宗（中）人每（們）都願心許下。上會還願。有未（為）父母得病養好許願。有未（為）自己愛習蹻（喜敲）法鼓點的上會。緊（净）多有愛聽那法鼓音律上會。有愛息若（喜熱）鬧的上法鼓會。有見了不動身的法鼓入麽（魔）上會。有錢願意邦輳（幫凑）法鼓入會。有愛學蹻（敲）打法鼓的上會。有愛交朋友的。能以檜（會）寫錢。出知單臉化（斂劃）[一]上會。有能意遼（力料）理行會規居（矩）上會。有檜交蹻（有會教敲）打法鼓那套那套（哪套哪套）上會。有早晚忙呼洛（活落）賬寫字的人上會。有净兩（挣倆）錢蹻（敲）打法鼓傢夥上會。有小賣酒席檜作（會做）愛蹻（敲）法鼓上會。有正精（經）事不作（做）聽見蹻（敲）打入引（癮）上會。有聽見法鼓音聲。買賣托人兆（照）管上會。有愛蹻（敲）法鼓的學手藝。告兒（二）天[二]上會有法鼓演習。

夜下白日吃飯吃不疊（迭）[三]上會。有他勸人家別學蹻（敲）法鼓。他柯（可）上會。有法鼓以（一）響音律。買東西都不去上會。有因蹻（敲）法鼓弟兄不合操（吵）嘴上會。有浩（好）善者。佑（又）愛交友。會宗（中）邀請來上會。有錢至（治）家忠厚正直運籌。請來上會。有長浩奚事霸祠（常好息事霸持）[四]人物請來上會。這是雅音法鼓聖會。年年休（修）好行善。隨駕出巡。聖事。

至古至今。説書唱戲。有善有惡。上天垂佑。捷（解）救行善的人。不能捷（解）救作惡的人。天爺在空宗（中）晝夜巡查善惡。洪（紅）塵路上。行善的人賜福。作惡的人遭禍。現史（世）現報。又急又快。在（再）也不錯。神聖若不緊查（察）。巡還（循環）報應。世間無有行善人氏休（修）好。全都作惡。無法無天。無法者眉（没）有皇尚（上）。眉（没）有官牙（衙）。無天者眉（没）有神聖。世上人隨（誰）能休（修）好行善。出甚（什）麽會。接（結）神聖善緣。都無尞（了）。隨孩（誰還）行善。法鼓會不能隨駕出巡行香。善念半點全無。獨有天津衛善緣難去。

第五十五起眉注：華蓋□□□□□□□法鼓前接一尺八寸

按語

河東于家廠，地名出處參見第二十六道河東大寺于家廠勝議高蹺注一。于家廠雅音法鼓會，在此成為天津民間花會藝術團體在本地民衆中的地位、聲望，乃至社會作用的典型代表。天津人熱愛藝術，為藝術而著魔，讓藝術成為人們生活的一部分，恰恰反映了天津人的個性與性格。與此同時一個民間花會組織也成為當地各種「能人」展示才能、大顯身手的地方。這也是民間藝術歷數百年傳承而不中斷的一個重要因素。

注釋

［一］斂劃：方言，收繳、收斂，含有強迫之意。楊一昆《皇會論》有言曰：「有一等遊手好閑，家家去斂。口稱善事，手拿知單。有錢無錢，强派上臉。圖了熱鬧，賺了吃穿。」望雲居士、津沽閑人撰《天津皇會考紀》有「皇會弊端·斂錢」一節：出皇會，不論各種會參加這盛大的會，為了禮節隆重，所以用錢的地方很多。每會的經費，差不多都要由當地籌畫，發起人、會首、董事，每人少不得要拿錢，富户商鋪也要各憑願心，隨意捐助。但有的會，或是因為地方貧窮，或是因為承辦人聲望不著，影響經費困難，致有斂錢之事，沿門按户勸募，使

人因情面關係，礙難拒絕。于是雖非出自本心情願，亦不能不酌行付給，以資敷衍，致使一般人怨聲載道。此種斂錢之風紀，降至今日，仍有遺留，本年皇會中不准高蹺之理由，即聞宣稱因其有斂錢情事，而擯拒其參加也。

不過看于家廠法鼓會所描述的則是本地人對法鼓會的一往情深，和法鼓藝術對本地民衆强大的吸引力。能「斂劃」的人，在此會中更被看做是有能力料理會中事務的人才，而在廣為收羅之内。

［二］二天：方言，虚指明天或者後天，或者不知最近的哪一天。實乃托詞。

［三］吃不迭：來不及吃飯。

［四］息事霸持：多指能了事，能平息糾紛之人。「霸持」（音bā ci），天津方言，一般含有貶義，意為向上爬，充熟的，充老大，也指遇事向前冲檔，不怕事之人。

第五十六起（闕失）

第五十七起（第七十一道） 玉皇閣前津音法鼓聖會

題注

津音法鼓聖會。衆位浩（好）善行好。年年願心行會遊街。天津逢術（風俗）聖刹敬神。善念感動天后聖母。威顯靈應。攢順護國庇民。保佑世（十）方普結良緣。這是天后聖母聖隨出巡。普渡行善香煙。年年休（修）好過會。七月十五日期。有大道水會[一]請。人人齋戒一天。有廟愈宗（宇中）各處僧家道家。設覃（壇）念經念佛。擺供拈香。有紙糊的法船。安執（置）河内。有紙作（做）的蓮花燈點著望水内放。無數法船上面。紙作（做）的神位不少。正字講為大路水會。批講又説盂藍聖會[二]。盂藍會。盂藍薩菩（菩薩）。有觀音薩菩（菩薩）。有准提薩菩（菩薩）。有文殊薩菩（菩薩）。有普賢薩菩（菩薩）。有白衣薩菩（菩薩）。有地藏王薩菩（菩薩）。有混海薩菩（菩薩）。有北斗薩菩（菩薩）。有南斗薩菩（菩薩）。有沙阿薩菩（菩薩）。有如萊（來）佛。有達磨（摩）祖。有坤元祖。有違（韋）

陀爺船頭批（劈）水。有四大金剛爺兩挎摇努（櫓）行法船[三]。佛爺講法。古往（往）普渡萬務（物）。迷精（津）胎攔。失化迷生[四]。看苦不苦。都有福田造（皂）化樂處。佛爺連那蟲閿（蚊）蟲螢（蝇）蟲區（蛆）。蟲都度化過。綸廻（輪回）走過一蘯（趟）。佛爺近（盡）知。後來有位哦嘣（阿難）羅漢。洛（落）凡臭泥蟲區（蛆）地。請佛歸天。我佛迷心。哦嘣蹻慶（阿難敲磬）。聲音才霸（罷）。哦（我）佛焕（唤）醒。務（悟）數以蘯（一趟）。佛心醒務（悟）。托（脱）去蟲區（蛆）皮。復轉佛體。歸到西天雷音寺大雄寶殿。昇座九蓮臺上。復佑（又）講法。紅塵路上的迷精等背（輩）也有好處。佛爺是演是演（試演試演）渡化渡化。佛爺睄睄看看。深知道尞（了）。佛爺聖目看見。世上的生零串（靈喘）氣活務（物）都要渡化。因此凡間人人立會。休（修）好行善。

這是津音法鼓聖會善念。勸人學好。

第五十七起眉注：寶鼎前□□□□□音法鼓前接□寸兩會一張八尺

按語

法鼓會最前邊有兩對旛旗，其中後邊一對上寫「玉皇閣前津音法鼓」。「玉皇閣」，《津門紀略》卷一「疆域門・壇廟」載：「玉皇閣在東門外」。該閣始建于明宣德二年（一四二七）原為一所道觀，是天津現存最古老的建築之一。過去每逢農曆九月初九重陽節登高，天津人便要攀上瀕臨海河的玉皇閣，也算居高闊目，一覽「三會海口」之形勝，清朝人魯之裕《玉皇閣》詩贊曰：直在雲霄上，蓬根望可通。萬帆風匯舞，一鏡水涵空。

「玉皇閣前津音法鼓會」：《天津皇會考紀》「法鼓」一節記載的「民國二十年（一九三一）的法鼓會」尚有其名，只是將其直接寫成「玉皇閣津音法鼓會」，而少了「前」字。一九八四年天津民間舞蹈普查登記時，南開區東北角街上報的資料顯示津音法鼓會已經失傳。《中國民族民間舞蹈集成・天津卷》中的，「全市民族民間舞蹈調查表」中已不見其名。

注釋

［一］大道水會：此文中所述「大道水會」，和稍後的「大路水會」均為佛、道觀廟中的法事活動名稱，只是今天一般稱之為「水陸大會」，為「超度水陸一切鬼魂，普濟六道衆生」之大法會。

當年的玉皇閣前津音法鼓會，可説獨得地利之便——背靠津門著名道觀玉皇閣，不遠處又臨娘娘宫，臨海河設會演練，自然獨得風水造化。因此，無論是道觀、佛寺的水陸道場、大法會，還是娘娘聖誕出巡，津音法鼓會必是少不了的參與者。不然怎會在如此隆重的「娘娘出巡」活動中，單單提到了農曆七月十五玉皇閣中的「大道（陸）水會」呢？

［二］盂藍會：源于《盂蘭盆經》（西晉・竺法護譯）。經中敘述目連始得六通後，想要度化父母以報哺育之恩，却發現亡母生于餓鬼道中。目連盛飯奉母，但食物尚未入口便化成火炭，其母不能得食。目連哀痛，于是乞求佛陀。佛陀告訴目連，其母罪根深結，非一人之力所能拯救，應仗十方衆僧之力方能救度。于是教他在七月十五僧自恣日（由他人隨意檢舉自己的過失並對著其它比丘懺悔，行自恣法），為父母供養十方大德衆僧，以此大功德解脱其母餓鬼之苦。梁武帝大同四年（五三八）七月十五日，在同泰寺舉辦第一次盂蘭盆會。到唐代，盂蘭盆會便廣泛地在民間流行，並被稱為「鬼節」。直至今日，盂蘭盆會已成為中國民俗的一部分。

［三］法船：所謂「紙糊的法船」，乃為「扎彩」作品。上有如來佛祖、各路菩薩、達摩老祖、坤元祖、韋陀爺，船頭劈水摇櫓的四大金剛等神像，以及無數的「蓮花燈」——點上蠟燭，放到河裏一齊祭拜、觀賞。此時，海河岸邊人頭攢動，河中法船在蓮花燈的簇擁下緩緩漂流，法鼓聲、誦經聲一浪高過一浪……當年的這一民俗活動又别是一番人文風情。

〔四〕失化迷生：江逸子《因果圖鑒·地獄變相圖·墮落簿》有言：無數游魂于迷茫中來到另一個時空，但見空中高懸著一片大幟，書著「六畜興旺」，十分諷刺。判官忙著核對「投胎簿」密密麻麻盡是畜生惡鬼名單。偈云「今得人身當思念，莫讓來生披獸皮。輪回無情人無意，閻羅殿懸孽鏡明」。哎！雖知如今地獄中也是「人皮缺貨」，怕也怕不乏「議價皮毛」，所以才有了「為人容易，做人難」之説。

第五十八起（第七十二道）　普善花童聖會

題注

普善花童聖會。好善至（之）家生養嬰兒。掌（長）到三四歲上。骨戈（骼）好。人樣好。説話好。生兒的父母愛。真也疼愛。掌背逆（長輩溺）愛。居家愛著愛著。愛的佑（又）怕生花當差。件（見）天怕。時時怕。刻刻怕。好。怕這（著）怕這（著）。小孩子他涽（渾）身藹藹滚若（湯湯滚熱）。鉸佑究（叫又揪）心了。究心究（揪心揪）的孩子見寮（了）花苗寮（了）。生兒娘哭吊（掉）淚。疼兒志理（之理）。正似（是）孩子見苗。大人跑道。以（一）天兩次上娘娘宫燒香。清早去燒香足誥足誥（祝告祝告）。晚天佑（又）去燒香足誥足誥（祝告祝告）。小孩子花四天上了。净請有名氣的先生。請小人客（兒科）。説這個花勾（够）四成花。止（只）望清也不清（輕也不輕）。種也不大種（重也不大重）。有灾亂頭（投）醫。佑（又）請看香道奶奶來看。香道奶奶説。本家有娘娘願心。德（得）還才好了。

這個小孩子他是賜（伺）候老娘娘花童之（子）。德（得）便溜生你家來尞（了）。許願還願把（吧）。本家申（深）信。許下隨駕花童會行開。家宗（中）本來有錢。鄉（相）好知近朋友多多。外請念書學生。配合花童隨駕。彩衣型（行）頭。做的花草。花藍（籃）。都是本身一家與（預）備。花童會小學生。執辦相（置辦像）神童以（一）樣。掌旗報事哥哥。有水夫哥哥。有提花籃子的散花哥哥。有訓（續）花哥哥。有烏（捂）花哥哥。有焦（澆）花哥哥。有接花哥哥。有回花哥哥。有收花哥哥。有煥（還）花哥哥。以（一）共九位花童哥哥[一]。

九位花童。比逢（方）神童。都來隨駕出巡。防付相似（仿佛像是）巡察善緣以（一）樣。凡間行會。街市人説有靈有聖。娘娘催感。人每（們）辦理。生色。雅致。尊貴。真好。什（實）在德（得）好。行在那裏。説好會。要座（坐）下。人來睄看。叫好。到處人看洛（落）好。行走會宗（中）聽見得好。睄會的人多。大家來捧好。看會棚裏奶奶們哈（喝）好。香火船上人每（們）見了抬（喝）好[二]。花童會聖宗靈佑催感善念。本家的願心。以致（至）路上行會得好。會首人以秉前（一秉虔）心還願。隨駕出巡行香。求聖護佑。居家安太（泰）順訓（遂）。忘不尞（了）這神聖慈悲恩德。四年願心隨駕行會。補報聖恩。天后聖母威顯世（四）

方。靈應慈悲。才有浩（好）善者他出頭行會。勸善。神聖替天行道。延年益壽。教化群生。世人休（修）好休（修）善。求福求壽。以惟自然。秉心休（修）好。成（誠）心端正。

第五十八起眉注：花童會前接一尺靈官花瓶會前接八寸兩會一張八尺

按語

此起圖畫眉注標有：花童會前接一尺。靈官花瓶會前接八寸。兩會一張八尺。按此，普善花童聖會前可能有一道「靈官花瓶會」。

普善花童聖會，源自于這家父母對愛子的無限疼愛之情，然而愛的越深，怕（擔心）的越甚，古今同理。但是讓自己的孩子和小朋友們穿上了彩衣，扮成「神童」來還願的行動却凸顯了天津人的生活與藝術、藝術與現實互融互通的生活品位。

注釋

［一］一共九位花童哥哥：實際上這裏寫了十位哥哥的名稱。也虧了這户人家有錢，相好的朋友也多，乃至把上學念書的小朋友們也請來，穿上彩衣，拿上道具，裝扮成「九位『花』哥哥」，一個個的儼然就像「小神童」一樣。再加上前邊的兩副茶炊子，三十多位手舉挑燈，

攢忙的朋友，顯得既熱鬧，又尊貴、雅致。于是惹得「看會棚裏的那些奶奶們」不住聲的喝彩。此時過會的與看會的大概都已經進入了「藝術的情境」，而忘記了當年的病痛與恐懼。

［二］喝好：這個「喝好」並不單純是藝術欣賞式的喝好，其中還包含著民俗學上的意義，即「病好了」的「好」，所謂「出好花，還好花」，喝好的人越多，病好的越快越徹底，這便是受用。

第五十九起（第七十三道）　天后宮道炬行香會

題注

天后宮道炬行香。歷年在送生娘娘駕前。護聖出巡。議為老立（例）。枝排（支派）會規。當年起初娘娘聖會。黄輦行到路上。晚間夜近更申（夜静更深）。駕前無有響器傢夥蹻（敲）打。街市路上如同無人只浄（之境）。相（像）那許願人。接駕人。燒香人。求聖人。他忝（參）駕不知娘娘神位已（幾）時來到。處處等。困。睡著了。睡醒。處處不知聖駕多之（至）晚會上過去奈（了）。以後掃殿會公議。才請本廟住賜（持）出來。言講。神位本廟出巡。本廟行會。本廟昇式（聲勢）。本廟善念。道家英（應）下行會。五駕（架）輦前。陳設燈亭子前。舊（就）是宮内道炬行香一會。隨駕出巡護聖。蹻（会敲）打銅器傢夥。響聲音律。並無二會響器傢夥隨駕。後來有那念經念佛的道爺每（們）行好。檜蹻（敲）法器傢夥。貼報出法器會[一]。隨駕出巡。愛息（喜）鬥聖（勝）。浩者（好喜）鬥聖（勝）。本衛人每（們）出響器會。改會名。不叫法器會。叫法鼓會[二]。從那以（一）年興啓（起）法鼓會。似（是）有愛出的。愛練的。都是法鼓會了。議（以）外佑啓（又起）字眼。法鼓上的名號。甚（什）麽音。甚（什）麽音。後來法鼓會太多了。排陳設燈亭會。嘉當（加檔）排出法鼓會[三]。打響器傢夥。敢駕到了。有人接駕。有人燒香。都不困了。

□□□□（道炬行香）聖會。似（是）在天后宫内的道家。聚（俱）有請帖助資。有玉皇閣的道家。有大靈觀的道家。有城隍廟的道家。有河東水梯子關帝廟的道家。有朝陽觀的道家。有小聖廟的道家。有玄帝廟的道家。有陳家溝娘娘廟的道家。這些道家全有請帖下請。來到會上助資。尞（料）理會宗（中）心願。年年有四天的行會費用。三月十六日期送駕。十八日期接駕。二十日期隨駕出巡。二十二日護聖行香。助資不勾（够）。大家公攤孺（需）費等項。重（衆）人心願。這是天后宫道炬行香。年年總在頭駕寶輦前行會出巡。也不用掃殿會排檔。會過時。二十三日道炬會在大殿前越（閲）臺上。晚間設立擺覃（拜壇）念經。與天后聖母祝壽聖誕。道家全都拈香。乃為是道家衆人的心願至誠。求聖宗護佑。垂照人口平安吉祥。

第五十九起眉注：道炬行香頭駕寶輦前接五寸後接一尺二寸

按語

按此題注，最早的娘娘會出巡駕前是没有「響器傢夥敲打」的。那些進香的香客白天看了一天花會表演，入夜自然又困又乏難免瞌睡，甚至因此耽誤了給老娘娘上香。到後來掃殿會上的人與娘娘宫住持協商，才由天后宫組織了「宫内道炬行香會」，敲打銅器傢夥，出巡護聖。並且明確指出「響聲音律並無二會」。也就是説此時還没有别的「響器傢夥會」，更别説「法鼓會」隨駕巡遊。正因為如此，道炬行香會在歷届娘娘會中都是排在頭駕寶輦之前，成為慣例。

另，《遼史・禮志》載：「四月初八日悉達太子生辰，京府及諸州雕木為像，儀仗百戲導從，循城為樂……」此説雖然並非直述「媽祖娘娘出巡」，恰可證「雕木為象，百戲導從，巡城為樂」之民間風尚的實際存在。

注釋

［一］法器會：道炬行香會有鐃鈸而無大鼓（图中绘有一人手执小鼓一面），並配有小樂隊編制，與今日所見道教樂隊相似，故稱其為「法器會」。據此可見，道家的「法器會」與天

津民間的「響器會」——即後來的「法鼓會」，是兩種完全不同的藝術形式。

〔二〕法鼓會：題注涉及天津「法鼓會」的名稱與興起淵源：有那念經念佛的道爺們，會敲法器傢夥，貼出海報要出「法器會」。有好喜鬥勝的天津本衛人出「響器會」，看到海報後，統統改了會名，不叫響器會，改稱「法鼓會」了。也就是「從那一年天津才興起了法鼓會」，並且紛紛起上「某某『音』」的法鼓名號。

天津民間流傳，最早的法鼓會為四家，即大覺庵金音法鼓、侯家後永音法鼓、東、西園法鼓會，他們都成立于明朝永樂年間（一四〇三—一四二五）。也就是説那時「法鼓會名號」——即「音」字標識，已在民間得到廣泛共識，並有了「法鼓會」的通稱。此傳説似乎可證天后宫娘娘會，以及天津法鼓藝術歷史之悠久。

〔三〕加檔排出法鼓會：《行會圖》共描繪了天津的一百零六道民間花會（包括還願會在内），其中法鼓會多達十六道，占總數的百分之十七。如果按此圖題注「前邊為玩藝會，後邊為陳設會」的分類方法，法鼓會則占到陳設會的百分之三十二。但從民間藝術的表現形式上看，法鼓應當屬于「玩藝會」之列——由它的技藝性、表演性、觀賞性所决定。可是無論從當年成就此畫的時候起，還是至今的天津法鼓會會衆，却寧肯將法鼓看作是陳設會，並以此為榮。其實這首先是由法鼓會在皇會中極為特殊的排列順序而造成的，即法鼓會是跟在大座、寶輦和還願隊伍的後邊，屬于「護法會」的行列。也正因為如此，形成了法鼓獨特的藝術風格——即音樂的典雅性、舞蹈的威猛性、裝飾的豪華性、隊伍的龐大性等特點；形成了法鼓表演風格的「三相」——即「莊嚴相」「威猛相」「從容相」；形成了設擺（道具）豪華的裝飾性風格，正是這些共同構成我國最為獨特的「都市型風格的民間藝術」——「津門法鼓」。

第六十起（第七十四道） 送生娘娘寶輦同議請駕聖會

題注

宫内道炬行香過去。後面舊（就）是頭駕寶輦駕到。這路上大街。巷口。衚衕。有接駕的奶奶們。看著不遠。有老的有少的。有本身求兒的著香接駕跪門口的。有替兒付（媳）婦求孫男弟女的。著香接駕跪墻根足誥（祝告）娘娘。有老娘他出門子歸（閨）女早晚座（坐）月子。鄰（臨）盆的日期。求送生娘娘保護。送個小小至（子）來。分勉（娩）好。快當當的把（吧）。有他姥姥替外生（甥）女座息付（做媳婦）十己（幾）年的功夫。男孩女孩無從見影。向（想）求送生老娘娘送一個半個的來把（吧）。有他奶奶替他孫子息付（媳婦）跪香接駕。足誥（祝告）送生娘娘慈悲。送一個小從（重）孫子。吾們娘娘宫擺供去。孩（還）唱大戲解（謝）神。有他婷婷（婆婆）替他兒息付（媳婦）跪香求誥（告）以（一）兩個小孫子。長命百歲的娘娘送來把（吧）。如果養呼（活）孫子。我要見了面。情願吾死也肝（甘）心。

娘娘以（一）路之上每逢駕到。睄把聽把（瞧吧聽吧）。净似（是）這些老少奶奶們。都似（是）高聲足諧（祝告）。念送（誦）多多。會宗（中）人每至（們只）管聽見。都也不笑。都也不説話。耳拸（朵）内都聽多了。都聽蜀（熟）了。都聽訓（絮）了[一]。都聽逆（膩）了。都聽凡（煩）了。若是寶輦行會走著路上。聽的孩（還）少些。寶輦以媽（一碼）過[二]。做（就）此聽的少些。若似（是）寶輦在街市人多的處。若打住楚（杵）棍[三]。大家聽把（吧）。佑（又）算來了這以（一）套。會上人每（們）都愛説話的高聲説。會完。會過去話。無非不聽那些奶奶們夫（閑）話。他們净來打岔的話。到處聽耳夫（閑）話。牙塵（磣）。柯塵（磕磣）。會行街上。未（為）的是休（修）好休（修）善。休（修）德休（修）福。

感（敢）送生娘娘寶輦過去。有接駕的奶奶們睄看送生娘娘。聖體腦後掛的鬼臉。這該老娘們説。送生娘娘倆臉。該有兒至（子）家臨盆日期。娘娘送生小孩。他若不去。回來趕[四]娘娘回廟。小孩抬頭看見娘娘的鬼臉。亥（害）怕。小孩他回去。大人分勉洛草（娩落槽）了。這似（是）送生娘娘聖體靈應。威顯做（祚）民。慈悲護佑。

同議請駕聖會。掃殿會上年年去請衆位行會。休（修）好善念。請駕會首人説。

我每（們）早有操遲（持）。衆位還未輳琪（湊齊）。我每（們）緊緊請執。有掃殿會望（往）請駕會。兩下人每以琪科（們一起磕）頭。加背功（倍恭）敬。請駕會人著間（肩）[五]。前後八位人抬。請駕行輦總德（得）請出六班爺每（們）。替煥（換）倒班請駕。為（唯）有上請駕會。衣帽。搭（褡）包。鞋襪。通身穿期（齊）。見新。會宗（中）怕比。自己上臉[六]。出輿（行）富利[七]。到了行會日期。要各代（帶）香資錢財上會。打三月十六日起。頂到二拾（十）二日止。衆位浩（好）善。全未（為）聖宗娘娘感應垂照。逢凶化吉。與（遇）難成（呈）祥。保佑居家平安舊（就）有了。

第六十起眉注：道炬行香頭駕寶輦前接五寸後接一尺二寸

按語

頭駕寶輦為送生娘娘，前後有兩張面孔，前為善相，後為惡相。據説她在送胎兒投生後，轉身回宮便露出後面的惡相，怕的是嬰兒捨不得離開她，要跟她回宮，當嬰兒看到了這副惡面孔後，只好去投胎，另尋生路了。還説娘娘轉身走時要拍打嬰兒的屁股，也是為的嚇唬孩子趕快投胎，所以孩子出生時一定是負痛的哇哇大哭，屁股上還會留下一塊被老娘娘打的青（胎）記。

注釋

［一］絮：絮煩，聽得太多了。

［二］一碼過：一走了之，意為没有停下來，一走而過。

［三］杵棍：所有大座類花會，以及提燈、香爐等會，停下來休息，或因為人多、擁擠，不得已停下來，曰「杵棍」，又稱「落地」。典型動作形態可見第八十二起（第九十六道）「公獻提爐燈亭」的持香爐者。

［四］趕：追、追趕。

［五］著肩：寶輦抬杠上肩。一架寶輦要六撥人輪換，也即五六十人擁護著一架寶輦，可謂壯觀。

［六］上臉：方言，臉紅，不好意思。

［七］富利：富餘。所謂窮家富路，不管在家如何，出門總要大大方方的，否則會被人瞧不起、笑話。

第六十一起（第七十五道） 侯家後永音法鼓

題注

侯家後有衆位爺每休（們修）善。永音法鼓年年行會隨駕護聖。休（修）善願心。供奉天后聖母。靈佑威顯。護國保民。慈悲攢順。有求必應。每逢娘娘廟都是有求必應。比不上天津衛天后宫老娘娘真正靈應。天后二字別處每（没）有。都寫天仙聖母。有天妃聖母。別處不能寫出天后聖母。別處娘娘廟神位眉（没）有感（趕）上敕封。比逢（方）山東泰安山娘娘廟香火大。神位無感（趕）上敕封。稱為天妃聖母。到東頂娘娘廟。神位稱為天仙聖母。無感（趕）上敕封。西頂娘娘廟。神位稱為天仙聖母。無感（趕）上敕封。到金頂太行山娘娘廟。神位稱為天仙聖母。無感（趕）上敕封。到京西北妙峰山娘娘廟。神位稱為天仙聖母。無感（趕）上敕封。到海内娘娘山。倒有史（駛）船人。稱為奶奶廟。神位無感（趕）上敕封。以（一）共四大明（名）山娘娘廟神位聖母。全無感（趕）上敕封。為（唯）有天津衛小直沽娘娘廟神位感（趕）上兩次敕封。頭一次受敕封。是大元朝建安皇爺敕封娘娘神位。天妃聖母。修蓋天妃宫廟[一]。第二次大清朝乾隆皇爺。下天津衛到小直沽天妃宫内拈香。敕封天后聖母神位。高勂以背以（高掛一品一）等封誥。到嘉慶十三年老主下天津。到天后宫拈香。嘉慶爺御筆欽賜。垂佑瀛壖牌編（匾）大殿懸掛[二]。天后聖母若不靈應。皇帝家燕（焉）能勾長長（够常常）敕封掛編（匾）。琪寔説啓（其實説起）天仙聖母娘娘。天妃聖母娘娘。天后聖母娘娘神位。通場（常）都是這一位娘娘。有廟内聖相感（像趕）上敕封的。有聖相感（像趕）不上敕封的。各有各處各廟各神運氣。各有地運。各有人運。普天下娘娘宫有多少。娘娘廟有多少。娘娘庵有多少。娘娘祠有多少。娘娘山有多少。娘娘到（島）有多少。娘娘會有多少。娘娘願心有多少。人人蓋下娘娘廟堂都未（為）燒香休（修）好。求娘娘神位保護。平安無灾無禍。舊（就）是人的福田。求娘娘神位教發財治（致）富德（的）命。娘娘神位不管發財。全平（憑）自己。愛發不發。這是永音法鼓聖會。勸人休（修）好行善。大家求福求順。

第六十一起眉注：永音法鼓前接一尺一寸玻璃車巡風前接八寸兩會一張八尺

按語

這張圖中出現了一個錯誤，就是侯家後法鼓會最後邊的那把「大圖燈」，上邊寫的是「陳家溝娘娘廟前善音法鼓老會」，這豈不是張冠李戴了，若讓侯家後法鼓會的人知道了那還了得。

侯家後位于天津衛「三岔河口」西側，南運河南岸。自金元時期，仰仗運河之便，形成航運繁忙，百貨集散，店鋪比鄰的繁盛之貌，成為天津設衛之前最早的商賈往來聚落地之一，並有了天津城區最早的户籍記録。

侯家後永音法鼓老會與當年天津的第一道金音法鼓老會，同時成立於明朝永樂年間，並彪炳史册。在現存的有關天津皇會的資料中，到處可見侯家後永音法鼓老會的名號。與此同時，十不閑、日罩、送生娘娘請駕會等，諸多民間花會也都落户侯家後，足以證明此地經濟實力、人文涵養、習俗風尚的殷實與敦厚。光緒二十年（一八九四）和民國二十五年（一九三六）的皇會均可見其名號。一九八四年天津民間舞蹈普查已不見其蹤影。

注釋

［一］天妃宫：坐落于今天津河東區大直沽，全稱為「天妃靈慈宫」，民間稱其為「東廟」，現辟為「元明清天妃宫博物館」。天妃宫乃中國北方地區第一座媽祖廟，建于一二八一至一二八四年間。一九九八年天津市考古工作隊對遺址進行發掘，出土了元代建築基址與明、清時期天妃宫的大殿基址，以及大量的元、明、清建築構件和生活用品。其間出土的元代藍色琉璃筒瓦和明代緑色琉璃筒瓦表明，天妃宫在當時應是等級較高的「官廟」。與此同時還發現存有宋金或更早的文化遺存。

［二］題注為我們記録下天津天后宫媽祖娘娘，屢受皇封的光輝史迹，這中間包括：元世祖敕封天妃聖母，並在大直沽修蓋「天妃靈慈宫」；清乾隆到小直沽天妃宫拈香敕封「天后聖母神位；敕建天后宫；以及清嘉慶帝到天后宫拈香，御筆欽賜「垂佑瀛堧」牌匾的史迹。遺憾的是《清實録》卷一百九十二，僅記：「嘉慶十三年，三月，戊午，上幸天津，詣海神廟、風神廟拈香。是日駐蹕柳墅行宫至癸亥皆如之」。此間並未言及題匾一事。

第六十二起（第七十六道） 積善堂頂馬行香會

題注

積善堂頂馬會。隨駕出巡行香行會。行好行善。大家隨議護聖。是（侍）奉天后聖母靈應威顯。慈悲保佑。凡人善念報答聖恩。至（只）因本家有關東口外買雜糧行進口。本家船粧（裝）糧行到當海。西北天氣黄色。船上家掌（長）人[一]說。排（派）出話來。收倒[二]。重（衆）人琦（急）忙船知（只）入倒下毛（錨）。蓬洛（落）。不多時西北風寡（刮）起。越寡（刮）越大。船上連下三口毛（錨）。船知（只）剛剛保住[三]。風先（掀）横浪。打莫（没）頭遠。船上人每（們）腰内祭（係）繩作活。風寡（刮）日莫（没）。海寬匡也（曠野）。海水無風浪趕三尺高波。頂到天黑。人看船頭有燈籠兩個。上面有字。看見字是天后宫。天后宫。家掌（長）說。娘娘聖母來救。燒香化紙放邊（鞭）。開船走。船從小石倒（島）開船。當海行走。以（一）夜到天明。看來執（至）清水邊近（進）。入天津河口進來。這是以湯（一趟）買賣。專（賺）銀不少。本家許願謝神。出頂馬會[四]。隨駕願心。報答天后聖母護佑。垂照靈應。救難救苦娘娘。受敕封管水路。瀛波地面顯聖。護國保民聖位。世人隨（誰）不感念。香火供奉。敬神保護。人人許願。人人還願。至古至今。人人浩（好）善。公議請會出會。請會浩（好）善者人出頭。出會人感念神恩。出會者接（結）善緣。倫禮（論理）。來請會。出會都是以（一）樣休（修）好休（修）善禮。會宗柯（中可）是各會有各樣的休（修）好。各有會首人休（修）好。會規座排遼（做派料）理。會宗（中）不得以（一）樣。都是答報聖恩。有多少樣。有位（為）祖上許願。有未（為）父母許願。有未（為）本身許願。有未（為）兒女許願。有未（為）災病許願。有未（為）買賣許願。有未檜（為遭）事許願。未順須（為順遂）許願。都是娘娘聖駕護佑。慈悲顯靈顯聖。佑（又）有德（得）道大仙爺每（們）到處催感香火。教化人間。休（修）好行善。這是積善堂頂馬會勸善。

按語

《天后宮行會圖》中共有十道還願會。積善堂頂馬會是因為家中商船海上運糧，途中遇到狂風巨浪，船上的人們險象環生，突然得到「天后宮」的紅燈指引，于是拔「三錨」，隨娘娘當海行走，天明已進入天津海河口，平安到家。于是商家、船家許下願心，出了這道「頂馬會」。

注釋

〔一〕船上家長人：船老大。

〔二〕收倒：收蓬帆，下錨鏈。

〔三〕保住：穩住。

〔四〕這次天津商船海上遇險，得娘娘神燈指引救助，打的却是「天后宮」的旗號（而非娘娘金身顯聖）。雖説世界各地的天后宮為數不少，不過當時的天津人肯定認為，就是三岔河口「天后宮」裏的娘娘伸手救援——這就成為媽祖娘娘最新的「神迹」傳奇故事，成為天津衛的娘娘「靈應」的最新證據。

第六十三起（第七十七道） 于家廠公議鷲雲法鼓老會

題注

鷲雲法鼓聖會。名號起的鷲雲二字。尊貴高明過遠去也[一]。鷲雲二字。先批鷲字體[二]。講尊貴帝王家下尊貴鷲字。宮鷲（娥）字體講説。鷲每（娥們）在皇宮。金地長（上）走。是（侍）奉太后佛爺。頭件尊貴。長（常）見金地上面鳳閣龍樓。這是二件尊貴。太后活佛。早單（間）晚單（間）下來御宴。不闕（缺）鷲菜肉味。宮鷲（娥）捧下。理當他用。這為鷲（娥）吃娥（鷲）。講三件尊貴。鷲字佑（又）批神聖鷲字講説。四面混海薩菩（菩薩）。神位名號八背鷲（臂哪）吒太子。當初拉開應天弓。射出去乾坤箭。碧霞童女彩（采）藥草山窪。不房（防）乾坤箭重（中）射死。他是石雞（磯）娘娘射死（侍女）。石雞（磯）算出來。到陳塘關叫鷲（哪）吒對命狄常（抵償）。天王秧（央）求。娘娘不依。天王李静（靖）求下太乙真人皆（解）勸。石雞（磯）娘娘亙（更）不依。真人用神火皂（罩將）石雞練（磯煉）

死。李静（靖）夫妻孺麽[三]（辱没哪）鵞吒。鵞（哪）吒以（一）怒。拿刀哥（割）肉還母。梯（剔）骨還父。這是鵞字典估（故）[四]。説説雲字批祠（詞）。雲來霧去也。史（使）雲生雨。雨生土。土生萬務（物）。萬務（物）都在陰陽八卦以内分皆（解）生番[五]。周文王造八卦。出（初）行。從西北上啓（起）頭造出來。西北為天。乾。闞（坎）。艮。巽。栿（震）。離。坤。兑。八字八方。乾為天。西北按（安）位。栿（震）為地。東南按（安）位。艮為陽。東（西）南按（安）位。坤為陰。西南按（北安）位。巽為木。正東按（安）位。離為火。正南按（安）位。闞（坎）為水。正北按（安）位。兑為金。正西按（安）位。離地在南。火位。萬物不能發生。闞（坎）地在北。水位。萬物不能發生。巽地為木正東。分春夏。望（旺）發萬物掌（長）生節令。兑地為金正西。分秋冬足莊萬務（物）。解浩（皆好）節令[六]。世人千百萬事。説巽兑二字音。世人全都不知。百務（物）説東西。人人知曉。説蜀（俗）話。買東西。賣東西。致（置）東西。吃東西。疼東西。哏（恨）東西。愛東西。偷東西。萬務（物）名叫東西。世上東西從八卦内批出。不言巽兑字。净説東西。明白傳流世上。文王陰陽傳世。休（修）好人知。替天行道。

這是鵞雲法鼓勸世善音。

第六十三起眉注：鵝雲法鼓頂馬會前接八寸中接七寸兩會一張八尺

按語

法鼓會最後邊的大圖燈上寫著「于家廠公議鵝雲法鼓老會」。前邊曾有河東于家廠雅音法鼓老會（見第五十五起第七十道。關於于家廠地名出處參見第二十六道河東大寺于家廠勝議高蹺），想來這兩道法鼓會應當相隔不遠。過去一個村鎮裏有兩道會的情況並不新鮮，像錦衣衛橋就有和音與全音兩道法鼓會，楊柳青鎮也有永善和東寓兩個法鼓會。只是于家廠的這兩道會，僅在這張寶貴的《行會圖》中留下了點蹤迹，其後似乎就再也没有了聲息。

注釋

［一］過遠去也：方言，極度誇張語氣，此處意為「非常非常」的尊貴、高明。

［二］字體：字義。

［三］辱没：侮辱。

［四］鵞字典故：此段文字或可作為《行會圖》中「題注」為作者在民間采風基礎上整理，並保留民間口述内容而成的證據。「鵞」，今讀音為「鵝」之陽平，過去讀音為「訥」之陰平，

題注將（宮）娥、鵞（肉）、哪（吒）三個意義完全不同的字詞（雖説過去讀音相同），放在一起當「典故」來「講論」，應當不是文人所為。

［五］生番：生繁，生長繁殖。

［六］此處所論八卦方位與伏羲先天八卦——南乾、北坤、東離、西坎，和文王後天八卦——震東、離南、兑西、坎北的方位標示出入較大，恐有誤。

不過此文也為我們展開了一些有意思的話題，即按文王後天八卦圖所示，東為震、西為兑，於五行，為木、為金；於五色，為青、為白；於五化，為生、為收；於四時，主春、主秋；於二十四節氣，為春分日和秋分日。這期間實為萬物生發、生長、足壯、足實之季節時令，所以我們稱萬物為「東西」。

第六十四起（第七十八道）　積善堂道童行香聖會

題注

道童行香聖會是泰（抬）寶輦駕前護聖。還此心願。達（答）報娘娘神佑聖恩。本家是位大買賣人家。輔（鋪）户買客亡（往）南。長長（常常）在外。買貨務（物）要親身去看。此貨務柯（物可）路遠。非走那洞庭湖當江大道不行。本人要去。有人説去不得。洞庭湖當江道載霞（窄狹）。道長八百里地遠。走不的（得）車。眉（没）有脚驢子[一]。兩邊的樹掌嘉（長夾）密。煮（遮）陰不見太陽。走道的人每（們）行走柯（可）凉塊（快）。本家説吾見見湖宗（中）世是（事）。睄睄去。次日代（帶）著撒（散）銀盤費一人起身睄貨務（物）。單行攢路走執（至）入江大道。走黑住店。上早起身。行執（至）四天路上。本人耳聽説話。來問從哪裏來。往哪裏去。本人回頭看無人。本人又走己（幾）里地遠。耳聽又問。孩（還）是那些話問。本人又回頭看無人。本人又走路上。行走有七十里地遠。背後來問。説話有五六次。走到黑晚下店住了吃飯。也不用他說出。店家人舊（就）問。客官行路到此有甚（什）麽動景（静）無有動景（静）。客說有問者（這）話。說了以變（一遍）。店家說知道了。今夜晚尊客安解（歇）。我有個木匣。裏頭有響聲別睄。隣（臨）困時匣上有口拉開。客官至（只）管安解（歇）睡叫（覺）無事。明日起身。行人睡蜀（熟）。天勾（够）三鼓時忿（分）。這以（一）條怪務（物）叫人頭蛇。會說人話。生在樹陰（蔭）。怕太陽地賽舊（曬就）死。此務（物）吃人。在樹陰（蔭）上問行人。行人住在那（哪）裏。他隨在那（哪）裏。黑下吃人。這條人頭蛇進店來。行人窗户外。專（鑽）進來吃人。行人匣出以（一）條飛吴公（蜈蚣）來。專（鑽）進那人頭蛇的鼻孔裏内。人頭蛇舊（就）跑。出不去房屋。人頭蛇以（一）死。飛吴公（蜈蚣）將人頭蛇的惱之（腦子）吃净。飛吴公（蜈蚣）從人頭蛇的鼻孔内專（鑽）出來。飛進木匣内。天以（已）大亮。有店家人看到客房窗户紙破。舊（就）知道人頭蛇他來了。店家來到客房叫門。行人罰（乏）困。叫醒。睡叫（覺）人增（睁）眼看見。吃以（一）大驚。開門。出去問店家人。說匣子裏的飛吴公（蜈蚣）救你的性命。吃他的惱之（腦子）。舊（就）把人頭蛇吃人的來理（歷）說明。行人聞聽後怕。行人佑（又）問。望前去此務孩（物還）有無。店家說有。越望前去。此務（物）越多。不但此務（物）多多。前邊黎（離）著廣西交界近。不但人頭蛇有怕太陽地。把呰這件務（物）他吃人在草上飛。醉（最）毒不過。雙頭蛇見人禪（纏）腿。人若捽倒。毒蛇先吃人眼精（睛）。扎（咂）人鮮洫（血）。後吃人的五臟六肺（腑）。雙頭蛇蟲有人得他賽乾（曬乾）了。崴（碎）成細面。滅（捏）點配酒。人哈（喝）下去。過賴專（來賺）銀兩發財。行客聞聽亥（害）怕。貨務（物）只是我不敢去睄看。我舊元（就原）路廻（回）來了。為人悔（灰）心至（只）好回來。後來越想越亥（害）怕。回家許願。兒男掌（長）大出道童會。尞（了）去驚怕。願心休（修）好行善。全平（憑）神護保佑。

第六十四起眉注：□□□□九寸道童會前接八寸兩會一張八尺

按語

前邊四盞大挑燈上寫著「積善堂道童」，又說他是寶輦駕前護聖，可見這道會的社會地位不一般（前邊第六十二起第七十六道為「積善堂頂馬行香會」。看來這「積善堂」是專為大户人家舉辦此類活動的堂號）。

此會出會的原因，似乎與媽祖娘娘關係不大，倒是路途之上，客棧之中的「店家」[一]，成了救苦救難的活菩薩。他手中裝有飛蜈蚣的匣子，儼然就是降妖的法寶。只是不知道這位店家究竟是媽祖娘娘化身，還是濟公活佛下凡，拯救了咱天津衛這位大買賣人。大概是他回到天津以後，越想越覺得害怕，于是許下心願，要出道童行香會。于是這道會中「道童」手中的幾件道具就有了特殊意義，書是寧神的，酒是壯膽的，香是安魂的，小道童（應當是大買賣人家中的兩位小少爺）手持拂塵是除魔的。再加上這四十多人的行會隊伍，又是氣死風燈、茶炊子、又是挑燈，人多勢衆，再加上媽祖娘娘的神威，大買賣人心中的「恐懼」應該被驅散了。

注釋

[一] 脚驢子：脚，脚夫，代人扛搬貨物之人，此處指没有可供騎乘的毛驢。

第六十五起（第七十九道） 城内草場庵清音法鼓聖會

清音法鼓聖會。城内草場庵後衆位操演法鼓。行會修好。會宗（中）號名清音法鼓四字。此乃這四個字都有批講言語。頭一個清字。萬里無雲天清。當今國號大清。入閣四相九清（卿）。官審屈執（曲直）斷清。這是清字。音字講説。西天我佛雷音。南海薩菩（菩薩）觀音。盂蘭聖世（事）禄音。施匡（師曠）[一]整理五音。這是音字。法字講説。九蓮臺上講法。八大薩菩（菩薩）聽法。天師諸神座（做）法。國家勸世王法。這是法字。鼓字講説。神聖洛（落）凡天鼓。金鑾殿精陽鼓[二]。牙（衙）署内鎮堂鼓。廟愈（宇）誦經鐘鼓。這是鼓字。此乃清字。音字。法字。鼓字四字批語。講説善念。清音法鼓名號啓（起）的高明[三]。講倫（論）善念伊溜（遺留）。勸世修好。積陰功立德性。增福延壽。下傳子孫後背（輩）。光宗越（耀）祖。積惠福田。壽先（限）禄數。豐富有餘。勝强有福祝。心才齡（靈）。有壽命。不將宗（終）。有禄多。萬事通。人才能勾德起昌升（够得其昌盛）。若積前世音（因）。

今升座（生做）著事。若積後世陰。今生攢著事。勸善醒悟。全問自幾（己）。

為（唯）有法鼓行會。多有隨駕修好出巡。總在晚間動身才行。是那些完（玩）藝會。耍巴會。全都下會安解（歇）。送聖完全聖事。我每（們）在街上行執休（修）好。外來的進香人們。成夜晌會。回家去傳言。天津衛的升式（聲勢）。善念休（修）好。甚（什）麼會。甚（什）麼會。無非是洛以（落一）個昇明（聲名）話。

善念大。行好多。神聖催感。

按語

《津門紀略》卷一「疆域門・壇廟」載：草廠庵在城内東南隅。劉瑞清于光緒二十三年手繪天津城區圖示有確切位置。

注釋

［一］師曠：春秋時代晋國樂師，字子野。目盲，善彈琴，善辨音律。

［二］精陽鼓：疑誤為「景陽鐘」或「登聞鼓」。《南史》卷十一《后妃傳上・武穆裴皇后傳》「宫内深隱，不聞端門鼓漏聲，置鐘于景陽樓上，應五鼓及三鼓。宫人聞鐘聲，早起妝飾。」金鑾殿所置實為「登聞鼓」，古時統治階級為表示聽取臣民諫議之言或冤抑之情，特在朝堂外

懸鼓，讓臣民擊鼓上聞，稱為登聞鼓。宋有登聞鼓院，明清後漸廢。

〔三〕法鼓會各自的名號，不僅各有批語、講究，還要組成藏頭對聯來標榜，這清音法鼓會高挑的軟對上就寫著：清國望民豐足闔郡學善　音順通神靈應感念燒香。像前邊錦衣衛橋和音法鼓會，寫的是：和善緣秉志承聖宗保佑　音得道天宴知神目如電。天津的每一道法鼓會都有這種綢緞做的軟對，每一幅軟對又都是一幅書法作品。所以我們説「津門法鼓」是一種都市風格的綜合性民間藝術。它與鄉村風格的區别在于：前者張揚、奢華、豪放中含著尊貴、高雅，以及生活用具的裝飾化、藝術化；而後者却樸實、樸素，歡樂中透著敦厚和羞澀，以及生活用品的直接道具化。其實正是各種細節上的「講究」，成就了津門法鼓的藝術風格。

第六十六起（第八十道）　于慶堂巡風還願會

題注

巡風聖會行好。隨駕捕（補）報娘娘神位恩德。靈佑保民。是本家的祖上有德性陰功。聖母察照慈悲。來救迷生。逢死不死。總德（得）善念。感到祖上行好。父母休（修）善。小孩子的福田皂（造）化。才能從（重）生有命。長活壽掌（長）。乃是休（修）好得好。賞在陽間巳忌年歲混世[一]。本家生養頭壽。女孩掌（長）到五歲。仲明零唎（聰明伶俐）。父母疼兒如同真（珍）寶看待。這位小姑娘她當差。出些招痘花苗。昏（渾）身濃若莫莫藹（滾熱摸摸燙）手。有請明公睄看。説到此花性命難保。不過四日準死。本人居家老老少少。大大小小男女上下人口等。來到天后宫内大殿拈香。多多燒香。多多科（磕）頭。求神求聖。誥（告）苦求至葉（夜）一晚間。本家在大殿后提（啼）哭墳（焚）香。足誥（祝告）神相（像）許願。那以（一）天是庚辰日期。聖母來朝。墳（焚）香人看見。神相（像）前捲簾上有風張[二]。許願人等亥（害）怕。大家全都回家去了。走在半路與（遇）見本家的下人來送信説。都回來了。又説不好了。咱家的上房進去以（一）個清（青）臉紅髮的女鬼。出花的小姑娘。他怕的執（直）在亢（炕）上打滚沙波（撒潑）。亥（害）怕叫娘。孩（還）説鬼來抃（掐）吾。净説胡話。太太叫吾迎著送信。本家男女聽信不好。全都提（啼）哭廻（回）家。本家男女到家進屋睄看。出花的女孩若（熱）氣莊（撞）人。臭輪（汗）的氣味難聞。男女驚慌慌忙。有人請位看香的奶奶來。點香看香。這位奶奶説。你們别哭了。我與你們到（道）喜到（道）喜。本家人等琪（齊）問。到（道）喜話怎麽講。這位奶奶説。吾看見香上煙火吉照（兆）。方才屋宗（中）進來個女鬼來。有眉（没）有知道的。人説有有有。看香人説。那來的女鬼佑（呦）。不是鬼。不是鬼。看香人説。香煙上你每（們）到天后宫燒香。風吹綣（捲）簾。顯照老娘娘慈悲。排（派）出來人到你家生花當差屋内驚嚇孩子。叫他轉精血。應改條道。不在（再）出招痘精血。津（筋）骨道上走。應改精血道路。非黎（歷）驚怕那得臭輪（汗）托出毒氣來。小孩子他才有命活著。你們都説女鬼進來。吾看香煙上説不是女鬼。那是位送生娘娘進來。他老聖位後掛的鬼臉。驚赫（嚇）小孩子轉精。臭輪（汗）托出。小姑娘保好。吾才到（道）喜。本家男女聽得剛才入耳。只味（謂）似信不信。佑（又）聽當差的小姑娘説話叫娘。要吃餛飩燒賣（麥）。父母聽兒卧（餓）了。等買。出花人吃。這才闔家歡樂。都（道）喜這位看香的奶奶舊（就）是點了一做（座）香。抵（底）下净説話露臉。孩（還）露大臉遼（了）。本家男女都不叫走。緊溜（留）吃飯。酒席吃完。看香奶奶又説。這小孩子大好。神聖靈佑。你每（們）到娘娘（宮）燒香許願。還願。解（謝）神。本家答應。看好日期到天后宮燒香許願。女兒長到八歲出巡風會。隨駕還願解(謝)神。本家果（裹）來黄錢客（錁）子[三]。金閂。銀閂。每逢初一日。十五日。如此解（謝）神。早以（已）做好玻璃車。小女兒座（坐）裹頭。配上小丫頭拉車。有下人們後面扶送望（往）前。車上掛著花藍（籃）。藍（籃）内有花。言講娘娘改好花。還好花。這是巡風還願行會。

按語

余慶堂巡風會又為我們講述了一段「孩子出花」，送生娘娘「搭救」的故事，可謂活靈活現。與此同時，這架巡風彩車做的又精巧、又華麗，簡約中透著豪華，古樸中含著高雅，僕人們前拉後推，小姑娘坐在中間，手持「巡風令牌」儼然就是一位小公主。

皇會中的還願會是有講究的：年幼的男孩出的叫「花瓶會」；年幼的女孩出的叫「巡風會」；小頑童出的叫「道童會」；小學生出的叫「頂馬會」；乳口未開的小娃娃出的叫「靈童會」。花瓶會是手捧花瓶步行前進；巡風會是坐花車；道童會是手持拂塵；頂馬會是騎馬；靈童會是騎坐在大人肩頭（见第三道萬善報事靈童聖會）。如此看來這純民間的皇會活動講究還是真的不少，而這在藝術創造上叫做「形式感」，並被老百姓認同，成為一種程式化規矩。

注釋

［一］巳忌混世：占星學《交運時間歌訣》「十二生人運日忌」有言：巳忌戌亥寅，乃謂人的時運周轉、交衝。此間講小姑娘命運交轉，當有此難。

［二］風張：神像前的帷帳被風卷起。

［三］黄錢錁子：黄錢錁子、金閗、銀閗，謝神時焚燒的紙供。

第六十七起（第八十一道） 子孫娘娘寶輦敬議請駕聖會

題注

二駕寶輦子孫娘娘駕到。有老少奶奶們跪香接駕。足誥（祝告）求只（之）孫男弟女等等之是（事）。年年出巡寶輦動身。有多少會隨駕護聖行會。寶輦駕前香普（鋪）綫旛。以（一）共二拾巴（把）算一會。寶巨燈扇。以（一）共二拾巴（把）算一會。捌（八）尺牛焦（角）燈。上有娘娘聖惠（諱）神號字祭（迹）。以（一）共五對算一會。綉龍綉花燈罩日罩以（一）共二拾巴（把）算一會。四駕寶輦算一會。寶輦動身有多少人似（侍）奉。乃是請駕聖會抬行出巡遊街。這似（是）一駕寶輦出巡六霍（夥）會何（合）在一處行會護聖[一]。年年無非衆會休（修）好休（修）善。神知衆善。大家的願心許下。娘娘催感靈佑保護行善人家平安。為人若不信神佛者。隨（誰）能休（修）好花錢行會。護聖勸善。有説的無神聖。件（見）天日光神。月光神。星光神。這是三光神。風神。雨神。電神。雷神。露神。雹神。巡神。察神。真對真。人好心好百事與（遇）見運神。榮神。財神。貴神。人心全不好。座（做）事與（遇）窮神。悠（憂）神。愁神。秧（殃）神。萬事行善好。座（作）德好。陰功好。救人好。吃盃（虧）好。舍錢好。舍飯好。舍衣好。修橋好。補路好。蓋廟好。數（塑）神好。燒香好。還願好。邦（幫）道好。祝（助）僧好。善勸好。尞（了）事好。禮人好。

敬議請駕聖會。衆位好善休（修）好。上會都未（為）願心。請駕公輳（湊）人客。下帖邀請衆位。商議辦理。問明。有未（為）父母病好許下上會。有未（為）自幾（己）出外得安許下上會。有未嫁宗（為家中）內眷生兒許下上會。有未（為）小兒當差許下上會。有未（為）弟兄史（駛）船跑海招風許下上會。有未（為）買賣順須（遂）許下上會。有未（為）本身腿疼腰好許下上會。有未掛兀糟事（為卦惡遭事）完全許下上會。有未（為）本人過河失脚許下上會。有未（為）小孩生花死去佑（又）活許下上會。有未（為）賬目清完無是（事）許下上會。有未（為）貨務解（物卸）下到家許下上會。有未掌（為長）親年老多壽許下上會。會首人邀請會友。也有許願心的會友。也有無許願心的會友多多。大家未（為）的聖是（事）。休（修）好行善。都有香資錢財自代（帶）。以（一）共四天費用。如過（果）不勾（够）。大家公攤出報。知事人他明心。下年好辦。會首知事只有殿辦操遲（墊辦操持）。衆善人每浩（們好）勝。無非求福求順。無灾無病。聖宗護佑大家平安[一]。

第六十七起眉注：太平法鼓前接九寸二架寶輦前接八寸兩會一張八尺

按語

子孫娘娘是相伴在媽祖娘娘身邊總管生育的女神。與子孫娘娘神職相關的還有送生娘娘、催生娘娘、乳母娘娘等。廣州黄埔區長洲島金花廟供奉著二十位與生殖有關的娘娘，從投胎、懷胎、保胎、分娩、定男女，到吃、喝、養育、去病、梳洗、行走，無所不包，可謂掌管生與育的娘娘大集合。

注釋

[一]依這段文字與圖中所繪比較，其所繪人物場面大概還不足十分之一——綫旛二十把、寶巨燈扇二十把、八尺牛角燈五對十把、綉花、綉龍燈罩、日罩二十把，這是七十件執事。假設每種執事分三組人員輪換，共需二百一十人。加上四駕寶輦，每架轎夫八人，計三十二人，以六組人輪換，又得一百九十二人。也就是説四架寶輦一動身，至少需要四百多人。這可是一個閑雜人員都没添加的「實數」。

［二］二架寶輦敬議請駕會的幾十位爺們有許過願的，也有没許願的，大家只為一件事「修好行善」，並且每個人都是「自帶四天的香資費用，如果不够，大家還要公攤」。

第六十七起（第八十二道） 同願太平法鼓老會

題注

法鼓會多各有名號。為（唯）有本會啓（起）名太平二字難德（得）。議為普善天下。萬是（事）德昌。第頭以（一）件太平。應在國家八方那進（納貢）四海來朝。五穀豐登。君安民樂。這是第一太平。第二。五風十雨不範（犯）飛蟲。天不降灾。不漢（旱）不洛（澇）。民間太平。這是第二太平。第三。不動干戈。無有賊榧霞芳（匪遐方）[一]。不法者闕短。人人擺供敬神。官員太平無亂。這是第三太平。第四。各處城宗（中）府道廳縣。文武官員問事清天。不攤（貪）金銀。民人太平。這是第四太平。第五。裏省外省。南來北（往）範（販）貨務（物）。客商不失通行。買賣太平。這是第五太平。第六。各處不出增撥[二]京（經）商客吕（旅）路途太平。這是第六太平。第七。敬（净）出烈女節付（婦）。無蓌到斜寅（奸盗邪淫）。人人太平無禍。這是第七太平。第八。敬（净）出善人。修橋捕（補）路。邦（幫）

道祝（助）僧太平。這是第八太平。第九。冬舍緜（棉）衣。伏夏舍飯食。多救貧窮。舍官才（棺材）。祝（助）火會[三]。善家太平。這是第九太平。第十。吃長齋。愛念佛。明（名）山年年進香。朝頂。蓋廟。愈數金神（屢塑金身）學好。十十（時時）太平。

佑（又）問不得太平有眉（没）有。説不得太平有。萬惡寅（淫）為首。欺佑亥（幼害）死人。怕官知曉。燕（焉）得太平。偷墳覺木到（掘墓盜）死屍粧果（裝裹）。燕（焉）得太平。哏（恨）人家發財治（致）富。長長（常常）放火皆哏（解恨）。偏也不著。燕（焉）得太平。殺死人家。心裏佑（又）怕常（償）命。逃跑在（外）。燕（焉）得太平。霸戰（占）房忝（産）地土。佑（又）怕人上告。燕（焉）得太平。鋪面領（零）本。畢（筆）尖撮（矬）賬[四]。銀錢婁（摟）家。東家存心。燕（焉）得太平。變（遍）地似（是）賬。有錢安心不還。燕（焉）得太平。

第六十七起眉注：太平法鼓二架寶輦前接九寸後接八寸兩會一張八尺

按語

法鼓會中兩幅軟對，前邊一對兒寫道：太極圖獻法輪普照萬國感念，平律棒聖鼓隨做歌千載慶誕。後邊一對兒寫的是「同願太平法鼓老會」。故得其名。遺憾的是除此圖之外，該會没有留下其它相關資訊。

太平法鼓會最後邊這架「大圖」的設計、做工實在精巧漂亮，充滿吉祥喜慶的民俗色彩——上面是一塊吉祥雲紋玉板，兩側是倒掛蝙蝠銜著銅錢、壽字流蘇，也就是民間所説「福禄壽三寶」的典型造形。中間是一掛雙魚托起的玉瓶，瓶中插著三隻小戟，所謂「吉慶有餘（魚）、瓶（平）升三戟（級）」。最下面是一個細腰盆狀物，裏面浪花飛濺，中間一塊仙石，可能是「聚寶盆」的象徵物。這架大圖不標名，不掛號，却實實在在地彰顯著「大太平」的景象，堪為此會圖騰。

注釋

［一］遐方：遠方。指遠近没有匪盗。

［二］增撥：增收。指額外增加的税收關銀，所謂苛捐雜税。

［三］火會：又稱為水會。天津民間自發的公益性救火組織。《津門雜記》載：「津郡人煙稠密，店鋪毗連，有時不戒于火，為害甚烈」。清樊彬《津門小令》：「津門好，救火事匆匆。萬面傳鑼趨似鶩，千條機水矯如龍，旗幟望連空。」會旗、號鈴、大鑼、小鑼、唧水桶（箱）

為水會報警、救火、指揮必備用具。據説，康熙初年，貢生武廷豫首先創議成立了同善救火會，救火人稱為「伍善」。大部分由脚行、抬埋會、轎夫等人組成。據有關資料統計，天津衛自康熙至咸豐年間（一六六二—一八六一）先後成立水會四十八個。同治年（一八六二）後隨著城市發展又新增二十餘個。一九三七年天津市警察局調查民間水會，尚有八十七處，伍善兩千餘人。二〇〇一年出版的《天津通志・公安志》載：至一九八五年，天津民間水會還保有四處，為静海獨流鎮普安、平安、樂安水會，以及甯河蘆台鎮豐和水會，成為當代研究天津水會歷史的活化石。

［四］矬賬：短賬。指賬目不實，有賠無賺做假賬等。

第六十八起（第八十三道） 斑疹娘娘寶輦同議請駕聖會

題注

三駕寶輦聖位。斑疹娘娘駕到。街上覃（檀）香煙氣繚繞。燈光交輝。那些接駕的奶奶們。隨（誰）不親近感念斑疹娘娘。足誥未合（祝告為何）。隨（誰）家無有嬰兒孩哇（娃）男女。托第（遞）[一]過去。當差出花。生疹芝（之）關口。温易（瘟疫）[二]。隨（誰）不多多的請香燒。感念。英（應）當燒以做（一座）香的。請兩做（座）香燒足誥（祝告）。那以（一）家看見這以（一）家燒兩做（座）香尞（了）。那以（一）家他請五做（座）香燒。心裏的話。看隨（誰）燒香燒的多。吾有的似（是）錢。佑（又）來了以（一）家燒香的。心裏話。睄吾的。他將整棍（捆）的香皆（解）開繩冠。手擺香羅香。點著了火燒[三]。大家都怕斑疹娘娘于小孩他送不好花。隨（誰）不多燒香來。全未（為）的是賞巴（把）好花。清蜀（輕熟）差事。娘們的勾當。都還藍（攔）不住他。大會上至（只）管人多。都看若（熱）鬧。不說不問。路上柯（可）忙呼（乎）接香會[四]上人們了。長把的鐵灼（勺）來接香火。

同議請駕聖會。衆位善念。休（修）好行會請駕。議為願心聖宗。求福求安。請駕會上。大家都一秉前（虔）心。護聖隨駕。尞（了）全口願。天知神知。浩（好）善行善。會宗（中）人等感念娘娘護佑。弟子除灾無禍。人口平安。舊（就）是慈悲方變（便）。皆因是天后宮有大仙大聖催感香火。替天行道。有神垂佑。人説此時凡間催感香火仙家比世上人多。仙家德（得）道。柯（可）以望那日月賓間（併肩）。長活著不死。人柯（可）知天地的零（靈）氣。萬務（物）出則。這不好嗎（嗎）。人柯（可）有死。人若有後背（輩）柯（可）以傳世。人無後背（輩）隨（誰）與他辨清明節的似（事）做。在（再）者他家的佛爺佛相（像）。隨（誰）來燒香。斷覺（絕）香煙。在世人要積陰功。立德性。增福延壽。長活世上。後背（輩）兒孫增光越（耀）祖。發財治（致）富。更焕（换）寒門。這是紅塵路上救（教）化。别失人體面。至體。

第六十八起眉注：心（振）音法鼓前接八寸三架寶輦前接八寸兩會一張八尺

按語

斑疹娘娘，道教奉為「斑疹回生元君」。其形象為左手握持一蓮蓬，上面有許多癍點，代表天花。身邊伴有散行痘疹童子和散行天花仙子，同為幫助人們驅散天花苦痛之神。北京妙峰山流傳：慈禧太后妙峰山進香，為同治小皇上「祈痘」，斑疹娘娘「顯靈」，小皇上病愈，慈禧老佛爺贈匾的故事。這《天后宫行會圖》中十道還願會，有七道與「小孩娃當差」出天花有關，雖説七家的「事故」相同，但七家的故事講得却各不相同。

同議請駕聖會：一九八四年「天津民間舞蹈普查登記表（草表）」，南開區東北角街有「斑疹娘娘請駕會」和「天后聖駕寶輦會」名稱，並注「均已失傳」。一九九〇年出版的《中國民族民間舞蹈集成·天津卷》「全市民族民間舞蹈調查表」未録其名。《天津皇會考紀》載：請駕會是專司抬輦的，多是脚行所組織。現有宫前請駕會、誠議請駕會、針市街請駕會、侯家後請駕會、運署請駕會。

注釋

〔一〕托遞：托送，托付。

［二］瘟疫：這裏特指烈性傳染病「天花」，俗稱「出疹子」。看娘娘會中，年幼的小相公出花瓶會；小姑娘、幼女出巡風會；小頑童、嬰兒出道童會；乳口未開的小孩娃出靈童會，而這一切都與那烈性傳染病「天花」緊密相關。

［三］天津人争强好勝的品格似乎無處不在，就連在娘娘面前燒香多少也要比上一比、拼上一拼。問題是這些人并不是年輕的小夥子們，而净是些老奶奶、少奶奶、大姑娘、小媳婦們，也跑到这里負氣鬥勝。可見民風的熏染是不分男女老幼的。

［四］接香會：詳見第八十八道縣署前接香會和第一〇五道南門内接香會。

第六十九起（第八十四道） 城西北大夥巷内牌樓口立源振音法鼓聖會

題注

振音法鼓城西北大移（夥）巷内牌樓口衆位好善。演習銅器傢夥。每日蹻（敲）打。大家術（熟）練成套。行會日期隨駕出巡。休（修）好善會。世間都要休（修）好。國家休（修）好。民家休（修）好。官員休（修）好。僧道休（修）好。才感念到五穀豐登年成好。合（何）為五穀。怎麼豐登。年成指莫（嘛）好。五字。五五俱全。穀字。穀（箍）住五務（物）。豐字。豐（逢）五普收。登字。登掌（長）五望。空中在一。土種在二。水付（浮）在三。地走在四。樹接（結）在五。怎麼講説。鵞。雀。雞。鴨。戈（鴿）。空（中）飛的。亡。歲。焦。包。牌（芒穗角苞稗）。土種雜糧。魚。鮹。蝦。蟹。鮥。水内付（浮）的。馬。牛。羊。猪。犬。也（地）面走的。瓜。果。黎（梨）。棗。杏。樹枝接（結）的果品。以（一）共五五二十五物。相（像）這一務（物）。別短年成。普收。乃為五穀豐登[二]。獄（與）

民同樂。這是人間福田皂（造）化。人要好。心要好。座（做）事好。説話好。性情好。批（脾）氣好。深辰（沉）好。忠正好以（一）共八好。人人都有八好。上天加從的五穀豐登收成年月。德（得）好。世人好。天降好。人若不好。燕（焉）能休（修）好出來。

振音法鼓隨駕行香。非是衆人街上蹻（敲）打銅器傢夥。圖樂明忿（落名分）。勸人休（修）善。行好志成（至誠）。天后聖母靈應垂佑。凡間善念。香火繚繞。仲空顯順。慈悲來朝。金身光輝。察照休（修）善。福禄吉慶。當時不見。過後辟（必）知。逢凶化吉。神聖護佑。若無靈應。世人隨（誰）來進香。多遠路途隨（誰）來行會。心（辛）苦。天天傳樣（揚）。勸人來。教（叫）人睄。人看。好人心學好。善緣總是天津。善地才出善人。勸善信神。

明公不然。愛信不信。由你自便。不可貧勸多勸。

第六十九起眉注：振音法鼓前接九寸四架寶輦前接□寸兩會一張八尺

按語

緊鄰天津老城西北角有兩條通往南運河的小馬路，名曰大夥巷和小夥巷。中華人民共和國成立後紅橋區曾設大夥巷街道辦事處，後撤。今屬芥園街道辦事處。清代牌樓口位居大夥巷北頭，毗鄰南運河南岸。劉瑞清于光緒二十三年手繪天津城區圖示有確切位置。

注釋

［一］五穀：這比我們一般所説的五穀「稻、黍（小米）、稷（高粱）、麥、菽（豆）」要豐富得多。

第七十起（闕失）

第七十一起（第八十五道）　城内石橋後洪音法鼓老會

題注

洪音法鼓聖會衆位浩（好）善者。在城内石（橋）後操遲（持）行會。洪音法鼓啓德（起的）名號。洪音二字。洪是望（旺）福洪運至（之）洪。講説音是世間善惡到頭音至（之）音。明公問説指莫（嘛）講倫（論）。佑（有）言執送。天有洪（紅）日普照萬方。洪（紅）日歸宮。露出洪（紅）霞。地有洪（紅）塵。生出萬務（物）。頂貴洋洪。君惠（諱）洪武［一］。臣保江洪。民有洪運。十年洪化。國有洪福。能欺（齊）天下。音有萬條萬事只（之）音。有山峰只（之）音。有水浪波音。有苦海寬音。有奈廻（奈何）潮音。有樹林科（棵）音。人行善惡音。此乃本是洪音二字高也。浩（好）善者有洪運。作惡者音不親。至（只）有享禍音。凡有洪音招聚者。乃是富貴功名人家。明公議倫啓（論起）號名者。乃是洪音法鼓稱呼［二］。出巡行香。乃為善念。神聖無不慈悲。感念會宗（中）人等。辟（必）

然富貴榮華。善緣接（結）果。這是洪音法鼓會宗（中）勸善。依善勸只（之）。年年行會。

第七十一起眉注：直符神花瓶會前接七□□□□□音法鼓前接一尺兩會一張八尺。（據此第七十起似應為「直符神花瓶會」，此會目前闕失）

按語

老城東門內大街南側的石橋衚衕洪音法鼓會，可說有著自己對色彩的獨特審美與選擇，即「洋紅色」，並認為它是最高貴、最吉祥的色彩，所以他們的大鼓箱便油成了洋紅色。在衆多的法鼓會中他們的鼓箱顏色可謂獨樹一幟。同時他們的會也起名叫做「洪音法鼓會」（這個「洪」在這裏又通「紅」和「宏」）。而寄托本會心願的軟對更是寫道：「紅塵普渡長顯威靈有求必應，音渡群生早登苦海波（彼）岸學好」，最終又歸結為「民有洪運，十年洪華，國有洪福，能齊天下」。一個「洪」字，彰顯的是儒家的齊家治國、平天下的理念。而那「音」字，就成為善行與惡行，不同結果的福、禍之因（音）。

注釋

〔一〕洪武：明太祖朱元璋年號洪武，故稱「頂貴」。

〔二〕洪音法鼓會後面的這架「大圖燈」別具風格和藝術特色。該圖以魚龍造型為主，寓意「魚龍變化、高陞昌盛」。其下部為一條鯉魚，身直尾彎，騰出水面，口噴水柱，象徵著鯉魚躍龍門，青雲直上；上部一條正面蒼龍，龍體扭曲，蜿蜒俯視，須鬃皆乍，四肢伸曲，爪趾勁張，既有元代蒼龍之貌，又現宋代龍形之凶猛、粗野之風格。有意思的是，這條青色蒼龍的腹部鱗片是由「洋紅色」塗畫而成，這大概還是與該會對洋紅色的偏愛有關。最為奇特的是，由鯉魚尾尖、背鰭，以及蒼龍四爪之處升騰起朵朵五色祥雲，祥雲上托舉著大小九盞角質燈，上面豁然寫著「城内石橋後洪音法鼓」的名號，大有「洪運當頭」的感覺。這當是天津扎彩藝術的又一傑作。

第七十二起（第八十六道）　眼光娘娘寶輦敬議請駕聖會

題注

四駕寶輦聖位眼光娘娘出巡駕到。街市巷口以(一)路上面。無數男女。老老少少。大大小小。都來捧香接駕。足誥（祝告）眼光娘娘。世上為人。隨（誰）不發眼灾難。己（幾）日為人。隨（誰）不用眼睄看。眼是頭行[二]。莫説人有眼。天也有眼。天也有眼。天孩（還）有鼻。人有二目。舊似（就是）眼。天有鼻。眼。舊（就）是日月星斗。人無二目。從人算暇（瞎）了。天無目者。天逆連陰雲蒙。天才不見日月星。天是一大天。人是一小天。為人隨（誰）不怕暇（瞎）眼。做此燒香奉敬眼光娘娘。都來接駕。人等多多。來還心願跪接。這些人每（們）佑（又）怕發眼。佑（又）怕亥（害）眼。亥（害）怕暇（瞎）眼。人情大道法渡（度）。人情隨（誰）不喜好安太（泰）。不能發眼。眼光娘娘寶輦駕前。香煙繚繞。煙氣仲空多高。香火霞照多遠。隣（臨）起[三]。人等迷眼。神聖感應有多大。

敬請衆位。休（修）善行好。聚未（俱為）願心上會。求聖宗靈佑。保護衆善。請駕會的善念。俱未（為）人口平安。衆人有未（為）在世掌背（長輩）奶奶二目昏花許願上會。有未（為）老娘亥（害）眼許願上會。有未（為）自幾長長（己常常）發眼許願上會。有未（為）內眷二日蒙花許願上會。有未（為）小兒生花座眼許願上會。有未（為）姑母頭疼眼疼許願上會。有未（為）自幾（己）小女孩長亥（常害）眼瘓灾難許願上會。有未（為）自親外母二目屈屈許願上會。有未（為）本身出外發眼大種（腫）許願上會。有未（為）父親風訃（撲）忝眼許願上會。請駕會上衆位全都行好休（修）善。口願上會。請駕出巡。勉（免）去灾難。勉（免）去發眼。勉（免）去亥（害）眼。勉（免）去頭疼惱（腦）熱。舊（就）是聖母的護佑群生。娘娘的神通廣大。慈悲達（搭）救世（四）方萬靈。真辛（心）保護。世人隨（誰）不信神佛。斷無此理。不信神佛人。有無王法。人不信神佛。見廟舊（就）燒。不信神佛。[三]

第七十二起眉注：振（善）音法鼓前接九寸四架寶輦前接八寸兩會一張八尺

按語

眼光娘娘，道教稱為「眼光聖母惠照明目元君」，神職範圍包括：消眼疾，察民情，明是非，辨善惡。

注釋

［一］頭行：老大，行大。

［二］臨起：寶輦即將上肩起駕前行。民間認為，此時燒香的人們被香煙、香灰迷眼，預示著眼疾得以康復，乃是幸事。

［三］至此送生娘娘、子孫娘娘、斑疹娘娘、眼光娘娘四架寶輦都過去了，但還有非常重要的一點没有涉及，這就是著名的「天津跑落」藝術。《中國民族民間舞蹈集成·天津卷》收録有「跑落」一節。

天津的四架寶輦，再加上大轎、燈亭、海亭、寶鼎、香塔、香爐等「大座」類花會，還有一個俗名，就是「跑落」。由于行會中花會行進速度比較慢，長時間扛著輦轎，對轎夫的體力消耗過大，所以寶輦、大座、大轎等均要「打杵」，又稱「撂轎」。這一方面有利于轎夫體力的恢復，另一方面又便于朝拜者燒香磕頭，一表願心。當寶輦會與前邊的會隔開了一段距離後，在「喊把尺」的指揮下，轎夫們抬起寶輦，一鼓作氣，追上前去，然後打一個捻捻轉，或表演幾個技巧動作，接著撂轎休息，並由此得名「跑落」。《天津皇會考紀》「請聖母駕之成規」一文講到：「這四駕輦在會路上，可以跑起來，或是跑著轉一個大圈，要看他雖是抬著，而那輦如同放在平地上不動一樣的穩，照樣的惹得看會的人一片喝彩之聲，可是老娘娘所坐的華輦和黃轎則不跑，這是和其它的四位娘娘不一樣的地方」。

扛抬寶輦的功夫，看似簡單，實則不易，要想做到「跑落時，手不扶、抬的穩、跑的快」，非得下苦功夫不可，據説他們練習時要抬著一張八仙桌子，桌子上擺一碗水，轎夫們則要在兩腿的膝蓋部位夾上一把笤帚，這樣走出步子來才不顛不顫（這與傳統戲劇基本功中「跑圓場」的練功方法是一樣的），猶如行雲流水一般的穩當。抬輦的基本步態有：慢步、快步、半蹲步、波浪步、左右傾步、左右外跨步，以及大（右）、小（左）肩、掏輦杆、活肩、死肩等動作名稱。常用的路綫行進構圖有：跑三角、打轉盤（又稱捻捻轉，分為大、中、小捻捻轉，和轉輦頭與轉輦尾等不同形式）、龍擺尾、∞字形、拉抽屜、串四門等等。

在整個跑落的團隊中「前喊把尺」者是核心人物，大轎寶輦的起、走、跑、轉、傾、停、落全聽其指揮。如起駕時，前把尺要問「齊了嗎」，衆人答「齊了」，接著把尺喊道「著肩」，後把尺應答「著肩」，這時寶輦已被抬起，前把尺又喊「搖杆」，全體轎夫則要屈腿蹲起，讓寶輦上下顫動，將轎杠做一次彈性處理，以防意外。如若前把尺喊道「請」，就是起步而行，若喊「跟啦」就是跑步，若喊「小步遲著」，就是逐漸加速，若喊「左帶右手」，是寶輦左轉彎，喊「右帶左手」是寶輦右轉彎，遇有寶輦頂部有障礙物要喊「上手掛啊」，遇有臺階或道路不平則喊「下靠」「臥轎」等等。全體轎夫則要根據喊把尺的口令來調整步伐、步法、行進速度和身形姿態，以保證大轎寶輦的平穩和安全。

時至今日，天津的寶輦跑落藝術，就數津南區葛沽鎮的「八輦三亭」了。

第七十二起（第八十七道） 河東陳家溝娘娘廟前善音法鼓老會

題注

善音法鼓聖會隨駕出巡行香。神聖催感。行好衆位。陳家溝娘娘廟前後浩（好）善者。操遲（持）法鼓。件（見）天演習。蹺（敲）打銅器傢夥。練習成功。大家全都通蜀（熟）。不九（久）日期來到。行會。法鼓議倫（論）會宗（中）名號。請到公議。有位浩（好）者人説。吾啓（起）四字。從中有説祠（詞）講倫（論）。會宗（中）人説那（哪）四字。啓（起）名號浩（好）者説。啓（起）善音法鼓四字。頭以（一）個字善。有講説。二以（一）個字音。有批語。三以（一）個字法。有文莫（墨）。四以（一）個字鼓。有善念。四字講説。批語。文莫（墨）。善念。歸者（置）一處。善音法鼓。情由轉迴（回）天津衛。休（修）好多。火會上窮富不等。有灾救火休（修）好。舍才（材）[一]埋死屍為壽善。失脚洛（落）水有救生會[二]。按（安）浮橋擺渡口勞（撈）人復（複）活。舍飯[三]養（讓）窮人吃積善。

以（一）年四季庵觀寺院廟内。每到月間初一日香火多少。十五日多少。會（匯）錢[四]邦（幫）扶難人為求善。字紙會[五]有人件（見）天撿來。等日燒化休（修）好。掩骨會[六]舍棉襖寒人穿救善。這是行善四字。溝（講）説音律四字。取點估倫（古論）。鐘至琦（子期）撫琴。于伯雅（俞伯牙）聽琴。知音。鍾于（俞）拜為弟兄。晋文公女多交（嬌）吹簫引鳳[七]。此乃為尊神鳥聽音。易是（義士）出在烈（列）國五霸七雄年間。伍子胥貧（品）簫出招關器（昭關乞）討。此乃求音[八]。西漢上韓信在九里山十面埋扶（伏）。張良吹簫作歌。措（散）去八千子弟。悔音。這是音聲批語四字點估（典故）。該説法字四句點估（典故）。司馬輝（徽）赴（撫）琴。劉玄德進院。問法[九]。草船借箭猪（諸）葛亮知天命。此乃霧法。梁武帝天干寺致公盤道。接（結）為善法[十]。隨（隋）楊廣刹（弑）君父。欺娘蓔（姦）妹。此乃惡法。這是法字文莫（墨）。鼓字四句。過五關殺蔡陽。張飛鼓（古）城。此名助鼓。雷州造鼓。糊紙慢（幔）布。此乃雷鼓。武則天亂皇宫。斌（嬪）妃伯（搏）浪。此乃摇鼓。花辟（碧）蓮包（鮑）金花科場射箭。名叫種（中）鼓。這是鼓字[十一]。

按語

《津門雜記》載：「北運河分流，有東河，即廬（蘆）台河。由賈家大橋、錦衣衛橋、陳家溝東去入塌河淀。」陳家溝娘娘廟則位于今河北區東南部，古陳家溝引河（淤塞填平後名為陳家溝大街）岸邊，後改建為陳家溝小學（隨著舊城區改造，陳家溝小學亦不復存在），現仍有娘娘廟前街之地名。劉瑞清光緒二十三年手繪天津城區圖可見陳家溝與娘娘廟的具體地點。

據説陳家溝娘娘廟與河東大直沽天妃靈慈宫同期先後建成，亦有前、中、後三殿及兩側配殿，均為青磚碧瓦，斗拱飛檐，廟前旗杆高挑，燈牖招摇。廟内七尺多高的大型石雕香火爐更是氣勢磅礴，平添幾分莊嚴法相。在當年天津各處的十六座娘娘廟中，陳家溝娘娘廟僅次于大直沽天妃宫和小直沽天后宫，位居第三……一九〇〇年六月八國聯軍進攻天津城，清軍將領與義和團在此處與沙俄軍隊浴血激戰兩天兩夜。七月天津城失陷，沙俄侵略軍瘋狂報復，肆意屠殺陳家溝百姓，血洗娘娘廟，並搗毀了這座建于元代的古廟。

陳家溝子上承津北、津東河湖窪淀，下銜海河、南北運河，成溝通樞紐之勢，實為海河兩岸、南、北運河分道的又一處商貿集散地。漕船、漁船往來不絕，商户、船户、魚販齊聚雜居于此，進行買賣貿易，是公認的「水旱碼頭」繁盛之地。據説天津最早的「魚鍋夥」（欺、霸漁商碼頭的流氓混混組織）就出現在此地，並有著「四合安家」「共和高家」等名號，各自分霸一方。僅此又可見此地碼頭、商貿、魚市大有漁利可圖的負面景象。

善音法鼓會：《天津皇會考紀》「法鼓」一節，載民國二十年（一九三一）天津法鼓會名單，有「河東陳家溝鄉音法鼓老會」（而非「善音」，不知是否另有一會）之名，並講到：「雖然如今還有辦的，可是有許多會已經風流雲散了」。「善音老會」從此以後失于記載。

注釋

［一］舍才：舍棺材。《津門紀略·卷六》「義舉門」載：「殷富施捨棺木之處甚多，而抬埋均有助力者，負戴之人好行其德如此」。舊時天津有貧困鰥寡，路頭「倒卧」（凍餓而死街頭）者，死後無人埋葬，曝屍郊野，慘不忍睹，有津門好義者「舍棺材」裝殮掩埋之。另外還有「白抬會」，即專門為窮苦人家料理白事兒的民間組織，所謂「誰家有人倒頭，先到那兒磕幾個頭，

後邊的事兒就都不用管了」，自有人「白抬」「白埋」，不用花錢。

［二］救生會：天津民間慈善組織之一，專以在河邊、碼頭、浮橋、渡口救護落水遇難者為責。《津門紀略·卷六》「義舉門」載：「東北浮橋均有預備船隻，專救溺水之人。此會為衆紳捐辦」。

［三］舍飯：即粥棚、粥廠。《津門紀略·卷六》「義舉門」載：「每遇荒年開設，賑濟外來災民，由賑局辦理」。循劉瑞清光緒二十三年手繪天津城區圖出老城西門，沿西門外大街至正西營門附近有地壇和三官廟，以及「粥廠」一座。由此可見，遇災年賑濟災民也是要有固定場所的。

［四］匯錢：《津門紀略·卷六》「義舉門」載：恤嫠會，專養寒苦孀婦。月給口糧由洋藥厘捐項下，按每箱收銀一錢五分，解呈關道給發。並有鹽務捐助。另有西關外「延生社」和河東元帝廟東「東延生社」的「施饃廠」，救濟窮民。

［五］字紙會：《津門紀略·卷四》「學校門」載：字紙會，敬惜字紙社，曰崇文，曰廣善，曰德文，曰拾遺。每社分地段散給各家簍子一個，以備隨手收放，不時斂取，焚灰，送入海中。並收買破書字紙，按斤給錢，各有定章。由捐款生息項下，支消經費。

［六］掩骨會：此處有誤，掩骨會一般並不負責施捨棉衣。《津門紀略·卷六》「義舉門」，

專有「施棉衣」詞條，曰：「每歲嚴冬，施放棉衣于無衣窮民，該項由運庫支發」。關于掩骨會的來歷，有資料記載：清乾隆十五年（一七五〇），時任天津知府的熊繹祖宣導修建「白骨塔」，並發起成立了「天澤會」，由商家紳士集資捐款，購置義地，葬埋窮人屍骨。三十六年（一七七一）天津士紳華龍藻上書主管衙署獲准，由官府撥地兩百餘畝，掩埋露骸，並在西關大街成立民間慈善組織「掩骨會」。《津門紀略・卷六》「義舉門」載：掩骼會在西門外，西關義地數處，埋葬異地貧民。每年春秋兩季，撿取骨骸，用土掩埋，以免暴露。清・劉瑞清繪天津城區圖中的西營門內南側，有掩骨會和白骨塔之名。

〔七〕吹簫引鳳：此處有誤，晉文公應為秦穆公。春秋時，秦穆公之女弄玉結識少年蕭史，二人笙簫合奏，伉儷應和，有一龍一鳳應聲飛來，于是蕭史乘赤龍，弄玉乘紫鳳，雙雙翔雲而去。

〔八〕求音：伍子胥（？—前四八四）春秋末期楚國人，姓伍，名員，字子胥。楚平王聽信讒言，計殺伍子胥父兄，伍子胥攜楚太子建之子勝投奔吴國，被楚兵一路追殺，二人輾轉來到昭關，苦于無計過關，猶以簫音訴志，不覺一夜白頭，反得以逃脱。此處講其為「求音」，似有不妥，當可謂「愁音」。

〔九〕問法：司馬徽，字德操，潁川人，道號水鏡先生。《三國演義》第三十五回《玄德南漳逢隱淪　單福新野遇英主》：劉備躍馬過檀溪，遇到一個牧童，騎在牛背上，悠閑地吹著短笛。這牧童乃是水鏡先生派來接劉備的……童子引玄德行二里余，到莊前下馬，入至中門，忽聞琴聲甚美。玄德教童子且休通報，側耳聽之。琴聲忽住而不彈。一人笑而出曰：「琴韻清幽，音中忽起高亢之調。必有英雄竊聽」……後司馬徽告訴劉備：「卧龍（諸葛亮），鳳雛（龐統），兩人得一可安天下」。

〔十〕善法：梁武帝（四六四——五四九）姓蕭名衍，字叔達，蘭陵都里人，漢蕭何丞相二十四代孫。魏晋以來一位多才多藝、博古通今的皇帝，更是一位信奉佛教的帝王，被大臣們稱為「菩薩皇帝」。又稱「佞佛皇帝」，曾數次脱下帝袍，换上僧衣，捨身出家，入同泰寺做和尚，當住持，並親自講解經書。

〔十一〕鼓：《皇帝内傳》載：「（黄）帝伐蚩尤，玄女為帝製夔牛鼓八十面，一震五百里，連震三千八百里」。相傳古代戰鼓，皆由鱷魚皮製成，取鱷魚凶猛習性以壯鼓聲。山西襄汾陶寺遺址早期大墓出土的土鼓、鼉鼓（鼉即「揚子鰐」，亦稱「鼉龍」「猪婆龍」）距今大約已有四千五百餘年，為我國目前發現最早的打擊樂器。

第七十三起（第八十八道）　縣署前接香會

題注

縣署前有衆位爺每浩（們好）善行好。大家議倫（論）。這娘娘會當日過去。天明次日。只見行會大街巷口。城裏城外以（一）路之上。頂到宮前回會。街上望著忝（添）香。半做[一]胞（座抛）在地上。行人的脚皂（糟）脚扁[二]。香灰歲（碎）香成土成泥。敬聖神香凡人足下造編（遭扁）。吾等觀睄。啓（其）心不忍。大家公議行起善念。才立接香聖會。隨定[三]四駕寶輦。後面根（跟）隨。行會接香。以為善緣。護聖隨駕。佑（又）接足誥（祝告）香煙。接香會上人每（們）位位浩（好）善。大家秉正前（虔）心。會規行善。接香聚（俱）用（長）把的鐵灼（勺）來接。每逢若有年少的付（婦）人。他跪在街市上手捧香火接駕。口內足誥（祝告）娘娘末（没）齒言語[四]。説完接香。會上人他至（只）管行善。二目正眼立（顏厲）色。在以傍攢（一旁站）立等候。候等人家將話説完。人家弟（遞）香。才來接香。

歸在鐵灼（勺）。香火輳（湊）滿。歸在鐵鍋。接香會人每（們）到處以（一）樣。接香火的人每（們）你來吾去。執執（值）路上忙護（活）。心（辛）苦勞罰（乏）。火寮（燎）煙熏。翰（汗）流滿面。衣伏他（服溍）透[五]。以為聖宗休（修）善休（修）好前成（虔誠）。求福求順。大家善念。求聖神若無靈延（驗）。隨（誰）來燒香許願敬神。天后聖母長（常）受國家敕封。正果朝緣（元）。天下人知。至古至今。皇帝只（之）家並無戲言。神聖護祝（住）大命人。積陰功人。立德性人。行善的人。休（修）好的人。有福的人。有祿的人。有壽的人。神佛然後才能護佑。顯聖事過以後凡人才知有神。神聖清以（輕易）不能望（妄）動。凡塵多事[六]。洪（紅）塵路上迷生。造禍造災。惡滿迷生。他等自作自受。以陰以煮（一因一柱）。報應循還（環）。真而且真。屈執（曲直）凡間路上。巡查善惡。年年有神。月月有神。日日有神。時時有神。上天還有眼。神他看的（得）見。還有耳。神他聽的真。人間司（私）語。天聞若雷。行好事。天知道。作惡事。天知道。別慢神。

第七十三起眉注：（嚴重破殘）

按語

《天津皇會考紀》載：接香會就是為出皇會時，沿途各户善男信女進香的，由接香會來接。接香會是在每位娘娘駕前備香鍋一口，用兩人抬著，再有許多人拿著鐵簸箕、鐵剪、叉、鏟，遇有進香的就接過來，送到鍋中焚燒，以供娘娘享受人間香火。接香會共有兩處，一為舊縣署前接香會，備有香鍋三口，管前三位娘娘接香事宜。南門内接香會備有香鍋兩口，專管後兩位娘娘接香事宜。（注：本題注中「隋定四駕寶輦」說明該會有四口香鍋，與《考紀》記載不同。）

接香會的緣起很簡單，不過是「縣屬前衆位爺們」，覺著那些殘香扔在地上任人踩踏，不敬、不雅，于是幾個人一商量，就成立了個接香會。没想到這個會却是一個吃大苦、受大累、流大汗的會。但是正因為如此，該會才受到人們普遍的尊重。

注釋

［一］半座：指燃燒了一半的供香。

［二］扁：方言，踩、踏。

［三］隨定：跟定、跟在。

［四］没齒：指接駕女性口中祝告：「娘娘恩德没齒難忘」等言語。
［五］㳫透：汗水將衣服濕透。
［六］凡塵多事：人本一凡塵，心生千萬事，事本一小塵，塵生事萬千。

第七十四起（第八十九道）　鹽埕壽恩堂慶音法鼓聖會

題注

慶音法鼓聖會隨駕出巡行香。休（修）好善念。衆位願心秉執。每逢法鼓動身。議為響器。晚間陳設會講倫（論）。行會到處。街市路上。城裏城外。那些接駕人等。聽見銅器響音。人人都有精神。不困。看會睄會。净（敬）候華輦接駕。供奉天后聖母。善願交代。琦寔（其實）天后聖母當初也是一人。他老有家有性（姓）。家住在臺灣[一]。人性（姓）林。父母愛行善念。家大毫（豪）富財主。家宗（中）自買自賣。貨船不少多多。老娘娘她年掌（長）七歲。睡教德（覺得）道。聖目看見自家貨船三知（只）在當海招風[二]。三知（只）船。看到人船難保。聖體在雲端空忠（中）。兩執（只）手抓住兩知（只）船兩條韋（桅）。口内咬住以（一）條韋（桅）。以（一）共三條韋（桅）。神靈救船三知（只）。兩執（只）手都拉著兩下船。口内咬以知（一隻）船韋（桅）。難説話。他老心裏説話。心裏哏（恨）

風寡（刮）的大。寡怎（刮這）大風。吾來保護。吾來保護。家内下人聽見姑娘説發哏（狠）話。下人不知。叫姑娘醒醒。聖母不搭理他。口内咬著船韋（桅）。難説話。女下人焕（喚）姑娘己（幾）次不醒。女下人將聖父聖母[三]請來焕（喚）姑娘醒。聖父將兒叫醒。姑娘咳一聲。口内這條船韋沙（桅撒）開。嘴嗔搭（答）應説話。那知（只）船塵抵（沉底）。姑娘説。你每（們）别叫吾。别焕（喚）吾。吾救船。你每（們）叫吾。眼增增（睁睁）口内這人船不見塵（沉）在當海。柯息柯息（可惜可惜）。衆人全都不信。遲了數日來信。當海失風。三知（只）船塵（沉）了一知（只）船。大家得信面面鄉（相）覷。這是老娘娘七歲德（得）道。厚（後）年九歲飛升。他老九歲上。人領著江邊看船巡（尋）花。好端端平地起黄風大作迷人耳目。一陣風希（息）人定。在（再）睄九歲姑娘上（了）無去相（向）。差人找去。命人找去。做人找去。叫人找去。算命打卦。並無去相（向）。執（直）找一年。到那日盡（忌）年日期。聖父聖母老夫妻二人與（預）備祭席到江邊失顯（陷）兒地界。哭誦女兒。父母才到江邊。空中有以（一）朵白雲。雲裏有人皆[四]袖内門（抖）花。望下説。去年巡（尋）花。今年醉花。人聽説話音聲。柯（可）是小姑娘。在（再）叫他。人無雲措（錯）。這袁（原）來是老娘娘德（得）道飛升。

第七十四起眉注：（嚴重破殘）

按語

慶音法鼓聖會，前高挑兩幅軟對，前邊一對兒寫著：慶壽無疆，顯佑度化群生登上彼岸；音香煙善，心志廣積福田神來恭賀。後邊一對兒寫的是「鹽坨壽恩堂慶音法鼓聖會」。有關該會的資料此為僅見。

注釋

［一］此處有誤。文中：林默，臺灣人……非也。媽祖為福建莆田望族九牧林氏後裔，祖父林孚，官居福建總管。父林願（惟殷），宋初官任都巡檢。宋代丁伯桂《順濟聖妃廟記》載：「神，莆陽湄洲林氏女，少能言人禍福。歿，廟祀之，號通賢神女，或曰龍女也」。林默八歲從塾師學，過目成誦，悉解文義；十歲隨母誦經禮佛；十三歲能識「玄微秘法」諸般要典，「少能言人禍福」。見許更生《媽祖是「龍女」而非「漁家女」》二〇一三年十月媽祖誕生地報（秋季號）

［二］招風：遭遇大風。

［三］聖父聖母：指林默娘生父、母。

［四］皆：方言，從。

第七十五起（第九十道） 天后宮寶鼎聖會

題注

天后宮娘娘會年年出巡行香。善念門聖（勝）。引佑浩（誘好）善爺每（們）。大家公議操遲（持）陳設寶鼎聖會。隨駕休（修）好。善緣遊街。寶鼎彩畫貼金。五色鮮明。寶鼎爐。寶鼎座。巧將（匠）心出。寶鼎座子樣式。九蓮座子樣式。畫著似（是）這大力神聖陀亢（馱扛）樣式。九蓮座舊（就）是九蓮台。這裏取佛點做（典故）。佛點（典）出在西天雷音寺內。此點做（典故）可是古黎（理）話講。可有對張平句（對賬憑據）〔一〕。總德（得）説完。才有對張可平（對賬可憑）。西天雷音佛爺在大雄寶殿正然講法。雷音寺進來以（一）位年清（輕）的付（婦）人。進大雄殿。蓮台佛爺二目緊閉。不言語。兩傍（旁）羅漢賜（伺）候。這位付（婦）人掌（長）十分的郡（俊）美出色。走到連（莲）台前。口問佛爺説。你是佛爺。你下來。讓吾座座（坐坐）蓮台。問多時候。佛不能説話。付（婦）人佑（又）説。

你不讓我。我要去座（坐）定蓮台。言把（罷）。這付（婦）人上了蓮臺上。他座（坐）在佛的懷内。付（婦）人的手麼（摸）佛的臉。麼（摸）佛的身體。上下麼（摸）到了。佛永不增（睁）眼。永不説話。這付（婦）人他説。你稱得啓（起）是佛爺了。吾讓你座（坐）蓮台。吾柯（可）走了。付（婦）人説話跳下蓮台。出大雄殿。來到門口。要出雷音寺。有四大金剛神拉住付（婦）人。金剛神用脚彩（踩）住永别鄉（想）動。往往大佛寺山門内有位金剛神彩（踩）著個小息分舊（媳婦就）是此人。後來有四個凶漢（悍）親弟來到大殿上。問著佛爺。你好大膽子。吾們的親娘他叫金剛他脚底下編（扁）著。似（是）你的下人。我不望他説。我望你説。這九蓮台該我們座座（坐坐）。蓮臺上佛爺該説話了。佛爺問。你四人有多大的能耐。多大的本領要座（坐）蓮台。這四人每期（們齊）説。我們無能耐要座（坐）蓮台。柯（可）有近（勁）頭有力氣。要多大力氣有多大力氣。佛爺説。你們有力氣舊（就）要座（坐）蓮台。佛佑（又）説。你們有力氣。你們來把蓮台搭啓亢啓（起扛起）。我叫你們座（坐）蓮台。這四人聽見。説我四人舊（就）搭舊亢（就扛）。我們該有多大的力氣。這蓮台共有多重忿兩（分量）。四人來搭。搭不啓（起）來。四人回身用力氣亢（扛）。越用力亢（扛）不動。越亢（扛）越重。越亢（扛）越重。

四人佑（又）説我們亢（扛）不動。不亢（扛）了。我要走了。佛爺説。你們走不了遼（了）。你們四人掌（長）在蓮臺上頭了。有看見佛爺座子四人。舊似（就是）這四人。這四人似（是）大力神。隨佛爺受香火。那一付（婦）人。金剛神彩（踩）著的。名叫究母。在山門内金剛神位脚抵（底）下彩（踩）著的息粉（媳婦）。

第七十五起眉注：寶鼎會前接六寸津音法鼓前接九寸兩會一張八尺

按語

關于陳設寶鼎聖會，《天津皇會考紀·寶鼎寶塔會》記載：「大會中之高座，以寶鼎為最名貴。『寶鼎』會，原設于城内小宜門口，因寶鼎不但體很大，平常無處收存，就放在北城門樓内。寶鼎是仿製大鼎的樣子，一個座上有小兒兩個抱著鼎足，鼎上圍繞著的全是角燈旗子，上有祥雲異獸，形象極為雄壯，出會時由八個人抬著。」

《考紀》中所描述的寶鼎形制，與上圖繪製的寶鼎略有不同。觀圖中寶鼎造型，箱式大座四周繪「駕海蛟龍」，護欄飾以「蓮花」圖案，欄杆上裝有十二支角質燈。大座上置一六角形須彌座，座内有身穿紅裝、扛抬九蓮台的四力士（大力神），座角處各插一燈。「貼金」寶鼎穩坐在九蓮臺上，寶鼎兩耳呈S形向兩側張開，成為圓腹與彎曲完美結合的典範。鼎口上是一架飛檐高挑的雙層六角亭子，飛檐高角處福（蝠）、禄（如意）紋雲牌，垂掛玉璧流蘇球燈。亭子頂部一盞紅燈（又稱寶頂），在周邊十幾盞角質燈襯托下尤為矚目。寶鼎通體金光閃耀，鼎身圓渾雄壯，鼎亭玲瓏精巧，鼎壁「天后聖母」四個大字蒼勁有力。

可惜的是這件珍貴的大型藝術精品，在「庚子年間，竟被大火焚毀，無法再行出會」。查光緒庚子年即一九〇〇年，其前後天津皇會活動記載，分別為光緒二十五年（一八九九）和二十九年（一九〇三）。若是，「如意庵大火事件」當發生在一八九九（己亥）年。又天津史學家王勇則先生考證並著文《清末天津皇會失慎時間考》，文中講到：「此次火災發生的具體時間是光緒二十三年三月十七日丁酉年（一八九七年四月十八日）」。據一九八四年天津民間舞蹈普查登記草表顯示：南開區西北角街、小宜門口有高蹺和寶鼎二會，均已失傳。

注釋

［一］對賬憑據：根據、證據。

第七十六起（第九十一道）　河東上鹽坨三道井溝誠議心音法鼓老會

題注

河東上鹽坨三道井溝。有衆位行善爺每休（們修）好操演法鼓。隨駕出巡。知事人説請位明公先生啓（起）出法鼓名號行會。有高明人來啓（起）心音法鼓。四字有講説。文偏倫（編論）語交代明白。會宗（中）善念。善緣。休（修）善。佛心休（修）善。講説以為致誠心字。此乃佛心批語。有佛心。有問心。有存心。有善心。音是有撮音。有仰音。有童音。有打音。法是有閂（門）法。有學法。有練法。有講法。鼓是有祭（擊）鼓。有滚鼓。有俱鼓。有聽鼓。有心字。有音字。有法字。有鼓字。有人舊（就）問這些字指莫（嘛）講。人佑（又）説是心字起。普渡群生學好。佛心。十八羅漢參佛。問心。君王愛民疼民。存心。清以（輕易）不動殺戒。善心。這是心字。音字。説音。天降風雨雷雹。撮音。供佛燒香蹻慶（敲磬）。仰音。交（教）管學生念書。童音。口共（供）不招動型（刑）。打音。這是音字。

法字。說法。殊（誅）仙陣化三清[一]。閗（鬥）法。孫伍（悟）空求薩（菩）提。學法。金鐘皂（罩）體相（像）鐵[二]。練法。邱祖來渡麻祖[三]。講法。這是法字。鼓字。說鼓。三國迷（禰）衡罵曹。祭（擊）鼓[四]。張翼德拿劉峰（封）。滾鼓[五]。霜降操演打式。俱（聚）鼓。赴宴戒（敬）酒傳花[六]。聽鼓。這是心音法鼓四字批祠（詞）。講說善念休（修）好扶（福）話。心音法鼓出巡行香多年乃是老會[七]。有人問執（之）。和（何）為老會。知事人說。吾每（們）行會二百餘年。有人笑問。說你每（們）人上會。這大的壽先（仙）長活世上。會頭說道。非也。世人若行善念休（修）好。辟（必）有子孫傳代香煙。背背（輩輩）行好上會。因此兩百多年。古至今說。天溜（留）日月星斗四季歲節。地溜托（留馱）獸三山陸（六）水萬國人燕（煙）。佛溜（留）經劵生刻（克）死化。太上老君溜（留）下五行金木水火土掌（長）。孔聖人溜（留）下三剛（綱）五常。仁義禮智信。僧道孺（儒）為三救（教）九溜（流）。混世至（直）到如今。心音法鼓怎不是行會二百餘年。吾每（們）少說己拾（幾十）年載。[八]

第七十六起眉注：心音法鼓前接八寸三駕寶輦前接八寸兩會一張（此間標注的起數與眉注內容與第六十八起、六十九起似有混淆，不知本意作何处理）

按語

《行會圖》中與「鹽坨地」直接相關的老會、聖會有：河東上鹽坨三道井溝誠議心音法鼓老會、河東上鹽坨三道井溝慶善洛陽橋聖會、鹽坨文殊庵前妙顯寸蹺蓮花落聖會、鹽坨壽恩堂慶音法鼓聖會、河東小聖廟後同善漁家樂聖會（《天津縣志》載，小聖廟在河東鹽坨）計五道。另外見于史料的還有：河東小鹽坨和音法鼓會、河東上水窑鹽坨法鼓會、鹽坨准提庵中音法鼓會、鹽坨涌濟揚音法鼓會等。僅此可見該地民俗風尚與藝術追求之一斑。

注釋

［一］誅仙陣化三清：《封神演義》第七十七回，多寶大擺誅仙陣　老子一氣化三清：但見誅仙劍、戮仙劍、陷仙劍、絶仙劍，四劍連成誅仙陣圖，乃鴻蒙開闢以來第一殺陣……那老子把魚尾冠一推，只見頂上三道氣出，化作三清，乃是上清、玉清、太清三位道爺。此為老子氣化分身之妙。

［二］金鐘罩：金鐘罩，武術硬氣功功法，傳説可以練到刀槍不入。

［三］邱祖度麻祖：《七真史傳》第二十二回　分蒲團大道不戀情　問相法當面把人量。第

二十三回 化强梁改邪歸正 談至理因死得生：初，邱長春化齋，遇賽麻衣相面，謂其，鼻端兩條紋路，雙分入口，叫做蛇鎖口，應主餓死……長春數度求死不得，並感化盜匪，洗心革面，去惡從善……再見賽麻衣，觀邱祖相，曰：從前雙紋入口，如今兩條紋路雙分，繞在承漿穴上，這承漿上又生一小紅痣，配成格局，叫做二龍戲珠，貴不可言，應受帝王供養，福德不可限量。邱祖終為太白金星度化。故此知相有内外之分，即心相和面相。外相不及内相，命好不如心好。大善人相隨心變，心好相也變好。

［四］禰衡擊鼓罵曹：《三國演義》第二十三回 禰正平裸衣罵曹 吉太醫下毒遭刑：孔融薦禰衡于操。衡持才自傲，口吐狂言。操委以鼓吏。一日操宴于賓客，命禰衡擊鼓。衡穿舊衣而入，遂擊鼓為《漁陽三撾》，音節殊妙，淵淵有金石聲。坐客聽之，莫不慷慨流涕。左右喝曰：何不更衣！衡當面脱下舊破衣服，裸體而立，渾身盡露。坐客皆掩面。衡乃徐徐著褌，顏色不變。操叱曰：廟堂之上，何太無禮？衡曰：欺君罔上乃謂無禮。吾露父母之形，以顯清白之體耳！操曰：汝為清白，誰為污濁？衡曰：汝不識賢愚，是眼濁也；不讀詩書，是口濁也；不納忠言，是耳濁也；不通古今，是身濁也；不容諸侯，是腹濁也；常懷篡逆，是心濁也！吾乃天下名士，用為鼓吏，是猶陽貨輕仲尼，臧倉毀孟子耳！欲成王霸之業，而如此輕人耶？

［五］滚鼓：有京劇傳統劇碼，三國戲曲名段之一，名曰《滚鼓山》。講的是：張飛，鎮

守閬中。忽見廖化前來報告荆州失陷。並哭訴，曾至上庸告急，劉封不肯發兵，關公已為吕蒙所害。張飛大怒，移兵上庸，誑取劉封手中劍、印。復謀一策，將劉封置一大銅鼓内，張飛遂擲大銅鼓于山下，為關羽報仇。劉封因此斃命。

此劇純屬虚構，且與三國張飛脾氣秉性相悖，大損張飛形象。劉封之死見于《三國演義》第七十九回　兄逼弟曹植賦詩　侄陷叔劉封伏法

［六］敬酒傳花：酒令遊戲。席間以花為媒，以鼓為令。擊鼓傳花，鼓停，花落誰手，罰酒。無非增加席間酒趣也

［七］乃為老會：河東上鹽坨三道井溝誠議心音法鼓老會，「至今行會已有兩百多年（若從道光元年（一八二一）算起，上溯兩百年，便是明天啓元年（一六二一）。算到今日已近四百年了），吾們還少説幾十載」……此話一證天津鹽坨地之久遠，二證天津法鼓藝術歷史之久遠，三證天津民間藝術之風尚的興旺。天津鹽民不僅要參加三月二十三的「娘娘會」，還要于五月參加本地「河東小聖廟」的廟會。《長蘆鹽法志》載：小聖，海神也，舊有廟在河西，封平浪元侯。每年五月初旬，遊人著傾城而至」。清代詩人蔣詩有《沽河雜詠》詩，專誦小聖廟廟會情景：「二月連朝有勝會，刹那五月賽元侯。津門士女傾城至，戴七星花結伴遊」。又有汪沆的《津門雜事詩》詠小聖廟「叢祠金碧俯河流，懾伏天吴駕赤虬。五月新坨人似蟻，船

船簫鼓賽元侯」。以及沈峻的《津門迎神歌》：「復有恬波稱小聖，立廟瀛壖禋祀敬。未聞報賽舉國狂，始信歡虞關性命」。「始信歡虞關性命」，當是天津鹽坨地人們的生活態度了吧！

［八］這幾句話說的氣勢磅礴，豪爽之極，竟將一個法鼓會，與日月星辰、三山六水、生克死化、陰陽五行、三綱五常、三教九流融為一體。自豪之感油然而生矣。

第七十七起（第九十二道） 懷德堂隨駕頂馬聖會

題注

懷古堂是讀書人家買賣。廣有船知（只）。許多户忝地葉（房産地業）。處處賃錢。借（这）月飄（票）賬放出不少。祖代[一]秀才公。舉人公。進士第祖儀（遺）言溜（留）下。不柯（可）上考座（做）官。家宅進項足勾養善（够養贍）。不圖有官式（勢）。立至（志）要財源的名頭。無悠（憂）無律（慮）。豐雨（衣）足食。有科家（甲）的鼎（頂）戴[二]。靠天吃飯。偏院厨房煎草朋（炒烹）炸。嗔秀（珍饈）美味。綾羅斷（緞）疋。成衣鋪作（做）來男女家常穿衣。夫（閑）來愛看四大奇書。悶來分付（吩咐）套車睄睄違廠（圍場）。看看營（塋）地樹木祖墳。内賬房來看借（这）月利息。進錢多少。該放該收。該溜（留）該存。到了喪事下帖來請。有下人根（跟）班。似（是）捧與人家點（奠）主拜靈。斌（賓）客相待。送綾送帳。寫上眷惠（諱）應酬。到了喜事來下帖。日期應酬。賀喜。到（道）喜。

拜喜。大戲公侯（恭候）。禮儀是燭酒袍套靴帽禮務（物）。知近鄉（相）好。親琪（戚）生日。長（常）有遠路近路座（坐）車去。本家出門來遠遠迎接。請引廳尚（上）拜壽慶壽。本家謝壽。聽戲赴席。壽桃。壽麵。壽酒。壽燭。長元糕。壽長糕。福榮糕。團壽糕。板鴨。河（火）腿。抬來食盒酒禮。務（物）件應酬。人情禮重。本家全壽。那樣的光彩。

到了懷德堂。本家這年生養兒男。舊（就）是這位打頂馬的少爺。他喜三[三]日期。裏外台大戲唱。兩班合演。雞蛋受（收）多少。大米受（收）多少。綾紬斷沙（綢緞紗）小衣伏受（服收）多少。紬（綢）被綾被受（收）多少件。到了滿月日期。大戲兩班唱。光那金壽星。金八仙。金零當受（鈴鐺收）的不少。掌（長）到四歲上生花當差。小人客（科）先生看花抓藥吃藥。花種本家。許願解（謝）神。唱戲。擺供。等候掌（長）大。以（一）大出頂馬會。隨駕出巡行香。捕（補）報娘娘神位聖恩。四年行會口願。至（致）誠善念。天津衛本是善地。才出善人。佑（又）是娘娘的善會。才教化人間行善。善門人家。善愛花錢。議尞（一了）心願。報答善願。完全善事。秉心善香行善。頭年頂馬隨駕休（修）善。二年隨駕出巡浩（好）善。三年隨駕行香慈善。四年隨駕。孝利（效力）願滿。聖宗垂佑。靈應保護。人口平安。舊（就）是福田。這是懷古堂隨駕頂馬聖會。休（修）好行善。

按語

文中明明寫著「到了懷德堂，本家這年生養兒男，就是這個打頂馬的少年……」不知何故開頭先交待是「懷古堂隨駕頂馬聖會」。從前後文邏輯關係看，這懷德堂似為懷古堂後輩買賣的名號，可能是前輩的名聲更大，這裏借來一用？

懷德堂也好，懷古堂也罷，這是天津城「讀書人家的買賣」，又是海船廣有，又是良田千頃，又是買賣鋪户，又是銀號放貸……再看那紅、白喜事、慶壽、還願的排場。這家的人們似乎遵循著先輩的遺言古訓：「不可上考官員，家宅進項足够養贍。不圖有官勢，立志要財源的名頭」……也就是説「只做買賣，不當官」，求的是「無憂無慮，豐衣足食」的生活——此家先輩深諳「伴君如伴虎」和「有錢能使鬼推磨」的道理。

注釋

［一］祖代：祖輩。意指本家祖輩上曾有居官者。

［二］有科甲的頂戴：明、清稱科舉為科甲，經科舉考試中舉人、進士者稱科甲出身。頂

戴則為清代用以區別官員品級的帽飾。皇帝也常將頂戴賞給那些沒有官階之人，既是一種榮耀獎勵，又可以使其獲得一種社會地位。此處是説：本家雖有頂戴品級，但並不居官。

〔三〕喜三：又稱洗三，中國古代誕生禮中重要的民俗儀式。嬰兒出生後第三日，會集親友為嬰兒祝吉，並舉行沐浴儀式，謂之「洗三」。另有：十二天要穿穿褲，長大有腰、有胯骨；滿月吃喜面、麵條栓栓等等養兒習俗儀式。

第七十八起（第九十三道） 慶善堂巡風聖會

題注

慶善堂巡風聖會隨駕行善休（修）好。議為願心。捕（補）報天后聖母神恩慈悲。護佑闔家人等。感念垂照。本家姑娘出巡風會。柯（可）是他祖母許下口願[一]。因這小姑娘他當差。無從見苗起風病。昏身若蘯手（渾身熱燙手）。祖母疼孫女。孩（害）怕生花死。一天早晚兩次到天后宮燒香求神。足誥（祝告）娘娘聖母。回家來時。不分晝夜拈香許願。小女孩天上（天）有人睄看。身上有出癍花。看花人拿針筲（挑）了。人問説花勾（够）二成花。醫家待（大）夫來看下藥煎好。小孩打滚不吃藥。生花孩子五天上早辰（晨）時。祖母他在佛堂前佑（又）燒香許願。言説孫女兒他出啓（齊）花來定要行巡風會還願。晚間看花人守花人有聽見街上才交四更。守花看花人們有困的。有不困的。都是迷迷呼呼（糊糊）的。生花屋内進來二人。以（一）老以（一）少。景教（竟叫）守花人茂（冒）然間迷困。看見兩位人進來說話。你家的掌背（長輩）他苦苦的他求孫女兒。娘娘差我們來收回風氣。煥（換）神苗出好花。凡人你等與他付（服）藥不通行。草藥苦水不比咯（必喝）了。至（只）有我每（們）來看。按宗（暗中）[二]來的一位仙家跑道的奶奶。一位仙家煥（換）花的姐姐二位來到。景教（竟叫）人們出房門去了。□（屋）內看花人守花人全都眼增增（睁睁）聽見看見。此以（一）刻都說不（出）話來。面面鄉（相）覷。看著人家走了。感（趕）人家走只（之）後大家這才說得出話來。這件事怪不怪。頂到天亮。對著本家言講晚間四精（更）天只（之）事說明。這才本家隨（誰）不知曉。以後花好全（痊）愈足壯。執辦（置辦）扎整岔（份）的查（扎）彩。看好日期呈供燒香。燒扎彩。岔岔（份份）言明瞭（了）還願謝神。親朋賀喜。轉過年來三月十八出巡風會。到城西如意庵接駕隨駕去。二十日天后聖母出巡。巡風會隨駕休（修）好。二十二日天后聖母聖駕隨意行香。巡風會駕隨行善。二十三日老娘娘的聖延（誕）。巡風會小姑娘到天后宮拈香祝壽。祭（記）名代（帶）鎖。這是巡風會的善念。[三]

第七十八起眉注：四駕輦前巡風

按語

慶善堂的隊伍是如此龐大。四柄高照，兩副茶炊子，四盞氣死風大挑燈，三十幾把手挑燈。在手持小鑼的會頭指揮下，四五十人浩浩蕩蕩地隨止隨行。如此看來，這慶善堂恐有幾分職業化色彩。不知是否由主家花錢雇傭的。慶善堂巡風聖會，不似余慶堂的巡風會，姑娘是坐在玻璃車裏，有人拉著、推著，小公主般地風光著。看這位小姑娘，身著華麗漢服，長裙廣袖，彩綉披肩，與奶奶手拉手，步輦兒隨行，顯得更加親切、樸實、虔誠。

注釋

〔一〕祖母口願：天津有句俗話叫：「隔輩兒親，輩兒輩兒親，斷了骨頭連著筋」，這位老奶奶疼孫女可真疼的「驚天地，泣鬼神」了——自從孫女染上天花，又是請大夫診看、下藥，熬藥，又是請護花人陪伴、挑花。老奶奶更是一天早晚兩次到天后宫燒香求神，又許下心願：「孫女病好後一定出巡風會還願……」直感動的老娘娘派出使者「跑道奶奶」和「换花姐姐」，親臨孩子病榻，取走「風氣」，換上「神苗」，小姑娘免去「喝苦水兒」的痛楚。幾天下來病體痊愈，全家人備上整份兒的「扎彩」，焚燒給老娘娘，言明算是還願謝禮……轉過年來又出巡風會，從三月十八參加如意庵接駕，二十、二十二日隨天后聖母出巡行香、散福，到二十三日媽祖娘娘誕辰的正日子，在天后宮拈香祝壽、記名、帶鎖……一連幾日，這份感恩戴德之情也算至真至厚了。

［二］暗中：所謂「書中暗表」，「背地裏道來」之意。

［三］民間信仰習俗中的此類傳説，往往具有極强的影響力。究其根源所在，大概還是與我國文化傳統中「家」的概念有著直接的關係，所謂「天倫之樂」。此會及其傳説所表現出的「至愛親情」——是老奶奶對孫女的愛感動了老娘娘。這就成為所有人羡慕和交口稱贊的對象。其實我國文化傳統中的老愛幼，幼敬老，父慈子孝，夫妻和睦等觀念，即包含著人性善的根本，又是一種教化的啓蒙，更是維護家庭和美的基本法則。

第七十九起（第九十四道）　永豐屯公議香斗法鼓老會

題注

永豐屯香斗法鼓。衆位善念。兩會合一會隨駕。善宗（中）義氣。講倫休（論修）好。年年聖事不闕（缺）。大家期（齊）心浩（好）聖。天津善地。愛息（喜）敬神敬聖。行善。願心報恩。報達（答）天后聖母靈應垂佑。護國保民。世人隨（誰）不感念。有明公言講。每到末行會日期。皇經堂赴藍説（蘭若）[一]。二十二日行會。到二十三日天后聖母聖延（誕）日期。黑早有雲端行來雲來。七十二司神聖祝壽。拜別迴規（回歸）。有人問那七十二司神聖從那（哪）裏來。到此祭聖母拜壽。佑（又）説他每（們）從陰曹來。他每（們）都在陰曹當差。各有爵位應事英藝（應役）。辦（半）點不敢錯處。真而又真。是做端正善重司。陰功存德司。善財引橋司。忠孝節義司。除惡安良司。孟婷（婆）迷魂司。巡（循）環報應司。逢（風）流秉靈司。五葷問管司。不停叔（贖）報司。善惡長短司。魁判差排（派）司。管理鬼門司。陰陽二界司。執掌地獄司。罪惡分型司。打天際（記）賬司。罵地存溜（留）司。浩邕凹（好詉挖）面司。今往（生）來陰司。畢撮察照司。蒙財火洛（烙）司。鐵甲接頭司。心黑火燎司。密財磨拼（研）司。性亂碓掇司。失體油炸司。炸練換皮司。混務湯火司。分戰（斬）鍋揭司。望鄉區（嶇）路司。福水善火司。剛毅響還司。差橋走波司。獨抬虎興司。荒捷石半（絆）司。軍前收魂司。强霸人忝（産）司。趕人年號司。攜等箕背司。牙岔（丫杈）密樹司。糟務（物）寒水司。食胞敬常（浄腸）司。愛斜灣（邪剜）眼司。話惡鍔（割）舌司。滅鏡善惡司。壞松黑統司。紅水耐河（奈何）司。銅蛇鐵狗司。惡鬼莊村司。黑霧蒙目司。善任燈火司。大怕餓獸司。羊常（腸）畢路司。無常吊客司。利任（刃）金雷司。棍下木雷司。失脚水雷司。密心火雷司。專性土雷司。平（評）罪盤短司。時來煥（換）容司。該轉運望（旺）司。掌（長）壽增福司。肖路奪忌司。管理幹勞司。招察氣鼓司。緊慢斷食司。靴帽登代（帶）司。溝頭怕風司。温易（瘟疫）走癀司。疊包入火司。

以（一）共神位七十二名。拜壽聖誕。各規税地。這是香斗法鼓會宗（中）勸善[二]。

第七十九起眉注：香斗法鼓前接八寸香斗大座後接六寸兩會一張八尺

按語

譚汝為《天津地名考》中的「永豐屯・雙廟街」載：永豐屯位于今紅橋區南部雙忠廟大街一帶，原名張官屯，大約形成于明永樂年間（一四〇四—一四二四）。明代實行兵屯制度，運河兩岸有七十二屯，其中距天津衛最近的屯，就是坐落在西大灣子一帶的張官屯……隨著星移斗轉，可列出運河河畔這片地域在地名演變上遺留的軌迹：張官屯→永豐集→永豐屯→雙廟街→芥園道。劉瑞清光緒二十三年秋手繪天津城區圖中標有永豐屯確切位置。

永豐屯公議法鼓會和後邊的香斗會兩會合在一起，統稱「永豐屯香斗法鼓會」。因原圖做兩起處理，今且從之。其實這樣組合的意義和好處很明確，就是互相借勢，以壯聲威——香斗前有了鼓樂，聲色彰顯，法鼓會後有了香斗大座，氣勢倍增，極大地强化了兩會的可觀賞性。亦可見該會規模之龐大。

注釋

［一］皇經堂：住廟道士誦經、拜神的場所。「蘭若」出自梵文「阿蘭若」，意思為寺廟。

［二］該會與衆法鼓會不同之處在于，它不是擇文捉句地解讀本會會名，而是明言「陰曹

地府七十二刑司」，並將其作為會中勸善的信條。這大概與當年的永豐屯地多香店、香鋪、香廠有關，與該處宗教習俗和宗教環境（天津著名的呂祖堂「原永豐屯祠」、雙忠廟、如意庵均在此地）氛圍有關。陰曹地府、十殿閻君、十八層地獄、七十二刑司，是佛教文化講論因果報應、六道輪回的勸世經典。

第八十起（第九十五道） 永豐屯香鋪香廠公議香斗聖會

題注

城西永豐屯。有衆位香店人。香鋪人。香廠人。香行人。大家公議香斗聖會。隨駕出巡行香。以為善念休（修）好。這似（是）香斗倫理明聖。攢斗[一]行善敬神。本處善緣。相（向）攢斗會。以（一）年各處廟内休（修）好。燒香攢斗日期多多。舊（就）打正月初一日元旦日期説啓（起）。歲臘日期[二]是頭以（一）天燒香敬神攢斗。到十五日上元天官聖誕敬神攢斗。二十九日有觀世音薩菩（菩薩）聖誕敬神攢斗。三月初三日王母山聚聖聚仙臘日敬神攢斗。二拾（十）三日天后娘娘聖誕敬神攢斗。四月初八日佛爺出家[三]的日敬神攢斗。二十八日普濟真君藥王[四]老爺聖誕敬神攢斗。五月初五日小聖爺[五]聖□（誕）佑（又）是臘日敬神攢斗。七月十五日中元天官聖誕。佑（又）是盂藍（蘭）水路（陸）大會敬神攢斗。二十九日地藏王薩菩（菩薩）聖誕佑（又）是臘日敬神攢斗。八月十五日月光朝陰。世間人都墳（焚）香守夜敬神攢斗。九月初九日重陽節祭缸神[六]。佑（又）是北斗薩菩（菩薩）聖誕。打初一日至初九日止敬神攢斗。臘月三拾（十）日。小進（旬）二拾（十）九日。年節歲臘日幹敬神攢斗。香斗聖會香攢多高。如同香塔樣式。斗上攢香。望攢斗的。以（一）樣行相（香）出巡遊街休（修）好。年年隨駕。為人敬神信神燒香行善[七]。無非是以（一）秉前（虔）心致誠。行會已（幾）日。以（一）來聖事。二來許下口願求順。娘娘聖會行執（至）大街叫人瞧看。叫人學只（之）。會宗（中）善念。勸善改惡學好。才能行會。善緣為人聽信。善緣至（自）有福來親近。神聖護佑。勉（免）災。勉（免）病。勉（免）禍。勉（免）逆。勉悠（免憂）。勉（免）愁。以蓋（一概）撥查（差）[八]全勉（免）。後來碧（必）有升騰。舊（就）知按宗（暗中）神聖護佑。垂照慈悲。這是香斗聖會善言勸世。教（叫）人醒務（悟）行善。陰功德性。自己問心。

至今有四勸。人作善是（事）。作惡是（事）。都教（叫）人見。四勸有善勸。有惡勸。有明勸。有按（暗）勸。看見功（公）堂上官付（府）問按（案）問貢（供）。言語不順詞句。官型以（刑一）動。那樣的拷打口貢型（供刑）法乃為明勸。上茶管（館）子聽好説書的先生説書。字演説的佑（又）真。長（常）取點古（典故）。

那（哪）朝那（哪）代。奸壞人做事行事。沿（挨）罵。後來歸處。怎麼報應怎麼巡（循）環。傳溜（流）至今。作惡沿（挨）罵。茶管（館）子説書的乃為按（暗）勸。瞧戲聽戲好老辦（扮）出角來。出場走相座排（做派）。手脚指點。唱的吖閆（腔韻）。話白真好。那以（一）出戲。那以（一）出戲。奸壞沿（挨）罵。唱戲場口叫人聽看。好罵。好説。好傳言。作惡的沿（挨）罵。奸壞的沿（挨）罵。戲文乃為明勸。到那廟愈（宇）的僧門兩道（僧道两门）。念經念佛。有事至（之）家。白晝念佛。合到晚間黑下。念佛念到三四精（更）天。有説念完尞（了）。不念佛尞（了）。要回廟尞（了）。有事至（之）家人每隨（們誰）知道。念完佛人專（賺）錢。乃為勸善講説。

第八十起眉注：香斗法鼓前接八寸香斗大座後接六寸兩會一張八尺

按語

六角形的大座底箱，上面繪著脚踏祥雲、躍足昂首的火麒麟，箱子周邊六根S型立柱底端是一隻大脚，上邊是一隻卷毛神獸頭，箱口下沿一圈白色圓珠裝飾，箱口小護欄上繪的是鮮花瑞草，周遭遍插角質燈籠，箱内就是那巨大的，四角仍以吉祥花草紋樣扎彩和角質燈裝飾的「大香斗」。然而最具特色的還是香斗中那一盤盤綫香捆扎而成的「香塔」。香塔由十四五層「香盤」層疊組成，每一層均圍以數盞角質燈裝飾，最上面是一架博山爐，香爐上插著一柱點燃的熏香……香斗大座通高近十米，整個藝術造型可謂簡潔、明快，而又不失華麗、莊重。更重要的是它凸顯著「香行」的產品特點，體現的是「香店、香鋪、香廠」衆人的意願、心願。

注釋

〔一〕攢斗：組裝香斗大座，準備出會。

〔二〕歲臘：年終臘月二十八為歲臘。再如後邊所說：「臘月三十日，小旬二十九日，年節歲臘日干敬神攢斗」，所謂「日干」大概就是三月初三、五月初五、七月初七、九月初九等日。

〔三〕佛爺出家：《武林舊事》載：四月初八為佛誕日，諸寺院各有浴佛會，僧尼輩競以小盆貯銅像，浸以糖水，覆以花棚，鐃鈸交迎，遍往邸第富室，以小杓澆灌，以求施利。也即「浴佛節」。

〔四〕藥王：中國民間崇拜的藥王一般指神農，即神農嘗百草，首創中醫藥；又有唐孫思邈，其「大醫精誠」「一視同仁」的醫德觀念成為萬世師表；另外還有春秋時期的扁鵲、東漢的張仲景、邳彤、三國時期的華佗、唐代的韋慈藏、韋善俊等等。有的藥王廟乾脆把這些名醫家都請進來，作為供奉對象。

［五］小聖爺：《長蘆鹽法志》載：小聖，海神也，舊有廟在河西，封平浪元侯。每年五月初旬，遊人著傾城而至」。《天津縣新誌》載：「小聖廟：在鹽坨。相傳神滕姓，名經，年二十三落水成神，故稱小聖，蓋海神也。舊有廟在河西，始封平浪侯，繼封護國濟運顯應平浪元侯，商舶往來屢荷顯應；順治六年復建廟河東，棟宇宏敞，陳廷敬、余泰來皆有碑記，載碑刻志。今廟址劃入租界。」清・劉瑞清光緒二十三年秋手繪天津城區圖，緊鄰河西鹽坨北側有小聖廟一座，當為舊廟。河東紫竹林一帶已成法、英租界地。河東小聖廟已不見蹤迹。

［六］祭缸神：九月初九日為舊時染坊祭祀染布缸神的日子。民間染坊尊漢代梅福和晉代葛洪為染業祖師，尊其為「缸神」，稱「仙翁」，祀于二仙宫。

［七］燒香行善：燒香敬神，焚香祭祖，大概是世界各種宗教習俗活動通用的方式。人們認為那裊裊升騰的青輕煙氣是召喚神靈的信使，是溝通人神的媒介，甚至那香火的燃燒，香煙繚繞的痕迹，香灰傾倒的形態都在昭示著神的諭告。于是，各種名貴香料加工成的香，各種形態、各種長短大小的香，居然托起了一個千古產業，並延續至今。實際上人們對香的崇拜由來已久，《詩經・召南・采蘩》「于以采蘩？于沼于沚。于以用之？公侯之事」——到沙洲和沼澤中去

采集白蒿，為的是應付侯爺宫廟的春祭。漢代以後，外國異香傳入我國，成為上流社會的奢侈品，焚香也不再是神佛的專享權利，更成為風流雅士、才子佳人生活必備之物。他（她）們讀書時要焚香，寫字時要焚香，作畫時要焚香，彈琴時要焚香，静坐時要焚香，甚至舞劍時也要焚香……人在那裊裊香煙的升騰、飄散中便獲得幾分默思遐想，獲得一份寧静與安詳。

［八］撥差：同差撥。指額外勞役、捐税。

第八十一起（闕失）

第八十二起（第九十六道） 公獻提爐燈亭

題注

公獻提爐燈亭。隨駕出巡行香。休（修）善休（修）好。議為願心。報答聖壽無疆。感念敬神。天后聖母護國保民。受過敕封。管理汪洋泗（四）海。普渡群生。長長（常常）顯聖救人苦難。當海宗（中）天氣寡（刮）風辦（蔽）日。海水波浪三日才平。若是連日寡（刮）風。海路行船。至（只）好船致（只）收島守風。島内横浪打船過韋（桅）。當海波浪。横浪。順浪。淘（濤）浪。催浪。響聲如同鑼鼓大陣響音。船上人等驚怕不止。聽船倉根（艙跟）船人們哭。亥（害）怕厚（後）悔。船等風息幾日。孤這（估著）[一]海裏無生腰浪時接（節）才敢出島。行船走海。似（是）為保重船致（只）人口。是船上家掌（長）人他不亥（害）怕走海。天氣雲莫（霧）風起四面八方。雨雹電雷起洛（落）全能知曉。他精（經）過多。見過多。他都忌（記）在心内。正是蜀（俗）言。首（守）山住不怕虎。山海情由以（一）樣。天后聖母管海。顯佑救苦救難。行好人船。救命的人。聖母神位來救。該壞的船。該死的人。轉廻（回）到了娘娘。不感違備（敢違背）上天玉主（帝）。聖母不管。怕有岔（差）錯。當救則救。不當救的不能捷（解）救。有命在天。無命在地。神聖不敢亢（抗）違。是世間上人他該當死有（又）不死。真少有。造生死者。有北斗先造死。有南斗後造生。凡人生死有二位神聖管理生死部（簿）[二]。凡人陽壽全有賬目柯察（可查）。生下人來以（一）世福田皂（造）化。總要祖上陰功德性。惡實（事）善實（事）存溜（留）多少。分斤稱兩數忿（分）毫[三]。對對平平。舊（就）知兒孫後背（輩）富貴貧窮。古言流（留）詩。若積前世陰今生座（做）著事。若積後世陰今生攢著事。

公獻提爐燈亭。擺著供爐。藕（漚）起覃（檀）香。煙仲（衝）九霄雲外。神聖巡查凡塵。香煙繚繞。大清直棣（隸）天津衛。行善香煙供養天后娘娘聖會。行此願心休（修）好。上天垂照。東度以（渡一）方福田。護佑群生。那方凡人善緣種大。玉主（帝）行出赤（敕）旨。捧到佛地知曉。加緊疊（牒）文行下。東度（渡）賜福人間。至古至今為（唯）有東度（渡）善念廣大也。當初接引佛爺[四]。打座（坐）西天。有以座（一撮）白氣仲（衝）天。佛祖察兆（照）。東度（土）善緣。佛到東度（土）化迷登岸。空中看川（穿）雲關[五]。道家閗聖（鬥勝）。我佛慈悲。

將聚仙旛奪過。道家各定光仙。佛占聖（展盛）世鴻（宏）圖。散去萬仙大陣。接引佛爺度（渡）化東度（土）道家八名。歸西座（坐）蓮台。有位隨息（喜）佛爺。誠啓八大薩菩（菩薩）。一位慈行薩菩（航菩薩）。一位文殊薩菩（菩薩）。一位普賢薩菩（菩薩）。一位准提薩菩（菩薩）。一位混海薩菩（菩薩）。一位盂蘭薩菩（藍菩薩）。一位廣法薩菩（菩薩）。一位赤金薩菩（菩薩）。疊（牒）文奏事。八位薩菩（菩薩）天宫歸部孝（效）力。雷部。電部。雹部。風部。雨部。霧部。露部。霞部。衆位神聖薩菩（菩薩）。奉天命當差。都未（為）凡間群生休（修）好人。休（修）善人。休（修）德人。休（修）福人。陰功人。德性人。救苦人。救難人。方便人。存心人。執（直）正人。數（疏）財人。施捨人。捕（補）路人。是有善念。行好德性。每逢有功之人。上天慈悲。全都賜福禄吉祥。勸世勸人。勸世不能勸不過來。清易（輕易）的不好説勸。難勸。

第八十二起眉注：公獻燈亭前接三尺六寸後接一尺一寸八尺一張

按語

《行會圖》中共畫有五架燈亭，即德照燈亭、城西小夥巷同照燈亭、東門外南功店海屋添籌燈亭、雙忠廟後花神廟鮮花場鮮花燈亭和這架公獻提爐燈亭。僅就燈亭的造型和工藝而言，公獻提爐燈亭可謂别具一格。該燈亭底座為長方形（其它為六角形），凸角凹幫，大小二十幅畫面周邊裝飾，箱底下出沿鑲老虎腿兒，箱面上出沿為雙層收口花幫，周邊鑲嵌小護欄杆。八棵明柱挑起寶頂，寶鼎四角懸掛流蘇角質燈籠，大座中間一正方形爐臺，爐臺上置一圓形香爐，「漚起檀香，煙衝九霄雲外」。

該燈亭最獨特處是它的粉色寶頂造型與裝飾。首先看它的檐口直角上翻，金黄色打底，上繪雲頭花紋和佛像。其次，寶頂不是飛檐翹脊造型，而更像一座佛塔，逐層上收至塔尖，塔尖上荷葉托珠形寶蓋，寶蓋上一精美燈燭座，外罩角質燈罩，燈罩上方頂一錐形華麗裝飾物（在所有燈罩上方均有此物，似為佛之象徵或佛之法器）——這是皇會中其它角質燈上不曾見到的，而恰是這一點使得該燈亭平添了幾分佛國情調，其佛教文化特色也更加突出。

另外，與其它燈亭隊伍不同的地方還有他的前導儀仗隊，其它燈亭的儀仗隊均為十幾人的燈旛隊伍，而該隊則是以八人的手提香爐為特色。所謂提爐是一個三耳圓形香爐垂釣在一根T字形支架上，支架横杆前為龍頭造型，口銜荷葉形寶蓋纓絡，下面懸掛香爐，内燃檀香。後為龍尾造型，懸掛一支香袋。隊伍停止時，以立杆戳在地上，即「打杵」，以便于隊員休息。

關于天津燈亭會的傳承，在清光緒二十年（一八九四）皇會次序摺中，僅見宮北白衣庵直符燈亭一道。民國十三年（一九二四）皇會時不見燈亭蹤迹。民國二十五年（一九三六）皇會，標有裏院海屋添籌會（可能與原東門外南功店海屋天籌燈亭有些淵源）和小夥巷同照燈亭兩道會。二十世紀五十年代初，在破除迷信活動中，寶輦、燈亭道具一部分上繳博物館收藏，其餘的則被毀壞殆盡。

現今，津南區葛沽鎮保有三架燈亭（其中營房茶棚燈亭大座箱體與該圖箱體極為相似，值得我們關注）。據稱，這架燈亭乃是清光緒二十八年（一九〇二），由本地娘娘廟、趙府九爺如登、「久居堂」張爺寶成合資，從市内某家祠堂購得的破舊燈亭，並由張寶成親自改造翻新，出會時在寶輦前為娘娘引路，本地稱其為「海亭」。二〇一三年營房茶棚又集資近三十萬，依其樣式加以復製，二〇一四年新亭出會。

注釋

［一］估著：估麽著，估計。

〔二〕生死簿：俗傳管生死簿者乃為陰間判官，而非南北二門星辰。

〔三〕分斤稱量：七十二地獄有「磅稱地獄」，曰：磅秤獄，為良心地獄，罪犯至此，先過磅，檢驗其一生良心有多重，黑心有多重。功過是非都在此稱出，再注册發落受刑。江逸子《因果圖鑒·地獄變相圖》譯文。

〔四〕接引佛：為釋迦牟尼之前的佛祖南無阿彌陀佛，乃西方極樂世界教主。又《封神演義》第八十三回　三大士收獅象犼：且説西方教主同懼留孫來至萬仙陣前，見了紫霧紅雲，黄光繚繞，有准提道人見師兄來至，老子與元始忙迎上前打稽首曰：「道友請了！」對面通天教主看見大呼曰：「接引道人！你前番可惡，破吾誅仙陣，今又來此，我與你見個高下！」。此處接引道人似指西方教主。

〔五〕穿雲關：此處有誤。《封神演義》第八十二回　三教大會萬仙陣，乃是在潼關城外。

第八十三起（第九十七道）　頂馬聖會

題注

天后聖母聖駕出巡。議為善念威顯。因此長長洛（常常落）凡。救苦救難。顯露金光金體。普渡凡間迷生。無不慈悲護佑。至（只）因本家勝（聖）事長辦（常辦）。年年助資無數。愛息休（惜修）好存的（德）。廣積陰功。本家内眷生兒不性（幸）得了臁（産）後不安病種（重）。待（大）夫來瞧。師夫（傅）來看下藥。湯藥。丸藥全不頭（頂）濟。看柯藥味。不敢寫治。不敢開治。看刻性命難保。至（只）好看著等死。粧果（裝裹）衣寢與（預）備。此病得的哇哇唎（娃娃痢）症[一]。本上背人長長休（本家上輩人常常修）德休（修）好。到天后宫大殿拈香。感念天后聖母。足誥（祝告）靈應。誠心求神。晚間時候老娘娘聖宗慈悲。病人看見房宗（中）進來一位年老婷婷（婆婆）。申（伸）手薩蘆（挲擄）[二]病人身體。病人聽見老人家説話。説天明早辰（晨）時。叫人到天后宫大殿。供卓（桌）上面擺著一碗聖水。端來温若（熱）哈（喝）下去。此病保好。隣（臨）行說是忌（記）住了。眼看著他老人家出了房門走了。天以（一）大亮。當家人來。病人將黑下話誥送（告訴）當家人。當家人到天后宮燒香。看供卓（桌）有碗水。端到家來。用吊[三]温若（熱）。病人哈（喝）下去付（腹）内受住。黑下病人出若輪（熱汗）。小凉輪（汗）。病症全（痊）愈。人人隨（誰）不念娘娘神恩。付（婦）道得哇哇咧（娃娃痢）。有多少好的。膧（産）後得哇哇咧眉（娃娃痢没）有好的。議為兩世。人說小少爺他掌（長）大。父母雙全。本家許下出頂馬會[四]。隨駕四年行會。捕（補）報天后聖母聖意神恩。還此心願。

這是頂馬聖會行好勸善。出（初）則。人若不有善念休（修）好在先。神聖燕（焉）能慈悲搭救。

第八十三起眉注：平音法鼓前接一尺頂馬會前接七寸兩會一張八尺

按語

《行會圖》中共有三道還願的「頂馬會」——積善堂頂馬會是因為本家到關東做糧食買賣，在大海上遇到風險，得娘娘搭救，此刻小兒子代父出會還願；懷古堂頂馬會是因為孩子四歲上得天花，長輩們曾向娘娘許下願心，孩子長大後出頂馬會還願；這家的頂馬會則是因為小兒的母親生他時，不幸得了「產後不安的娃娃痢」，于是這兒子長大後連續四年來出頂馬會。只是這個頂馬會是兒子替母親來還願呢？還是為他自己來還願呢？做母親的大難不死，值得慶幸，做兒子的有福得了個父母雙全，更是值得慶幸，這一家人的全科兒、健康、和美才是一家人的幸福，缺一不可。

注釋

[一] 娃娃痢症：清張璐撰《張氏醫通》曰：（婦人產後）敗血上衝有三……大抵衝心者，十難救一；衝胃者，五死五生；衝肺者，十全一二。又有「產後諸病，惟嘔吐、盜汗、泄瀉為急，三者並見必危。此外還有產後痢（又稱娃娃痢）、產後瘧疾等等均為危症

[二] 挲擄：挲摸，撫摸。

[三] 吊：民間又稱「吊子」。一種懸掛式炊具，可用來燒水、熬藥等。

[四] 看這支還願的隊伍，煞是齊整，前邊十二架燈旛開道（這就與前兩家不同），兩架茶炊子緊隨其後，兩柄日罩光鮮亮麗，近四十把挑燈前呼後擁，中間一位穿鑲邊坎肩，披黃色雲子紋披肩的人腆胸疊肚，顯得與眾不同。那位還願的小少爺足蹬馬靴，身穿大紅袍，外罩黃

馬褂，頂戴花翎，騎著一匹棗紅馬，神清氣爽，很是威武。旁邊的小馬童，雙手拉繮，温雅敦厚、穩穩當當……整個隊伍顯得精氣神兒十足。

楊無怪的《皇會論》中有一段文字，專記「頂馬會」，文曰：「打頂馬的，數周家露臉。衣帽新鮮，頂戴齊全，人物體面，勝似當年王壽田。還有管事的，雙雙對對，穿的是大鑲大沿；小馬夫，温唇善面；跟班的，光滑臉蛋似粉團；茶挑子，亮光光，净素玻璃片」。遺憾的是不知這道頂馬會是哪户人家所辦，其姓字名誰。

第八十四起（第九十八道）　天后宮掃殿會直符神大座

題注

紙作直符神聖隨駕出巡。察照會宗（中）善念。奏事全上文部（簿）。這是掃殿會上善念明心。天宮神位有靈有聖。感應真辛（心）。慈悲護佑。郡（群）生得好。善緣福禄。吉祥平安。行會多年。納心報答天后聖母恩德。靈應神意護佑凡間。教化。行好休（修）善隨駕。以（一）點寸心。孝（效）力己（幾）日。秉正至成（致誠）。恭奉敬神。願心墳（焚）香守夜。求此勉（免）灾勉（免）禍。舊（就）是群生的福田感念罩（造）化。人人安泰。稱為心前（虔）。

按語

這直符神像可説是天津扎彩藝術的又一傑作，它與前邊的靈官神像遥相呼應，靈官是紅臉的，這直符神是白臉的；靈官手舉鋼鞭，直符神手捧寶匣；那靈官威猛粗獷，這直符神却顯得威武中又透著儒雅。

在《奇門遁甲演義》中，直符神是八神之首，又叫天乙貴人，是最為吉祥之神煞，因為他與地盤值班大將和天盤值班星君對應，故起名直符神。道教《六甲直符保胎護命妙經》有文，「原始天尊曰：夫天地媾精，陰陽布化，父母和合，人乃受生始。一月胞精血凝，二月胎形兆胚，三月陽神為魂，四月陰靈定魄，五月分臟安神，六月定腑滋靈，七月開竅通光，八月神具降靈，九月宮室羅布，十月氣足成像，然後百神具體，始乃降生……供養此經保命護身，獲福無量……所謂定三魂、安七魄、保胎護命……」。

這直符神在天津民俗中乃為最吉祥之神，所謂「直符稟中央之土，為貴人之位，能育萬物」，又有「保胎護命，免灾免禍」的本領。

第八十四起（第九十九道）　隨駕道童花瓶聖會

題注

隨駕道童花瓶聖會。出巡行香。無非前（虔）心秉執（持）。報答聖母靈佑垂照。至（只）因小學生他疹後失魂晝夜長睡。本家亥（害）怕。請位在門頭的師夫（傅）看香。過陰。命香。煙火察照〔一〕。説是本家許過娘娘願心眉（没）還。有宫裏的催感香火大仙察（查）著。將小孩子魂零（靈）超去規（歸）天后宫子孫娘娘殿内。師夫（傅）又説命香有救。許願人到天后宫子孫娘娘駕前拈香求誥（告）神聖。當初許下什麽願心。今時還甚（什）麽願心尞（了）。當初許過跳壇道祀。無從還願。如今掌（長）大成人。願心無尞（了）。本家招香。莊（撞）起鐘鼓。還此跳壇願心〔二〕。佑（又）許出道童花瓶會。小相（公）他才睡醒。説話言講。小孩子們多多。有位老婷（婆）子他總不教（叫）吾家來。後來有位善精太太説話。問者（這）老婷之（婆子）。叫他家去把（吧）。吾以（一）轉身來到咱家來了。本家男女深信娘娘靈應感念。才行道童花瓶聖會。

看花瓶會出巡聚（俱）是幻（幼）童。手托慈（瓷）瓶叉（插）著紙作花草。言說娘娘賞好花。人當還好花草。怎麼講說。生花者是人人的大關。世人隨（誰）不生兒養女。多有膗（産）生嬰兒。無倫（論）窮富。多判（盼）生兒傳後。接訓（續）萬年香煙。指望傳戴（代）後世。勸世文說。為人者溜（留）生下來舊（就）是羅漢金體[三]。以（一）世行人座（做）事。總要做體[四]。將體做佳。不用算命相面。至（自）然福田代（帶）來。人生在世有八個字。那（哪）八個字。有上四字。有下四字。人生體胎同天貫日。為上四字。氣甲申由。為下四字。這是人體貴監（賤）分說。還隨相法五官。生日時刻分寸。生下臉上那五官舊（就）是金木水火土五官分寸。生人者。那以（哪一）年。那以（哪一）月。那以（哪一）日。那以（哪一）時。緊有用更的（更有用的緊）。有發財的。有受窮的。有壽長的。有壽短的。這在時刻分寸上。都是那以（一）時生人。（一）時分皆（解）八刻。刻裹有（又）分。有初刻。初分。以（一）刻裹有三分的。有七分的。有十己（幾）分的。時塵（辰）有刻數分皆（解）。高沿（低）貴監（賤）。長短規居（矩）。生來貴人體才穿貴人衣。掌（長）生貴人齒。才吃貴人食。勸世。人家命好別生氣。人家穿好衣伏（服）。

吃好茶飯別生氣。人家養户（活）好兒孫別生氣。人家蓋修好房屋住著別生氣。

按語

《行會圖》中還願會共計十道，只有這道會被指為曾「許過娘娘願心沒還」，故此小兒得「疹後失魂長睡」之疾。

注釋

［一］看香、過陰、命香、煙火察照：巫術中的術語，巫覡根據香火燃燒狀況、香灰灑落形狀、香煙繚繞形態，推斷、言説過去未來之事。

［二］跳壇：許慎《説文解字》：巫，祝也，女能無形，以舞降神者。象人而袌，舞形，與工同意。覡，能齋肅事神明也，在男曰覡，在女曰巫。

巫術的主要表現形式是歌舞，所謂「以舞事神」「以舞降神者」，因此民間常稱其為「跳神」「跳大神」。「跳壇道祀」當含有「以舞娛神」之意，這與出「花瓶會」的目的是一樣。

［三］金剛體：宋·元照《行宗記》卷二上：金剛者，即侍從力士，手持金剛杵，因以為名。金剛杵：《三藏法數》「金剛者，金中最剛。以金剛所造之杵為金剛杵，為古印度兵器，後逐漸演化為密宗法器。而金剛杵在藏傳密宗裏又為男根之表徵。此處似説，人生來本為金剛不壞體，

無奈不知保養，自毀自棄，反過來還要去算命、看相，不過是徒勞之舉。

［四］做體：修體。指一生修行。

第八十五起（第一〇〇道）　河東衆位雜糧店公議善念鑾駕

題注

河東衆位雜糧店公議善念鑾駕行會護聖。大家各店口衆善願意操持鑾駕。誠功亭完（承供庭院）[一]。到了行會日期。凡有上會衆位爺每（們）。大家都是袍套靴帽。執掌鑾駕行會。議為尊貴雅。衆和（合）心。全是以（一）樣。局器（聚齊）[二]穿代（戴）路上（上路）。行到天后宫朝聖。掛號拈香。歸到下處安解（歇）吃茶候請。行會出巡。這是頭以（一）年上茂（冒）猛行會[三]。在（再）想不出鑾駕會比登天還難。凡有隨駕燈會全都要貼停止報[四]。頭以（一）會華輦會要停止。第二寶巨燈扇會停止。第三衆日罩會。衆位提燈。綫旛會聽信停止。有宫内掃殿會執事人不依。求請鑾駕會人。説娘娘聖會行以（一）年吾們隨息以（續一）年善豫（緣）。掃殿鑾駕兩下科（磕）頭。鑾駕復出行會。衆會閤心。年年願心行善。以後掃殿會佑（又）出善會。請鑾駕會二十三日娘娘聖延（誕）到宫内後樓前擺供。祝壽。拈香。

會規以（一）次為情。二次溜立（留例）[五]。不去祝壽。不能言説至（只）有添的。眉（没）有去的。至（自）古溜（留）下言語。善門好開。善門難閉。舊（就）是會規。大衆了。人前善勸。佑（又）是人請（情）。善念。善言。尊敬話語。佑（又）是聖宗善事。休（修）好行善。那（哪）有不行會道理。善言説似（是）至（自）古至今。皇王。太后。活佛動身。啓（起）鑾保駕行動。合匡（何况）是天后聖母出巡。佑（又）是神位動身。無有鑾駕護聖乃是娘娘駕前短去品爵。啓（豈）不白受敕封二字。各聲世（生事）人管説[六]掃殿會上辦事座（做）事有頭無尾。不曉品爵。不明尊貴雅執（致）。白講會宗（中）頭訓（續）領袖。因此鑾駕年年休（修）善行好。大街出巡。那些看會夫（閑）人不能喧嘩言語。鑾駕會上是十分的尊貴體面。恭奉聖駕神位。好教世人來睄（瞧）。習學行善。相（向）天啓（齊）廟。望城隍廟兩配殿泥胎相（像）。教化活人學好。學善。改惡。泥胎相（像）有休（修）好人。他走金橋銀橋。相（向）作惡人。下耐（奈）河[七]受罪。俱是勸人學好。至管説陰間有隨（誰）見著金橋銀橋耐（奈）河下地獄。此是（事）都在陽間。陰間眉（没）有。相座（向坐）車的。座（坐）轎的。騎馬的。舊日休（修）好人。他走金橋銀橋行動。到夏天時鬧天氣。下報（暴）雨。舊（就）看城裏東街。從鼓樓通到東門外。水勾（够）三尺多深。街上人走湯（淌）雨水莫（没）半節。行舊（就）是陰間下耐（奈）河地獄。若發眼亥（害）眼。舊（就）是陰間下灣（剜）眼地獄。人若肝火大。鬧舌根。難説話。是陰間下戳（割）舌地獄。人若心忠（中）為難。事事惡急。舊（就）是陰間下椡常（捯腸）地獄。人若得灾。昏（渾）身起遼江炮（潦漿泡）。瘍痙（癘瘡）。舊（就）是陰間下油鍋地獄。人若打柴養家上山扒（爬）上甚苦。舊（就）是陰間下扒（爬）刀山地獄。人若愛打算財物。不到手。心急司歲（似碎）。舊（就）是陰間下磨嚴（研）地獄。人若史煥（使喚）針尖查仁（扎人）甚痛。舊（就）是陰間鋼叉地獄。人若不養呼（活）父母。在外不回家。舊（就）是陰間下十萬八千里羊常（腸）路地獄。人若愛範味（犯胃）氣疼痛。舊（就）是陰間下了碓掇（搗）地獄。人若生挍（攪）架不粱（諒）不何（合）。舊（就）是陰間下鍋揭（截）地獄。人若愛耍愛鬥眉（没）正※（經）的。無房住。睡船倉（艙）。睡破廟。冷。舊（就）是陰間下寒冰地獄。人若失脚洛（落）水上來。舊（就）是陰間下驚怕地獄。人若腦後掌（長）癰。就是陰間闞（砍）頭地獄。陽間作惡事的人。陰間有惡貫地獄。千百萬事都勸人行好事。行善事。

第八十五起眉注：破損嚴重

按語

清康熙《天津衛志·建制》中的「集期（附店）」：「河東新創雜糧店，商賈販糧通濟河東一帶村莊。」雜糧店的鑾駕别有一段歷史。經本人田野調查得知，此會古居河東大孫莊（即後來的掛甲寺村。因海河截彎取直，該會現屬河西區掛甲寺街）。又，明代掛甲寺村（原名大孫莊）為天津衛四官莊之首，統轄海河東西兩岸四十八村，所得錢糧税賦供皇宫后妃娘娘所用，史稱「脂粉錢」。明末崇禎年間，全國大旱，唯有海河兩岸連年豐收，村民歷年納貢，無缺無欠，受到后妃娘娘贊賞，親賜「半副鑾駕」以示恩澤。從此，這副明代宫廷鑾駕就落户于民間，逢年過節村民們吹吹打打地將其請出「設擺」，祭拜一番，以表對浩蕩皇恩的恭敬。滿清入關後，因涉嫌前朝皇家遺物之忌諱，村民們只得將其藏匿。其後雜糧店各店口爺們公議將鑾駕請出，並參加天后宫娘娘會巡遊活動。

如今，這套鑾駕屬于國家級非物質文化遺産项目單位，「掛甲寺慶音法鼓鑾駕老會」所有。近年經本會老者、專業美術工作者、古文物修復專家、文史工作者等深入考證，基本確定了該套鑾駕的宫廷製作工藝與技藝成分。它已經成為天津民間保存，並得到活態傳承四百餘年的珍貴文物。

注釋

［一］承供庭院：供承、侍奉。指莊重、敬重地將鑾駕請出，供奉于庭院之中。乃行會前的準備工作，民間謂之「設擺、亮駕」。

［二］聚齊：籌備，整理齊整。

［三］冒猛行會：這套「鑾駕」本不屬于民間花會的道具範疇，更不屬于媽祖娘娘駕前的儀仗，它乃「明末崇禎皇妃娘娘所賜之物」。在中國封建社會的歷史上，凡涉及改朝換代的歷史大變故，當朝必對前朝遺事、遺物、遺老等等，進行清理、銷毀，乃至殺戮。理所當然，這套明皇（妃）所賜鑾駕，于清朝統治階級而言定屬「嚴查、嚴禁」範圍之內。民間（衆）自然也就不敢再拿出來「設擺祭拜」。

從清順治元年（一六四四）到康熙二十三年（一六八四）封「護國庇民妙靈昭應仁慈天后」），這副鑾駕在民間整整隱藏了四十年。值得慶幸的是，適逢「開明之君」康熙大帝封賜「天后」，彰舉人皇之恩威。于是百姓的膽子也就大了起來，于是就有了「頭一年上冒猛行會」的壯舉（當冒殺頭之罪）。當然，此時的鑾駕出行已不是對「故國」的懷念，而是依附「神迹、神靈」了。

所謂「無有鑾駕護聖，乃是娘娘駕前短去品爵」。鑾駕的基本性質已經發生了根本的轉變。

［四］停止報：拒絶參加皇會巡遊活動的布告。這套鑾駕頭一年上一出現，便在天津城引起轟動，二一年上「再想不出鑾駕會比登天還難」，直至招惹得「隨駕燈會都要貼停止報」。個中情由，大概比較複雜。講得出口的理由便是：「娘娘駕前短去品爵」。由此也可見這套皇家的儀仗，當年在天津民衆間的知名度和尊、貴、雅的心理地位。

［五］一次為情，二次留例：皇會會規就是這樣在「民約俗規」上建立起來的。頭次「冒猛行會」是衆善的情分、情緣。來年繼續參加皇會就是「老例」了，就不能不來了，就成了規矩了。雖然鑾駕會衆講説：「不能説只有添得，没有去得」不想再出會，大概還真拗不過這個理兒去。更何况掃殿會又是人情，又是善事，又是尊敬話語，恭恭敬敬地真心來請，直至磕頭拜把子……真真是「善門好開，善門難閉」呀。

［六］生事人：滋事，尋衅滋事之人。管説，會説。意為：如果你們鑾駕不出會，我們掃殿會定會遭人唾駡，説我們辦事有頭無尾，不懂高低貴賤，不懂尊貴雅致，還要在那裏自充老大、領袖……其實，這哪裏是「生事人」説話，恰恰是掃殿會爺們辦事、做事的方法、技巧和風格，是分寸的把握，是人情面子的抬舉和奉送，是曉之以義理的勸解。

［七］耐河：又稱奈河、奈何。《宣室志》第四卷的記載：「行十餘里，至一水，廣不數尺，

流而西南。觀問習，習曰：『此俗所謂奈河，其源出地府。觀即視，其水皆血，而腥穢不可近。』因河上有橋，故名「奈河橋」。橋險窄光滑，有日遊神、夜遊神日夜把守。橋下血河裏蟲蛇滿布，波濤翻滾，腥風撲面。生前有罪的要被兩旁的牛頭馬面推入「血河池」遭受蟲蟻毒蛇的折磨，而生前行善的死者則可以輕鬆的過橋。

江逸子《因果圖鑒・地獄變相圖・奈何橋》之「題注」云：奈何橋上奈何人，奈河橋下不了生。奈何橋是出入地獄無奈之橋，千年朽木架成，高達數百仞。橋上黑風淒厲無常伺候；橋下血河汹涌、毒蛇潛伏，亡魂躡過其上真是膽戰心驚，萬一墜入血河又是三途輪回之身，嗚呼哀哉。

第八十六起（第一〇一道） 同和大樂

題注

同和大樂年年隨駕出巡行香休（修）好善念。衆位大家願心。求福求順。説前背（輩）上出娘娘會並無大樂會音律隨駕行善。年號在乾隆斌（殯）天年上[一]。斷國孝時。有江南龍衣船[二]上人住在天津衛三岔河口三取書院[三]内洛（落）户。此人會吹河路大樂歌詞音律。當差吹音律。未（為）進龍衣。以（一）路座（奏）樂到京。此人在江南時候檜（會）學樂器傢夥。大家會吹七套音律。巡（尋）常用習。後來傳于（與）天津人每（們）六套路行大樂[四]。這位先生得病甚重。還有以（一）套雁兒高牌子無從交出。這位先生下世去了。衆人罰（發）送。只是天津人每（們）至頂如今檜（會）吹這六套大樂。到了嘉慶年間本地出位内行明功（公）人李君樂[五]。能會變吊（調）音律。有以（一）套變化七吊（調）音律吒閆（腔韻）。大樂内行人每隨（們誰）不尊敬誠攢（稱贊）説好。稱啓（其）大樂明功（公）先生。當初人們學會六套。李爺變吊（調）。有以（一）套生範（番）六套。以（一）共六七四十二套大樂吖閏（腔韻）來。當初江南人傳受（授）大樂。有以（一）套普天樂牌名。有以（一）套緊風開（金鳳開）牌名。有以（一）套浪洮（淘）沙牌名。有以（一）套金禪（蟾）道牌名。有以（一）套尾鳳訓（續）牌名。有以（一）套雁兒洛（落）牌名。以（一）共學會這六套。眉（没）學雁兒高。學會雁兒洛（落）。這才人請出會休（修）好。有手藝人行好行善。為難。檜（會）藝衣舊[六]。上不的（得）會。有衣無藝。上不的（得）會。總德（得）有藝葉（業）。穿新衣伏（服）。才柯（可）以出來上會行好。人行善念天降福。人糟（造）惡貫打灾性（大災興）。休（修）善者人人親。作惡者人人朵（唾）。天津衛相（向）這内行裹愛學者人人檜（會）吹檜（會）打。傳溜（流）下音律。這都是聖宗的催感靈應舊（就）有人交祭（教給）。舊（就）有人學習。净未聖（為上）娘娘會上來的。轅化（籌畫）駕前音律捧聖。出巡善念行會。以後佑（又）有人會變吊（調）音律。乃為錦上添花。分外的亙（更）好聽。音律又是生範登掌（番登場）。加崇（碎）許多[七]。又個人的零忌（靈機）偏才。鎖那敢芝（嗩吶竿子）上有七個眼。每逢七個眼上有七個音律字。從上望（往）下按字變吊（調）。第一六字吊（調）。第二凡字吊（調）。

第三正工吊（調）。第四尺字吊（調）。第五上字吊（調）。第六乙字吊（調）。第七四字吊（調）。若啓那以吊（起哪一調）傢夥。從那（哪）個眼上字起。舊（就）知那（哪）字啓（起）頭望（往）下吹打。一句也不岔（差）。字眼吒閏（腔韻）。吹鎖那（嗩吶）頭一件要祭（記）心透術（熟）。知道交枝（指）門闕。心內念蔔（譜）。第二件要付（腹）內丹田有氣力。第三件兩嗔（脣）有口風。第四件兩掌滅眼要手法正到（道）。第五件要口宗（中）的味到（道）吒閏（腔韻）字要真。座吒閏（腔韻）要座準。趕鼓眼要等鑼的板音。轉吒（腔）。轉字。轉鼓。有頂板字。有過吒閏（腔韻）字。有腰板字。大樂以（一）套。吹打多遠。到頭才能沙（煞）鼓。交代完尞（了）。也不興超的。也不興添的。牌舊（排就）的成套的音律。傢夥以（一）點也不敢有錯處。人每（們）到了上會作活祭（計）。聚（俱）都似（是）你强吾勝的心意。隨（誰）願有錯。但有以（一）板緊慢。自己臉上紅以（一）陣。討讀[八]。這都是內行裏的規居（矩）。內行衆人全知有錯。都不能説齒。至（只）有包謨（涵）多多。

第八十六起眉注：鑾駕會大樂會前接一尺□□一尺兩會一張八尺

按語

《天津皇會考紀・大樂老會》載：同和大樂會辦事處在西頭老冰窖。文中還講到：「此次皇會出會（指一九三六年），參加之大樂會共有三起：同善大樂老會，擔任三月十六日送駕。誠議大樂老會，擔任三月十八日送駕。同和大樂老會，擔任三月二十日、二十二日出巡演奏。同善大樂會，辦事處在永豐屯六合軒。誠議大樂會，辦事處在雙廟前……每會的會員，差不多都有七八十人之多，均係本市吹鼓手……大樂之組織，以十二人為一班。雖然每會有數十人之多，也只有十二人演奏，其餘的都是準備替換的。」

陳嘉瑞所著《解放前天津地區的音樂生活》介紹「津門大樂」時說：津門大樂是明清以來逐漸形成的。最初主要應用于官府和軍隊的儀仗與典禮過程中……後來在民間也逐漸推廣應用，俗稱「烏哩哇」。

據一九八四年「天津民間舞蹈普查登記草表」顯示，南開區西南角街有「大樂老會」，當為是會。但同時標明已經失傳。

注釋

［一］乾隆殯天：一七九九年正月初三。

［二］龍衣船：清代在江甯、蘇州和杭州三處設立宮廷御用和官用各類紡織物品織造局，其成品由官船經由大運河運抵京城，而得名。

［三］三取書院：《津門紀略・卷四》「學校門」載：三取書院，在河東鹽關廳後。課期與問津同。乾隆二十年邑紳王又朴捐修地基建立。束修膏獎借由蘆商捐資支給。嘉慶六年重葺，同歸運庫支發。清・劉瑞清手繪天津城區圖可見具體位置，即出老城東門過東浮橋，直行既是，對面為鹽官廳後墻。

［四］在國家大力宣導並實施保護非物質文化遺產之機，天津市各民間藝術團體無不積極回應，包括那些曾經散落、遺失的會道，也在積極組織恢復。此圖中有關「同和大樂」的資料，正可以成為該會最有力的歷史證據。

其一，同和大樂的誕生年代應在一七九九年（乾隆殯天）以後。證據有二：第一，如图中所言：「前輩上出娘娘會並無大樂」；第二，即「乾隆殯天年上」，至「斷國孝時」……（《清史稿・志六十七・禮十一》凶禮一：「國孝期間」音樂、嫁娶，官停百日，軍民一月。又，民俗服喪一般為三年）。僅此，天津同和大樂至今（二〇一三年）約有二百一十年的歷史。

其二，同和大樂乃為江南音律，又稱「河路大樂」，全曲共有七套曲牌，即：普天樂、金鳳開、浪淘沙、金蟾道、續鳳尾、雁兒洛、雁兒高。遺憾的是天津人僅學了六套，没學雁兒高。

其三，大樂的傳授者，乃是江南向北京解送「龍衣」「鳳袍」大船上的當差人，是演奏大樂的樂手，該人落户在天津三岔河口的「三取書院」。其後開始向天津人傳授河路大樂。可惜這位先生後來得了重病，一命嗚呼，身邊連一位親人都没有，倒是天津的「衆人們幫忙發送」（又可說是以師禮葬之）。這位不知名的「龍衣大船人」實為天津同和大樂的祖師爺。

［五］李君樂：天津本地人士，同和大樂名符其實的二代掌門人（嘉慶年間）。此人通曉音律，熟諳樂理，被人尊稱為「大樂明公先生」。他以樂曲的「變調」技法，將龍衣大船人傳授的六套曲牌，依據「六字調」「凡字調」「正工調」「尺字調」「上字調」「乙字調」「四字調」順序，一套翻成七套，共得六七四十二套新曲。演奏起來「轉腔轉調，轉字轉鼓，腔韻變化」備受人們贊許。

《天津通志文化·藝術志》民族民間音樂載：（天津）大樂流傳下來的曲目有大曲十七套《金蟬道》五套，《文王序》五套，《浪淘沙》五套，《普天樂》一套，《雁落沙灘》一套。

［六］會藝衣舊：雖然懂得藝術，但因衣服陳舊，仍然上不得會。由此可見，一般的藝人

想參加皇會還是不容易的。天津的某法鼓會曾經留下這樣一段話：某某某的會，活受罪，當了棉被去出會。又有，問曰：你有大褂嗎？没有别跟著，寒磣人、寒磣會！答曰：老子當棉被！今解其意，後話大概是：當了棉被，換大褂，老子也要出會！頂不濟，回來還了大褂，贖回棉被接著睡。

［七］生番、加碎：指大樂演奏的音律新鮮，没有聽過；技巧嫻熟，花樣繁多，又格外好聽。

［八］討醶：醶（音會）字義為「洗」。本處謂「丢面子」「慚愧」。

第八十七起（闕失）

注：根據皇會行會的其他有關資料顯示，大樂與音樂會之間一般有鶴齡或八仙慶壽等禮儀高蹺老會。

第八十八起（第一〇二道） 和平音樂

題注

和平音樂緊在華輦聖母駕前捧聖。出巡行香。會首衆位善念。人人善知坤弋（昆腔）戲的音律牌名[一]。吹輳那（奏哪）出。那（哪）出戲文都有。因此操遲（持）能吹會打先生每（們）。有知事人下請帖。邀請衆位上會行好。行會日期位位全到。護聖隨駕行善。音樂會吹打聚（俱）是坤弋（昆腔）戲曲詞。吹打有交枝（織）的曲者。無有曲文上的話白[二]。有整出的。有半出的曲詞。以（一）出吹完煥（換）人佑啓（又起）別出。戲文都是横笛啓（起）曲詞吹。于（餘）者大家隨息（續）。隨音律輳※（湊和）笛音。蹻打譚（敲打彈）大家都檜（會）音律才合。有以（一）活忌（計）[三]不會的。聽出來。乃為亢音不和。是坤弋（昆腔）戲曲文。不敢岔（差）音。不會者別叉（插）手扶活[四]。

吹賜福慶壽歌。跳白猿仙桃托。吹仙園洞賓説。神聖位休（修）道德。吹棉（荷）

花少醉座。賀（何）仙姑借體活。吹封相歲（說）六國。哏（恨）商楊（鞅）鬥亂舌。吹聞靈（鈴）趕雨波。安禄山越宗（叛中）國。吹瀴宮唱絮閣。楊貴妃酒醉哈（喝）。吹走雨息泰婷（太婆）。闖王叛大雨朵（沱）。吹賣花女焦鷲（嬌娥）。保真節（貞潔）傳世說。吹思□□魚綷。數羅漢笑著我。吹陽誥雩（靈）官赫。哏（恨）王魁胞扇（抛閃）我。吹折柳陽關撥。霸齡（陵）橋難戈（割）舍。吹西鄉（廂）張生座（坐）。惠（會）佳期長亭栢（陌）。吹祧祠黎（離）南國。監文君難逃托（脱）。吹飯店任子客。訓（續）家情閃子婷（婆）。吹掃秦地藏佛。箕峰（譏諷）話雷雨撮。吹追信跑霄（蕭）何。透（投）張良保漢國。小拾（十）面霸王惡。烏江口自兒錯。吹箴丹（藏舟）太子朵（躲）。吴鳳霞挎弩舩（櫓舵）。吹睄借二妻婷（婆）。甚力敗説求活。吹打旛司回國。不成別年戴（代）多。吹回烈劉高說。兒親娘長（常）折磨。吹藍檜（蘭蕙）花緊各（錦閣）。長活水上斌（賓）客。吹歌祭黎（姬離）中國。賽（塞）北界雨風波。吹胖姑檜（會）學舌。佑（又）聽戲鬧若德（鬧熱得）。吹次還刁稗（連環貂蟬）謀。王允凵賊董卓。吹拾（十）載敬德說。一來未（為）聖主托。吹任（認）母唐辦何。報冤仇先朝佛。金山寺法海說。拿白蛇子（紫）金綷（鉢）。吹鬼變驚睡卧。親陽世別座（作）惡。□□任猢疊（蝴蝶）賀。斷陰□□□哥。吹罵齊毓王錯。日賽（曬）死鄒妃禍。九蓮燈救主活。傅羅步拜鬼佛。吹勸讓官煥（宦）德。賞金花魚（漁）家樂。吹何綍（合鈸）白蛇説。哏（恨）許宣（仙）情忿栢（分薄）。吹鬧學春香磨。小姐打在花閣。吹點將百花座。殺鐵頭海税合。賣油郎鏤（簍）存著。砦（佔）花魁酒哈（喝）多。吹商和善聚客。名利有重興國。吹金榜鳴燕閣。種（中）狀元吉登科。吹借茶三郎哈（喝）。閆妻息（閻婆惜）生活作。吹細（戲）叔巧雲磨。揚雄知許香火。吹□（劈）塔有神佛。小清（青）蛇道德學。

音樂會上坤吣（昆腔）曲文多多。臉（簡）而文有點（典）。舊似（就是）衆位大家敬神行善隨駕出巡。兒（凡）有衆位活祭傢祀（計傢什）。對横笛吹啓（起）曲文。第頭以（一）對。搭笙的活祭（計）。第二以（一）對。椎管隨□音律。□□□□（第三一對）。吹簫的音律。第四以（一）對。緘（弦）子越（月）琴。第五以（一）對。雙琴皮怕（琵琶）。第六以（一）對。□鉑雅鑼敲音。第七以（一）對。鋰（铬）子蘯（鐺）子蹻（敲）音。第八以（一）對。拾銅鏡子對雲鑼蹻（敲）音。第九以（一）對。掌鼓挎起雙手牌蹻（拍敲）。第十對。鼓板在中叫板叫演（眼）。出廟進廟。出城用蹻（敲）堂鼓。抬活祭（計）人以（一）堂以（一）共二十二位。

知事人請三堂人替換解（歇）息。路上年年會規。休（修）好行善。和平音樂聖會隨駕。

按語

楊一昆《皇會論》：「西洋德照，前後光懸，少不了老鶴齡在和平音樂前」。又，光緒二十年皇會次序摺標有「鶴齡（津道）、音樂（西門內）」，知「西門內」當為和平音樂會居所。該會以笛、管、笙、簫、琵琶、弦子為演奏樂器，而無大鐃大鈸之嘈雜，使得樂曲更加清麗悠遠、細膩優雅，旋律更加優美……原圖中樂隊計有：一架大鼓、一對横笛、一捧笙，一副小鑼、三支管子、兩管洞簫、兩把小三弦（月琴）、一隻琵琶、一把四弦胡琴；再後邊，一副小鑔、一個鐺子、一個小手鼓、一副碰盅、兩架十面小雲鑼、一挎細腰掌鼓，共二十二名樂手。故此娘娘寶輦前是細樂悠悠，隨風和暢，似可真真切切地營造出一派仙境、仙景，令人心平氣和、肅然起敬。正如和平音樂會兩幅軟對所書：「和音嗺天風聖隨照千古；平雲唱後天母至慶萬方」「飛德同天有朝尊感應；聲道心肅來顯靈香煙」。

一個和平音樂「團」，一堂樂手二十二人，行會中要「三堂替換」，至少也要六十餘人，且人人要做到熟知昆腔音律牌名，能吹會打，做到不出「亢音、差音」按說是有一定難度的。故此有言在先，叫做「不會者，別插手扶活兒」。出娘娘會可是容不得濫竽充數之人啊。

注釋

［一］昆腔音律：《津門雜記》卷中「四月廟會」載：天津府、縣城隍廟賽會……兩廟戲臺純用燈嵌，晚間請有十番會同人，在縣廟戲臺上奏古樂數曲，隨有昆曲相唱和，皆舊家讀書人也。

和平音樂會上恰恰是「昆腔曲文多多」。僅看所列戲齣或曲牌名稱就有近四十餘首，《白猿獻桃》《八仙慶壽》《蘇秦拜相》《西厢記》《牡丹亭》《長生殿》《貴妃醉酒》《霸王別姬》《拜月亭》《南柯記》《桃花扇》《胖姑學舌》《漁家樂》《白蛇傳》《蔡文姬》《呂布戲貂蟬》《蕭何月下追韓信》《宋江殺惜》《石秀殺嫂》等等。

據相關資料顯示，我國昆曲經典劇碼有數百部之多，曲牌更是多達一千五百餘首，據說常見的曲牌也有兩百多首。到明嘉靖年間魏良輔在昆山腔基礎上，吸收南曲海鹽腔和弋陽腔，以及北曲結構嚴謹的特點和演唱方法，造就了集南北曲調優點為一體的「水磨調」後，更是深得民衆喜愛，也促進了昆曲在京津兩地的流傳。其實這一點我們在前面看到的玩藝會中早已得到了證明。

〔二〕無有話白：即只演奏音樂，而無有演唱和道白。

〔三〕活計：或可譯為「夥計」。即演奏中有一處出錯，或一人出錯，大家都聽得出來。

〔四〕扶活：民間樂隊行話，即參與演出。此處指曲目不熟練者，不要貿然參與演奏。

第八十八起（第一〇三道） 天后聖母寶輦誠議請駕聖會（殘）

題注

□□□□□□□□□□男女老少跪香接駕□□□□□□□□□□會。有提燈焚香會□□□□□□□□□□輦上五夥會在以（一）處□□□□□□□□□□外來香火船上男女□□□□□□□□□不能說話。如同神敬□□□□□□□□□□隨駕護聖尊貴□□□□□□□□□□香味嗆人。每逢到處□□□□□□□□□□聖。有人說話不感（敢）高聲[一]□□□□□□□□□□由大家全然至（自）尊至（自）貴□□□□□□□□□□此個跑接駕香煙老少□□□□□□□□□□足誥（祝告）話。路上接香會人□□□□□□□□□□為有接香會上人等□□□□□□□□□□好。是接香人未（為）聖是（事）□□□□□□□□□□大家的口願。休（修）好行善□□□□□□□□□□好聖宗有求必應□□□□□□□□□□喜人家逢凶化吉□□□□□□□□□□見過是辟（必）知□□□□□□□□□□而佑真

□□□□□□□□□□請。

寶輦動身。誠議抬官請駕聖會。歷年誠議請駕。衆位抬官爺每聚（們俱）是會首人操持。眉（没）行會時。叫茶房人下請帖到院署轎夫班房下請帖去請執（之）。各有號名。準備下上會的香資錢財。等行會日期。衆位必到客寓下處吃茶議是（事）。茶房人到運署轎夫班房下帖請執（之）。請駕衆位號名爺們□□□□。各代（帶）香資錢財到下處客寓來。茶房人到道署轎夫班房下請帖請。衆位號名。行會日期□□□□錢財上會請駕。茶房到縣署轎夫班□□請帖請。衆位號名[二]。行會日期各代（帶）香資錢財上會□□□□□□□□□貼請。衆位□□□。行會日期各代（帶）香資錢財上會請駕。茶房人到□□□□□□□□□□□□□□□香資錢財上會請駕。茶房人到剛（綱）總店號口岸□□□□□□□□□□□□□□□□駕。茶房人到各處鹽務商剛至（綱之）家□□□□□□□□□□□□□□香資錢財上會請駕□□□□□□□□□□□□以（一）共行會□□□□□□□□□□□□□知曉那樣會規。

按語

「不知不覺已經過了四駕輦。法鼓聲猶近，鶴齡音不遠，提燈傘扇來到跟前，手持請駕羊角燈，説『駕到了，靠後吧！』一個個俱都是氣静神安。有那女眷，拈香拜街前，一種情思無兩般，無非是求子育男……」楊一昆幾句話將娘娘的尊貴、尊嚴，以及衆香客的虔敬、虔誠之意躍然于紙上。天津皇會至此一掃全天喧囂熱烈之氣象，刹那間籠入一種神聖、莊嚴的宗教氛圍之中。

這娘娘的寶輦，除輦體體積大不説，四角的白色象鼻子腿雕刻顯得更加威武、莊嚴，實為獨具特色。另外，四根紅色轎杠從輦箱上穿過，前後各四名轎夫，一字排開並肩抬輦的陣勢更是與衆不同。他們身穿紅色綉花長袍，黄色褡包横係腰腹，足登黑色官靴，頭戴黄翎紅纓葦帽，上插羽毛雉尾，一手叉腰，一臂擺動，一律的小八字鬍……他們「唯恭唯謹，目不斜視，緩緩行走，步伐整齊，抬得是四平八穩」顯得格外精神、格外莊重……

按説寶輦前邊還應當有一隻龐大的，顯示娘娘天后身份的鑾駕儀仗、執事隊伍。不知何故，此圖僅畫了一對兒流蘇燈旙、兩對兒龍鳳扇和一對兒球形大提燈，燈上書「天后聖母」四個大字。除此外六把挑燈上分別寫著「寶巨燈扇請駕」和「誠議請駕」字樣，想來是由這兩家請駕會負責料理娘娘寶輦的事物。

《天津皇會考紀》中有「鑾駕、黃轎、寶輦、護駕、請駕會」一節，其中記有當年東門裏李氏赫赫堂供奉的鑾駕一套，且開列名稱數目甚詳，現抄録如下，以補正《行會圖》之不足。

「各儀仗名稱、數目如下：小鑼一面，高照四個，大鑼一對，軟對一付，硬對一付，龍棍一對，立瓜一對，躺瓜一對，鉞斧一對，朝天鐙一對，八寶槍（雲、羅、傘、蓋、花、冠、魚、長）八枝，龍扇一對，龍鳳扇一對，金鳳扇一對，孔雀鳳扇一對，燈牌一對，（上書：天后聖母明著元君），茶炊子兩對，提爐一對，盤爐一對，紗燈一對，歪脖傘一對……全付執事八十多人。儀仗之後，又有提燈四十個，都是要由錢商有資格的人，各著袍褂提燈……」

注釋

［一］不敢高聲：天津的衆信徒在娘娘會上朝拜娘娘的方式，與其它地方風俗似又不盡相同。記得曾看過臺灣某地媽祖娘娘出行巡遊的一份視頻資料，寶輦在人山人海中穿過，衆人便

要涌上前去，似以觸摸到娘娘寶輦為快事，為幸事。即便津南區葛沽鎮的娘娘寶輦，也還是與其它四位娘娘一樣，以「跑落」為樂事。天津天后宫媽祖娘娘出巡，却領受著衆百姓彬彬有禮式的敬重和默默的禮拜，所謂「有人説話不敢高聲，大家全然自尊自貴」。天津皇會自有天津皇會的規矩，天津百姓自有天津百姓的分寸和風俗，這就是風格，這就是天津皇會的獨特處。

［二］衆位名號：該圖雖有破損，但也還能够告訴我們當年這抬輦的轎夫，是分别來自天津院署、運署、道署、縣署衙門的「轎夫班房」；鹽務綱總各店號口岸和鹽務商綱之家，也可以説是些「有身份」的當差人。大概到了清末民初，這抬輦的活計就多由脚行所組織。直到上個世紀二、三十年代這扛抬華輦、寶輦的活計，還是由宫前請駕會、誠議請駕會、針市街請駕會、侯家後請駕會、運署請駕會、南斜街請駕會等「子襲父職的子孫會」承包著（大概這些會也都是脚行會成員吧）。據説其中尤以南斜街請駕會最具權威，並被尊為「抬頭」，也是無尚榮光之事。

第八十八起（第一〇四道） 運署護聖老會（殘）

題注

□□（運署）護聖老會□□行善修好聚（俱）是牙（衙）署□□□再辦理聖宗善念功德□□華輦後隨駕行會□□□會上辦理八敢（杆）黃旗□□□□□□□□□□花□□□□□□□□□著□□□□□□□□□掌幹□□□□□□□□行好行善□□□□□□□□□□苦以（一）路只（之）上□□□□□□□□護聖會上威燕（嚴）□□□□□□□□佑。隣郡氣排（派）多大。護神護聖體統規者（矩）。隨（誰）不攢每（贊美）□□□□□□□□善念局琪（聚齊）行會的街市路上城裏城外□□□□□□□□□□□□□□□□□□□□□□□□□□□□□□□□□□□□□□華輦□□□□□□□□□□德過年再看。知道有隨（誰）無隨（誰）。知道我活的到過年去活不到過年去[二]。會上人聽見看見至（只）好似（是）笑。每逢到處耳聽夫（閑）話多多。這是運署護聖行會善念隨駕。願心以（一）路。天后聖母出巡行香。會會情性表明。説對察真别忘違休（為修）好。善心善念。會宗聚（中俱）是大聖大仙催感靈應。功德非同曉柯（小可）。功成催感善猭（緣）。仙家也似（是）替天行道。並非一位兩位催感成功。按宗（暗中）仙家比人多多。辦理聖宗操遲（持）會會善猭（緣）。都有大仙來催感。外省來的香火船人進香會有浩（好）問者。説啓（起）來有三百里地人來。有五百里地人來。孩（還）有動千里地人來進香到此。[二]

眉注：護聖會接香會前接□尺□□中接

按語

運署，全稱為「都轉鹽運使司」。此職始置于元代，分設産鹽各省區。明清相沿，全稱為「都轉鹽運使司鹽運使」，簡稱「運司」。其下設有運同、運副、運判、提舉等官職。這些官員往往兼都察院的鹽課御史銜，故又稱「巡鹽御史」。他們不僅管理鹽務，有的還兼為宫廷采辦貴重物品。因為鹽政歷來被統治者高度重視，故「鹽運使」在清代的官階為「從三品文官」（由知府升任，升各省按察使），可以説是位高權重，備受矚目。長蘆鹽運使曾仰豐曾説：「一舉箸間，實為財政命脉所繫，國家存亡所關」。而自清康熙十六年（一六七七），掌管長蘆鹽區鹽務的長蘆都轉鹽運使司，從滄州移駐天津後，更是執掌南起河北海興，北至山海關的千里鹽區。加之長蘆鹽區地處京畿，長蘆鹽稅與國家財政收入聯繫更加密切，所謂「國家經費，鹽利居十八」，並且成為籌備邊防軍需的「利源」。

運署護聖會不僅是媽祖娘娘的護衛儀仗隊，實乃是天津皇會活動的護衛儀仗隊。他們足蹬黑色馬靴，身穿白色箭袖袍服，外罩四周鑲邊的巴圖魯（滿語，勇士之意）坎肩，胯下白龍馬，掌中黃色三角大旗，火焰飛邊，上繪五彩鸞鳳、牡丹、彩雲、紅日紋樣，紅油旗杆，金槍寶頂，寶頂下橫一小紅杆，兩邊各係一隻角質燈，彩帶飄揚，大旗迎風招展，好不威風凜凜。另外還有二十餘人手持挑燈，上書「運署」「護聖」字樣，在馬下跟隨，個個也是腆胸迭肚、耀武揚威的樣子。

注釋

［一］這是觀看娘娘巡遊活動的觀衆在說話。毫無疑問，他們也被運署護聖會的氣勢所震撼，大有「看過天津皇會，死了也不冤」的感慨。

［二］《津門紀略·卷五》「皇會」載：神誕之前，每日賽會，光怪陸離，百戲雲集，謂之「皇

會」。香船之赴廟燒香者，不遠數百里而來。由御河起，沿至北運河、海河，帆檣林立。如芥園灣子、茶店口、院門口、三岔河口，所有可以泊船之處，幾于無隙可尋。河面黄旗飛舞空中，俱寫「天后進香」字樣。紅顔白鬢，連袂于途。數日之内，廟旁各店鋪，所賣貨物亦利市三倍云。

第八十八起（第一〇五道）　南門内接香會（殘）

題注

□□□接□□□□□好。衆人隨路手遲（持）鐵灼（勺）忙忙□□□□□□煙熏火尞（燎）。人若蒸籠。輪失（汗濕）衣。他臉上流輪（汗）。秉心志（致）誠。休（修）好行善。到處忙□□。衆人你去吾來不住倒焕（换）。接香灼（勺）接香火歸鐵爐鐵鍋。接香會動身行起隨在華輦後面。行會舊（就）忙。會行大街衆人接香忙護（活）。接連路上衆人接香忙護（活）。華輦進城。接香會隨駕進城。衆人在城裏接香忙護（活）。老娘娘駕行執（至）出城。接香會隨聖出城。衆人接香忙護（活）。天后聖母出城行會。轉過來廻（回）廟。接香會在後行。休（修）好衆人接香忙護（活）。隨在天后宫前娘娘聖駕昇袍。穩住聖體。接香衆位大家人在老娘娘駕前拈香敬神。議尞（了）行會的心願。有掃殿會知事爺每（們）。跪接送謝接香會[一]□□□□□□□□□□接香會的香灰全道（倒）在河内[二]存留善念□□□□□□□□□會上人們（每）也聽不見喧嘩聲音。打岔净似□□□□□□□□□□朝輦科（磕）頭的多多。聽他口内説話。聚似（俱是）些□□□□□□□□□□大家都忙到。手拿鐵灼（勺）等候接望（旺）者的香□□□□□□□□□□你來吾去接香。來來去去永不斷。燒香人□□□□□□□□□□何將（等）心（辛）苦牢罰（勞乏）。無非未（為）聖宗似（事）□□□□□□□□□□天后聖母神位催感凡間人們的願心□□□□□□□□□□多年的香火妙言靈感。世人才説休（修）好德（得）□□□□□□□□□□□若無靈佑。世人隨（誰）出來休（修）好行善。會宗□□□□□□□□□□有難成祥。這是聖宗保佑□□□□□□□□□□不□□□□□□□□□□教化凡人心忠（中）感念□越□□□□□□□□□□信神佛者有福無禍。不信□□□□□□□□□

眉注：掃殿會□□□□前□□□□□後□□□□□□（嚴重破損）

按語

皇會活動中的接香會共有兩起，一起是縣署前接香會，專管接收前四位娘娘的香火。南門内接香會則專門負責接收媽祖娘娘的香火，也就是整個皇會即將結束時，所有焚香客手中的香火。僅從這幸存的部分圖畫、文字中似乎不難看出，從老娘娘的華輦自天后宮起駕，巡街、進城、出城、回宮，南門内接香會會員們便在一派肅靜、沉默中來回奔忙，等香、接香、倒香……那用長杆扛抬焚香大鍋的會員更是直接飽受煙薰火燎之苦。

注釋

［一］跪接送謝：接香會「接香」如此辛苦，自然也會得到掃殿會的特殊禮遇。待回到天后宮，衆人幫著把娘娘聖駕請下寶輦，穩在聖座之上，接香會的衆人們在老娘娘駕前拈香敬神，一了心願，大概也可算是一種特殊待遇了。此時「有掃殿會知事爺們跪接送謝接香會」，口道：「衆位辛苦、勞乏，多多感謝了」，這便是最大的面子、情分了。而于接香會衆位，這就是最大的榮譽、最大的滿足了。

［二］香灰倒在河内：最後，接香會衆位爺們將香鍋中的香灰倒到海河裏去，想來一可防火，避免死灰復燃引起火災，二來香灰倒在任何地方難免隨風揚撒，於人為不善，于神為不敬。倒是唯有這海河水可以穩穩地獨享這香灰之餘芳。

第八十九起（第一〇六道） 天后宮掃殿會護聖

題注

天后宮掃殿會衆位爺每（們）。多有舉監生元（員）人物上會。聚似（俱是）袍套靴帽。各有鼎待執忿（頂戴職分）。尊為會宗（中）領袖。商議差排（派）。請會。提會。安執（置）。有五大牙（衙）門房客班尚頭易（班上頭役）衆位爺每（們）。致是有會首人大家公議。議出敬神浩（好）善會規。如錯受罰。言明知事者人。我掃殿會頭領于衆會上為尊。若到行會日期。早寫出會友的名號來貼在會所。一位一位以（一）起以（一）起。隨望隨鄉好頭積（誰跟誰相好投機）合手。都是以（一）樣。等等名帖。

如過（果）請會提會。罰規立下。有己（幾）樣不許。請會時。提會時。會友不須（許）動氣急皂（躁）。乃為失悮（誤）會規。受罰。

若有別會操（吵）嘴打架我等會友用喜善言語皆（解）勸。寔（實）有難勸。科（磕）頭善皆（解）[一]。議為自尊自貴。不須（許）上臉。動怒罵人。失悮（誤）會規。受罰。

廟裏廟外行會。街市。巷口。衚衕。路上。慢（漫）窪。城裏城外。有看會付道年清（婦道年輕）不須蹬（許瞪）眼力睄。失悞（誤）會規。受罰。

白晝天黑晚間若有進香少付幻女（少婦幼女）路迷走單時。我等會友至管説話問明。不須且（許竊）看少付幻女（少婦幼女）他等往那（哪）裏去。我們根（跟）隨送到那（哪）裏去。對明安執（置）。如過（果）不能對明安執（置）我每（們）净看少付幻女容燕郡美（少婦幼女容顔俊美）出色。失悞（誤）會規。受罰。

行會日期廟裏看會的付（婦）女。廟外看會的付（婦）女。街上看會的人多雍己付（擁擠婦）女。我每（們）打道叫道。護送付（婦）女寬處看會照管安執（置）。街市上付（婦）女。巷口内付（婦）女。衚衕看會付（婦）女。路上看會付（婦）女。城裏看會付（婦）女。城外看會付（婦）女。街上晚間看會付（婦）女。看會棚内付（婦）女。通場不須（許）我每（們）會友睄看。如過（果）會友睄看付（婦）女。失悞（誤）會規。受罰。〔二〕

似（是）上掃殿會者。都稱的啓（得起）大人物。將（講）字號。將（講）相貌。將（講）衣冠。將（講）知事。將（講）説話。將（講）條道。將（講）運籌。將（講）為務。將惟（講為）人。將座（講做）人。將公（講恭）敬。將（講）待人。將（講）仗義。將數（講疏）財。將（講）息事。將霸祠（講霸持）。將（講）深厚。將忠（講中）正。將（講）除惡。將（講）安良。將（講）尊貴。將（講）根本。將（講）禮儀。將（講）儒雅。將（講）行好。將休（講修）善。將（講）吃虧。將黨（講當）下。將（講）寸心。[三]

所出這些會規與衆位上會爺每（們）都修好善念。入味忌（記）心。會首説。烈為（列位）爺每照（們罩）著[四]咱會上人。佑（又）外請貴友人。以（一）共有二百名號[五]。聚（俱）在中年好友。大家都斌（背）會規。

到了三月二十日期行會。進北門出南門。隨駕進廟。有會首人操遲（持）那門旛會。通執（知）辰時後刻赴席吃飯。掃殿會上以（一）起人以（一）起人。共有五六起人請執（之）。佑排（又派）人去到太獅會上通執（知）。用完早飯。掃殿會上排（派）人靈童會赴信。門旛行會街上。太獅會上動身行會。靈童會動身。捷獸會吃完了飯尞（了）。上街行會。掃殿會上請以（一）會回知以（一）會。以（一）起以（一）起倒焕（換）請會。會上人多。安執（置）人多。會會請執安置。掃殿會友爺每（們）提會請會。街上操遲（持）。來回通執（知）赴信。有致（知）事人聽説門旛出行到了馬（碼）頭市上。排（派）人知惠（會）鄉祠老旛動身行會。

各處中旛行開。早排（派）人操遲（持）抬閣。榜佑（旁又）請跨鼓動身行會。完藝會行開處（出）會上街。抬閣榜（綁）好知惠（會）叉子會上。抬閣過張仙閣。以（一）架以（一）架以（一）架。請唱會。請要會。抬閣叉當（插檔）唱要。掃殿會在街上來回操遲（持）提會。抬閣都進城。鄉祠老旛早出南門外。天晚重（中）旛上吃宗（中）客下會。後面的陳設燈亭會上蠟[六]。吃宗（中）客。巡風。花瓶。花童。道童上蠟。吃宗（中）客。各處法鼓會上蠟。吃宗（中）客。四駕寶輦早行在街上。點蠟。衆會都吃宗（中）客。抬閣都出城時。掃殿會上替煥（換）吃飯。行到寶輦四駕全都進城。知事人操遲（持）誠議請駕會上請華輦動身行會。排（派）人倒替。前邊去人提會。替煥（換）回來護聖隨駕。以（一）起以（一）起的煥（換）班倒替。提會人回來以（一）班隨駕。該第二班去照應提會。燈會深（抻）開行執。該二班人回來隨駕。煥（換）替第三班人去提會應籌（酬）。掃殿會上以（一）班爺每（們）二十位。以（一）共十班人每（們）替煥（換）休（修）好行善。

第八十九起眉注：掃殿會華輦□□□□□□六寸□□□會一張□□（破損嚴重）

按語

天津皇會誰在操持？由誰主持？怎樣維持？——一切均有「掃殿會」！「掃殿會」由些什麽人組成？題注中説得明白：多有舉監（國子監太學生，未來的進士）、生員（俗稱秀才）、五大衙門（管一省軍政事物的巡撫衙門、管一省財務的藩台衙門、掌管一省司法、監察以及驛傳事務的臬台衙門、管一省教育事業的學台衙門、管府縣民事的道台衙門）中的房客（似指够得檔次的文、武職工作人員）、班頭衙役（負責衙門的站堂、緝捕、拘提、催差、征糧、解押等事務的當差人）。所謂：「會中領袖，掃殿會上都稱得起大人物」。因此當年天津城「有頭有臉」的人物，又以成為皇會掃殿會成員為榮事。

注釋

［一］磕頭善解：楊一昆《皇會論》中講到「掃殿會」時説道：「數杆黄旗在會前，上寫著掃殿。逞精明，露强幹，薄底兒靴亦穿武備院，夾套褲簇新月白緞。腰巾兒長，帽梁兒短，青洋褶錦袍把齊袖挽。無事呢，揚揚得意；有事呵，磕了個頭山，好和歹出了些汗。」

［二］這是掃殿會五條最基本的會規，除一、二條涉及請會、提會、維護現場秩序外，其

它三條却都是「保護婦女和兒童」的細則，甚至連「不可力睄」都要寫進來。其實，這不過是掃殿會成員對自我的約束規定。那麽又如何維護整個活動的秩序呢？楊無怪的《皇會論》：「有一等結彩鋪氈假充官宦，廊檐外派下跟班，會一到將閑人趕散，點心包拿在眼前。有幾個老門圍著小旦，詢饑渴，問寒暄，殷勤體貼不怕心煩。叫管家時把茶兒換，到晚來下了個名慶館。」這大概就是睄會觀衆中「假官宦，真流氓」們，調戲行會隊伍中「漂亮小旦」的行徑了。此時那掃殿會的爺們真的要趕緊上前「提會」，催動行走，免生事端，發揮職責的關鍵時刻了。

〔三〕這「二十九講」所涉方面極多，歸納起來，無非是：形象標準、品德標準、行為標準、語言標準等個人修養標準。細論起來，雖嫌籠統，但也不失中華優良文化傳統之根本，且含有天津地域之人文特色。

〔四〕照著：罩著，方言，即維護、保護著。

〔五〕二百名號：掃殿會上共兩百餘人，每二十人為一班兒，共分十班兒。行會當日，一班兒一班兒地來回倒替，負責提會、調會、通報活動情況。其餘隨華輦護駕前行，秩序井然。什麽時間開始行會，應該提調哪道會，會衆什麽時候用餐，什麽時候下會，什麽時間點燈，全憑這些人知會、調度……所謂：會上人多，安置人多，會上請執、安置，掃殿會友爺們提會、請會，街上操持，來回通知赴信……這便是一天一夜的工作量。

其實，為了保證皇會活動的順利進行，掃殿會有著嚴格的內部分工，僅以一九三六年皇會「接駕會」為例。掃殿會中設有：接駕會總辦一名、秘書兩名、坐辦五名、交際員五名、設計主任一名、請會專員五名、司賬三名、庶務三名，各自負責進行會務一切事宜。這便是掃殿會的核心領導機構，及人員分工。

［六］上蠟：點上蠟燭。此刻天津皇會衆陳設會已然變成「燈會」，媽祖娘娘巡遊活動至此已近尾聲。遥想天津城此刻風景：天勾平西，暮色漸沉，萬家燈火闌珊；法鼓「五音蟬聯」，大樂「龍嘯鳳吟」……梅湯、大座、華輦、寶傘、燈亭、法鼓，九圖角質燈盞，燈亭、華輦，流蘇招摇，燭光曳擺，燈明火亮，映照著祥花瑞草、祥禽瑞獸；空中香火繁星，香煙繚繞，香風彌漫……會燈、彩燈、河燈、桅燈、船燈、天燈……海河波光倒映萬點閃爍，流光四射；掃殿會上的燈籠，更是稠稠密密、屢屢續續一眼望不到邊際，更不知道有多少人、有多少盞燈籠……天津天后宫行會，看似結束，實則率衆進入一個不眠之夜。

此時重品沈存圃的「未聞報賽舉國狂，始信歡娱關性命」的箴言，方信「天津真乃福地也」（《天津皇會考紀·天后宫鼎盛時代之紀事詩》）。

附録

附録一　《天后宮行會圖》繪製人物分類統計表

玩藝會（共計七十一道）

單獨會種九道

序號	圖中序列	會道名稱	演員	樂手	執事	轎夫	維持會	合計
一	第一道	慶祝門旙聖會			二	一六	一〇	二八
二	第二道	公議太獅聖會				一六	一〇	二六
三	第三道	萬善報事靈童聖會	一五		一一	八	七	四一
四	第四道	姜家井捷獸雲獅老會	六	九	一二		一二	三九
五	第五道	鄉祠前遠音跨鼓聖會	一〇	一二	一〇		一〇	四二
六	第十四道	南門内永樂杠箱（殘）	二〇	四			九	三三
七	第十五道	南門内誠議杠箱官	一三		二〇		一一	四四
八	第十七道	閘口下溜米廠重閣聖會	一六	一〇	四	二	八	四〇
九	第三八道	育德庵前永長金錢竹馬聖會	八				六	一四
小计			八八	三五	五九	四二	八三	三〇七

中旛會八道

序號	圖中序列	會道名稱	演員	維持會	合計
一	第五道	鄉祠前中旛聖會	一二		一二
二	第六道	天后宫前敬藝中旛聖會	一三		一三
三	第七道	鹽關口勝議中旛聖會	一二		一二
四	第八道	院署内慶祝中旛聖會	一一		一一
五	第九道	河北大街誠齡中旛聖會	一一		一一
六	第十道	梅家衚衕中旛聖會	九		九
七	第十一道	南頭窑公議中旛聖會	一二		一二
八	第十二道	閘口掃堂中旛聖會	一二		一二
小计			九二		九二

抬閣八架

序號	圖中序列	會道名稱	演員	引鑼	轎夫	維持會	合計
一	第二十道	鹽綱總署運署抬閣第一架	六	一	三二	二	四一
二	第二五道	鹽務綱總通商抬閣第二架	六	一	一六	三	二六
三	第三十道	鹽務綱總通商抬閣第三架	六	一	一六	三	二六
四	第三五道	鹽務綱總通商抬閣第四架	六		一六	二	二五
五	第四十道	鹽務綱總通商抬閣第五架	六	一	一六	二	二四
六	第四五道	鹽務綱總通商抬閣第六架	六	一	一六	三	二六
七	第五十道	鹽務綱總通商抬閣第七架	六	一	一六	三	二六
八	第五五道	鹽務綱總通商抬閣第八架	六	一	一六	三	二六
小计			四八	七	一四四	二一	二二〇

高蹺會八道

序號	圖中序列	會道名稱	演員	引鑼	執事	轎夫	維持會	合計
一	第一九道	城西南小直沽傅家村高蹺	一四	一	四		五	二四
二	第二一道	盛芳進香高蹺聖會	三六	樂手一五	四	二	八	六五
三	第二六道	河東大寺于家廠勝意高蹺	二二	一	四		四	三一
四	第三一道	縣署前混元盒高蹺	一六	一	四		七	二八
五	第三六道	中營前金山寺高蹺聖會	一六	一	四		三	二四
六	第四一道	河北石橋昇仙高蹺會	一六	一	四		四	二五
七	第四六道	東南城角過街閣後西遊高蹺	一六	一	四		二	二三
八	第五一道	緑牡丹高蹺聖會	一六	一	四		三	二四
小计			一五二	二二	三二	二	三六	二四四

秧歌七道

序號	圖中序列	會道名稱	演員	樂手	脚夫	維持會	合計
一	第二二道	河東上鹽坨三道井溝慶善洛陽橋聖會	一二	二三	四	一五	五三
二	第二七道	窑窪秧歌聖會	一八	一八	二	一六	五四
三	第三二道	西碼頭慶樂漁樵耕讀地秧歌	一〇	二〇	二	一七	四九
四	第三三道	樂善雙花鼓聖會	六	二		六	一四
五	第四二道	城北西沽永慶太平花鼓聖會	八	二三引鑼一	二	一五	四八
六	第四七道	河東小聖廟後同善漁家樂聖會	八	一四	二	一六	五〇
七	第五二道	梁家嘴議勝秧歌老會	一六	一一	二	一三	五二
小计			七八	一三〇	一四	九八	三二〇

什锦杂耍三道

序號	圖中序列	會道名稱	演員	樂手	執事	轎夫	維持會	合計
一	第十六道	勝議什錦雜耍	一〇	八	四	四	一三	三九
二	第十八道	勝議爬杆老會	一〇			七	二	一九
三	第二八道	多福如意聖會	二			八	八	一八
小计			二二	八	四	一九	二三	七六

蓮花落二道

序號	圖中序列	會道名稱	演員	樂手	執事	維持會	合計
一	第二四道	議善蓮花落	六	四	四	一〇	二四
二	第五三道	鹽坨文殊庵前妙顯寸蹺蓮花落聖會	六	六		八	二〇
小计			一二	一〇	四	一八	四四

十不閑三道

序號	圖中序列	會道名稱	演員	樂手	執事	轎夫	維持會	合計
一	第二三道	侯家後同樂十不閑聖會	三	三			六	一二
二	第四九道	河東棋盤街後萬家台英樂四季常鮮聖會	二	一		八	六	一八
三	第五四道	順天府宛平縣長樂京十不閑天后宮進香會	二	一	四	八	六	二一
小计			八	五	四	一六	一八	五一

小戲四道

序號	圖中序列	會道名稱	演員	樂手	執事	轎夫	維持會	合計
一	第二九道	隨意判姑學舌聖會	三	一〇	四		八	二五
二	第三七道	河東吉家衚衕内白衣巷和善長亭老會	六	二一		二	一七	四六
三	第三九道	東南城角康家大院慶和睄親家	六	五引鑼一	四		九	二五
四	第四四道	同樂鍋缸聖會	二	五	四		八	一九
小计			一七	四二	一二	二	四二	一一五

歌舞三道

序號	圖中序列	會道名稱	演員	樂手	執事	轎夫	維持會	合計
一	第三四道	西大藥王廟前德慶舞花聖會	八	八	四		一二	三二
二	第四三道	永慶萬年甲子聖會	一二	五			四	二一
三	第四八道	先春園德慶綉球會	八	一四	一	一	七	三一
小计			二八	二七	五	一	二三	八四

法鼓會十六道

序號	圖中序列	會道名稱	樂手	執事	茶炊子	轎夫	維持會	合計
一	第五七道	小南河進香音樂法鼓聖會	二七	五		二	二九	六三
二	第六十道	閘口下東園慶音法鼓老會	一九	五	二	二	三五	六三
三	第六二道	西城大園金音法鼓老會	二〇	五	二	二	二八	五七
四	第六七道	錦衣衛橋和音法鼓聖會	二三	五	二	二	二二	五四
五	第七十道	河東于家廠雅音法鼓	二三	五	二	二	三〇	六二

序號	圖中序列	會道名稱	樂手	執事	茶炊子	轎夫	維持會	合計
六	第七一道	玉皇閣前津音法鼓聖會	二一	五	二	二	三二	六二
七	第七五道	侯家後永音法鼓老會	二一	五	二	二	三二	六二
八	第七七道	于家廠公議鶩雲法鼓聖會	二二	五	二	二	三五	六六
九	第七九道	城内草場庵清音法鼓聖會	二三	五	二	二	三一	六三
十	第八二道	同願太平法鼓	二四	五	二	二	三〇	六三
十一	第八四道	城西北大夥巷内牌樓口振音法鼓聖會	二一	五	二	二	三二	六二
十二	第八五道	城内石橋後洪音法鼓聖會	二五	五	二	二	三六	七〇
十三	第八七道	河東陳家溝娘娘廟前善音法鼓老會	一七 引鑼一	九	二	二	二八	五九
十四	第八九道	鹽坨壽恩堂慶音法鼓聖會	二〇	五	二	二	二四	五三
十五	第九一道	河東上鹽坨三道井溝誠議心音法鼓老會	二四	五	二	二	三一	六四
十六	第九四道	永豐屯公議香斗法鼓老會	二三	六	二	二	三三	六六
小计			三五四	八五	三〇	三二	四八八	九八九

陳設會（共計三十八道）

請駕會（寶輦）五道

序號	圖中序列	會道名稱	執事	轎夫	維持會	合計
一	第七四道	送生娘娘寶輦同議請駕聖會	一〇	八	九	二七
二	第八一道	子孫娘娘寶輦敬議請駕聖會	一〇	八	二四	四二
三	第八三道	斑疹娘娘寶輦同議請駕聖會	一一	八	二五	四五
四	第八六道	眼光娘娘寶輦敬議請駕聖會	一〇	八	二八	四六
五	第一〇三道	天后聖母寶輦誠議請駕聖會	一一	八	一〇	二九
小计			五三	四〇	九六	一八八

大座會九道

序號	圖中序列	會道名稱	喊八尺	引鑼	執事	轎夫	維持會	合計
一	第五六道	城内寶塔花瓶會（娘娘聖塔）	見「還願會」					
二	第五九道	德照燈亭聖會	一	一	一五	八	一三	三八
三	第六一道	城西小夥巷同照燈亭			一五	八	一一	三四
四	第六五道	西頭雙忠廟後花神廟鮮花場鮮花聖會	見「隨聖、護聖會」					
五	第六六道	鮮花場松柏燈亭聖會						
六	第六八道	東門外南功店海屋天籌燈亭			一六	八	四	二八
七	第九十道	天后宮寶鼎聖會			一六	八	一四	三八
八	第九五道	永豐屯香鋪香廠公議香斗聖會			八	八	一六	三二
九	第九六道	公獻提爐燈亭			一二	六	一三	三一
小计			一	一	八二	四六	七一	二〇一

注：第五十六和六十五、六十六道按藝術特色歸入大座類。人數統計按該會性質分別歸入護聖會和還願會。

隨聖、護聖會十一道

序號	圖中序列	會道名稱	引鑼	樂手	執事	轎夫	維持會	合計
一	第六三道	天后宮掃殿會靈官護聖大座				四	二	六
二	第六五道	西頭雙忠廟後花神廟鮮花場鮮花聖會（殘）				四〇	四三	八六
三	第六六道	花神廟鮮花場松柏燈亭						
四	第六九道	長順華蓋寶傘	一		六四		五一	一一六
五	第七三道	天后宮道炬行香會	一	二三	八		三五	六七
六	第九八道	天后宮掃殿會直符神大座				四	五	九
七	第一〇〇道	河東雜糧公議善念鑾駕			三五		一〇	四五
八	第一〇一道	同和大樂	一	一一	一二	六	二三	五三
九	第一〇二道	和平音樂		二二	八	三	二〇	五三
十	第一〇四道	運署護聖會	一		一二		二八	四一
十一	第一〇六道	天后宮掃殿會護聖			七五			七五
小计			四	五六	二二四	五七	二一七	五四八

公益會三道

序號	圖中序列	會道名稱	引鑼	執事	轎夫	維持會	合計
一	第五八道	河北窑窪菓子店梅湯聖會	一	五	一六	三四	五六
二	第八八道	縣署前接香會	接香四	二	一六	一五	三七
三	第一〇五道	南門内接香會（殘）	接香五	二	五	二	一四
小计			一〇	九	三七	五一	一〇七

还愿会十道

序號	圖中序列	會道名稱	出會緣由	還願人	引鑼	茶炊子	執事	轎夫	維持會	合計
一	第五六道	城内寶塔花瓶（還願）	小兒當差	二	一	二	二四	一六	四〇	八五
二	第六四道	花瓶聖會	小兒當差	六					三一	三七
三	第七二道	普善花童聖會	小兒當差	九		二			三二	四三
四	第七六道	積善堂頂馬會	娘娘海上救船	一	一	二	一〇	馬夫二	二八	四四
五	第七八道	積善堂道童行香聖會	買賣路上逢凶	六		二	四		二七	三九
六	第八十道	餘慶堂巡風還願會	小姑娘出天花	五		二	五	車夫二	二四	三八
七	第九二道	懷古堂隨駕頂馬聖會	小兒當差	一		二	六	馬夫二	三〇	四一
八	第九三道	慶善堂巡風聖會	小姑娘出天花	七	一	二	八		二九	四七
九	第九七道	頂馬聖會	母産後得娃娃痫症	一		二	一五	馬夫二	三四	五四
十	第九九道	隨駕道童花瓶聖會	疹後失魂症	三					三七	四〇
小计				四一	三	一六	七二	二四	三一二	四六八

總計

引鑼	樂手	演員	執事	茶炊子	接香	喊八尺	還願人	脚夫	轎夫	馬（車）夫	維持會	總計
二六	六七九	五四五	六三五	四六	九	一	四一	一四五	三二三	八	一五九七	四〇五五

注：含未著色人物六十七人

附録二　天津市民間舞蹈普查登記表（一九八四年草表）

區縣	街道、鄉鎮、單位	舞蹈名稱	備注
和平區	清河街	高蹺	
	煤建公司	獅子	失傳
	服務公司	龍燈	失傳
	副食公司	小車會	失傳
	東興市場	高蹺	
河西區	掛甲寺街	楊莊子法鼓、掛甲寺法鼓、花棍	花棍待恢復
	河西運輸廠	獅子舞	待恢復
	謙德莊街	小車會	
	房屋修建一隊	舞龍燈	失傳
	尖山街	高蹺（文）	
	陳塘莊街	高蹺（武）	
河東區	賈沽道	法鼓（善音）	

區縣	街道、鄉鎮、單位	舞蹈名稱	備注
河東區	汪莊子	法鼓（善音）	
	簍莊子	高蹺	
	向陽樓	高蹺	
河北區	辛莊街	慶雲高蹺、全音法鼓	法鼓待恢復
	小王莊街	民樂高蹺、新樂高蹺、京津少林會、兄弟少林會	高蹺待恢復
	小關街	公議高蹺、和音法鼓	
	京津公路街東于莊	同樂花鼓	
	瓦窑街	單傘秧歌	待恢復
	福林營	龍燈	待恢復
南開區	東北角街	混元盒高蹺會、平安高蹺、平然高蹺、津道鶴齡會、立元法鼓、運署法鼓、遠音跨鼓、歸音法鼓、津音法鼓、遠音中旛、宮音法鼓、門旛會、道衆行香、鑾駕、接香會、子孫娘娘請駕會、斑疹娘娘請駕會、天后聖駕寶輦會	除混元盒高蹺會外其它均已失傳
	文化宮	舞龍、舞獅	
	東南角街	永音高蹺、慶壽八仙會、大樂老會	均已失傳

區縣	街道、鄉鎮、單位	舞蹈名稱	備注
南開區	西北角街	同樂高蹺會、同議法鼓會、衛齡高蹺會、霞雲法鼓、崇義高蹺會、地秧歌、小宜門口高蹺、寶鼎	除同樂、衛齡高蹺會以外均已失傳
	西南角街	民樂高蹺會、興樂高蹺、大樂老會、接香會、全齡京秧歌、萍勝高蹺、值符燈亭、鬼會	除民樂高蹺、全齡京秧歌以外均已失傳
	南門西街	樂勝高蹺會、雲樂高蹺會、同雲法鼓、同心高蹺、樂然四傑村高蹺會	
	東門裏街	同勝高蹺	
	炮臺莊街	同義高蹺會	
	八里台街	群齡高蹺會	
	西門南街	雲勝高蹺會、亭雲法鼓、十二生肖高蹺會	除雲勝高蹺會外其他已失傳
紅橋區	南頭窑街	京秧歌、金山寺高蹺、同心法鼓、八仙會、勇義高蹺會	
	椿德街	同樂高蹺、獅子會	
	大夥巷街	雲樂高蹺、五虎杠箱會	五虎杠箱會待恢復

區縣	街道、鄉鎮、單位	舞蹈名稱	備注
紅橋區	大衚衕街	雙傘陣圖地秧歌、十不閑秧歌會	十不閑秧歌會已失傳
	先春園街	旱船、小車會、大頭和尚	大頭和尚待恢復
	邵公莊街	翠韻法鼓、鮮花老會	鮮花老會已失傳
	西沽村	太平花鼓會	待恢復
	三條石街	神童高蹺會	
	橋南街	同義莊高蹺會	
	大豐路信義堂	普樂高蹺老會	
	房産公司	龍燈老會	
漢沽區	蘆前村	高蹺	已失傳
	牌坊街	獅子、龍燈	獅子已失傳
	福順東街	中旛、羅漢會	已失傳
	興隆街	碌碌會、花燈、旱船	已失傳
	河西街	鍋大缸、冲	「冲」已失傳

區縣	街道、鄉鎮、單位	舞蹈名稱	備注
漢沽區	寨上街	簍子燈	
	大王村	飛鑔	
	蔡家堡	飛鑔	
	高家堡	飛鑔	
	茶淀鄉	秧歌	
	楊家寨街	霸王鞭、跑驢	
	下塢村	小車會	
大港區	上古林鄉	小車會、地秧歌、龍燈	
	徐莊子鄉	高蹺會	
	太平村鄉	龍燈、小車會、竹馬、獅子、高蹺、秧歌、舞棍、落子	
	官港街	東北大秧歌、小車會、竹馬	
	中建六局公司	高蹺	
塘沽區	于家鋪街	高蹺	

區縣	街道、鄉鎮、單位	舞蹈名稱	備注
塘沽區	鄧善沽	中旛、龍燈、漁樵耕讀（高蹺會）、盂蘭會	均已失傳
	北塘鎮	高蹺、飛鑔、雙龍燈、小車會	
	驢駒河	海會	已失傳
	寧東沽	法鼓、高蹺	
	新河街	中旛、龍燈、杠子會	
	新城鄉	龍燈、高蹺、小車會	
	于莊子	地秧歌、小車會	
	河頭	高蹺、落子	
東郊區	大畢莊鄉	高蹺	
	李莊鄉	高蹺	
	棉一分廠	高蹺	
	赤土鄉	高蹺	
	萬新莊鄉	法鼓	
	李莊鄉	清音法鼓	

區縣	街道、鄉鎮、單位	舞蹈名稱	備注
東郊區	小東莊	旱船、小車會	
南郊區	葛沽鄉	高蹺會、法鼓、武德少林會、吹歌、旱船、獅子、小車會、行雲龍燈、青雲高蹺、漁樵耕讀（高蹺）、得勝杠箱、同樂老會、漁家樂、寶輦、門播、清平竹馬	
	咸水沽鄉	高蹺、法鼓、吹歌、小車會、龍燈、落子、杠箱、漁樵耕讀（高蹺）	
	小站鎮	旱船、高蹺、少林寺、八極拳、獅子、秧歌、小車會	獅子、秧歌、小車會均已失傳
	南洋	高蹺	
	辛莊	吹歌	
	雙港	法鼓、少林會、吹歌	
	八里台	高蹺、吹歌、旱船	
	西泥沽	落子	
西郊區	楊柳青鎮	舞龍、獅子、法鼓、高蹺、碌碡、跑驢、少林、香塔	香塔樂隊活動均已失傳

區縣	街道、鄉鎮、單位	舞蹈名稱	備注
西郊區	楊柳青鎮	蓮花落、跨鼓、巧鑼、彩鑼、中旛、大樂、太獅圖、黃轎、運齡、鶴齡、重閣、寶座、緑轎、蘭花秧歌	均已失傳
	大寺鄉	高蹺	
	運輸廠	旱船、小車會、龍舞	龍舞未活動
	王穩莊	高蹺	
	付村	高蹺、法鼓	基本恢復法鼓堅持
	九一九鄉	高蹺、法鼓	基本恢復法鼓有活動
	木廠鄉	法鼓	
	張家窩鄉	法鼓	待恢復
	西姜井	九獅圖	已失傳
北郊區	北倉鄉	同樂高蹺會、八臘廟高蹺、凌雲小高蹺、隨駕獅子會、小車會、榮音法鼓、祥音法鼓、小會、中旛、五虎杠箱、少練會	小會没活動
	雙街	高蹺會、小車會、跨鼓、少林	除少林外其它均已失傳

區縣	街道、鄉鎮、單位	舞蹈名稱	備注
	糖莊鄉	高蹺會、小車會	均已失傳
	霍莊鄉	高蹺會、小車會、少林會	均已失傳
	雙口鄉	高蹺會、同意高蹺會、聚成小車會	
	小淀鄉	高蹺會、少林會	高蹺已失傳
	河頭鄉	高蹺會、秧歌、小車會	均已失傳
	西堤頭鄉	高蹺會、小車會、法鼓	均已失傳
	南王平鄉	高蹺會、同樂小車會、花棍	待恢復
	宜興埠鄉	永長高蹺會、慶樂地秧歌、共和腰鼓會、永鮮蓮香會、永全獅子會、文明小車會、誠音法鼓、和音法鼓、永藝少林會、永興少林會、永慶少林會、少年意樂會	永鮮蓮香會沒有活動
	天穆鄉	閻街少林會、高蹺會、少林會、花鼓會	
	青光鄉	高蹺會	
静海縣	静海鎮	高蹺、小車會、龍燈、法鼓、跨鼓、中旛、娃娃會	均已失傳
	獨流鎮	龍燈、法鼓、中旛、鑼鼓棒	除中旛外其它均已失傳

區縣	街道、鄉鎮、單位	舞蹈名稱	備注
靜海縣	唐官屯鎮	八大帥、節節高	
	城關鄉	少林會	
	梁頭鄉	高蹺、燈會、少林會	
	北肖樓鄉	高蹺、落子、少林會	均已失傳
	良王莊鄉	龍燈	已失傳
	府君廟鄉	高蹺、跨鼓、碌碡會	跨鼓已失傳
	王口鄉	高蹺、小車會、大車會、龍燈、少林會、獅子、女中傑、五虎會、五人義	五虎會已失傳
	二堡鄉	小車會、抬閣、戒毒會、杆會	抬閣已失傳
	子牙鄉	高蹺、小車會、龍燈	除小車會外其它均已失傳
	沿莊鄉	高蹺	已失傳
	大張屯鄉	竹馬、落子	已失傳
	西翟莊鄉	高蹺、地秧歌、小車會、燈會	高蹺、燈會失傳
	東灘頭鄉	小車會	

區縣	街道、鄉鎮、單位	舞蹈名稱	備注
静海縣	蔡公莊鄉	高蹺	已失傳
	胡連莊鄉	落子	已失傳
	大莊子鄉	高蹺、落子	已失傳
	中旺鄉	高蹺、地秧歌、小車會、龍燈、獅子、旱船、落子、摔跤	小車會、旱船、摔跤均已失傳
薊縣	候家營鄉	中旛、吵子	
	下營鄉	落子、獅子	
	城關	少林會、地秧歌	
	許家台	高蹺	
	翠屏山	龍燈	
	龍古莊	小車會	
		蹬蝴蝶、跨鼓、寯官、跑驢、碌碡會、霸王鞭、扛官、二人摔跤、老漢背少妻、大頭和尚戲柳翠、五虎杠箱、蹬罎子	原稿無街、鄉名稱

區縣	街道、鄉鎮、單位	舞蹈名稱	備注
薊縣	豐台鎮	龍燈、塞上歌、少練、秧歌、蓮花落、簍子燈、旱船、神獸圖、中播、竹馬、打邊關、羅漢、碌碡會、藤牌	除旱船外其它均已失傳
	棘花鄉	小車會、秧歌	均已失傳
寧河縣	大北鄉	秧歌會、少林會、二人摔跤、飛鑔、龍燈、龍鳳船、小車會	龍鳳船已失傳
	趙莊鄉	飛鑔、少林會、花燈、秧歌小車會	飛鑔已失傳
	廉莊鄉	秧歌、羅漢、旱船、高蹺、地秧歌	
	嶽龍鄉	旱船、地秧歌、小車會、秧歌	
	南澗鄉	少林會、小車會	
	蘆台鎮	高蹺、秧歌、小車會、少林會、飛鈸、碌碡會、羅漢	
	潘莊鄉	鑾駕會、風雲會、小高蹺、龍燈、台駕會、碌碡會、獅子、鶴齡會、小車會、保安會、中播、重閣會、高蹺會	均已失傳
	寧河鄉	小車會、銅大缸、簍子燈、推歌、羅漢、秧歌、龍燈、龍鳳船、小車會、地秧歌、旱船、少林會、花鼓、高蹺、獅子	

區縣	街道、鄉鎮、單位	舞蹈名稱	備注
寧河縣	俵口鄉	農燈會、高蹺會、地秧歌、中幡、碌碡會、龍鳳會、獅子會	中幡、龍鳳會、獅子會均已失傳
	淮淀鄉	法鼓、高蹺、風雲會、中幡	除中幡外其它均已失傳
	大賈鄉	秧歌	已失傳
	造甲鄉	高蹺、法鼓、新秧歌	已失傳
	東衛沱鄉	秧歌	已失傳
	趙本鄉	秧歌	
	苗莊鄉	秧歌、寸子、高蹺	寸子已失傳
	板橋鄉	高蹺、秧歌、小車會、旱船	
	董莊鄉	旱船、八大帥、高蹺、中幡、飛鈸、秧歌、小車會	
	任風鄉	秧歌、小車會	
	黄莊鄉	高蹺、地秧歌、獅子、小車會、中幡	
	八門城鄉	高蹺、地秧歌、旱船、霸王鞭	
寶坻縣	大白莊鄉	高蹺、地秧歌、小車會	

區縣	街道、鄉鎮、單位	舞蹈名稱	備注
寶坻縣	馬家店鄉	高蹺、地秧歌、梅花班、獅子、竹馬、杠子會、中旛	
	大口屯鄉	高蹺、獅子、小車會、花石會	
	史各莊鄉	地秧歌、梅花班、小車會、獅子、龍燈、竹馬	
	南任鄉	地秧歌、霸王鞭	
	牛家牌鄉	地秧歌、小車會	
	牛道口鄉	地秧歌、小車會、跑驢、鐾子	
	何莊鄉	地秧歌、旱船、杠子會、跑驢、中旛、花叉	
	糙甸鄉	地秧歌	
	大鐘莊鄉	地秧歌、小車會、吵子鼓、霸王鞭、中旛	
	大唐莊鄉	地秧歌、小車會	
	新開口鄉	梅花班、竹馬	
	趙各莊	獅子、竹馬、跑驢、少林會、吹歌、五虎棍	
	高家莊鄉	龍燈	

區縣	街道、鄉鎮、單位	舞蹈名稱	備注
寶坻縣	城關鄉	龍燈、跑驢、中幡	
	石橋鄉	少林會	
	郝各莊鄉	少林會	
	周良莊鄉	少林會	
	河西務鄉	中幡、高蹺	
	石各莊、漢沽港	獅子、高蹺	
武清縣	泗村店、東浦窪等	少林會、高蹺	
	王慶坨	花叉會、高蹺	
	下朱莊鄉	吵子鼓、高蹺	
	城關鄉	竹馬、高蹺	
	白古屯鄉	龍燈、高蹺	
	徐官屯鄉	蓮花落、高蹺	
	河北屯、桐高村、崔黃口	地秧歌、高蹺	

區縣	街道、鄉鎮、單位	舞蹈名稱	備注
武清縣	上馬台鄉	腰鼓、高蹺	
	豆張莊、梅廠、大孟莊、雙樹、大王沽	小車會、高蹺	

附録三 《中國民族民間舞蹈集成·天津卷》全市民族民間舞蹈調查表（一九〇〇年）

流傳地區	舞蹈名稱
河東區	沈莊子高蹺、婁莊子高蹺、善音法鼓、跑落、小車會
河北區	慶雲高蹺、民樂高蹺、新樂高蹺、公議高蹺、金音法鼓、錦衣衛橋法鼓、京津少林會、兄弟少林會、武旱船、窑窪單傘秧歌、同樂花鼓
河西區	法鼓鑾駕老會、尖山高蹺、小車會、楊莊法鼓、同勝獅子會、陳塘莊武高蹺
和平區	清和高蹺、東興高蹺、少林會
紅橋區	金山寺高蹺、勇義高蹺、西池八仙會、百忍高蹺、同心法鼓、大衚衕秧歌會、同樂高蹺、雙傘陣圖秧歌、先春園小車會、先春園旱船、春德獅子會、雲樂高蹺、神童高蹺、同義莊高蹺、普樂高蹺、萃韻法鼓、永音法鼓、太平花鼓、西沽大刀會、龍燈會
南開區	樂然高蹺、樂勝高蹺、同雲法鼓、同樂法鼓、衛齡高蹺、混元盒高蹺、民樂高蹺、全齡京秧歌、同勝高蹺、雲勝高蹺、同義高蹺、群齡高蹺、獅舞、龍舞
塘沽區	甯車沽高蹺、武法鼓、新城高蹺、龍燈、新城小車會、北塘高蹺、雙龍燈、飛鑔、北塘小車會、杠子會、新河龍燈、中旛、河頭高蹺、洛子、于家鋪高蹺、王莊秧歌、于莊小車會

流傳地區	舞蹈名稱
大港區	太平村高蹺、太平村秧歌、太平獅子、太平龍燈、太平竹馬、舞棍、太平洛子、太平小車會、地秧歌、上古林龍燈、上古林小車會、東北大秧歌、官港竹馬、官港小車會、徐莊高蹺、中建高蹺
漢沽區	蔡家堡花叉、蔡家堡飛鑔、高家堡花叉、高家堡飛鑔、大王村花叉、大王村飛鑔、秧歌、龍燈、羅漢會、霸王鞭、鍋大缸、小車會、中旛、簍子燈
東郊區	李莊高蹺、清音法鼓、大畢莊高蹺、萬新法鼓、棉一高蹺、旱船小車會
西郊區	楊柳青高蹺、花盤秧歌、獅子、舞龍、少林會、楊柳青法鼓、碌碡會、傅村高蹺、傅村法鼓、九一九高蹺、九一九法鼓、大寺高蹺、王穩莊高蹺、木廠法鼓、張家窩法鼓、龍燈、小車會、旱船
南郊區	葛沽高蹺、青雲高蹺、行雲龍燈、清平竹馬、得勝杠箱、武德少林會、寶輦會（跑落）、漁樵耕讀（秧歌）、葛沽獅子、葛沽法鼓、旱船、漁家樂（秧歌）、葛沽小車會、門旛會、咸水沽高蹺、咸水沽龍燈、咸水沽杠箱、咸水沽法鼓、咸水沽洛子、咸水沽小車會、咸水沽漁樵耕讀（秧歌）、小站高蹺、小站少林會、小站太極拳、小站旱船、雙港少林會、雙港法鼓、寶輦駕前法鼓、寶輦會（跑落）、八里台高蹺、八里台旱船、西泥沽洛子、南洋高蹺、
北郊區	同樂高蹺、凌雲高蹺、北倉高蹺、八蠟廟高蹺、隨駕獅子會、榮音法鼓、祥音法鼓、北倉小車會、北倉中旛、慶樂地秧歌、文明小車會、共和腰鼓會、和音法鼓、誠音法鼓、永全獅子會、天穆高蹺、天穆花鼓、同意高蹺、聚成小車會、雙口高蹺、永長高蹺、青光高蹺、同樂小車會、花棍、五虎杠箱、北倉少林會、少年樂意會、永樂少林會、永興少林會、閻街少林會、天穆少林會、雙街少林會、小淀少林會

流傳地區	舞蹈名稱
武清縣	河西務高蹺、石各莊高蹺、石各莊獅子、汊沽港高蹺、汊沽港獅子、泗村店高蹺、泗村店小車會、東浦窪高蹺、王慶坨高蹺、下朱莊高蹺、上馬台高蹺、上馬台腰鼓、城關高蹺、城關竹馬、白古屯高蹺、白古屯龍燈、徐官屯高蹺、河北屯高蹺、河北屯地秧歌、桐高村高蹺、桐高村地秧歌、崔黃口高蹺、崔黃口地秧歌、竇張莊高蹺、竇張莊小車會、梅廠高蹺、梅廠小車會、大孟莊高蹺、大孟莊小車會、雙樹高蹺、雙樹小車會、大王沽高蹺、大王沽小車會、吵鼓、叉會、泗村店少林會、東浦窪少林會
薊　縣	城關地秧歌、下營獅子、下營洛子、許家台高蹺、翠屏山龍燈、龍古莊小車會、旱船、城關少林會
寶坻縣	黃莊高蹺、黃莊地秧歌、黃莊獅子、林亭口高蹺、八門城地秧歌、八門城霸王鞭、八門城旱船秧歌、大白莊高蹺、大白莊地秧歌、大白莊小車會、馬家店高蹺、馬家店獅子、杠子會、馬家店竹馬、馬家店地秧歌、大口屯高蹺、大口屯獅子、花石會小車會、史各莊地秧歌、史各莊獅子、史各莊龍燈、史各莊竹馬、史各莊小車會、南仁垺地秧歌、南仁垺霸王鞭、牛家牌地秧歌、牛家牌小車會、羊道口地秧歌、牛道口小車會、何莊地秧歌、何莊旱船、糙甸地秧歌、大鐘地秧歌、大鐘小車會、大鐘霸王鞭、大唐莊地秧歌、大唐莊小車會、趙各莊獅子、趙各莊竹馬、高家莊龍燈、新開口竹馬、城關龍燈、鑼子會、何莊杠子會、何莊花叉、趙各莊少林會、五虎棍、郝各莊少林會、周良莊少林會、石橋少林會

流傳地區	舞蹈名稱
寧河縣	廉莊高蹺、廉莊秧歌、廉莊旱船、蘆台高蹺、蘆台秧歌、蘆台飛鑔、蘆台碌碡會、蘆台小車會、寧河高蹺、寧河地秧歌、寧河秧歌、寧河獅子、寧河龍燈、鍋大缸、寧河小車會、寧河旱船、寧河花鼓、龍鳳船、寧河簍子燈、俵口高蹺、農燈會、俵口碌碡會、板橋高蹺、板橋秧歌、板橋小車會、板橋旱船、董莊高蹺、秧歌小車會、董莊飛鑔、董莊旱船、中旛、八大帥、苗莊高蹺、苗莊秧歌、嶽龍秧歌、嶽龍小車會、嶽龍旱船、大北秧歌、龍燈、大北飛鑔、大北小車會、二人摔跤、趙莊秧歌小車會、花燈、趙莊秧歌、淮淀中旛、南洞小車會、任鳳小車會、任鳳秧歌、潘莊龍燈、潘莊鶴齡會高蹺、豐台龍燈、豐台旱船、廉莊羅漢會、蘆台羅漢會、蘆台少林會、寧河少林會、甯河羅漢會、大北少林會、飛叉、趙莊少林會、南洞少林會
靜海縣	唐官屯重閣聖會、唐官屯八大帥、靜海高蹺、獨流中旛、王口女中傑秧歌、王口獅子、王口龍燈、王口高蹺、王口小車會、王口大車會、中旺地秧歌、中旺獅子、中旺龍燈、中旺洛子、麻君廟高蹺、麻君廟碌碡會、梁頭高蹺、梁頭燈會、西翟地秧歌、二堡小車會、子牙小車會、東灘頭小車會、大張屯竹馬、中嘴高蹺、王口五人義武術、王口少林會、梁頭少林會、二堡杆會、城關少林會

注：以上兩表各有詳略，共存可為互相印證。

附録四《中國民族民間舞蹈集成·天津卷》收録項目（一九〇〇年）

項目	傳授	記譜	編寫	繪圖	資料提供	執行編輯
法鼓	北郊祥音法鼓會 張振福、鄭振富、田文起	王治遠	錢韻雅	王柏松 王惕	楊惠友、劉學文、吴通義、紀富忠	吴景仁、王者師、梁力生
跑落	南郊葛沽鎮寶輦會 王鳳梧、張賀年		錢韻雅	王柏松	張松林、徐玉良、傅連升、吴恩平	吴景仁、王者師、周 元
雙傘陣圖秧歌	紅橋區雙傘陣圖老會 王燊波、閻進寶（張鳳雲）	劉素蓮	劉素蓮	王柏松 解文强	張鳳元、張鶴鵬、喬國華	李志强、吴景仁、康玉岩
清平竹馬	南郊葛沽鎮清平竹馬 胡文龍、胡文俊、田文友	劉永海	王 莉	王柏松	王金榮、胡雲龍	李志强、吴景仁、梁力生
同樂花鼓	河北區東于莊同樂花鼓會 李增友、王 權	華 慧	趙素琴 李希禹	趙淑琴	劉金山	李志强、吴景仁、周 元
小車會	武清西柳行村太平車會 甄潤申、甄潤啓、張 敏	王 莉	王 莉	王柏松	張保忠	王者師、周 凱、周 元
窑窪秧歌	河北區窑窪秧歌 肖慶雲、王進臣、張德元	李希禹	趙素琴 李希禹	趙淑琴	王進臣、肖慶雲	李志强、吴景仁、康玉岩
旱船秧歌	寶坻楊崗村旱船秧歌 吕 田、袁長林	王 莉	王 莉	王柏松	袁長林	李志强、吴景仁、康玉岩

項目	傳授	記譜	編寫	繪圖	資料提供	執行編輯
飛鑔	漢沽鹽場飛鑔 高景春、吴鶴符	吴景仁	吴景仁	劉永義	王國章、高景春、吴鶴符、趙連鶴、劉金信、王少平	李志强、張國賢、康玉岩
簍子燈	漢沽鐵獅坨簍子燈 王德圖	王　莉 吴景仁	王　莉 李志强	趙淑琴	王茂生、趙乃權、劉　鐵	李志强、張國賢、梁力生
碌碡會	西郊楊柳青鎮碌碡會 趙德利、陸玉鳳	王　惕	王　惕	王松柏	郭希武	李志强、吴景仁、周　元
重閣	静海唐官屯重閣聖會 陳景奎、曹雲成、曹德生	王敬模	王敬模	王柏松	張金忠	王者師、吴景仁、周　元
八大帥	静海唐官屯八大帥 馬瑞亭、徐金成	王敬模	王敬模	王柏松	張金忠	王者師、吴景仁、周　元
混元盒高蹺	南開區混元盒高蹺會 李世瑋、李世琮	張伯良	南開區 文化宫 張伯良 等集體 編　寫	王柏松	李世瑋、李世琮、張伯良	李志强、張國賢、梁力生
百忍高蹺	紅橋區百忍高蹺 徐寶珍、趙玉林	吴景仁	劉素蓮	王柏松	楊洪起、蘆洪義	李志强、張國賢、梁力生

項目	傳授	記譜	編寫	繪圖	資料提供	執行編輯
同勝文武高蹺	南開區同勝文武高蹺 劉春寶、藺寶元、單廣榮	吴景仁 錢志强	李志强 錢志强	王柏松		李志强、張國賢、 梁力生
八蠟廟高蹺	紅橋區八臘廟高蹺會 張永春、張文海、高德林	吴景仁	吴景仁	王柏松	張永春、張文海、 張振亭、高德林、 張文杏等	周　凱、張國賢、 康玉岩
鶴齡會高蹺	甯河潘莊鶴齡會高蹺 岳佳貴、李恒儒、楊學武、 張丙昆	武良田	董再慧 王者師	王柏松	岳佳貴、楊學武、	王者師、周　凱、 梁力生
西池八仙高蹺	紅橋區西池八仙高蹺 黃玉明、馬正齋	趙鶴齡	劉素蓮	王柏松	霍三嶺	李志强、周　凱、 周　元
林亭口高腿子 高蹺	寶坻林亭口高腿子高蹺 李　瑞、王金星	吴景仁	吴景仁 李志强 劉素蓮	王柏松	李　瑞、王樹發、 王金星	吴景仁、李志强、 康玉岩

注：上表根據《中國民族民間舞蹈集成·天津卷》整理

附録五　見于史料的天津民間花會名録

一、《天后宫行會圖》記載的民間花會名録（凡本衛一百零二道，外埠四道附後）

慶祝門旙老會

公議太獅聖會

萬善報事靈童聖會

姜家井捷獸雲獅老會

鄉祠前中旙聖會

天后宫前敬藝中旙聖會

鹽關口勝議中旙聖會

院署内慶祝中旙聖會

河北大關誠齡中旙聖會

梅家衚衕中旙聖會

南頭窑公議中旛聖會
閘口掃堂中旛聖會
鄉祠前遠音跨鼓聖會
南門内永樂杠箱老會
南門内誠議杠箱官
勝議什錦雜耍老會
閘口下溜米廠勝議重閣老會
勝議扒杆老會
傅家村高蹺老會
鹽綱總署運署抬閣第一架八仙慶壽
河東上鹽坨三道井溝意善洛陽橋聖會
侯家後同樂拾不閑聖會
議善蓮花洛
鹽務綱總通商抬閣第二架鍾馗嫁女
河東大寺于家廠勝意高蹺

窑窪秧歌聖會
隨議判姑學舌聖會
鹽務綱總通商抬閣第三架龍鳳呈祥
縣署前混元盒高蹺聖會
西碼頭慶樂漁樵耕讀地秧歌
樂善雙花鼓聖會
西大藥王廟前德慶舞花聖會
鹽務綱總通商抬閣第四架替天行道
吉家衚衕白衣巷和善長亭老會
育德庵前永長金錢竹馬聖會
東南城角康家大院慶和睄親家聖會
鹽務綱總通商抬閣第五架火焰山
河北石橋昇仙高蹺聖會
城北西沽永慶太平花鼓聖會
永慶萬年甲子聖會

同樂鍋缸聖會
鹽務綱總通商抬閣第六架雷師呈聖
東南城角過街閣後西遊高蹺會
河東小聖廟後同善漁家樂聖會
先春園德慶綉球會
河東棋盤街後萬家台英樂四季長鮮聖會
鹽務綱總通商抬閣第七架梁灝救洞賓
緑牡丹高蹺聖會
梁家嘴議勝秧歌老會
鹽坨文殊庵前妙顯寸蹺蓮花洛聖會
鹽務綱總通商抬閣第八架傅羅蔔救母
城内寶塔花瓶
小南河進香音樂法鼓聖會
河北窑窪菓子店梅湯聖會
德照燈亭聖會

閘口下東園廣音法鼓老會
城西小夥巷同照燈亭
西城大園金音法鼓老會
掃殿會靈官護聖大座
花瓶聖會
西頭雙忠廟後花神廟鮮花場鮮花聖會
西頭雙忠廟後花神廟鮮花場鮮花燈亭聖會
錦衣衛橋和音法鼓老會
東門外南功店海屋添籌燈亭行啓陳設會
長順華蓋寶傘
河東于家廠雅音法鼓老會
玉皇閣前津音法鼓聖會
普善花童聖會
天后宫道炬行香會
送生娘娘寶輦同議請駕聖會

侯家後永音法鼓

積善堂頂馬行香會

于家廠公議鵞雲法鼓老會

積善堂道童行香聖會

城内草場庵清音法鼓聖會

于慶堂巡風還願會

子孫娘娘寶輦敬議請駕聖會

同願太平法鼓老會

斑疹娘娘寶輦同議請駕聖會

城西北大夥巷内牌樓口立源振音法鼓聖會

城内石橋後洪音法鼓老會

眼光娘娘寶輦敬議請駕聖會

河東陳家溝娘娘廟前善音法鼓老會

縣署前接香會

鹽坨壽恩堂慶音法鼓聖會

天后宮寶鼎聖會
河東上鹽坨三道井溝誠議心音法鼓老會
懷德堂隨駕頂馬聖會
慶善堂巡風聖會
永豐屯公議香門法鼓老會
永豐屯香鋪香廠公議香斗聖會
公獻提爐燈亭
頂馬聖會
天后宮掃殿會直符神大座
隨駕道童花瓶聖會
河東衆位雜糧店公議善念鑾駕
同和大樂
和平音樂
天后聖母寶輦誠議請駕聖會
運署護聖老會

南門內接香會
天后宮掃殿會護聖
（外阜四道）
中營前金山寺高蹺聖會
盛芳進香高蹺會
江南多福如意聖會
順天府宛平縣長樂京十不閑天后宮進香會
中营前金山寺高蹺聖会

二、《天津皇會考》中記載的天津民間花會名録

（一）楊一昆在《皇會論》中描述的民間花會（凡二十八道）

跨鼓
中幡
门旛

抬閣
掃殿會
通纲抬閣
節節高
蓮花落
猴扒杆
杠箱官
侯家後什不閑兒
秧歌
高蹺
溜米場高蹺
舞花
寶塔（章家辦）
花瓶會（口岸店辦）
頂馬會（周家）

大園法鼓
小園法鼓
清音大樂
河南雅樂
道樂（道士調笙管）
西洋德照
鶴齡高蹺
和平音樂
四駕寶輦
提燈傘扇

（二）光緒十年《津門雜記》中記載的天津民間花會名録（凡三十四道）

門旛
太獅
報事靈童
中旛

跨鼓

五虎杠箱

杠箱官

捷獸會

河東大寺高蹺

十不閑

重閣

抬閣

爬杆

地秧歌

靈官

法鼓會

花瓶會

道童會

巡風會

寶塔會
德照燈亭
海亭
華蓋會
頂馬會
仙童會
鮮花會
松亭一座
花童會
大樂會
鶴齡會
鑾駕會
五架寶輦
接香會
護駕會

三、《天津皇會考紀》中記載的天津民間花會名録

（一）光緒二十年（一八九四）三月皇會次序摺（凡五十二道）

净街會（鹽坨六局）
門旛（錢商公會）
太獅（針市街）
捷獸（即姜家井耍獅子）
中旛（鄉祠前）
跨鼓（鄉祠前）
五虎老杠箱（北城根）
老重閣（溜米廠）
拾不閑（侯家後）
雲照靈官（栓馬椿）
花音法鼓（芥園廟）

鮮花會（芥園廟）
廣照（閘口）
寶鼎（北門内小宜門口）
道衆行香（天后宫）
西園法鼓（西園）（即小園村）
慶壽八仙（東南城隅）
鑾駕（經司衚衕）
接香會（縣署前）
日罩（侯家後）
燈扇
提燈提爐
送生娘娘 寶輦請駕會（侯家後）
同心法鼓（南頭窑）
接香會（縣署前）
日罩

燈扇
提燈提爐
斑疹娘娘寶輦請駕會（運署）
永音法鼓（侯家後）
接香會（縣署前）
日罩
燈扇
提燈提爐
子孫娘娘寶輦請駕會（宫前）
東園法鼓（東園即現在紫竹林）
接香會（南門内）
日罩
燈扇
提燈提爐
眼光娘娘寶輦請駕會（針市街）

值符燈亭（宫北白衣庵）
金音法鼓（大覺庵）
接香會（南門内）
大樂（東門内）
鶴齡（津道）
音樂（西門内）
燈扇
提燈提爐
日罩
天后聖駕寶輦請駕會（南斜街）
護駕（運署）
（二）民國十三年（一九二四）皇會接駕會目（凡三十八道）
六局净街會
捷獸（即舞獅子）
跨鼓

中幡
萃韻音樂
井音法鼓
道衆行香
兩園法鼓（即東園、西園）
西池八仙
老縣署接香會
日罩
燈扇
送生娘娘寶輦
同心法鼓
老縣署接香會
日罩燈扇
提燈提爐
斑疹娘娘寶輦

永音法鼓
老縣署接香會
日罩燈扇
提燈提爐
子孫娘娘寶輦
東園法鼓
慶壽八仙
南門内接香會
日罩燈扇
提燈提爐
眼光娘娘寶輦
金音法鼓
南門内接香會
大樂
鶴齡

鑾駕
日罩
敬善獻燈
天后聖母寶輦
護駕

（三）民國二十年（一九三一）天津法鼓會名單（凡二十七道）

東門外天后宫宫音法鼓會
侯家後永音法鼓會
南頭窑同心法鼓會
大覺庵金音法鼓會
小園西園法鼓會
北門内振音法鼓會
錦衣衛橋合音法鼓會
河東小鹽店和音法鼓會
河東上冰窖鹽坨法鼓會

鹽坨准提庵中音法鼓會
鹽坨涌濟揚音法鼓會
李家樓起音法鼓會
陳家溝子鄉音法鼓會
太平莊同雲法鼓會
中營西同議法鼓會
鎮署西立源法鼓會
鹽道運署法鼓會
項家衚衕霞雲法鼓會
東門外萬莊子歸音法鼓會
玉皇閣津音法鼓會
河北關下魁音法鼓會
芥園花音法鼓會
西門外亭雲法鼓會
辛莊金音法鼓會

紫竹林廣音法鼓會
大土地廟泰國法鼓會
田莊德音法鼓會

（四）民國二十七年（一九三六）皇會中的花會隊伍名録

一九三六年二月十四日皇會籌備會邀請參加之會（凡二十五道）

永遠老燈會
城後獻茶會
杜君殿陳儀會
上善護棚會
裹院海屋添籌會
樓後請駕會
城後請駕會
福興齋請駕會
鶴齡會
音樂會

跨鼓會

錢商門旛會

侯家後請駕會

公議日罩會

針市街請駕會

針市街太獅會

如意庵日照會

河北大寺寶塔會

北門内寶鼎會

閘口廣照會

針市街德照會

南大寺接香會

李宅鑾駕

護駕會

城内板橋衕衕寶輦會

（當年高蹻、秧歌不准與會）

（五）一九三六年二月二十一日皇會籌備會二次拜會、請會名單（凡二十九道）

跨鼓會

太獅會

針市街請駕會

同照

鮮花會

同合大樂

寶輦

門旛

接香會

敬善獻茶

倉門口接香

鶴齡

音樂

黄轎

廣照

慶壽八仙

誠議請駕會

上善護棚會

宫前請駕會

宫内獻茶會

道衆行香會

宫台神燈

寶輦會

西池八仙

赫赫堂鑾駕

同心法鼓

侯家後請駕會

提燈日罩

運署請駕會
（六）一九三六年二月二十一日皇會籌備會議決邀請迎駕會名單（凡十道）
邵公莊吹會
西池八仙
黄繩會
誠議燈社
誠議大樂
宫門大樂
庚濟護棚會
沼濟護棚會
公善防險社
妙峰山聯合總會茶棚
（七）一九三六年皇會各會參加秩序
一九三六年四月七日（夏曆三月十六日）送駕各會名單（凡二十七道）

宮音法鼓
道衆行香
鑾駕
大樂
提燈提爐
日罩
聖母黄轎
護駕
提燈提爐
日罩
燈扇
獻燈
眼光娘娘寶輦
提燈
燈扇

獻燈
子孫娘娘寶輦
提燈提爐
日罩
燈扇
獻燈
斑疹娘娘寶輦
提燈提爐
日罩
燈扇
獻燈
送生娘娘寶輦
一九三六年四月九日（夏曆三月十八日）接駕各會名單（凡四十七道）
捷獸
跨鼓

中旛
萃韻吹會
辛莊聖字燈亭法鼓
西池八仙
老縣署接香
日罩
提燈
提爐
燈扇
獻燈
送生娘娘寶輦
同心法鼓
老縣署接香
日罩
燈扇

提燈
提爐
獻燈
斑疹娘娘寶輦
老縣署接香
日罩
燈扇
提燈
提爐
獻燈
子孫娘娘寶輦
慶壽八仙
南門内接香
日罩
燈扇

提燈
提爐
獻燈
眼光娘娘寶輦
金音法鼓
南門内接香
道衆行香
永豐屯大樂
鶴齡
鑾駕
日罩
提燈
提爐
天后聖母華輦
護駕

一九三六年四月十一、十三日（夏曆三月二十日、二十二日）出巡散福各會名單（凡五十一道）

六局净街
門旛
捷獸
跨鼓中旛
太平花鼓
五虎杠箱
重閣
平音法鼓
陣圖會
和音法鼓
鮮花法鼓
宮音法鼓

西池八仙

老縣署接香

燈扇

獻燈

輦主

提燈

提爐

日罩

送生娘娘寶輦

同心法鼓

老縣署接香

燈扇

獻燈

輦主

提燈

提爐
日罩
斑疹娘娘寶輦
永音法鼓
老縣署接香
燈扇
獻燈
輦主
提燈
提爐
日罩
眼光娘娘寶輦
金音鼓法
南門内接香
道衆行香

同和大樂
鶴齡
赫赫堂鑾駕
提燈
提爐
日罩
輦主
天后聖母華輦
護駕

附録六　目前見于史料的天津法鼓會名録（凡九十三道，二〇一二年統計）

東門外天后宫宫音法鼓會
侯家後永音法鼓會
南頭窑同心法鼓會
大覺庵金音法鼓會
小園西園法鼓會
北門内振音法鼓會
鎮署西立源法鼓會
鹽道運署法鼓會
項家衚衕霞雲法鼓會
東門外萬莊子歸音法鼓會
玉皇閣津音法鼓會
河北關下魁音法鼓會

城西北大夥巷牌樓口振音法鼓聖會
芥園花音法鼓會
西門外亭雲法鼓會
城内草場庵清音法鼓聖會
城内石橋後洪音法鼓聖會
錦衣衛橋和音法鼓會
錦衣衛橋全音法鼓聖會
永豐屯公議香斗法鼓老會
河東于家廠雅音法鼓
于家廠公議鷲雲法鼓聖會
河東小鹽店和音法鼓會
河東上冰窖鹽坨法鼓會
上鹽坨三道井溝誠議心音法鼓老會
鹽坨壽恩堂慶音法鼓聖會
鹽坨准提庵中音法鼓會

鹽坨涌濟揚音法鼓會
賈家沽道善音法鼓
掛甲寺慶音法鼓鑾駕老會
楊莊子永音法鼓
李家樓起音法鼓會
陳家溝子鄉音法鼓會
太平莊同雲法鼓會
中營西同議法鼓會
辛莊金音法鼓會
辛莊聖字燈亭法鼓
紫竹林廣音法鼓會
紫竹林東園法鼓會
大土地廟泰國法鼓會
田莊德音法鼓會
大樑莊五音法鼓會

大卞莊善音法鼓會
謝家莊龍華法鼓會
宜興埠誠音法鼓會
宜興埠和音法鼓
劉園村祥音法鼓會
柳灘德音法鼓會
周莊子榮音法鼓會
蘇莊子清音法鼓會
吴家嘴合音法鼓會
下郭村五音法鼓會
楊柳青鎮永善法鼓會
楊柳青鎮東寓法鼓會
楊柳青鎮香塔音樂法鼓老會
楊柳青鎮九一九鄉法鼓會
小南河進香音樂法鼓聖會

小南河傅村金剛法鼓會
小南河郭村普東法鼓會
小梁莊西寓法鼓會
曹莊子遺雅法鼓會
下辛口天興法鼓會
上辛口鄉大杜莊村音樂法鼓會
上辛口鄉小杜莊村同慶音樂法鼓會
上辛口鄉水高莊村音樂法鼓會
上辛口鄉木廠村音樂法鼓會
大沙窩村永音法鼓
馬家莊同樂法鼓會
王蘭莊音樂法鼓會
李七莊邊村吹歌法鼓會
李七莊鄧店村音樂法鼓會
王穩莊鄉王穩莊村音樂法鼓會

大寺鄉大寺村音樂法鼓會
大寺鄉青凝侯村音樂法鼓會
王穩莊鄉小金莊村音樂法鼓會
南河鎮寬河村音樂法鼓會
南河鎮馬家寺村為民法鼓會
南河鎮吴莊子音樂法鼓會
咸水沽鎮下郭村五音法鼓會
雙港法鼓會
葛沽鎮東茶棚清音法鼓會
葛沽鎮西茶棚五音法鼓會
葛沽鎮營房茶棚駕前法鼓會
葛沽鎮北街茶棚五音法鼓會
葛沽鎮閣前茶棚京音法鼓會
葛沽鎮香斗茶棚雅音法鼓會
葛沽鎮東中街茶棚駕前法鼓會

塘沽區寧東沽法鼓老會
東郊區李莊鄉清音法鼓
静海縣静海鎮法鼓
獨流鎮法鼓
寧河縣淮淀鄉法鼓
造甲鄉法鼓

附録七　天津市非物質文化遺産名録中的傳統音樂、舞蹈項目

第一批（二〇一〇年四月）

傳統音樂（共計五項）

國家級——漢沽飛鑔（漢沽區長蘆鹽場、楊家泊鎮等）

國家級——劉園祥音法鼓（北辰區劉家園村）

國家級——掛甲寺慶音法鼓（河西區掛甲寺街）

國家級——楊家莊永音法鼓（河西區掛甲寺街）

傳統舞蹈（共計四項）

大沽龍燈（塘沽區大沽街）

海下文武高蹺（津南區咸水沽鎮）

林亭口高腿子高蹺（寶坻區林亭口鎮）

䖮蠟廟小車會（北辰區北倉鎮）

第二批（二〇一一年十月）

傳統音樂（共計三項）

小王莊民間吹打樂（濱海新區大港小王莊）

韓家墅上善道樂（北辰區韓家墅村）

北塘飛鑔（濱海新區塘沽北塘村）

傳統舞蹈（共計十五項）

東于莊同樂花鼓（河北區東于莊）

金獅大轎（河北區東于莊前街）

塘沽河頭落子（濱海新區塘沽河頭村）

高王院蓮花落（武清區下朱莊街）

寺各莊竹馬（武清區寺各莊）

西碼頭百忍京秧歌高蹺（紅橋區南運河西碼頭）

普樂虮蠟廟高蹺（紅橋區大夥巷）

堤頭慶雲高蹺（河北區堤頭村）

北塘豐登樂會高蹺（濱海新區塘沽北塘村）
新袁長利高蹺（東麗區新袁村）
海下同善文武高蹺（津南區咸水沽鎮勝利村）
王秦莊同議高蹺（北辰區北倉鎮王秦莊村）
上浦口同樂高蹺（北辰區雙街鎮上浦口村）
宜興埠永長高蹺（北辰區宜興埠鎮）
河西務孝力高蹺（武清區河西務鎮孝力村）

第三批（二〇一三年十月）

傳統音樂（共計三項）
霍家嘴平音法鼓（北辰區）
香塔音樂法鼓（西青區）
宜興埠誠音法鼓（北辰區）
（注：此處僅取在民間保存的傳統音樂项目，故將「古琴藝術」排除在外）
傳統舞蹈（共計五項）

隨駕獅子（北辰區北倉）
葛沽長樂老高蹺（津南區）
回族武高蹺（天安寺同樂高蹺）（紅橋區）
小關公議高蹺（河北區）
西柳行太平車會（武清區）

主要參考資料

一、《天津皇會考》《天津皇會考紀》《津門紀略》　來新夏主編　張格、張守謙點校　天津古籍出版社出版　一九八八年六月第一版

二、《皇會》　尚潔著　百花文藝出版社出版　二〇〇六年九月第一版

三、《天津通志·文化藝術志》　天津市地方志編修委員會辦公室、天津市文化局編著　天津社會科學院出版社出版　二〇〇七年五月第一版

四、《中國民族民間舞蹈集成·天津卷》　中國民族民間舞蹈集成編輯部編　中國舞蹈出版社出版　一九九〇年十月第一版

五、《中國民族民間舞蹈集成·河北卷》　中國民族民間舞蹈集成編輯部編　中國舞蹈出版社出版　一九八九年十二月第一版

六、《中國舞蹈詞典》　王克芬、劉恩伯、徐爾充主編　文化藝術出版社出版　一九九四年七月第一版

七、《音樂辭典》　王沛綸編　文藝書屋印行

八、《中國群衆文化辭典》　常泊主編　湖南文藝出版社出版　一九九二年第一版
九、《中國民間藝術大辭典》　劉波主編　農村讀物出版社出版　一九九〇年十二月第一版
十、《中國近現當代舞蹈發展史》　王克芬、隆蔭培主編　人民音樂出版社一九九九年九月第一版
十一、《中國舞蹈發展史》　王克芬著　上海人民出版社　一九八五年十月第一版
十二、《中國古代舞蹈史》　孫景琛、彭松、王克芬、董錫玖著　北京舞蹈學院　中國舞蹈史教材編寫組
十三、《中國民間舞蹈》　何建安著　浙江教育出版社出版　一九九五年三月第二版
十四、《河北舞蹈史》　周大名著　科學出版社　二〇〇九年二月第一版
十五、《宋書樂志校注》　蘇晋仁、蕭煉子校注　齊魯書社　一九八二年十一月第一版

十六、《中國民俗中的崇拜》　房松令著　瀋陽出版社出版　一九九一年十月第一版
十七、《天津文史資料選輯》總七十六輯《天津老城憶舊》　中國人民政治協商會議天津市委員會、南開區委員會文史資料委員會合編　天津人民出版社一九九七年十二月第一版
十八、《天津文化簡志稿》　天津市文化局文化史志編修委員會編　津新出圖字（八八）第〇〇九九號　一九八八年十月
十九、《天津文化史料》第三、六輯　天津市文化局文化史志編修委員會編　新出圖字（一九九二）第〇〇一六五六號、（二〇〇〇）第〇〇三〇六八號
二十、《文史資料》　中國人民政治協商會議天津市南郊區委員會編
二十一、《千年古鎮葛沽》　津南區文史資料　天津津南區政協文史委編
二十二、《法鼓藝術初探》　郭忠萍編著　百花文藝出版社出版　一九九一年十一月第一版
二十三、《老勝芳民俗探究》　王乃讓編著　霸州市光輝印刷有限公司印刷　二〇一一年八月第一版

二十四、《中國雜技》　傅起鳳、傅騰龍著　天津科學技術出版社出版　一九八三年十二月第一版

二十五、《天津西沽史話》　張泉芬主編　天津社會科學院出版社　二〇一一年十月第一版

二十六、《河北文史資料》第二十一輯　中國人民政治協商會議河北省委員會文史資料委員會編輯出版　一九八七年七月出版

二十七、《可愛的河北》　河北人民出版社　一九八四年九月第一版

二十八、《燕南趙北·民俗》　保定歷史文化叢書方志出版社　二〇〇二年十二月第一版

二十九、《宗教與舞蹈》　劉建、孫奎龍著　民族出版社出版　一九九八年五月第一版

三十、《文化的民族性與時代性》　龐樸著　中國和平出版社出版　一九八八年八月第一版

三十一、《周汝昌文化論壇紀念册》　劉恒岳主編　二〇一〇年天津市歷史學學會藝術史專業委員會編印

三十二、《媽祖在元代時成為全國海神的歷史原因》 林國平 海峽之聲網
三十三、《「天津建衛六百周年」係列報導》 新浪新聞中心
三十四、《媽祖文化與天津六百年》 津台之橋 中國臺灣網
三十五、《乾隆巡幸津門「笙歌帗舞迎駕」——皇會試説》 聊城大學民俗研究所
三十六、《元代海運與河運研究綜述》 孟繁清 《中國史研究動態》二〇〇九年第九期
三十七、《天津城市的文化解讀》 林希
三十八、《天津地名考》 譚汝為
三十九、《鬼神崇拜》 天津地方志網
四十、《泰山娘娘與女性宗教信仰》 張進 《管子學刊》二〇〇七年第〇三期
四十一、《碧霞元君的傳説》 黄信陽
四十二、《明清時期的生員、貢生與監生》 鄧旺林
四十三、《天津記憶》 天津市建築遺産保護志願者團隊編輯印製

四十四、《天津市第一批非物質文化遺産名録圖典》　天津楊柳青畫社　二〇一〇年四月第一版
四十五、《天津市第二批非物質文化遺産名録圖典》　天津楊柳青畫社　二〇一一年十月第一版
四十六、一九三六年最新天津地圖　學苑出版社　二〇〇五年五月第一版
四十七、手繪天津城區圖　清澄波劉瑞清　光緒二十三年秋十月中浣

後記

其實我聽説「皇會」這個詞已經是很晚的事情了。二十世紀八十年代初，參加「天津民族民間舞蹈集成」普查，開始接觸到了一些民間花會的「老會頭」，每當他們談到自己老會的歷史時，總會提到當年參加皇會活動如何如何。慢慢的才知道，所謂皇會乃是為慶祝老娘娘誕辰，由民間舉行的慶祝活動，到時天津的民間花會組織都要參加等等，僅此而已。其實仍然是懵懵懂懂，並不以為那有什麽了不起。

幸運的是，從那時起我開始廣泛地接觸到一些天津民間花會藝術和組織團體，並漸漸地對他們的思想情感和各式各樣的藝術樣式有了些瞭解，而且慢慢地喜歡上了被人嗤為「髒兮兮的，土得掉渣」的藝術，甚至還結交了一些民間藝術家朋友……與此同時，在進行舞蹈專業理論研究與寫作時，又不斷地翻看到一些有關天津皇會的資料，知道了皇會與媽祖娘娘的關係，知道了天津民間花會與清朝康熙、乾隆二位皇爺的關係，知道了天津皇會于天津民間藝術的關係……此時再聽老會頭們談皇會，已經有了繪聲繪色的感覺。同時自己也開始多方尋找有關皇會的資料，特別是《天后宮行會圖》，已成為我夢寐以求的「心儀對象」。可惜的是雖經多方努力，但是機緣未到，心願難了……一晃就是二十年。

二〇〇六年六月天津發展舞蹈藝術研究中心，在主任劉恒岳的主持下，啓動了編撰《天津舞蹈史話》的项目，本人分工負責「天津傳統舞蹈部分」。這一工作使我不得不全面關注天津的地方歷史文化，其中《天后宮行會圖》必然成為研究天津傳統舞蹈活動最集中、最全面、最詳盡的資料。

而此時……我很幸運。

二〇〇八年新年剛過，我從尚潔老師手中接過了她的大作《皇會》；二〇一一年我又從陳克研究舘員手中得到了《天后宮行會圖》照片。從那一刻開始，讀《皇會》、讀《天后宮行會圖》，似乎成為我生活的全部，我真的被它的豐富性「吞沒了」。

然而……研究？從何入手？在很長時間裹自己捋不出個頭緒來，只好先做些力所能及的事情，争取把圖中文字先扒下來，看看古人說了些什麽。真的没想到這項工作如此之難，因為原文涉及的天津方言、別字、通假字，民間藝人習慣性術語、口語，本人專業知識的局限性，文化知識結構、修養的欠缺等等問題接踵而至。要想將其識讀、辨析、串通起來竟是如此困難……然而文中響起的純正「鄉音」，又時不時的令我鼓掌唱絶，甚至為之翻倒，大有「苦中得樂」的滋味、趣味……

隨著對原圖題注的細緻解讀，不禁突發奇想，何不以「看圖説話」的方式記録下心中的感動——他畫到哪裏，我就看到哪裏，看到哪裏就説到哪裏，看到些什麼就説一些什麼，或者是想起點什麼就「白唬」點什麼……這應當是「最簡單」的方法，還適應了自己「東一榔頭，西一棒槌」式的「無章法寫作」的毛病。因為自己還知道自己「能吃幾碗干飯」。

很快，我拿著《天后宫行會圖》看圖説話版書稿找到恒岳，想聽聽他的意見，恒岳看後，拿起筆寫下了兩個字「輯校」——這當然是指該書所應當具有的文體。然而這于我真的是很難的，難就難在本人對天津地理、歷史等文化知識的空白與欠缺；難就難在輯校這種文體本身應當具備的科學、嚴謹的風格……好在藉「天津建衛六百年」以來，已有大批的專家學者、後起新秀就天津地域文化歷史著書立説，撰文求證，使我們有了可資參考引證的素材和資料。特别是陳克先生，不僅不斷地為我提供研究資料，包括珍貴的老天津地圖等，而且就天津鹽商、天津城市發展、天津民俗信仰，乃至文風、文體和語言風格等方面不斷與我交流溝通，提出意見和建議，並親自著筆修改，使「輯校」的内容不斷得到豐富和完善。去年底，好友王振良告訴我，問津書院和天津古籍出版社有意出版此書。我將書稿交付給振良後，他以專業編輯的視角對該書的體例、格式乃至文字進行了大量的調整與潤色工作，直至書名題字、封面設計等最終確定，才使該書有了今天的「書樣兒」。所以我說此書的正式出版是我們共同的成果。另外，也還要向一直關心此書，并給予我們指點與幫助的同仁以及本書責任編輯唐舰女士一并表示衷心的感謝。

總之，《天后宫行会图》涉及諸多天津民間信仰習慣、民俗風情、民衆藝術追求與創造、民間藝術傳播、地域環境與地方文化的發展與變化，等等文化資訊和史料、史迹，涉及到「天津皇會」究竟是什麼樣？天津過去的民間花會究竟是什麼樣？那些老艺人津津樂道了幾百年的表演形式究竟講述了些什麼故事？民間花會藝術靠什麼發展、傳承……這麼多的内容絶不是一兩篇文章，一兩段注釋能够講的清、講的透的……但是，我們已經盡力了。因此也期盼着更多的智者、學者、同仁、一字師斧劈《校注》，這裏也先行謝過了。

但無論怎樣，《天后宫行會圖》不愧是天津文化史、天津人文史、天津藝術史、天津民俗史……天津人的風、俗、情、趣、德、藝的大百科全書。「天津皇會」不愧是天津的城市文化名片。我們真的應當珍惜、愛護這份文化遺産；珍惜、愛護「天津皇會」這個「名頭」（决不可濫用。更何况有「非遺法」的保護）；甚至應當繼承和發展、發揚他的藝術樣式、他的組織形式和方法；他所張揚的天津人的個性；天津人的精神頭；天津人的創造力……因為我們從中已經看到，「天津皇會」是活力天津的象徵，是和諧天津的象徵，是繁榮天津的象徵，是盛世中國的象徵！

高惠軍　甲午年六月初五于無言齋

《問津文庫》已出書目（總計六十種另三種）

◎天津記憶

布衣大師：允文允武的藝術名家閻道生　閻伯群著　三〇圓
口述津沽：民間語境下的堤頭與鈴鐺閣　張建著　二八圓
大地史書：地質史上的天津　侯福志著　二九圓
丹青碎影：嚴智開與天津市立美術館　齊珏編著　二八圓
立憲領袖：孫洪伊其人其事　葛培林著　三〇圓
津門開歲：徐天瑞日記解讀　王勇則著　五八圓
水産教育家張元第　張紹祖編著　三六圓
八年夢魘：抗戰時期天津人的生活　郭文杰著　二八圓
沽文化詮真　尹樹鵬著　四八圓
圈外談藝録　姜維群著　三八圓
記憶的碎片：津沽文化研究的雜述與瑣思　王振良著　三八圓
水産教育家張元第集　張紹祖編　五八圓
應得的榮譽：女醫生里昂羅拉・霍華德・金的故事
［加］瑪格麗特著／胡妍譯　三八圓

◎通俗文學研究集刊

望雲談屑　張元卿著　三九圓
還珠樓主前傳　倪斯霆著　三八圓
品報學叢·第一輯　張元卿、顧臻編　三八圓
云雲編：劉雲若研究論叢　張元卿編　三八圓
品報學叢·第二輯　張元卿、顧臻編　三二圓
劉雲若評傳　張元卿著　三二圓
鄭證因小說經眼錄　胡立生著　七八圓

◎三津譚往

三津譚往·二〇一三　王振良主編　三九圓
三津譚往·二〇一四　萬魯建編　三九圓
三津譚往·二〇一五　孫愛霞編　四八圓

◎九河尋真

九河尋真·二〇一三　王振良主編　五九圓
九河尋真·二〇一四　萬魯建編　五九圓
九河尋真·二〇一五　萬魯建編　八八圓

◎津沽文化研究集刊

《雷雨》八十年　耿發起等編　五五圓
陳誦洛年譜　張元卿著　四八圓
碧血英魂：天津市忠烈祠抗日烈士研究　王勇則著　九八圓
都市鏡像：近代日本文學的天津書寫　李煒著　三八圓
天津楹聯述略　李志剛著　三六圓
口述津沽：民間語境下的西沽　張建著　五六圓
口述津沽：民間語境下的西于莊　張建著　一〇八圓
紫芥掇實：水西莊查氏家族文化研究　葉修成著　五八圓

蘆砂雅韻：長蘆鹽業與天津文化　高鵬著　五八圓

◎津沽名家詩文叢刊

王南村集　王煐原著／宋健整理　六八圓

嚴範孫先生古近體詩存稿　嚴修原著／楊傳慶整理　四八圓

星橋詩存　蘇之鑾原著／曲振明整理　五八圓

退思齋詩文存　陳寶泉原著／鄭偉整理　八八圓

待起樓詩稿　劉雲若原著／張元卿輯注　四二圓

劉大同詩集　劉建封原著／劉自力、曲振明整理　八八圓

碧琅玕館詩鈔　楊光儀原著／趙鍵整理　五八圓

◎津沽筆記史料叢刊

嚴修日記（一八七六—一八九四）　嚴修原著／陳鑫整理　一三八圓

桑梓紀聞　馬鴻翱原著／侯福志整理　四二圓

天津縣鄉土志輯略　郭登浩編　九八圓

嚴修日記（一八九四—一八九八）　嚴修原著／陳鑫整理　一二八圓
周武壯公遺書　周盛傳原著／劉景周整理　一二八圓
天后宫行會圖校注　高惠军、陈克整理　一二八圓

◎名人與天津

李叔同與天津　金梅編　六八圓

◎隨藝生活

方寸藝香：藏書票裏的書故事　李雲飛編　九八圓
問津書韻：第十三届全國讀書年會文集　杜魚編　七八圓
開卷二〇〇期　董寧文、董國和、周建新編　一六八圓